圆锥曲线的秘密

苏立标　编著

这是一本有点语文味的数学书：

夹杂着淡淡的语文书香！

这是一本很有数学味的数学书：

几乎涵盖了圆锥曲线重要而独特的性质、方法，特别是 e^2-1 性质的最全面、最权威、最完美的呈现！

这是一本很专"一"的数学书：

一题一世界，一法走天下，也是一辈子只做一件事情的教师所写的！

图书在版编目(CIP)数据

圆锥曲线的秘密/苏立标编著.—杭州:浙江大学出版社,2020.10(2021.11重印)
ISBN 978-7-308-20540-5

Ⅰ.①圆… Ⅱ.①苏… Ⅲ.①中学数学课-高中-升学参考资料 Ⅳ.①G634.603

中国版本图书馆CIP数据核字(2020)第169542号

圆锥曲线的秘密

苏立标　编著

策　　划	陈海权(QQ:1010892859)
责任编辑	闫　亮
责任校对	陈海权
封面设计	林智广告
出版发行	浙江大学出版社
	(杭州市天目山路148号　邮政编码310007)
	(网址:http://www.zjupress.com)
排　　版	杭州朝曦图文设计有限公司
印　　刷	杭州高腾印务有限公司
开　　本	889mm×1194mm　1/16
印　　张	14.25
字　　数	429千
版 印 次	2020年10月第1版　2021年11月第9次印刷
书　　号	ISBN 978-7-308-20540-5
定　　价	45.80元

版权所有　翻印必究　印装差错　负责调换

浙江大学出版社市场运营中心联系方式:0571-88925591;http://zjdxcbs.tmall.com

无问西东，只为追寻圆锥曲线的秘密

众所周知，解析几何是数学史上划时代的里程碑式的登峰造极之作.在解析几何中，方程是刻画曲线性质的代数语言，而曲线又是描绘方程特征的图象语言，数与形的高度统一，使得两者浑然一体，相得益彰.所以，解析几何是神奇的，它不仅把代数和几何融合在一起，而且把曲面与平面统一在一起，数形结合的思想在这里获得圆满的体现，在解析几何中时刻闪烁着数形结合的光芒.数学家拉格朗日说过："只要代数和几何分道扬镳，它们各自的发展就变得缓慢，它们的应用就变得狭窄.代数与几何两门学科一旦联袂而往，它们就会从对方吸收新鲜的活力，从而大踏步地走向各自的完美."解析几何把方程与曲线进行了深度捆绑.如果说方程是曲线的神圣化身，那曲线则是方程的完美舞姿.所以，有人说曲线与方程"你是风儿，我是沙，缠缠绵绵绕天涯".

圆锥曲线是解析几何的重要组成部分，是解析几何核心内容的体现.圆锥曲线又称圆锥截痕、圆锥截面、二次曲线，是通过平切圆锥（严格地讲为一个正圆锥面和一个平面完整相切）得到的一些曲线，这揭示了圆锥曲线与圆锥之间的渊源关系.圆锥曲线约在公元前200年时就已被命名和研究了，其发现者为古希腊的数学家阿波罗尼斯（前262—前190年），那时阿波罗尼斯对圆锥曲线的性质已做了一些系统性研究，现在再回首，圆锥曲线的魅力依然如故，真可谓是曲线风光，分外妖娆，千年传承，万年续表.

圆锥曲线之美，美不胜收.圆锥曲线的美无与伦比，它不仅在图形上有令人入迷的对称美、和谐美和奇异美，而且在性质上有统一美（统一的定义、统一的极坐标方程、统一的性质等），让人叹为观止.圆锥曲线的统一美表现在一个量变引起质变的过程中，是圆锥曲线的离心率的量变引起了曲线类型的质变.当曲线的离心率 e 由 0 逐渐接近 1 时，曲线所表示的椭圆逐渐变得扁平，这是一个量变的积累过程；当 $e=1$ 时，就发生了质变，它不再是椭圆了，而"脱胎"为一条抛物线；当 $e>1$ 时，曲线再次发生了质变，"羽化"为双曲线了，接着又是一个量变的过程,随着 e 趋向于无穷大,曲线则"蜕化"成为两条相交直线(双曲线的两条渐近线).这说明圆锥曲线的离心率在数值上的量变引起了曲线由椭圆、抛物线、双曲线到两条相交直线的质变.还有其结构上别具一格的美,让人耳目一新.圆锥曲线的内容是丰富多彩的美,既有大江大河的奔腾之雄壮,又有涓涓溪流的流淌之幽雅,圆锥曲线的美还在于其出神入化的广泛应用.我们的生活中到处都有圆锥曲线的"起舞弄清影",例如我们随便拿一个盛着半杯水的杯子(圆柱体),当我们把水杯平放的时候,这时水面是一个圆面,若把水杯倾斜一个角度,则水面变为一个椭圆面.放眼于璀璨的星空,行星的运行轨道大多是椭圆、双曲线或抛物线等,我们不得不发出这样的感慨:圆锥曲线的应用可以是"近在嘴边,远在天边".另外,圆锥曲线的美还在于简洁明快的公式、绚丽多姿的符号、奇特深奥的问题等.

圆锥曲线如此多娇,引无数铁粉竞折腰.在圆锥曲线性质这个大花园中可以说是繁花似锦,景色宜人,还有很多非常有趣的美妙性质、很多秘密等待着大家去发现、去揭示、去欣赏,但是从一个高中数学教师的视角又会看到什么样的圆锥曲线?发现圆锥曲线什么样的秘密呢?本书试图从一个中学师生所关心的圆锥曲线问题展开探讨,全方位透视、欣赏圆锥曲线的美丽传说,触摸圆锥曲线的灵魂.

圆锥曲线的定义:全方位多角度剖析——横看成岭侧成峰,远近高低各不同;

圆锥曲线的解题方法:简化运算、策略梳理——八仙过海,各显神通;

圆锥曲线命题情结:深深眷恋的情结罗列——昨夜西风凋碧树,独上高楼,望尽天涯路;

圆锥曲线性质:探究以及研究的感受——众里寻他千百度,蓦然回首,那人却在灯火阑珊处.

当你阅读本书时,你将会与作者一起,行走在曲线与方程之间,徜徉在数与形的完美结合中,去领略圆锥曲线独特的内在美和探索圆锥曲线更多的秘密,所以本书成册的初衷是要做一个圆锥曲线的触类旁通的智慧向导,等着你来!

如果你喜欢这种写作风格,欢迎阅读即将出版的《立体几何的秘密》.因时间仓促,不足之处在所难免.读者对本书有什么修改意见和建议,欢迎加入"冲刺满分·秘密系列"图书交流群(QQ 群号码 821526438),就书中内容进行研讨!

苏立标(特级教师)

第一章 博观而约取,厚积而薄发

——圆锥曲线可以这样得来 1

1.1 圆锥曲线可以"转"出来 2

  1.1.1 当圆锥曲线的定义遇到高考时 9

  1.1.2 当圆锥曲线的定义遇到向量时 14

1.2 圆锥曲线可以"折"出来 17

1.3 圆锥曲线可以"切"出来 19

思考题 23

第二章 举目仰望星空,回首又见炊烟

——圆锥曲线可以这样运算 25

2.1 设而不求,妙在其中 26

  2.1.1 基本转化法 27

  2.1.2 整体消元法 29

  2.1.3 同构转化法 34

  2.1.4 齐次处理法 38

2.2 降维转化,别有洞天 42

2.3 定义搭台,几何唱戏 45

2.4 向量当道,出奇制胜 49

2.5 以静制动,突出重围 53

思考题 60

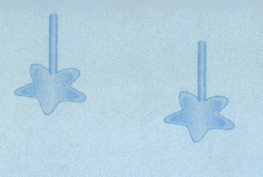

第三章 落霞与孤鹜齐飞，秋水共长天一色

——圆锥曲线可以这样考查 …………………………………………………… 62

3.1 有关共焦点问题 ……………………………………………………………… 63

3.2 有关定比问题 ………………………………………………………………… 67

3.3 有关"两率"问题 ……………………………………………………………… 72

    3.3.1 与圆锥曲线的对称中心有关的 e^2-1 性质 ………………………… 73

    3.3.2 与圆锥曲线的中点弦有关的 e^2-1 性质 …………………………… 77

    3.3.3 与圆锥曲线的切线有关的 e^2-1 性质 ……………………………… 89

    3.3.4 e^2-1 性质的本质与适用范围 ……………………………………… 91

思考题 ……………………………………………………………………………… 93

第四章 撑一支长篙，向更青处漫溯

——圆锥曲线可以这样研究 …………………………………………………… 95

4.1 圆锥曲线研究案例综述 ……………………………………………………… 96

    4.1.1 问题的背景提出——乱花渐欲迷人眼 …………………………… 96

    4.1.2 问题的本原探究——吹尽狂沙始到金 …………………………… 97

    4.1.3 问题的变式探究——淡妆浓抹总相宜 …………………………… 97

    4.1.4 问题探究的反思——映日荷花别样红 …………………………… 102

4.2 圆锥曲线中的定值问题探究 ………………………………………………… 102

    4.2.1 一类组合圆锥曲线的定值问题探究 ……………………………… 102

    4.2.2 一类圆锥曲线中平行弦的定值问题探究 ………………………… 106

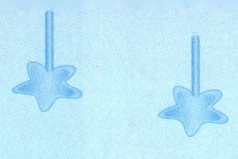

- 4.2.3 一类以蝴蝶定理为背景的定值问题探寻 ……………………………………… 110
- 4.2.4 一类与准线相关的定值问题溯源 ……………………………………………… 115
- 4.2.5 一类与极点、极线相关的定值问题溯源 ……………………………………… 118
- 4.2.6 一类以 e^2-1 为背景的定值问题溯源 ……………………………………… 122
- 4.2.7 一类与定值 $\dfrac{2}{e}$ 有关的问题溯源 …………………………………………… 125
- 4.2.8 一类与圆锥曲线的焦点弦有关的定值问题 …………………………………… 129
- 4.2.9 与双曲线的渐近线有关的定值问题 …………………………………………… 133
- 4.2.10 一类以阿基米德三角形为背景的定值问题 ………………………………… 136

4.3 圆锥曲线中的定点问题探究 ………………………………………………………………… 140
- 4.3.1 圆锥曲线中一对奇异的"伴侣点" ……………………………………………… 140
- 4.3.2 高考试题中圆锥曲线"伴侣点"的透视与剖析 ……………………………… 143
- 4.3.3 聚焦椭圆准线与对称轴的交点的性质 ………………………………………… 147
- 4.3.4 抛物线对称轴上的定点的性质探究 …………………………………………… 152
- 4.3.5 圆锥曲线中以蝴蝶定理为背景的三点共线问题剖析 ……………………… 156
- 4.3.6 圆锥曲线中以"张角为直角的弦"为背景的定点问题概述 ……………… 159

4.4 圆锥曲线中的定直线问题探究 ……………………………………………………………… 162
- 4.4.1 一类圆锥曲线的法线问题探究 ………………………………………………… 162
- 4.4.2 一类圆锥曲线的"类准线"问题初探 ………………………………………… 165
- 4.4.3 一类以极线为背景的定直线问题初探 ………………………………………… 168

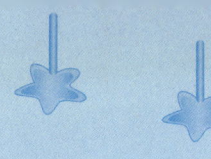

4.5	以圆的名义为背景的圆锥曲线性质探究	171
	4.5.1 例谈圆锥曲线焦点三角形的内切圆问题	171
	4.5.2 双曲线的"伴随圆"的性质初探	174
	4.5.3 以蒙日圆的姊妹圆为背景的溯源探究	176
4.6	圆锥曲线中的其他问题探究	180
	4.6.1 抛物线中"类特征直角梯形"的性质探秘	180
	4.6.2 抛物线的切线作法及其性质探究	184
	4.6.3 椭圆的"顶焦点三角形"性质探究	188
	4.6.4 圆锥曲线的"相关弦"问题探究	191
	4.6.5 圆锥曲线的相似曲线的性质探究	194
	4.6.6 圆锥曲线的伴随曲线的性质探讨	197
	4.6.7 以椭圆的切线为背景的高考试题剖析	201

思考题 ⋯⋯ 207

思考题解答 ⋯⋯ 210

后记——采菊东篱下,悠然见南山 ⋯⋯ 219

博观而约取,厚积而薄发

——圆锥曲线可以这样得来

合理地组织知识,使知识处于随时可用的状态,要比储备知识更为重要.——波利亚

在学习圆锥曲线时,我们首先要做的事情就是要弄明白圆锥曲线的来龙去脉,揭示圆锥曲线的前世今生.要学会从不同的角度来欣赏、理解其本质,梳理知识的网络,使知识处于一种鲜活的、系统的状态,随时可以摄取.

正如美国著名教育家、心理学家布鲁纳所指出:"知识如果没有完满的结构把它连接在一起,那是一种多半会被遗忘的知识."的确,我们在每节课里获得的知识是"散装"的,常有"见叶不见枝,见木不见林"的片面感.所以,为了能够整体地系统地感知知识,形成完整的认知结构,需要站在系统的高度对知识进行梳理,构建知识链,完善认知网络,并逐步学会整体建构的方法,形成整体建构的思想.

1.1 圆锥曲线可以"转"出来

圆锥曲线可以看作是动点绕着定点或定直线转动所形成的图形,从而得到圆锥曲线的定义,这是一种直观且形象的操作,也是我们认识圆锥曲线的直观开始.圆锥曲线的定义是研究圆锥曲线性质的重要支撑,也是我们学习圆锥曲线的重要方法.

圆锥曲线的第一定义

椭　　圆　平面内与两个定点 F_1, F_2 的距离的和等于常数(大于 $|F_1F_2|$)的点的轨迹.

双曲线　平面内与两个定点 F_1, F_2 的距离的差的绝对值等于常数(大于 0 且小于 $|F_1F_2|$)的点的轨迹.

抛物线　平面内与一个定点 F 和一条定直线 l($F \notin l$)的距离相等的点的轨迹.

圆锥曲线的统一定义

圆锥曲线　平面内到一个定点 F 的距离和到一条定直线 l 的距离之比是一个常数 e 的点 P 的轨迹.

当 $0 < e < 1$ 时,点 P 的轨迹为椭圆;

当 $e > 1$ 时,点 P 的轨迹为双曲线;

当 $e = 1$ 时,点 P 的轨迹为抛物线.

例 1　设椭圆 $C: \dfrac{x^2}{4} + \dfrac{y^2}{3} = 1$ 的右焦点为 F,动点 P 在椭圆 C 上,点 A 是直线 $l: 3x - 4y - 12 = 0$ 上的动点,则 $|PA| - |PF|$ 的最小值是 _____.

解答　如图 1.1-1,设椭圆的左焦点为 F',由题意知
$$F'(-1, 0), F(1, 0).$$
由椭圆的定义知
$$|PF'| + |PF| = 4,$$

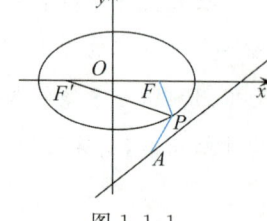

图 1.1-1

从而
$$|PA| - |PF| = |PA| - (4 - |PF'|) = |PA| + |PF'| - 4.$$

要求 $|PA| - |PF|$ 的最小值,即求 $|PA| + |PF'|$ 的最小值,即所求的最小值为点 F' 到直线 l 的距离,即
$$d_{F' \to l} = \dfrac{|-3 - 0 - 12|}{\sqrt{3^2 + (-4)^2}} = 3,$$

所以
$$(|PA| - |PF|)_{\min} = -1.$$

点评　在这个题目中,椭圆定义的功能就在于把点 P 到右焦点的距离置换成点 P 到左焦点的距离,从而使问题的解答得以顺利完成.

例 2 已知 P 是抛物线 $y^2=4x$ 上的一点,过点 P 作直线 $x=-2$ 的垂线,垂足为 H,直线 l 经过原点,由 l 上的一点 Q 向圆 C:$(x+5)^2+(y-3)^2=2$ 引两条切线,分别切圆 C 于 M,N 两点,且 $\triangle MQN$ 为直角三角形,则 $|PQ|+|PH|$ 的最小值是_____.

解答 如图 1.1-2,设抛物线 $y^2=4x$ 的焦点为 $F(1,0)$、准线方程为 $x=-1$.由抛物线的定义知

$$|PH|=|PF|+1,$$

故

$$|PQ|+|PH|=|PQ|+|PF|+1\geqslant|QF|+1.$$

易知四边形 $CMQN$ 为正方形,设圆 C 的半径为 r,则

$$|CQ|=\sqrt{2}r=2.$$

因此,点 Q 在以 $C(-5,3)$ 为圆心、$r'=2$ 为半径的圆上,故

$$|QF|\geqslant|CF|-r'=3\sqrt{5}-2,$$

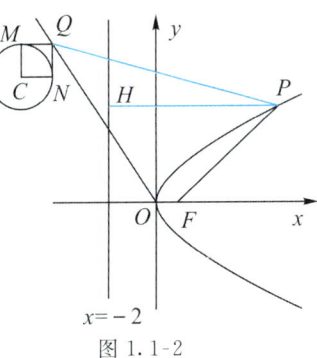

图 1.1-2

所以

$$|PQ|+|PH|\geqslant|QF|+1\geqslant 3\sqrt{5}-2+1=3\sqrt{5}-1.$$

点评 在这个题目中,寻找问题的解答突破口需利用抛物线的定义,把点 P 到焦点的距离置换成点 P 到准线的距离.

例 3 已知三棱柱 $ABC-A_1B_1C_1$,$AA_1\perp$ 平面 ABC,P 是 $\triangle A_1B_1C_1$ 内一点,点 E,F 在直线 BC 上运动,若直线 PA 和 AE 所成角的最小值与直线 PF 和平面 ABC 所成角的最大值相等,则满足条件的点 P 的轨迹是( ).

A. 直线的一部分

B. 圆的一部分

C. 抛物线的一部分

D. 椭圆的一部分

解答 如图 1.1-3,设点 P 在平面 ABC 上的射影为 O,由最小角定理知,直线 PA 和 AE 所成角的最小值等于直线 PA 和平面 ABC 所成的角 α,则

$$\tan\alpha=\frac{PO}{OA}.$$

另外,直线 PF 和平面 ABC 所成角的最大值等于二面角 $P-BC-A$ 的大小,过点 O 作 $OH\perp BC$,垂足为 H,则 $\angle OHP$ 为二面角 $P-BC-A$ 的平面角,且

$$\tan\angle OHP=\frac{PO}{OH}.$$

由题意知 $\alpha=\angle OHP$,即

$$\tan\alpha=\tan\angle OHP,$$

所以

$$OH=OA.$$

点 P 到点 A_1 的距离等于点 P 到 B_1C_1 的距离,所以点 P 的轨迹是以 A_1 为焦点、B_1C_1 为准线的抛物线的一部分.

故选 C.

圆锥曲线的秘密

引申 1 在四面体 $P-ABC$ 中, $PA=\sqrt{3}$, 其余棱长为 2. 动点 Q 在 $\triangle ABC$ 的内部(含边界), 设 $\angle PAQ=\alpha$, 二面角 $P-BC-A$ 的平面角的大小为 β, $\triangle APQ$ 和 $\triangle BCQ$ 的面积分别为 S_1 和 S_2, 且满足 $\dfrac{S_1}{S_2}=\dfrac{3\sin\alpha}{4\sin\beta}$, 则 S_2 的最大值为 _____.

解答 取 BC 的中点 M, 连接 PM,AM. 因为 $\triangle ABC$ 和 $\triangle PBC$ 均为等边三角形, 所以
$$PM\perp BC, AM\perp BC.$$
所以 $\angle PMA$ 即为二面角 $P-BC-A$ 的平面角, 所以
$$\angle PMA=\beta.$$
因为 $AM=\sqrt{3}, PM=\sqrt{3}, AP=\sqrt{3}$, 所以
$$\beta=\dfrac{\pi}{3}.$$
设点 Q 到 BC 的距离为 h, 则
$$\dfrac{S_1}{S_2}=\dfrac{\dfrac{1}{2}AP\cdot AQ\sin\alpha}{\dfrac{1}{2}BC\cdot h}=\dfrac{3\sin\alpha}{4\sin\beta},$$
解得
$$AQ=h.$$
故点 Q 的轨迹为以点 A 为焦点、BC 为准线的抛物线在 $\triangle ABC$ 内的一段弧. 当点 Q 位于抛物线和 AC 的交点时, h 最大. 如图 1.1-4, 设 AC 与抛物线交于点 E, 过点 E 作 $EF\perp BC$, 交 BC 于点 F, 则
$$AE=EF=h, EC=2-h, \angle C=\dfrac{\pi}{3},$$
所以 $\sin\dfrac{\pi}{3}=\dfrac{h}{2-h}$, 解得
$$h_{\max}=4\sqrt{3}-6,$$
所以
$$S_2\leqslant\dfrac{1}{2}\cdot BC\cdot h_{\max}=4\sqrt{3}-6.$$

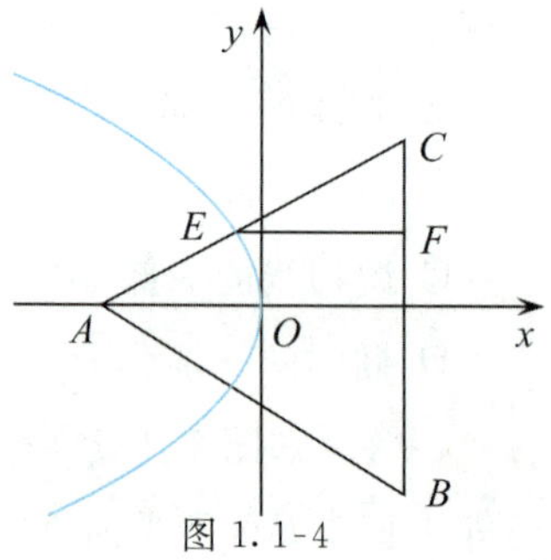

图 1.1-4

引申 2 在四面体 $ABCD$ 中, AD 与 BC 互相垂直, $AD=2BC=4$, 且 $AB+BD=AC+CD=2\sqrt{14}$, 则四面体 $ABCD$ 的体积的最大值是( ).

A. 4 B. $2\sqrt{10}$ C. 5 D. $\sqrt{30}$

解答 已知 $AB+BD=AC+CD=2\sqrt{14}$, 由椭圆定义知点 B,C 都在以 A,D 为焦点的椭圆上, 且长轴 $2a=2\sqrt{14}$.

如图 1.1-5, 过点 B 作 BE 垂直 AD 于点 E, 连接 CE, 则 $AD\perp$ 平面 BCE, 所以
$$CE\perp AD, |BE|=|CE|, |BE|_{\max}=b,$$
b 为椭圆的短半轴. 设 BC 的中点为 F, 则
$$|EF|=\sqrt{BE^2-BF^2}=\sqrt{BE^2-1}, |EF|_{\max}=3, V_{\max}=\dfrac{1}{3}AD\cdot S_{\triangle BCE}=4.$$
故选 A.

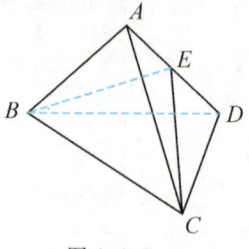

图 1.1-5

4

点评 从平面到空间对圆锥曲线的定义进行深度学习,理解其丰富的内涵,这是学习所必须要经历的重要过程.圆锥曲线的定义体现了圆锥曲线的本质属性,定义是圆锥曲线中最活跃的元素,运用圆锥曲线的定义解题是一种最直接、最本质的方法,在解题方面往往能助我们一臂之力,常常能收到立竿见影之效.正如波利亚所说:"当你不能解决一个问题时,不妨回到定义去."

从四则运算的角度来说,椭圆与双曲线的第一定义只涉及和与差的运算,如果是积与商为定值的点的轨迹又会怎么样呢?

知识储备

1. 到两定点的距离之商为定值(不等于1)的点的轨迹是阿波罗尼斯圆;
2. 到两定点的距离之和为定值(大于两定点的距离)的点的轨迹是椭圆;
3. 到两定点的距离之差的绝对值为定值(大于0且小于两定点的距离)的点的轨迹是双曲线;
4. 到两定点的距离之积为定值(该定值为正数)的点的轨迹是卡西尼卵形线.

例4 阿波罗尼斯是古希腊著名数学家,与欧几里得、阿基米德一起被称为亚历山大时期数学三巨匠,他对圆锥曲线有深刻而系统的研究,主要研究成果集中在他的代表作《圆锥曲线》一书中.阿波罗尼斯圆是他的研究成果之一,指的是已知动点 M 与两定点 A,B 的距离之比为 $\lambda(\lambda>0,\lambda\neq 1)$,那么点 M 的轨迹就是阿波罗尼斯圆.下面我们来研究与它相关的一个问题,已知圆 $x^2+y^2=1$ 和点 $A\left(-\dfrac{1}{2},0\right)$,点 $B(1,1)$,M 为圆 O 上的动点,则 $2|MA|+|MB|$ 的最小值为( ).

A. $\sqrt{6}$ B. $\sqrt{7}$ C. $\sqrt{10}$ D. $\sqrt{11}$

解答 设 $2|MA|=|MC|$,点 C 的坐标为 (m,n),点 M 的坐标为 (x,y),则

$$\dfrac{|MA|}{|MC|}=\dfrac{1}{2},$$

即

$$\dfrac{\sqrt{\left(x+\dfrac{1}{2}\right)^2+y^2}}{\sqrt{(x-m)^2+(y-n)^2}}=\dfrac{1}{2},$$

整理得

$$x^2+y^2+\dfrac{2m+4}{3}x+\dfrac{2n}{3}y=\dfrac{m^2+n^2-1}{3}.$$

由题意得该圆的方程为

$$x^2+y^2=1,$$

所以

$$\begin{cases} 2m+4=0, \\ 2n=0, \\ \dfrac{m^2+n^2-1}{3}=1, \end{cases}$$

解得

$$\begin{cases} m=-2,\\ n=0. \end{cases}$$

所以点 C 的坐标为 $(-2,0)$，故

$$2|MA|+|MB|=|MC|+|MB|\geqslant |BC|=\sqrt{10}.$$

故选 C.

例 5 已知 $\overrightarrow{OA},\overrightarrow{OB}$ 是非零且不共线的向量，设 $\overrightarrow{OC}=\dfrac{1}{r+1}\overrightarrow{OA}+\dfrac{r}{r+1}\overrightarrow{OB}$，如果定义点集 $M=\left\{K\left|\dfrac{\overrightarrow{KA}\cdot\overrightarrow{KC}}{|\overrightarrow{KA}|}=\dfrac{\overrightarrow{KB}\cdot\overrightarrow{KC}}{|\overrightarrow{KB}|}\right.\right\}$. 当 $K_1,K_2\in M$ 时，若对于任意的 $r\geqslant 2$，不等式 $|\overrightarrow{K_1K_2}|\leqslant c|\overrightarrow{AB}|$ 恒成立，则实数 c 的最小值为_____.

解答 因为 $\overrightarrow{OC}=\dfrac{1}{r+1}\overrightarrow{OA}+\dfrac{r}{r+1}\overrightarrow{OB}$，且 $\dfrac{1}{r+1}+\dfrac{r}{r+1}=1$，所以 A,B,C 三点共线，且 $\overrightarrow{CA}=r\overrightarrow{BC}$. 由题意易知 CK 是 $\angle AKB$ 的内角平分线，所以 $\dfrac{|KA|}{|KB|}=\dfrac{|CA|}{|CB|}=r$，从而

$$|KA|=r|KB|,$$

所以点 K 在一个阿波罗尼斯圆上. 以 AB 所在直线为 x 轴、C 为原点建立平面直角坐标系，设 $A(-r,0)$，$B(1,0)$，$K(x,y)$，得阿波罗尼斯圆方程

$$\left(x-\dfrac{r}{r-1}\right)^2+y^2=\left(\dfrac{r}{r-1}\right)^2.$$

从而

$$|\overrightarrow{K_1K_2}|_{\max}=\dfrac{2r}{r-1},\ |\overrightarrow{AB}|=r+1,$$

所以 $c\geqslant \dfrac{2r}{r^2-1}$，而 $\dfrac{2r}{r^2-1}=\dfrac{2}{r-\dfrac{1}{r}}\leqslant \dfrac{2}{2-\dfrac{1}{2}}=\dfrac{4}{3}(r\geqslant 2)$，故

$$c\geqslant \dfrac{4}{3}.$$

小结 在平面内，点 P 到两定点 A,B 的距离之商为定值 $\lambda(\lambda>0$，且 $\lambda\neq 1)$ 的点的轨迹是阿波罗尼斯圆，设 $|AB|=a$，则阿波罗尼斯圆的半径 $r=\dfrac{a\lambda}{|\lambda^2-1|}$.

引申 1 如图 1.1-6，已知平面 $\alpha\perp$ 平面 β，A,B 是平面 α 与平面 β 的交线上的两个定点，$DA\subset\beta$，$CB\subset\beta$，且 $DA\perp\alpha$，$CB\perp\alpha$，$AD=4$，$BC=8$，$AB=6$. 在平面 α 上有一个动点 P，使得 $\angle APD=\angle BPC$，求 $\triangle PAB$ 的面积的最大值.

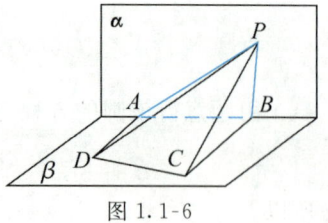

图 1.1-6

解答 将空间几何体中的线、面、角的关系转化为平面内点 P 所满足的几何条件. 因为 $DA\perp\alpha$，所以

$$DA\perp PA.$$

在 Rt$\triangle PAD$ 中，

$$\tan\angle APD=\dfrac{AD}{AP}=\dfrac{4}{AP}.$$

同理

$$\tan\angle BPC = \frac{BC}{BP} = \frac{8}{BP}.$$

因为 $\angle APD = \angle BPC$，所以

$$BP = 2AP.$$

在平面 α 内,以线段 AB 的中点为原点、AB 所在的直线为 x 轴,建立平面直角坐标系,则

$$A(-3,0), B(3,0).$$

设 $P(x,y)$,则有

$$\sqrt{(x-3)^2+y^2} = 2\sqrt{(x+3)^2+y^2} \,(y\neq 0),$$

化简得

$$(x+5)^2+y^2 = 16.$$

从而 $y^2 = 16-(x+5)^2 \leqslant 16$, 即

$$|y| \leqslant 4 \text{ 且 } y \neq 0.$$

此时 $\triangle PAB$ 的面积为

$$S_{\triangle PAB} = \frac{1}{2}|y|\cdot|AB| = 3|y| \leqslant 12,$$

当且仅当 $x=-5, y=\pm 4$ 时取得等号.

引申 2 在四面体 $ABCD$ 中,已知 $AD \perp BC, AD=6, BC=2$, 且满足 $\dfrac{AB}{BD} = \dfrac{AC}{CD} = 2$, 则 $V_{\text{四面体}ABCD}$ 的最大值为( ).

A. 6   B. $2\sqrt{11}$ C. $2\sqrt{15}$ D. 8

解答 过点 B 作 BE 垂直 AD 于点 E. 因为 $AD \perp BC$, 所以 $AD \perp$ 平面 BCE. 因此

$$V = \frac{1}{3}AD\cdot S_{\triangle BCE} = 2S_{\triangle BCE}.$$

又因为 $\dfrac{AB}{BD} = \dfrac{AC}{CD} = 2$, 所以点 B,C 在阿波罗尼斯圆上,所以

$$|BE| = |CE|,$$

得 $|BE|_{\max} = $ 圆的半径 $r = 4$, 从而

$$V_{\max} = 2\sqrt{15}.$$

故选 C.

不仅这个超级名圆——阿波罗尼斯圆的应用非常广泛,而且飘在圆锥曲线间的那一抹卡西尼卵形线在试题中也是频频出现,同样非常精彩,同样值得我们关注.

例 6 曲线 C 是平面内与两个定点 $F_1(-1,0)$ 和 $F_2(1,0)$ 的距离的积等于常数 $a^2(a>1)$ 的点的轨迹. 给出下列三个结论:

①曲线 C 过坐标原点; ②曲线 C 关于坐标原点对称; ③若点 P 在曲线 C 上, 则 $\triangle F_1PF_2$ 的面积不大于 $\dfrac{1}{2}a^2$.

其中,所有正确结论的序号是_____.

解答 设曲线 C 方程为 $\sqrt{(x+1)^2+y^2} \cdot \sqrt{(x-1)^2+y^2} = a^2$.

① 令 $x=y=0$，得 $a=1$，与已知矛盾，所以该结论不正确.

② 把方程 $\sqrt{(x+1)^2+y^2} \cdot \sqrt{(x-1)^2+y^2}=a^2$ 中的 x 用 $-x$ 代换，同时把 y 用 $-y$ 代换，原方程不变，故此曲线关于原点对称，因此该结论正确.

③ 因为 $S_{\triangle F_1PF_2}=\dfrac{1}{2}|PF_1|\cdot|PF_2|\cdot\sin\angle F_1PF_2\leqslant\dfrac{1}{2}|PF_1|\cdot|PF_2|=\dfrac{1}{2}a^2$，所以该结论正确.

故正确结论的序号是②③.

例7 已知实数 x,y 满足 $\sqrt{(x+1)^2+y^2} \cdot \sqrt{(x-1)^2+y^2}=4$，则 x^2+y^2 的取值范围是 _____.

解答 解法1：由基本不等式得

$$4=\sqrt{(x+1)^2+y^2} \cdot \sqrt{(x-1)^2+y^2}\leqslant\dfrac{(x+1)^2+y^2+(x-1)^2+y^2}{2}=x^2+y^2+1,$$

所以

$$x^2+y^2\geqslant 3.$$

由柯西不等式得

$$\sqrt{(x+1)^2+y^2} \cdot \sqrt{(x-1)^2+y^2}\geqslant (x+1)(x-1)+y\cdot y=x^2+y^2-1,$$

即

$$x^2+y^2\leqslant 5.$$

所以

$$x^2+y^2\in[3,5]$$

解法2：设点 $P(x,y),F_1(-1,0),F_2(1,0)$，则有

$$|PF_1|\cdot|PF_2|=4.$$

设 $r^2=x^2+y^2$，则由平行四边形的性质得

$$2(|PF_1|^2+|PF_2|^2)=(2|OP|)^2+|F_1F_2|^2,$$

即

$$|PF_1|^2+|PF_2|^2=2r^2+2.$$

由基本不等式得 $2r^2+2\geqslant 2|PF_1||PF_2|=8$，所以

$$r^2\geqslant 3.$$

另外，因为

$$||PF_1|-|PF_2||\leqslant|F_1F_2|=2,$$

平方得

$$|PF_1|^2+|PF_2|^2-2|PF_1||PF_2|\leqslant 4,$$

即 $2r^2+2-8\leqslant 4$，所以 $r^2\leqslant 5$，即

$$3\leqslant r^2\leqslant 5.$$

所以

$$x^2+y^2\in[3,5].$$

点评 例6和例7虽然都是以卡西尼卵形线为背景进行命题的，考查卡西尼卵形线的重要性质、特征，但用到的解题方法、技巧却是我们最熟悉和朴素的知识、方法，这也是我们高考命题者一贯所追求的：利用最朴素的材料，采取最一般的方法，得出最简单的结论.

1.1.1 当圆锥曲线的定义遇到高考时

以圆锥曲线的定义为背景的高考试题,重在考查学生对数学基本概念的深度理解,问题的设计往往短小精悍,内涵丰富,富有启发性,让人耳目一新.所以,有人说高考对圆锥曲线定义的考查可能会迟到,但从不会缺席,圆锥曲线定义与高考有着不解之缘.

例1 (2020年全国卷Ⅰ)设 F_1,F_2 是双曲线 $C:x^2-\dfrac{y^2}{3}=1$ 的两个焦点,O 为坐标原点,点 P 在双曲线 C 上且 $|OP|=2$,则 $\triangle PF_1F_2$ 的面积为(　　).

A. $\dfrac{7}{2}$　　　　B. 3　　　　C. $\dfrac{5}{2}$　　　　D. 2

解答 如图1.1-7所示,易得 $|F_1F_2|=4$,所以

$$|OP|=\dfrac{1}{2}|F_1F_2|,$$

得到

$$\angle F_1PF_2=90°,$$

因此 $|PF_1|^2+|PF_2|^2=|F_1F_2|^2$,即

$$(|PF_1|-|PF_2|)^2+2|PF_1|\cdot|PF_2|=|F_1F_2|^2.$$

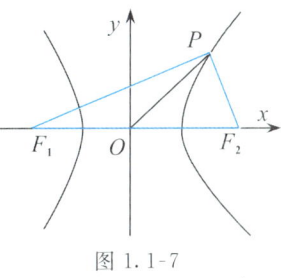

图 1.1-7

由双曲线的定义得到 $|PF_1|-|PF_2|=2$,则 $|PF_1|\cdot|PF_2|=6$,所以

$$S_{\triangle PF_1F_2}=\dfrac{1}{2}|PF_1|\cdot|PF_2|=3.$$

故选 B.

点评 先将数量关系转化为几何特征,即 $\angle F_1PF_2=90°$,再利用双曲线的定义,从整体上求出 $|PF_1|\cdot|PF_2|=6$,从而求出焦点三角形的面积,这样就回避了求点的坐标.

例2 (2019年全国卷Ⅰ)已知椭圆 C 的焦点为 $F_1(-1,0)$,$F_2(1,0)$,过点 F_2 的直线与椭圆 C 交于 A,B 两点.若 $|AF_2|=2|F_2B|$,$|AB|=|BF_1|$,则椭圆 C 的方程为(　　).

A. $\dfrac{x^2}{2}+y^2=1$　　　　B. $\dfrac{x^2}{3}+\dfrac{y^2}{2}=1$　　　　C. $\dfrac{x^2}{4}+\dfrac{y^2}{3}=1$　　　　D. $\dfrac{x^2}{5}+\dfrac{y^2}{4}=1$

解答 如图1.1-8,设 $|F_2B|=t$,则 $|AF_2|=2t$,所以 $|BF_1|=3t$.
由椭圆的定义知

$$|BF_1|+|BF_2|=3t+t=2a,$$

即

$$t=\dfrac{1}{2}a.$$

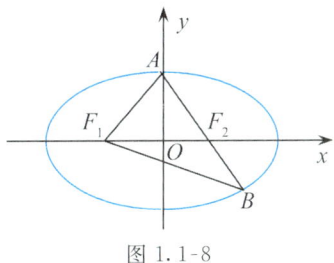

图 1.1-8

由椭圆的定义知

$$|AF_1|=2a-|AF_2|=a,$$

所以点 A 在椭圆短轴的端点处,在等腰三角形 ABF_1 中,

$$\cos \angle F_1AB = \frac{\frac{1}{2}|F_1A|}{|AB|} = \frac{1}{3}.$$

在等腰三角形 AF_1F_2 中,

$$|F_1F_2|^2 = 4 = a^2 + a^2 - 2a \cdot a \cdot \frac{1}{3} = \frac{4}{3}a^2,$$

得

$$a^2 = 3, b^2 = a^2 - c^2 = 2.$$

故选 B.

例 3 (2018 年全国卷 Ⅰ)已知点 $M(-1,1)$ 和抛物线 $C:y^2=4x$,过抛物线 C 的焦点且斜率为 k 的直线与抛物线 C 交于 A,B 两点.若 $\angle AMB=90°$,则 $k=$ _____.

解答 如图 1.1-9,易知点 $M(-1,1)$ 在抛物线的准线 $x=-1$ 上.设 AB 的中点为 N,分别过点 A,B 作准线的垂线,垂足分别为 A_1,B_1.由抛物线的定义知

$$|AF|=|AA_1|, |BF|=|BB_1|.$$

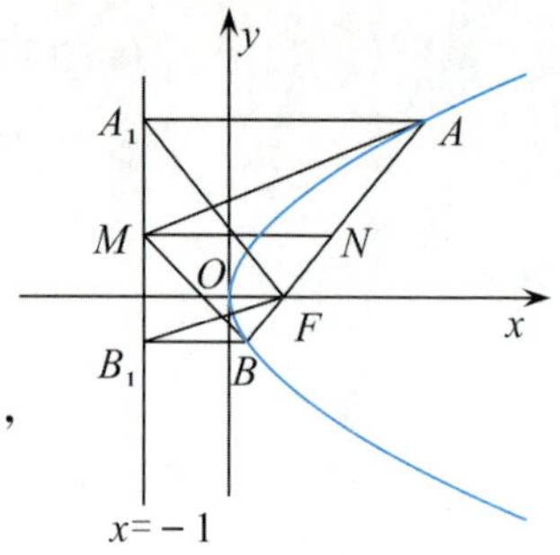

因为 $\angle AMB=90°$,所以

$$|MN|=\frac{1}{2}|AB|=\frac{1}{2}(|AF|+|BF|)=\frac{1}{2}(|AA_1|+|BB_1|),$$

故 MN 为梯形 AA_1B_1B 的中位线,即 M 为 A_1B_1 的中点.由抛物线的定义易证

$$\angle A_1FB_1=90°,$$

故

$$|MF|=\frac{1}{2}|A_1B_1|=|A_1M|.$$

因此 $\triangle MAA_1 \cong \triangle AMF$,得 $\angle AFM=\angle MA_1A=90°$,即

$$FM \perp AB.$$

从而

$$k=2.$$

图 1.1-9

点评 这是一道构思巧妙的高考试题,通俗中透出奇意,平淡中析出光芒.在这个解答过程中,我们只用到抛物线的定义,再加上平面几何的一些常识就可以把问题搞定.其实,这道高考试题蕴涵着丰富的抛物线性质(这些可以说是圆锥曲线的小秘密,很有用,不是定理胜似定理):

(1) M 是以线段 AB 为直径的圆与准线相切的切点;

(2) M 是线段 A_1B_1 的中点;

(3) $FM \perp AB$;

(4) 设 MN 与抛物线交于点 P,则 P 为线段 MN 的中点.

(5) 设 MN 与抛物线交于点 P,则 $|AB|=4|PF|$.

引申 过抛物线 $y^2=2x$ 的焦点 F 的直线与该抛物线交于 A,B 两点,过点 F 作线段 AB 的垂线,交抛物线的准线于点 G.若 $|FG|=\frac{3}{2}$,O 为坐标原点,则 $S_{\triangle AOB}=$ _____.

解答 设点 A,B 在准线上的射影分别为 A_1,B_1,则

$$\angle A_1FB_1=90°.$$

由 $FG \perp AB$ 得 G 为 A_1B_1 的中点,所以 $|FG| = \frac{1}{2}|A_1B_1| = \frac{1}{2}|y_A - y_B| = \frac{3}{2}$,所以
$$|y_A - y_B| = 3.$$
故
$$S_{\triangle AOB} = \frac{1}{2}|OF| \cdot |y_A - y_B| = \frac{3}{4}.$$

例 4 (2016 年全国卷Ⅰ理科第 20 题第(Ⅰ)问)设圆 $x^2 + y^2 + 2x - 15 = 0$ 的圆心为 A,直线 l 过点 $B(1,0)$,且与 x 轴不重合,l 交圆 A 于 C,D 两点,过点 B 作 AC 的平行线,交 AD 于点 E.证明:$|EA| + |EB|$ 为定值,并写出点 E 的轨迹方程.

证明 如图 1.1-10,由已知得
$$|AD| = |AC|, EB // AC.$$
所以 $\angle EBD = \angle ACD = \angle ADC$,所以
$$|EB| = |ED|,$$
故
$$|EA| + |EB| = |EA| + |ED| = |AD|.$$
因为圆 A 的标准方程为
$$(x+1)^2 + y^2 = 16,$$
从而 $|AD| = 4$,所以
$$|EA| + |EB| = 4 > 2 = |AB|.$$
由椭圆定义可得点 E 的轨迹方程为
$$\frac{x^2}{4} + \frac{y^2}{3} = 1 (y \neq 0).$$

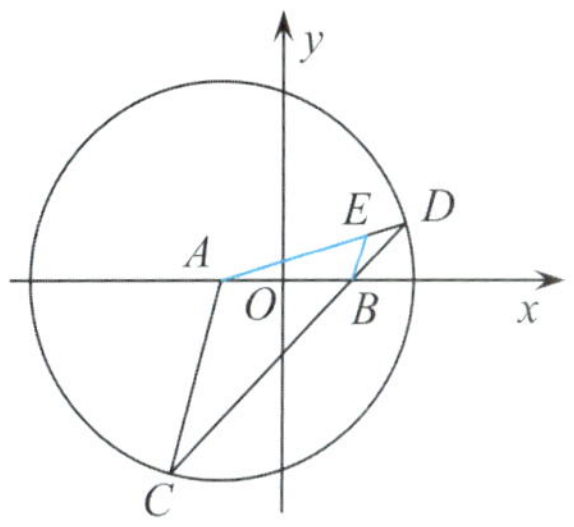

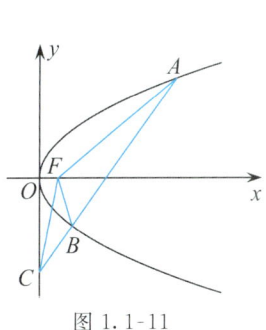

图 1.1-10

例 5 (2008 年浙江卷)已知 F_1, F_2 为椭圆 $\frac{x^2}{25} + \frac{y^2}{9} = 1$ 的两个焦点,过点 F_1 的直线交椭圆于 A, B 两点,若 $|F_2A| + |F_2B| = 12$,则 $|AB| = $ _____.

解答 依题意知直线 AB 过椭圆的左焦点 F_1.在 $\triangle F_2AB$ 中,
$$|F_2A| + |F_2B| + |AB| = 4a = 20.$$
因为 $|F_2A| + |F_2B| = 12$,所以
$$|AB| = 8.$$

例 6 (2015 年浙江卷)如图 1.1-11,设抛物线 $y^2 = 4x$ 的焦点为 F,不经过焦点的直线上有三个不同的点 A, B, C,其中 A, B 在抛物线上,点 C 在 y 轴上,则 $\triangle BCF$ 与 $\triangle ACF$ 的面积之比是( ).

A. $\dfrac{|BF| - 1}{|AF| - 1}$ B. $\dfrac{|BF|^2 - 1}{|AF|^2 - 1}$

C. $\dfrac{|BF| + 1}{|AF| + 1}$ D. $\dfrac{|BF|^2 + 1}{|AF|^2 + 1}$

图 1.1-11

解答 如图 1.1-12,过点 A 作准线的垂线,垂足为 H,交 y 轴于点 G;过点 B 作准线的垂线,垂足为 Q,交 y 轴于点 P. 故

$$\frac{S_{\triangle BCF}}{S_{\triangle ACF}}=\frac{|BC|}{|AC|}=\frac{|BP|}{|AG|}=\frac{|BQ|-1}{|AH|-1}=\frac{|BF|-1}{|AF|-1}.$$

故选 A.

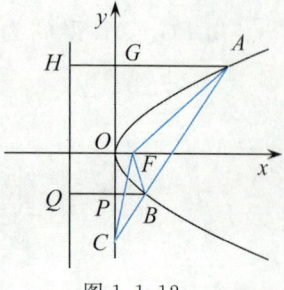

图 1.1-12

例 7 (2015 年浙江卷)若椭圆 $\dfrac{x^2}{a^2}+\dfrac{y^2}{b^2}=1(a>b>0)$ 的右焦点 $F(c,0)$ 关于直线 $y=\dfrac{b}{c}x$ 的对称点 Q 在椭圆上,则椭圆的离心率是 _____.

解答 如图 1.1-13,设椭圆的左焦点为 F',因为右焦点 F 到直线 $y=\dfrac{b}{c}x$ 的距离为

$$\frac{|bc|}{\sqrt{b^2+c^2}}=\frac{bc}{a},$$

所以

$$|QF|=\frac{2bc}{a},$$

所以

$$|QF'|=2\sqrt{c^2-\left(\frac{bc}{a}\right)^2}=\frac{2c^2}{a}.$$

由椭圆的定义得到

$$|QF|+|QF'|=\frac{2bc}{a}+\frac{2c^2}{a}=2a \Rightarrow b=c.$$

所以

$$e=\frac{\sqrt{2}}{2}.$$

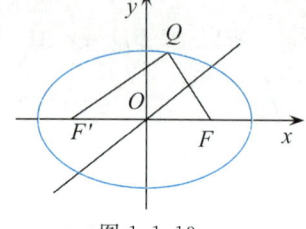

图 1.1-13

例 8 (2016 年浙江卷)设双曲线 $x^2-\dfrac{y^2}{3}=1$ 的左、右焦点分别为 F_1,F_2,若点 P 在双曲线上,且 $\triangle F_1PF_2$ 为锐角三角形,则 $|PF_1|+|PF_2|$ 的取值范围是 _____.

解答 由于双曲线的对称性,不妨设点 P 在其右支上. 因为

$$\begin{cases} |PF_1|+|PF_2|=t, \\ |PF_1|-|PF_2|=2, \end{cases}$$

所以

$$\begin{cases} |PF_1|=\dfrac{t+2}{2}, \\ |PF_2|=\dfrac{t-2}{2}, \end{cases}$$

所以

$$\begin{cases} \left(\dfrac{t+2}{2}\right)^2+\left(\dfrac{t-2}{2}\right)^2>4^2, \\ \left(\dfrac{t-2}{2}\right)^2+4^2>\left(\dfrac{t+2}{2}\right)^2, \end{cases}$$

所以
$$2\sqrt{7}<t<8.$$

例 9 （2019 年浙江卷）已知椭圆 $\dfrac{x^2}{9}+\dfrac{y^2}{5}=1$ 的左焦点为 F，点 P 在椭圆上且在 x 轴的上方，若线段 PF 的中点在以原点 O 为圆心、$|OF|$ 为半径的圆上，则直线 PF 的斜率是 _____．

分析 设点 $P(x_0,y_0)$，非常容易得到方程组 $\begin{cases}5x_0^2+9y_0^2=45,\\(x_0-2)^2+(y_0)^2=16.\end{cases}$ 但到了计算的时候，发觉真的不太简单，很多同学解不出，甚至有人开始"怀疑人生"了．的确如此，如果这样算，将会陷入"此恨绵绵无绝期"的僵局，但是如果回归椭圆的定义来解答此问题，则将会是"柳暗花明又一村"的景象．

解答 如图 1.1-14，设椭圆的右焦点为 F'，线段 PF 的中点为 M，则
$$a=3,c=2,|OM|=2,$$
所以
$$|PF'|=4=|FF'|.$$
由椭圆的定义得到
$$|PF|=2a-4=2.$$
连接 $F'M$，则
$$F'M\perp PF.$$
易得
$$k_{PF}=\sqrt{15}.$$

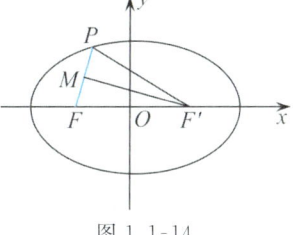

图 1.1-14

例 10 （2014 年辽宁卷）已知椭圆 $C:\dfrac{x^2}{9}+\dfrac{y^2}{4}=1$，点 M 与椭圆 C 的焦点不重合．若点 M 关于椭圆 C 的左、右焦点的对称点分别为 A,B，线段 MN 的中点 D 在椭圆 C 上，则 $|AN|+|BN|=$ _____．

解答 如图 1.1-15，由三角形的中位线及椭圆的定义得
$$|AN|+|BN|=2|DF_1|+2|DF_2|=4a=12.$$

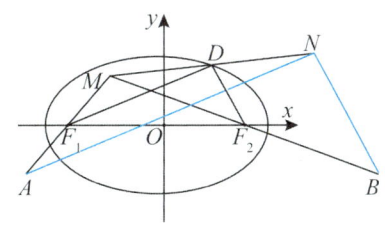

图 1.1-15

链接 已知椭圆 $\dfrac{x^2}{3}+y^2=1$ 的左、右顶点分别为 A_1,A_2，且 B,C 为椭圆上不同的两点（点 B,C 位于 y 轴右侧），点 B,C 关于 x 的对称点分别为 B_1,C_1，直线 BA_1,B_1A_2 相交于点 P，直线 CA_1,C_1A_2 相交于点 Q．已知点 $M(-2,0)$，则 $|\overrightarrow{PM}|+|\overrightarrow{QM}|-|\overrightarrow{PQ}|$ 的最小值为 _____．

解答 如图 1.1-16，设点 $P(x,y)$，由
$$k_{BA_1}\cdot k_{BA_2}=e^2-1=-\dfrac{1}{3}$$

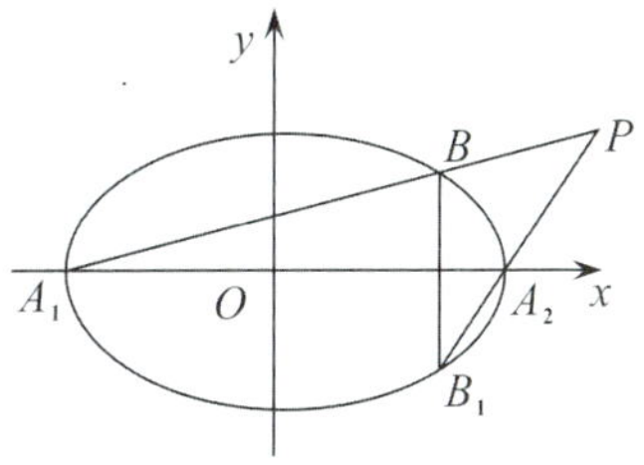

图 1.1-16

得 $k_{PA_1} \cdot k_{PB_1} = \dfrac{1}{3}$,从而可得

$$\dfrac{x^2}{3} - y^2 = 1(x > 0),$$

即 P 在双曲线 $\dfrac{x^2}{3} - y^2 = 1$ 的右支.同理可得点 Q 也在双曲线的右支上,点 M 为其左焦点,如图 1.1-17.设 M' 为双曲线 $\dfrac{x^2}{3} - y^2 = 1$ 的右焦点,则由双曲线的定义得

$$|\overrightarrow{PM}| + |\overrightarrow{QM}| - |\overrightarrow{PQ}| = (2a + |\overrightarrow{PM'}|) + (2a + |\overrightarrow{QM'}|) - |\overrightarrow{PQ}|$$
$$= 4a + (|\overrightarrow{PM'}| + |\overrightarrow{QM'}| - |\overrightarrow{PQ}|)$$
$$\geq 4a = 4\sqrt{3}.$$

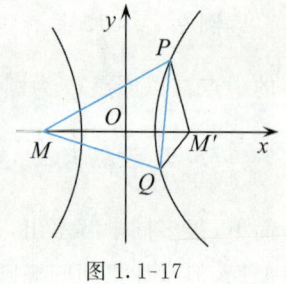

图 1.1-17

点评 这个题虽然是小题,但却有大将之范,又是求轨迹又是求最值,每一样都是难到大家心坎的问题,但有 $e^2 - 1$ 性质的帮忙(详见第三章与第四章),又有双曲线定义的鼎力相助,很快就"逢凶化吉"了,看来双曲线的定义功不可没.

波利亚在《怎样解题》中认为:"回到定义上来是一项重要的思维活动,并将这一重要思维活动列在解题表的显著位置加以阐述."圆锥曲线的定义描述的是其最本质的几何特征,因此,利用定义解题能使得代数运算得以简化.定义法是解答圆锥曲线问题的根本方法,是"以退求进、以简驭繁"策略下的一种解题模式,回归定义,回归本源,让概念走下"神坛",这是我们学习数学的重要节点.

在非洲草原上有一种尖毛草,在最初的半年内,它几乎是草原上最矮的草,但雨季一来,它就像施了魔法一样,几天内就疯长到接近两米高.有人决心探明其中的奥秘,结果发现尖毛草在最初的半年内不是不长,而是一直在长根部.雨季前,它在地面上只露出一寸,但在地下扎的根却超过了 28 米!根深才能苗壮,枝繁叶茂、硕果飘香.同样地,数学概念的学习也如此,只有深刻地理解了数学概念,才能为我们学习夯实基础,打开一个广阔的学习天地.

1.1.2 当圆锥曲线的定义遇到向量时

圆锥曲线的定义与平面向量完美结合后,华丽转身为一道道美轮美奂的数学问题,这样的问题往往具有较强的"杀伤力",因为这类问题对数学核心素养的要求比较高,既要有强大的向量运算能力、数学推理作支撑,又要有几何的思想来通盘全局.

例1 已知向量 $\boldsymbol{a}, \boldsymbol{b}$ 满足 $|\boldsymbol{a}| = 1, |2\boldsymbol{a} + \boldsymbol{b}| + |\boldsymbol{b}| = 4$,则 $|\boldsymbol{a} + \boldsymbol{b}|$ 的取值范围是(   ).

A. $[2 - \sqrt{3}, 2]$ B. $[1, \sqrt{3}]$ C. $[2 - \sqrt{3}, 2 + \sqrt{3}]$ D. $[\sqrt{3}, 2]$

解答 设 P 为平面内的任意一点,F_1, F_2 是关于原点对称的两个点,设 $\overrightarrow{F_1O} = \boldsymbol{a}$,$\overrightarrow{F_2P} = \boldsymbol{b}$,则

$$\overrightarrow{F_1P} = \overrightarrow{F_1F_2} + \overrightarrow{F_2P} = 2\boldsymbol{a} + \boldsymbol{b}.$$

根据题意

$$|2\boldsymbol{a} + \boldsymbol{b}| + |\boldsymbol{b}| = |PF_1| + |PF_2| = 4.$$

再由椭圆的定义得,点 P 的轨迹是以 F_1, F_2 为焦点的椭圆,如图 1.1-18,其方程为

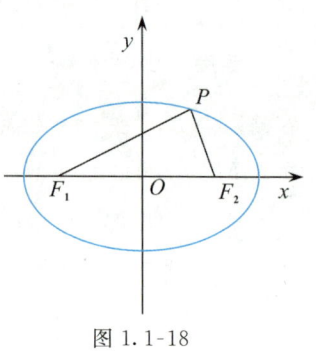

图 1.1-18

$$\frac{x^2}{4}+\frac{y^2}{3}=1,$$

则 $|\boldsymbol{a}+\boldsymbol{b}|=|\overrightarrow{PO}|\in[b,a]$，从而

$$|\boldsymbol{a}+\boldsymbol{b}|\in[\sqrt{3},2].$$

故选 D.

点评 解答这类问题的关键是利用平面向量的代数运算、几何意义，脱去向量外衣就转化为我们熟悉的圆锥曲线问题了，然后利用圆锥曲线的定义、性质等知识就能轻松地解答问题.

温馨提示 利用圆锥曲线的定义来判断曲线的类型，不仅要分析其结构特征是否满足题意，而且还要关注其限制条件是否满足题意，否则解题就会出错.

例 2 已知平面向量 $\boldsymbol{a},\boldsymbol{b},\boldsymbol{c}$ 满足 $|\boldsymbol{a}|=|\boldsymbol{b}|=2\boldsymbol{a}\cdot\boldsymbol{b}=1$，且 $|\boldsymbol{c}-2\boldsymbol{a}|+|\boldsymbol{c}-\boldsymbol{b}|=\sqrt{3}$，则 $|\boldsymbol{c}-\boldsymbol{a}|+|\boldsymbol{c}+\boldsymbol{a}|$ 的最小值为（　　）.

A. $\sqrt{3}$　　　　B. 2　　　　C. $\sqrt{7}$　　　　D. 4

分析 乍一看椭圆定义的结构特征已经满足，很多同学会毫不犹豫地认为点 C 的轨迹是椭圆.这种错误很典型、很普遍.其实点 C 的轨迹是一条线段.

解答 如图 1.1-19，设 $\boldsymbol{a}=\overrightarrow{OA},\boldsymbol{b}=\overrightarrow{OB},\boldsymbol{c}=\overrightarrow{OC}$，则

$$\langle\overrightarrow{OA},\overrightarrow{OB}\rangle=\frac{\pi}{3}.$$

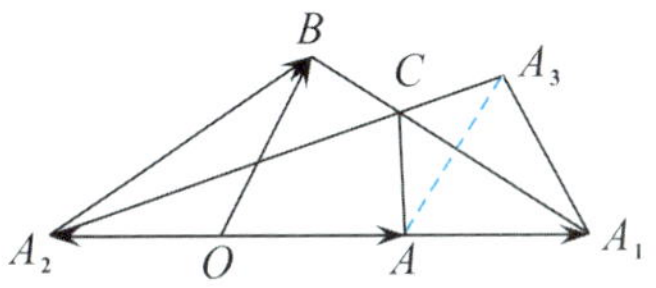

设 $\overrightarrow{OA_1}=2\boldsymbol{a},\overrightarrow{OA_2}=-\boldsymbol{a}$，则

$$|\boldsymbol{c}-2\boldsymbol{a}|+|\boldsymbol{c}-\boldsymbol{b}|=|\overrightarrow{A_1C}|+|\overrightarrow{BC}|=|\overrightarrow{BA_1}|=\sqrt{3}.$$

图 1.1-19

所以点 C 的轨迹是线段 BA_1. 作点 A 关于线段 BA_1 的对称点 A_3，则

$$|\boldsymbol{c}-\boldsymbol{a}|+|\boldsymbol{c}+\boldsymbol{a}|=|\overrightarrow{AC}|+|\overrightarrow{A_2C}|=|\overrightarrow{A_3C}|+|\overrightarrow{A_2C}|\geqslant|\overrightarrow{A_2A_3}|.$$

在 $\triangle A_1A_2A_3$ 中，由余弦定理得

$$|\overrightarrow{A_2A_3}|=\sqrt{3^2+1^2-2\times3\times1\times\cos 60°}=\sqrt{7}.$$

故选 C.

引申 已知平面向量 $\boldsymbol{a},\boldsymbol{b},\boldsymbol{c}$ 满足 $\boldsymbol{a}+\boldsymbol{b}+\boldsymbol{c}=\boldsymbol{0}$，若 $\boldsymbol{b},\boldsymbol{c}$ 的夹角为 α，满足 $|\boldsymbol{a}|=1,|\boldsymbol{b}|=k,|\boldsymbol{c}|=2-k$，则 $\cos\alpha$ 的取值范围是_____.

解答 如图 1.1-20，设 $\boldsymbol{a}=\overrightarrow{F_1F_2},\boldsymbol{b}=\overrightarrow{F_2P},\boldsymbol{c}=\overrightarrow{PF_1}$，则

$$|\boldsymbol{b}|+|\boldsymbol{c}|=|\overrightarrow{F_2P}|+|\overrightarrow{PF_1}|=2>1=|\boldsymbol{a}|.$$

由椭圆的定义得，点 P 的轨迹是以 F_1,F_2 为焦点的椭圆，其方程为

$$x^2+\frac{4y^2}{3}=1.$$

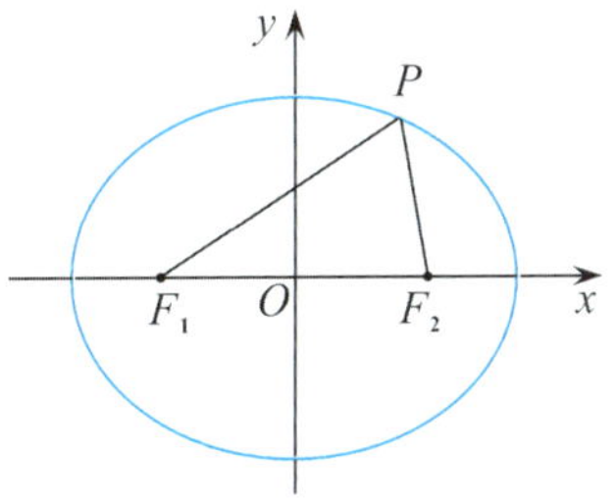

图 1.1-20

从而 $\angle F_1PF_2\in\left[0,\dfrac{\pi}{3}\right]$，所以

$$\langle\boldsymbol{b},\boldsymbol{c}\rangle=\pi-\angle F_1PF_2\in\left[\dfrac{2\pi}{3},\pi\right),$$

所以

$$\cos\langle\boldsymbol{b},\boldsymbol{c}\rangle\in\left[-1,-\dfrac{1}{2}\right].$$

例3 已知单位向量 e,向量 $b_i(i=1,2)$,满足 $|e-b_i|=e \cdot b_i$,且 $xb_1+yb_2=e$,其中 $x+y=1$,当 $|b_1-b_2|$ 取到最小时,$b_1 \cdot b_2=$( ).

A. 0　　　　　　B. 1　　　　　　C. $\sqrt{2}$　　　　　　D. -1

解答　设 $e=\overrightarrow{MF}$,$b_1=\overrightarrow{MA}$,$b_2=\overrightarrow{MB}$,则
$$\overrightarrow{MF}=x\overrightarrow{MA}+y\overrightarrow{MB}.$$

因为 $x+y=1$,所以 A,F,B 三点共线.过点 M 作直线 $l \perp MF$,过点 A 作直线 l 的垂线,垂足为 A_1,过点 B 作直线 l 的垂线,垂足为 B_1,如图 1.1-21.设
$$\langle\overrightarrow{MF},\overrightarrow{MA}\rangle=\theta.$$

因为 $|e-b_1|=e \cdot b_1$,即 $|\overrightarrow{AF}|=|\overrightarrow{MF}| \cdot |\overrightarrow{MA}|\cos\theta=|\overrightarrow{MA}|\cos\theta=|\overrightarrow{AA_1}|$,所以
$$|\overrightarrow{AF}|=|\overrightarrow{AA_1}|.$$

同理,
$$|\overrightarrow{BF}|=|\overrightarrow{BB_1}|.$$

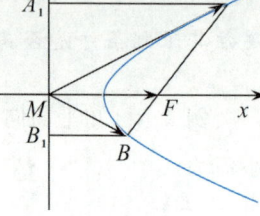

图 1.1-21

所以点 A,B 在以直线 l 为准线、F 为焦点的抛物线上.又因为 $|b_1-b_2|=|\overrightarrow{AB}|$,所以 $|\overrightarrow{AB}|_{\min}$ 为通径,此时 $b_1 \perp b_2$,所以
$$b_1 \cdot b_2=0.$$

故选 A.

例4 已知平面向量 a,b,c 满足 $|a|=|b|=a \cdot b=2$,且 $|c-tb|$ 的最小值为 $|c-a|$,则 $\left|a+\dfrac{b}{4}-c\right|+|c-a|$ 的最小值为( ).

A. $\sqrt{3}+1$　　　　B. 2　　　　C. $\sqrt{3}$　　　　D. $\sqrt{3}-1$

解答　如图 1.1-22,设 $a=\overrightarrow{OA}$,$b=\overrightarrow{OB}$,$c=\overrightarrow{OC}$,易得
$$\langle\overrightarrow{OA},\overrightarrow{OB}\rangle=60°.$$

取
$$\overrightarrow{AD}=\overrightarrow{OE}=\dfrac{1}{4}b,$$

设 $a+\dfrac{1}{4}b=\overrightarrow{OD}$,过点 C 作 CH 垂直于 OB 所在的直线于点 H,则 $|c-tb|$ 的最小值为 $|\overrightarrow{CH}|$,所以
$$|\overrightarrow{CH}|=|\overrightarrow{CA}|.$$

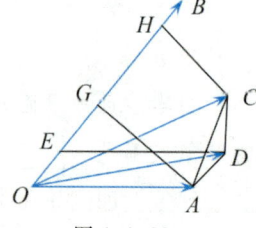

图 1.1-22

根据抛物线的定义知点 C 的轨迹为以点 A 为焦点、OH 为准线的抛物线,过点 A 作 AG 垂直直线 OB 于点 G,所以
$$\left|a+\dfrac{b}{4}-c\right|+|c-a|=|\overrightarrow{CD}|+|\overrightarrow{CA}|=|\overrightarrow{CD}|+|\overrightarrow{CH}|\geqslant|\overrightarrow{DH}|=|\overrightarrow{AG}|=|\overrightarrow{OA}|\sin 60°=\sqrt{3}.$$

故选 C.

例 5 已知平面向量 a,b,c 满足 $|a|=|b|=1, a·b=\dfrac{1}{2}, a·c=2$,若对于任意的向量 d 均有 $|d-c|$ 的最小值为 $\sqrt{2}|d-a|$,则 $|d-a|+|d-b|$ 的取值范围是_____.

解答 令 $a=\overrightarrow{OA}, b=\overrightarrow{OB}, c=\overrightarrow{OC}, d=\overrightarrow{OD}$,设 $A(1,0), B\left(\dfrac{1}{2},\dfrac{\sqrt{3}}{2}\right), D(x,y)$,由 $a·c=2$ 得点 C 在直线 $x=2$ 上(如图 1.1-23).

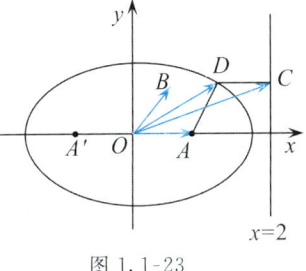

图 1.1-23

因为对于任意向量 d 都有 $|d-c|$ 的最小值为 $\sqrt{2}|d-a|$,所以点 D 到直线 $x=2$ 的距离为 $\sqrt{2}|DA|$.

再由椭圆的第二定义得,点 D 的轨迹是以 A 为右焦点、$x=2$ 为右准线的椭圆,其方程为

$$\dfrac{x^2}{2}+y^2=1.$$

设 $A'(-1,0)$ 为其左焦点,则

$$|d-a|+|d-b|=|\overrightarrow{AD}|+|\overrightarrow{BD}|=(2\sqrt{2}-|DA'|)+|DB|=2\sqrt{2}-(|DA'|-|DB|).$$

又因为 $||DA'|-|DB||\leqslant |BA'|=\sqrt{3}$,所以

$$|d-a|+|d-b|=|\overrightarrow{AD}|+|\overrightarrow{BD}|\in[2\sqrt{2}-\sqrt{3},2\sqrt{2}+\sqrt{3}].$$

点评 只缘题在向量中,不识曲线真面目.对于平面向量与圆锥曲线定义的综合问题,千万不能被平面向量的外表形式所左右,迷惑了双眼,我们首要做的事情就是要通过平面向量的运算把向量的"外壳"剥去,暴露问题的本源.

向量版的圆锥曲线定义

已知平面向量 a,b,p,若 $|a|=m, |b|=n, \langle a,b\rangle=\theta$,且满足 $|p-tb|$ 的最小值为 $\dfrac{1}{e}|p-a|$,则

当 $0<e<1$ 时,点 P 的轨迹为椭圆;

当 $e>1$ 时,点 P 的轨迹为双曲线;

当 $e=1$ 时,点 P 的轨迹为抛物线.

1.2 圆锥曲线可以"折"出来

我们将一张纸片折叠一次,纸片上会留下一条折痕,所得折痕是一条直线.如果在纸上折出很多折痕直线以后,纸上能显现出一条曲线的轮廓,使得该曲线和每一条折痕直线都相切,我们就说是"折"出了这条曲线.我们把一条曲线的所有切线组成的集合,叫作该曲线的 切线族.因此,我们所说的"折"出一条曲线实际上就是指折出该曲线的切线族.其实,折痕线本质上是圆锥曲线的 包络线.

例1 (1)如图1.2-1,一张圆形纸片的圆心为点O,点Q是圆内异于点O的定点,A是圆周上一点.把纸片折叠使点A与点Q重合,然后展平纸片,折痕与直线OA交于点P.当点A运动时,点P的轨迹是( ).

A. 圆

B. 椭圆

C. 双曲线

D. 抛物线

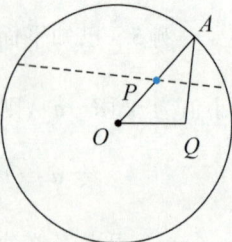

图1.2-1

(2)如图1.2-2,一张圆形纸片的圆心为点O,Q是圆外异于点O的定点,A是圆周上一点.把纸片折叠使点A与Q重合,然后展平纸片,折痕与直线OA交于点P.当点A运动时,点P的轨迹是( ).

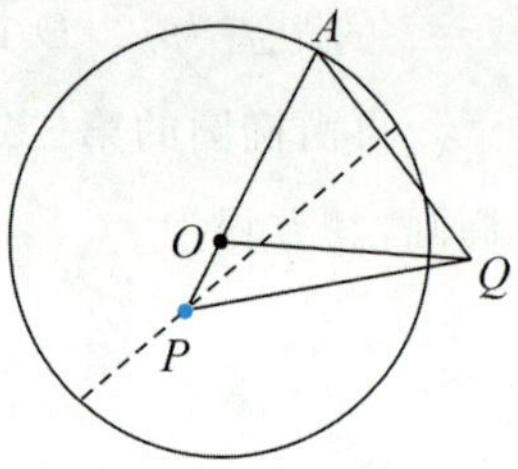

A. 圆

B. 椭圆

C. 双曲线

D. 抛物线

图1.2-2

(3)如图1.2-3,把长方形纸片$ABCD$以EF为折痕折叠(点E在边AB上,点F在边BC或CD上),使每次折叠后点B都落在AD上.此时,将B记为B',然后展平纸片,过点B'垂直于AD的折痕与折痕EF交于点P,则点P的轨迹是( ).

A. 圆 B. 椭圆

C. 双曲线 D. 抛物线

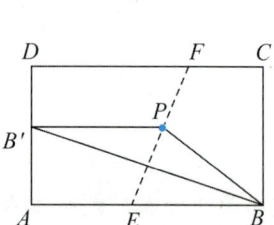

图1.2-3

解答 (1)设圆的半径为R,由题意知,折痕是AQ的中垂线,所以$|PA|=|PQ|$.从而$|PO|+|PQ|=|PO|+|PA|=R>|OQ|$.由椭圆的定义知,点$P$的轨迹是以$O,Q$为焦点的椭圆.故选B.

(2)设圆的半径为R,由题意知,折痕是AQ的中垂线,所以$|PA|=|PQ|$.从而$||PQ|-|PO||=||PO|-|PA||=R<|OQ|$.由双曲线的定义知点$P$的轨迹是以$O,Q$为焦点的双曲线.故选C.

(3)由题意知$|PB|=|PB'|$,所以点P在以B为焦点、AD为准线的抛物线上.故选D.

引申1 有一矩形纸片$ABCD$,按如图1.2-4所示的方法进行任意折叠,使每次折叠后点B都落在边AD上,将点B的落点记为点B',其中EF为折痕,点F也可落在边CD上,过点B'作折叠,使折痕$B'H\parallel CD$,交EF于点H,则点H的轨迹为( ).

A. 圆的一部分 B. 椭圆的一部分

C. 双曲线的一部分 D. 抛物线的一部分

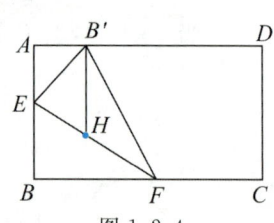

图1.2-4

解答 由题意知$|HB|=|HB'|$,即点H到定点B与到直线AD的距离相等.由抛物线的定义知,点H的轨迹为抛物线的一部分.故选D.

引申2 在平面内,已知点A为圆O上的一个动点,Q为定圆O外的一个定点.过点A把纸片折叠,使点Q与点Q'重合,然后展平纸片.设折痕为l,过点Q'把纸片折叠,使折痕$l'\parallel OA$,然后展平纸片.若折痕l与折痕l'交于点P,当点A运动时,点P的轨迹是( ).

A. 抛物线 B. 双曲线 C. 椭圆 D. 圆

解答 如图 1.2-5，设定圆 O 的半径为 R，设 PQ' 的延长线与 QO 的延长线交于点 C. 因为 $CP \parallel OA$，且 A 为 QQ' 中点，所以 OA 为 $\triangle QQ'C$ 的中位线. 因此
$$|Q'C| = 2|OA|.$$
又因为 $|PQ| = |PQ'|$，从而
$$|PC| - |PQ| = |PC| - |PQ'| = |Q'C| = 2|OA| < |CQ|.$$
所以点 P 的轨迹是双曲线. 故选 B.

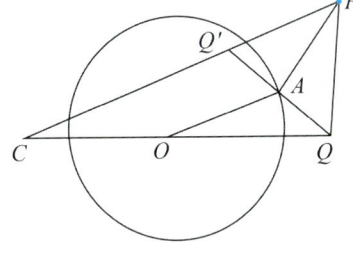

图 1.2-5

点评 圆锥曲线在生活中无处不在，无时不有，但是同学们总是喜欢把圆锥曲线的学习看成是纯粹的数学研究，似乎很高、大、上，所以圆锥曲线的学习就显得枯燥难懂，甚至乏味，但"折"出来的圆锥曲线，不仅接地气，具有浓浓的生活气息，而且能较好地还原圆锥曲线本来所特有的那份精彩.

1.3 圆锥曲线可以"切"出来

教材的章头语，对于圆锥曲线的引入是这样描述的：

我们知道，用一个垂直于圆锥的轴的平面截圆锥，截口曲线（截面与圆锥侧面的交线）是一个圆，如果改变平面与圆锥轴线的夹角，会得到什么图形呢？

用一个不垂直于圆锥的轴的平面截圆锥，当截面与圆锥的轴夹角不同时，可以得到不同的截口曲线，它们分别可以是椭圆、抛物线、双曲线，所以我们通常把圆、椭圆、抛物线、双曲线统称为圆锥曲线.

教材就此打住，没有具体量化，难以精准判断曲线的类型，所以我们有必要进行简单的拓展. 其实，可以有结论（证明略）：

如图 1.3-1，设圆锥的轴截面顶角为 2θ，圆锥的轴与截面所成的角为 α，其中 $\alpha, \theta \in \left(0, \dfrac{\pi}{2}\right)$.

当 $\alpha > \theta$ 时，截口曲线为椭圆；

当 $\alpha = \theta$ 时，截口曲线为抛物线；

当 $\alpha < \theta$ 时，截口曲线为双曲线.

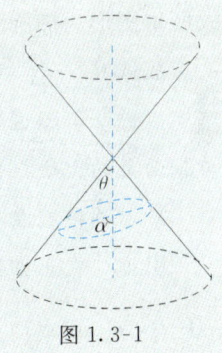

图 1.3-1

例 1 已知正方体 $ABCD-A_1B_1C_1D_1$，Q 是平面 $ABCD$ 内的动点，若 D_1Q 与 D_1C 所成的角为 $\dfrac{\pi}{4}$，则动点 Q 的轨迹是（ ）.

A. 椭圆 B. 双曲线

C. 抛物线 D. 圆

解答 如图 1.3-2，因为 D_1Q 与 D_1C 所成的角为 $\dfrac{\pi}{4}$，所以点 Q 在以 D_1C 为轴的圆锥曲面上，且半顶角

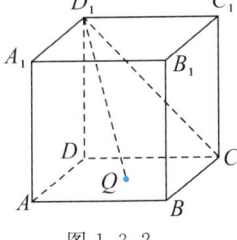

图 1.3-2

$$\theta = \frac{\pi}{4}.$$

设圆锥的轴 D_1C 与截面 $ABCD$ 所成的角为 α,则

$$\alpha = \frac{\pi}{4}.$$

因此

$$\alpha = \theta,$$

动点 Q 的轨迹是抛物线.

故选 C.

例2 如图 1.3-3,斜线段 AB 与平面 α 所成的角为 $60°$,B 为斜足,平面 α 上的动点 P 满足 $\angle PAB = 30°$,则点 P 的轨迹是(　　).

A. 直线　　　　　　　　　　　B. 抛物线

C. 椭圆　　　　　　　　　　　D. 双曲线的一支

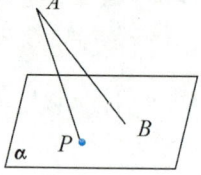

图 1.3-3

解答　由题意可知,当点 P 在空间运动时,满足条件的 AP 绕 AB 旋转形成一个圆锥,圆锥的半顶角

$$\theta = 30°,$$

平面 α 与圆锥的轴所成角

$$\alpha = 60°,$$

即轴面角大于半顶角,

$$\alpha > \theta,$$

故所得图形为椭圆.

故选 C.

点评　解答这类问题的基本步骤:(1)构造一个圆锥;(2)求出圆锥的半顶角与轴面角;(3)比较半顶角与轴面角的大小;(4)下结论.

所以关键就在于求线面角.

引申　在正方体 $ABCD-A_1B_1C_1D_1$ 中,M 是线段 BC_1 的中点,点 P 是平面 A_1BCD_1 内的动点.记直线 MP 与 CC_1 所成的角为 $\frac{\pi}{6}$,则点 P 的轨迹是(　　).

A. 圆　　　　　B. 椭圆　　　　　C. 双曲线　　　　　D. 抛物线

解答　如图 1.3-4,设线段 BC 的中点为 N,则 $MN \parallel CC_1$,所以 MP 与 MN 所成的角为 $\frac{\pi}{6}$,故点 P 在以 MN 为轴的圆锥曲面上,圆锥的半顶角为 $\frac{\pi}{6}$,易求 CC_1 与平面 A_1BCD_1 所成的角为 $\frac{\pi}{4}$,

所以轴面角 $\frac{\pi}{4}$ 大于半顶角 $\frac{\pi}{6}$,从而点 P 的轨迹是椭圆,

故选 B.

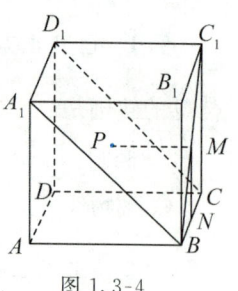

图 1.3-4

例3 在正方体 $ABCD-A_1B_1C_1D_1$ 中,点 Q 为对角面 A_1BCD_1 内的动点,点 M,N 分别在直线 AD,AC 上自由滑动,直线 DQ 与 MN 所成角的最小值为 θ,若点 Q 的轨迹为双曲线的一部分,则 θ 可能的值为( ).

A. $30°$ B. $45°$ C. $60°$ D. $75°$

解答 如图1.3-5,直线 DQ 与 MN 所成角的最小值是直线 DQ 与平面 $ABCD$ 所成角,即直线 DQ 与平面 $ABCD$ 所成的角为 θ,

所以直线 DQ 与平面 $ABCD$ 的法向量 D_1D 所成的角为 $\dfrac{\pi}{2}-\theta$,即点 Q 在以 D_1D 为轴的圆锥曲面上,半顶角为 $\dfrac{\pi}{2}-\theta$,

而直线 DD_1 与平面 A_1BCD_1 所成的角为 $\dfrac{\pi}{4}$,即圆锥的轴与截面所成的角 $\alpha=\dfrac{\pi}{4}$. 因为点 Q 的轨迹为双曲线的一部分,所以 $\dfrac{\pi}{4}<\dfrac{\pi}{2}-\theta$,即 $0<\theta<\dfrac{\pi}{4}$.

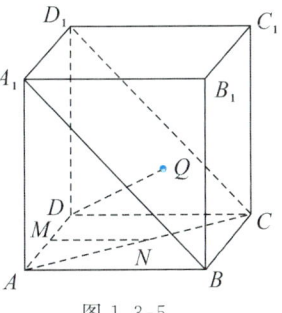

图 1.3-5

故选 A.

引申 在正方体 $ABCD-A_1B_1C_1D_1$ 中,点 M,N 分别是直线 CD,AB 上的动点,点 P 是 $\triangle A_1C_1D$ 内的动点(不包括边界),记直线 D_1P 与 MN 所成的角为 θ,若 θ 的最小值为 $\dfrac{\pi}{3}$,则点 P 的轨迹是( ).

A. 圆的一部分   B. 椭圆的一部分

C. 抛物线的一部分   D. 双曲线的一部分

解答 如图1.3-6,直线 D_1P 与 MN 所成角的最小值是直线 D_1P 与平面 $ABCD$ 所成的角,即直线 D_1P 与平面 $ABCD$ 所成的角为 $\dfrac{\pi}{3}$,

所以直线 D_1P 与平面 $ABCD$ 的法向量 D_1D 所成的角为 $\dfrac{\pi}{6}$,即点 P 在以 D_1D 为轴的圆锥曲面上,半顶角 $\theta=\dfrac{\pi}{6}$.

而直线 D_1D 与平面 DA_1C_1 所成角的正弦值为 $\dfrac{\sqrt{3}}{3}$,即圆锥的轴与截面所成的角为 α,且 $\sin\alpha=\dfrac{\sqrt{3}}{3}$.

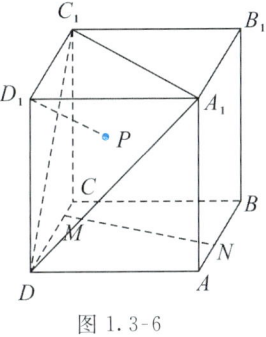

图 1.3-6

因此 $\alpha>\theta$,点 P 的轨迹为椭圆的一部分.

故选 B.

点评 解决这类问题的核心就是构造一个圆锥,抓牢两个角(半顶角、轴面角),再比较角的大小就可以了.

对于圆锥曲线的定义,当然还可以从其他角度进行解读. 例如椭圆,用一个平面斜截圆柱得到的截口曲线是椭圆.

如图1.3-7,AB 是平面 α 的斜线段,A 为斜足,若点 P 在平面 α 内运动,使得 $\triangle ABP$ 的面积为定值,则动点 P 的轨迹是( ).

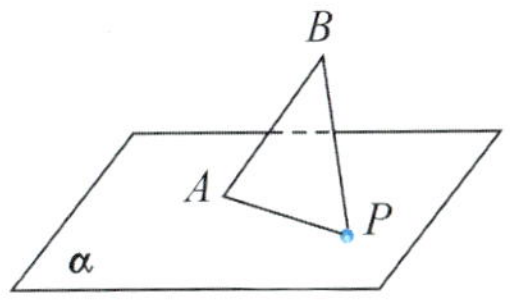

A. 圆   B. 椭圆

C. 一条直线   D. 两条平行直线

图 1.3-7

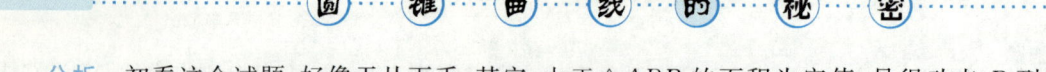

分析 初看这个试题,好像无从下手.其实,由于△ABP的面积为定值,易得动点P到直线AB的距离保持不变,所以动点P在以AB为轴的圆柱体的表面上.又得动点P在平面α内,所以问题就转化为圆柱被不平行于轴与底面的平面所截的截面问题,用平面去斜截圆柱,截得的交线当然是椭圆,因此选B.

点评 如果我们建立坐标系进行直接计算的话,就陷入了一种非常被动、烦琐的尴尬地步.其实,对于一道选择题来说,"小题不必大做"是一个重要的原则.

本章是从不同的视角、不同的层次帮助我们理解圆锥曲线的定义,剖析圆锥曲线内在的本质.定义不是"食之无味,弃之可惜"的鸡肋,而是解题的重要依据与支撑,回归定义不是简单地记住定义,也不是捏着课本"这张旧船票",引吭高歌到"能否登上高考的客船",更不是简单地重复着"昨天的故事",而是"请君莫奏前朝曲,听唱新翻杨柳枝".通过回归定义,我们不断地明晰概念的内涵和把握数学知识的结构,不断地形成和完善对数学方法的认识与理解,不断地提升解题的理性思维能力.只有从不同的角度、多层次地去理解定义,才能真正触及数学概念的本质.

当我们站在系统的高度去理解知识的时候,发现知识之间既盘根错节又浑然一体,而到后来,知识好像在手心里,了如指掌,不再是一堆杂乱无章的瓦砾、一片望而生畏的戈壁滩(孙维刚语).从而我们的学习达到"联珠成线""织线成网""拎起来成条线,撒下来铺满地"的境界.

由此看来,圆锥曲线果真与众不同,就连平平淡淡的定义形式都能这么的精彩纷呈,是不是特想欣赏圆锥曲线的美了?是不是特想揭示圆锥曲线的秘密了?但定义只是欣赏圆锥曲线性质的入场券,我们还需要哪些武装设备呢?请看下章分解.

思考题

1. 在同一平面内，A,B 为两个不同的定点，圆 A 和圆 B 的半径都为 r，射线 AB 交圆 A 于点 P，过点 P 作圆 A 的切线 l，当 $r\left(r \geqslant \dfrac{1}{2}|AB|\right)$ 变化时，l 与圆 B 的公共点的轨迹是（　　）.

A. 圆   B. 椭圆

C. 双曲线的一支   D. 抛物线

2. 已知点 $A(2,-1)$，P 为椭圆 $C:\dfrac{x^2}{4}+\dfrac{y^2}{3}=1$ 上的动点，B 是圆 $C_1:(x-1)^2+y^2=1$ 上的动点，则 $|PB|-|PA|$ 的最大值为（　　）.

A. $\sqrt{5}$ B. $\sqrt{2}+1$ C. 3   D. $5-\sqrt{10}$

3. 如图，在正方体 $ABCD-A_1B_1C_1D_1$ 中，点 P 是侧面 BB_1C_1C 内的动点，若点 P 到直线 BC 与到直线 C_1D_1 的距离相等，则动点 P 的轨迹所在的曲线是（　　）.

A. 直线   B. 圆

C. 双曲线   D. 抛物线

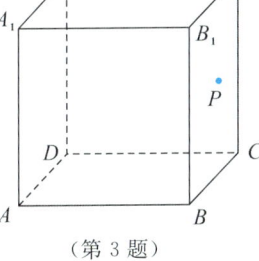

(第3题)

4. 已知点 P 是圆 $x^2+y^2=4$ 上的动点，直线 l 是圆在点 P 处的切线，动抛物线以直线 l 为准线且恒经过定点 $A(-1,0)$ 和 $B(1,0)$，则抛物线焦点 F 的轨迹为（　　）

A. 圆   B. 椭圆

C. 双曲线   D. 抛物线

5. 在三棱锥 $P-ABC$ 中，已知 $PA=PB=PC=\sqrt{2}$，$AB=AC=BC=\sqrt{3}$，点 Q 为 $\triangle ABC$ 所在平面内的动点，若 PQ 与 PA 所成的角为定值 $\theta,\theta\in\left(0,\dfrac{\pi}{4}\right)$，则动点 Q 的轨迹是（　　）.

A. 圆   B. 椭圆

C. 双曲线   D. 抛物线

6. 如图，AB 是平面 α 外固定的斜线段，B 为斜足. 若点 C 在平面 α 内运动，且 $\angle CAB$ 等于直线 AB 与平面 α 所成的角，则动点 C 的轨迹为（　　）.

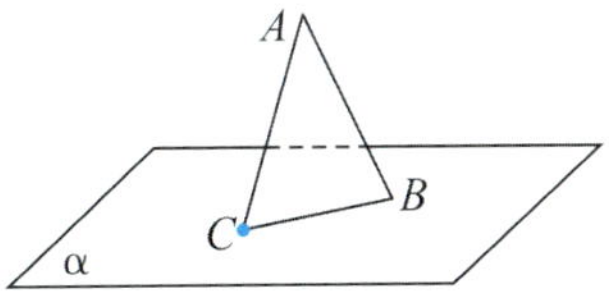

A. 圆   B. 椭圆

C. 双曲线   D. 抛物线

(第6题)

7. 设 m 是平面 α 内的一条定直线，P 是平面 α 外的一个定点，动直线 n 经过点 P 且与 m 成 $30°$ 角，则直线 n 与平面 α 的交点 Q 的轨迹是（　　）.

A. 圆   B. 椭圆   C. 双曲线   D. 抛物线

8. 已知双曲线 $\dfrac{x^2}{a^2}-\dfrac{y^2}{b^2}=1(a>0,b>0)$ 的左、右焦点分别为 F_1,F_2，过右焦点 F_2 且与 x 轴垂直的直线与双曲线两条渐近线分别交于 A,B 两点，若 $\triangle ABF_1$ 为等腰直角三角形，且 $|AB|=4\sqrt{5}$，点 $P(x,y)(x>0)$ 在双曲线上，$M(\sqrt{5},\sqrt{5})$，则 $|PM|+|PF_2|$ 的最小值为（　　）.

A. $\sqrt{5}-1$ B. 2   C. $2\sqrt{5}-2$ D. 3

9. 已知向量 a,b 满足 $|a|=2, a \cdot b = 2|a-b|$,则当 a,b 的夹角最大时,$a \cdot b = $( ).

A. 0　　　　　　　　B. 2　　　　　　　　C. $2\sqrt{2}$　　　　　　　　D. 4

10. 已知不共线的向量 a,b 满足 $|a|=|b|=1$,且 $|a+xb|+|a-xb|=4$,向量 a,b 的夹角为 θ,若 $\dfrac{\sqrt{14}}{2} \leqslant x \leqslant \dfrac{\sqrt{15}}{2}$,则 $|\cos\theta|$ 的最小值是 _____.

第二章

举目仰望星空，回首又见炊烟
——圆锥曲线可以这样运算

完善的思想方法犹如北极星，使人们找到正确的道路.——波利亚

从一则故事说起：有三只猎狗追一只土拨鼠，土拨鼠钻进了一个树洞.这个树洞只有一个出口，可不一会儿，从树洞里钻出一只兔子.兔子飞快地向前跑，并爬上一棵大树.兔子在树上，仓皇中没站稳，掉了下来，砸晕了正仰头看的三只猎狗，最后，兔子终于逃脱了.这个故事你发现有什么问题吗？有人可能会说兔子不会爬树，有人可能会说一只兔子不可能同时砸晕三只猎狗，等等.其实，对于这个问题来讲，我们往往被"兔子"干扰了，我们更应该关注的是土拨鼠去哪儿了？解题也一样，我们不能盲目地解题，而应该关注如何解题，如何优化我们解题的思维过程等.在解题中，思维量与运算量是一对跷跷板，只有不断优化我们的思维，才能不断简化我们的运算."数学运算是数学的童子功"(章建跃语)，数学运算是数学核心素养的重要组成部分，运算几乎渗透到数学的每一个角落.圆锥曲线问题更是离不开算，但我们不能死算，更不能往死里算，学会少算多思，学会拒绝暴力运算.

"得圆锥曲线者得高分"，此话道出了圆锥曲线在高考中具有无可替代的地位，可谓风光尽显，既让无数同学领略了其独特的魅力，也让同学们接受其颇具特色的挑战性.在考试中很多同学经常感到"一筹莫展，无从下手"，很难找到解题的突破口；或者有了一个解题方案，但在具体操作过程中又遇到这样、那样的困难，结果不是半途而废，就是很难走到"理想的彼岸".有人调侃说"代数繁，立几难，解几题目算不完"，这也从某一个角度说明了解析几何的特点：有很大的运算量.解析几何是用代数方法研究几何问题的学科，是一门精打细算的学科，计算是其痛苦而又无奈的选择，所以解析几何对同学们的学习来讲是一道难以绕开的坎，是软肋更是硬伤，对我们教师的教学来说同样是"心中永远的痛".我们学习圆锥曲线不仅要"use your head"，而且要"use your hand"，这里 head 说明学习圆锥曲线是需要一种动脑的思维能力(脑力活动)，hand 则说明学习圆锥曲线需要一种动手的运算能力(体力活动)，可以说学习圆锥曲线需要脑力活与体力活两者兼用.解决圆锥曲线问题是需要算，但千万不能盲目地算，重心要放在寻找简化代数运算的方法上.所以，我们有必要对圆锥曲线问题的解题方法进行系统总结整理，从繁杂的运算中解脱出来，这样才能有闲情雅致去欣赏圆锥曲线的美，否则，圆锥曲线的美就会被运算的海洋所淹没，欣赏圆锥曲线的美也许就变成了一种痛苦的回忆.我们这章主要梳理简化圆锥曲线问题中运算量的基本方法.

2.1 设而不求,妙在其中

圆锥曲线图形的美丽和运算的苦涩成就了其数学研究中不老的神话,如何在运算中突出重围,演绎精彩,这是我们不得不处理的数学问题.解决圆锥曲线问题要用解析法思想,解析法思想的最大好处就在于通过代数方法将几何问题的解决变成统一的模式,解题方法变得有章可循,解题过程变得井然有序,十分优雅而从容,而且能按一定的步骤或程序来推导、求解.但其中的计算过程往往是艰难与复杂的,特别是很多问题的解答都需要依赖于交点坐标,而直接求交点坐标往往很烦琐,也是我们处理圆锥曲线问题中所忌讳的.很多圆锥曲线问题如果直接求出交点坐标,必定带来大量的运算.如何避免求交点,从而简化计算,也就成了处理圆锥曲线问题的难点与关键所在.对一些未知量只需设出,而不必求出其值,我们称这种思想方法为**设而不求**.

例1 已知 P 是椭圆 $\dfrac{x^2}{25}+\dfrac{y^2}{16}=1$ 上位于第一象限内的任一点,过点 P 作圆 $x^2+y^2=16$ 的两条切线 PA,PB(点 A,B 为切点),直线 AB 分别交 x 轴、y 轴于点 M,N,则 $\triangle MON$ 的面积的最小值是 _____.(O 是坐标原点)

解答 依据题意,可设点

$$P(5\cos\theta,4\sin\theta)\left(0<\theta<\dfrac{\pi}{2}\right),$$

$A(x_1,y_1),B(x_2,y_2)$,于是,可得

$$切线\ PA:x_1x+y_1y=16,$$
$$切线\ PB:x_2x+y_2y=16.$$

因为点 P 是两切线的公共点,所以

$$\begin{cases} x_1\cdot 5\cos\theta+y_1\cdot 4\sin\theta=16, \\ x_2\cdot 5\cos\theta+y_2\cdot 4\sin\theta=16. \end{cases}$$

从而直线 $x\cdot 5\cos\theta+y\cdot 4\sin\theta=16$ 过点 A,B,而过点 A,B 的直线有且只有一条,故得到

$$直线\ AB:x\cdot 5\cos\theta+y\cdot 4\sin\theta=16.$$

所以

$$S_{\triangle MON}=\dfrac{1}{2}\cdot\dfrac{4}{\sin\theta}\cdot\dfrac{16}{5\cos\theta}=\dfrac{64}{5\sin 2\theta}\geqslant\dfrac{64}{5},$$

当 $\theta=\dfrac{\pi}{4}$ 时,等号成立.因此,$\triangle MON$ 的面积的最小值是 $\dfrac{64}{5}$.

常言道一物降一物,对于圆锥曲线问题的解决,同样需要一法解一类,需要有一种正确的数学思想方法来引领我们解题,能帮助我们精准地寻找到解题的方向.设而不求的方法就是这样一种处理圆锥曲线问题的最基本的方法,也是我们解题的一种重要策略."明修栈道,暗度陈仓"所表达的也是这么一种思想.利用设而不求的方法解决圆锥曲线问题能奇妙地回避求交点坐标,化繁为简,往往具有事半功倍之功效.那么,在解答圆锥问题中如何处理才能真正达到设而不求的最大效果呢?需要借助于哪些常见途径呢?在使用过程中又应该注意哪些问题呢?

2.1.1 基本转化法

解析几何的基本思想是用代数的手段来研究几何问题.这里很自然涉及两个问题:一是几何关系的代数化表示;二是代数形式的几何意义.

所以,我们有解析几何解题的"三部曲":

① 首先将几何问题代数化;

② 其次将代数问题坐标化(坐标化的终极目标是得到纯 x_1+x_2,$x_1 x_2$ 或纯 y_1+y_2,$y_1 y_2$ 的代数式);

③ 最后利用韦达定理代入,化简得出答案.

例2 (2018年全国卷Ⅰ理科第19题第(Ⅱ)问)设椭圆 $C:\dfrac{x^2}{2}+y^2=1$ 的右焦点为 F,过点 F 的直线 l 与椭圆 C 交于 A,B 两点,点 M 的坐标为 $(2,0)$.设 O 为坐标原点,证明:$\angle OMA=\angle OMB$.

证明 当 l 与 x 轴重合时,或当 l 与 x 轴垂直时,易证
$$\angle OMA=\angle OMB.$$

当 l 与 x 轴不重合也不垂直时,需要把几何量"$\angle OMA=\angle OMB$"代数化.

第一步,代数化是把角的问题转化为斜率问题,只要证明
$$k_{MA}+k_{MB}=0$$
即可.

第二步,设 $A(x_1,y_1)$,$B(x_2,y_2)$.把 $k_{MA}+k_{MB}=0$ 坐标化,即证明
$$k_{MA}+k_{MB}=\dfrac{y_1}{x_1-2}+\dfrac{y_2}{x_2-2}=0.$$

第三步,进一步坐标化,设 l 的方程为
$$y=k(x-1)(k\neq 0),$$

将 $y=k(x-1)$ 代入 $\dfrac{x^2}{2}+y^2=1$,消去 y 并整理得
$$(2k^2+1)x^2-4k^2 x+2k^2-2=0.$$

由韦达定理得
$$x_1+x_2=\dfrac{4k^2}{2k^2+1},x_1 x_2=\dfrac{2k^2-2}{2k^2+1}.$$

进一步证明
$$k_{MA}+k_{MB}=k\dfrac{2x_1 x_2-3(x_1+x_2)+4}{x_1 x_2-2(x_1+x_2)+4}=0$$

即可,也就是证明
$$2kx_1 x_2-3k(x_1+x_2)+4k=\dfrac{4k^3-4k-12k^3+8k^3+4k}{2k^2+1}=0.$$

证毕.

例3 (2011年浙江卷)设 F_1,F_2 分别为椭圆 $\dfrac{x^2}{3}+y^2=1$ 的左、右焦点,点 A,B 在椭圆上.若 $\overrightarrow{F_1 A}=5\overrightarrow{F_2 B}$,则点 A 的坐标是_____.

解答 如图 2.1-1,设直线 F_1A 与椭圆的另一个交点为 C,则由椭圆的对称性知
$$\overrightarrow{F_1A}=5\overrightarrow{CF_1}.$$
设直线 F_1A 的方程为
$$x=my-\sqrt{2},$$
$A(x_1,y_1),C(x_2,y_2)$. 将 $x=my-\sqrt{2}$ 代入到椭圆方程 $\dfrac{x^2}{3}+y^2=1$,消去 x 并整理得
$$(m^2+3)y^2-2\sqrt{2}my-1=0.$$

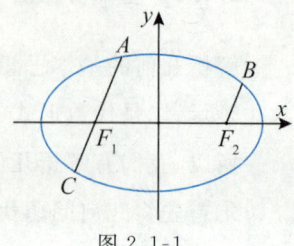

图 2.1-1

由韦达定理得
$$y_1+y_2=\dfrac{2\sqrt{2}m}{m^2+3},\ y_1y_2=-\dfrac{1}{m^2+3}\quad ①.$$
又由 $\overrightarrow{F_1A}=5\overrightarrow{CF_1}$ 得
$$y_1=-5y_2,$$
所以
$$\begin{cases} y_1+y_2=(-5y_2)+y_2=-4y_2, \\ y_1y_2=(-5y_2)y_2=-5y_2^2, \end{cases}$$
即
$$16y_1y_2+5(y_1+y_2)^2=0\quad ②.$$
把①代入②,得
$$m^2=2.$$
故点 A 的坐标是 $(0,1)$ 或 $(0,-1)$.

点评 本题解答的难点就在于把条件 $\overrightarrow{F_1A}=5\overrightarrow{F_2B}$ 变成 $16y_1y_2+5(y_1+y_2)^2=0$. 实现问题的坐标化,使得问题能顺利地解决,这是我们处理圆锥曲线问题的最基本的思路.

引申 如图 2.1-2,已知抛物线 $y=ax^2$ 上一点 $M(x_0,5)$ 到焦点的距离为 $\dfrac{21}{4}$,过点 $P(-1,0)$ 作两条互相垂直的直线 l_1 和 l_2,其中斜率为 $k(k>0)$ 的直线 l_1 与抛物线交于 A,B 两点,l_2 与 y 轴交于点 C,点 Q 满足 $\overrightarrow{AP}=\lambda\overrightarrow{PB},\overrightarrow{QA}=\lambda\overrightarrow{QB}$.

(Ⅰ)求抛物线的方程.

(Ⅱ)求 $\triangle PQC$ 面积的最小值.

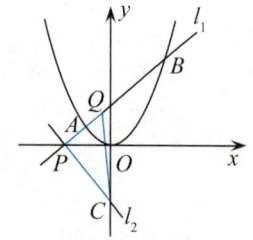

图 2.1-2

解答 (Ⅰ)抛物线 $y=ax^2$ 的标准方程为 $x^2=\dfrac{1}{a}y$,其准线方程为
$$y=-\dfrac{1}{4a}.$$
则有
$$5-\left(-\dfrac{1}{4a}\right)=\dfrac{21}{4},$$
解得
$$a=1.$$
故抛物线的方程为
$$y=x^2.$$

(Ⅱ)根据题意,设
$$l_1: x = ty - 1 (t > 0),$$
则
$$l_2: x = -\frac{1}{t}y - 1.$$
可得 $C(0, -t)$,所以
$$|PC| = \sqrt{1+t^2}.$$
设 $A(x_1, y_1), B(x_2, y_2), Q(x_0, y_0)$,把 $l_1: x = ty - 1$ 代入抛物线方程 $y = x^2$,消去 x 并整理得
$$t^2 y^2 - (2t+1)y + 1 = 0,$$
则有
$$y_1 + y_2 = \frac{2t+1}{t^2}, \quad y_1 y_2 = \frac{1}{t^2}.$$
由 $\overrightarrow{AP} = \lambda \overrightarrow{PB}$ 得 $(-1-x_1, -y_1) = \lambda(x_2+1, y_2)$,从而
$$\lambda = -\frac{y_1}{y_2};$$
由 $\overrightarrow{QA} = \lambda \overrightarrow{QB}$ 得 $(x_1-x_0, y_1-y_0) = \lambda(x_2-x_0, y_2-y_0)$,从而
$$\lambda = \frac{y_1 - y_0}{y_2 - y_0}.$$
故有 $-\dfrac{y_1}{y_2} = \dfrac{y_1 - y_0}{y_2 - y_0}$,得
$$y_0 = \frac{2y_1 y_2}{y_1 + y_2} = \frac{2}{2t+1},$$
所以
$$|PQ| = \sqrt{1+t^2}\,|y_0| = \frac{2\sqrt{1+t^2}}{2t+1}.$$
又 $S_{\triangle PQC} = \dfrac{1}{2} \cdot |PQ| \cdot |PC| = \dfrac{1+t^2}{2t+1} = \dfrac{1}{4}\left[(2t+1) + \dfrac{5}{2t+1} - 2\right] \geqslant \dfrac{1}{4}\left[2\sqrt{(2t+1) \cdot \dfrac{5}{2t+1}} - 2\right] = \dfrac{\sqrt{5}-1}{2}$,

当且仅当 $2t+1 = \dfrac{5}{2t+1}$,即 $t = \dfrac{\sqrt{5}-1}{2}$ 时取等号,故 $\triangle PQC$ 面积的最小值为 $\dfrac{\sqrt{5}-1}{2}$.

点评 从策略上看,基本转化法是"金蝉脱壳"的一种变通形式.我们通过观察问题中的关键点,实现几何语言到代数语言的有效转化,从而达到破题的目的.这种解法的优点是具有比较强的模式化,易于操作,也是我们解决圆锥曲线问题的首要选择.

2.1.2 整体消元法

从被教材抛弃的"鸡肋"说起.在推导点 $P(x_0, y_0)$ 到直线 $l: Ax + By + C = 0$ 的距离公式时,教材大致是这样引入的:

从点 $P(x_0, y_0)$ 作直线 l 的垂线,垂足为 Q,可以求出直线 PQ 的方程,再求出直线 l 与 PQ 的交点 Q,于是 PQ 就是点 $P(x_0, y_0)$ 到直线 $l: Ax + By + C = 0 (A^2 + B^2 \neq 0)$ 的距离.这种方法的思路虽然十分自然,但具体运算需要一定的技巧,我们采用另一种方法……

戛然而止，另起灶火，立即转向数形结合，这是一件非常遗憾的事情．数形结合方法固然重要，但设而不求、整体代换更是解决解析几何问题的重要手段．我们可以接着被教材中断的方法继续我们的解答：推导点到直线的距离公式，即求点 $P(x_0, y_0)$ 到 $Ax+By+C=0(A^2+B^2\neq 0)$ 的距离．

解答 因为点 $Q(x_1, y_1)$ 在直线 $Ax+By+C=0$ 上，所以
$$Ax_1+By_1+C=0.$$
所以
$$A(x_0-x_1)+B(y_0-y_1)=Ax_0+By_0+C \quad ①.$$
因为 $P(x_0, y_0)$ 在直线 $PQ: B(x-x_1)-A(y-y_1)=0$ 上，所以
$$B(x_0-x_1)-A(y_0-y_1)=0 \quad ②.$$
由 $①^2+②^2$ 得
$$(A^2+B^2)[(x_0-x_1)^2+(y_0-y_1)^2]=(Ax_0+By_0+C)^2.$$
所以
$$|PQ|=\sqrt{(x_0-x_1)^2+(y_0-y_1)^2}=\frac{|Ax_0+By_0+C|}{\sqrt{A^2+B^2}}.$$

或者利用柯西不等式．因为
$$A(x_0-x_1)+B(y_0-y_1)=Ax_0+By_0+C,$$
所以
$$(Ax_0+By_0+C)^2\leqslant (A^2+B^2)[(x_0-x_1)^2+(y_0-y_1)^2].$$

当我们利用整体代换进行解题时，繁杂而纠结的计算过程悄然不见了，取而代之的是一气呵成的解题过程，痛快而淋漓尽致，何乐而不为呢？

(1) 整体代换法

例1 在平面直角坐标系 xOy 中，设 A, B, M 是椭圆 $C: \dfrac{x^2}{4}+y^2=1$ 上的三点．若 $\overrightarrow{OM}=\dfrac{3}{5}\overrightarrow{OA}+\dfrac{4}{5}\overrightarrow{OB}$，证明：线段 AB 的中点在椭圆 $\dfrac{x^2}{2}+2y^2=1$ 上．

证明 设 $A(x_1, y_1), B(x_2, y_2)$，则 $\dfrac{x_1^2}{4}+y_1^2=1, \dfrac{x_2^2}{4}+y_2^2=1$．

由 $\overrightarrow{OM}=\dfrac{3}{5}\overrightarrow{OA}+\dfrac{4}{5}\overrightarrow{OB}$ 得
$$M\left(\dfrac{3}{5}x_1+\dfrac{4}{5}x_2, \dfrac{3}{5}y_1+\dfrac{4}{5}y_2\right).$$
因为 M 是椭圆 C 上一点，所以
$$\dfrac{\left(\dfrac{3}{5}x_1+\dfrac{4}{5}x_2\right)^2}{4}+\left(\dfrac{3}{5}y_1+\dfrac{4}{5}y_2\right)^2=1,$$
即 $\left(\dfrac{x_1^2}{4}+y_1^2\right)\left(\dfrac{3}{5}\right)^2+\left(\dfrac{x_2^2}{4}+y_2^2\right)\left(\dfrac{4}{5}\right)^2+2\times\dfrac{3}{5}\times\dfrac{4}{5}\times\left(\dfrac{x_1x_2}{4}+y_1y_2\right)=1$，得
$$\left(\dfrac{3}{5}\right)^2+\left(\dfrac{4}{5}\right)^2+2\times\dfrac{3}{5}\times\dfrac{4}{5}\times\left(\dfrac{x_1x_2}{4}+y_1y_2\right)=1,$$
故
$$\dfrac{x_1x_2}{4}+y_1y_2=0.$$

又因为线段 AB 的中点的坐标为
$$\left(\frac{x_1+x_2}{2},\frac{y_1+y_2}{2}\right),$$
所以
$$\frac{\left(\frac{x_1+x_2}{2}\right)^2}{2}+2\left(\frac{y_1+y_2}{2}\right)^2=\frac{1}{2}\left(\frac{x_1^2}{4}+y_1^2\right)+\frac{1}{2}\left(\frac{x_2^2}{4}+y_2^2\right)+\frac{x_1x_2}{4}+y_1y_2=1.$$

从而线段 AB 的中点 $\left(\frac{x_1+x_2}{2},\frac{y_1+y_2}{2}\right)$ 在椭圆 $\frac{x^2}{2}+2y^2=1$ 上.

引申 设 $\lambda>0$,点 A 的坐标为 $(1,1)$,点 B 在抛物线 $y=x^2$ 上运动,点 Q 满足 $\overrightarrow{BQ}=\lambda\overrightarrow{QA}$,经过点 Q 且与 x 轴垂直的直线交抛物线于点 M,点 P 满足 $\overrightarrow{QM}=\lambda\overrightarrow{MP}$,求点 P 的轨迹方程.

解答 如图 2.1-3,由 $\overrightarrow{QM}=\lambda\overrightarrow{MP}$ 知 Q,M,P 三点在同一条垂直于 x 轴的直线上,故可设 $P(x,y),Q(x,y_0),M(x,x^2)$,则 $x^2-y_0=\lambda(y-x^2)$,即
$$y_0=(1+\lambda)x^2-\lambda y \quad ①.$$

再设 $B(x_1,y_1)$,已知 $\overrightarrow{BQ}=\lambda\overrightarrow{QA}$,即
$$(x-x_1,y_0-y_1)=\lambda(1-x,1-y_0),$$
解得
$$\begin{cases}x_1=(1+\lambda)x-\lambda,\\ y_1=(1+\lambda)y_0-\lambda.\end{cases} ②.$$

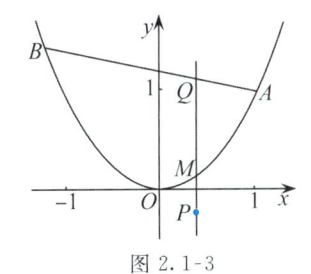

将①代入②,消去 y_0 得
$$\begin{cases}x_1=(1+\lambda)x-\lambda,\\ y_1=(1+\lambda)^2x^2-\lambda(1+\lambda)y-\lambda\end{cases} ③.$$

因为点 B 在抛物线 $y=x^2$ 上,所以
$$y_1=x_1^2.$$

再将③代入 $y_1=x_1^2$,得 $(1+\lambda)^2x^2-\lambda(1+\lambda)y-\lambda=[(1+\lambda)x-\lambda]^2$,即
$$2\lambda(1+\lambda)x-\lambda(1+\lambda)y-\lambda(1+\lambda)=0.$$

因为 $\lambda>0$,上式等号两边同除以 $\lambda(1+\lambda)$,得
$$2x-y-1=0.$$

故所求点 P 的轨迹方程为
$$y=2x-1.$$

点评 利用整体代换法往往能较好地实现设而不求.整体代换法着眼于分析问题的整体结构特征,善于用"集成"的眼光,把某些式子看作一个整体,进行"打包"处理,实现有目的、有意识地整体代换,从而避开不必要的运算纠缠.

(2)定比点差法

解决圆锥曲线的中点弦问题,我们常常采用点差法,这是非常管用的方法.但如果解决一类有关定比而非中点的弦问题,点差法就无能为力了.这时我们需要对点差法稍加改造,可以采用升级版的点差法——<u>定比点差法</u>.利用定比点差法的基本方法、步骤与点差法基本相似,将圆锥曲线上的两点坐标分别代入原方程,只是在作差前要先对其中的一个式子先乘上定比的平方,再作差.

例2 设椭圆 $C: \dfrac{x^2}{a^2}+\dfrac{y^2}{b^2}=1(a>b>0)$ 过点 $M(\sqrt{2},1)$，且左焦点为 $F_1(-\sqrt{2},0)$.

（Ⅰ）求椭圆 C 的方程.

（Ⅱ）当过点 $P(4,1)$ 的动直线 l 与椭圆 C 相交于两个不同点 A,B 时，在线段 AB 上取点 Q，满足 $|\overrightarrow{AP}|\cdot|\overrightarrow{QB}|=|\overrightarrow{AQ}|\cdot|\overrightarrow{PB}|$，证明：点 Q 总在某条定直线上.

解答 （Ⅰ）由题意得椭圆的右焦点为
$$F_2(\sqrt{2},0).$$
由椭圆定义知 $2a=|MF_1|+|MF_2|=\sqrt{(2\sqrt{2})^2+1}+1=4$，即
$$a=2.$$
又 $c=\sqrt{2}$，所以
$$b=\sqrt{2}.$$
从而所求椭圆的方程为
$$\dfrac{x^2}{4}+\dfrac{y^2}{2}=1.$$

（Ⅱ）已知 $|\overrightarrow{AP}|\cdot|\overrightarrow{QB}|=|\overrightarrow{AQ}|\cdot|\overrightarrow{PB}|$，可得
$$\dfrac{|\overrightarrow{AP}|}{|\overrightarrow{PB}|}=\dfrac{|\overrightarrow{AQ}|}{|\overrightarrow{QB}|}=\lambda>0,$$
且 $\lambda\neq 1$，所以
$$\overrightarrow{PA}=\lambda\overrightarrow{PB},\overrightarrow{AQ}=\lambda\overrightarrow{QB}.$$
设点 $A(x_1,y_1),B(x_2,y_2),Q(x_0,y_0)$，由于 $\overrightarrow{PA}=\lambda\overrightarrow{PB}$，即
$$(x_1-4,y_1-1)=\lambda(x_2-4,y_2-1),$$
可得
$$x_1-\lambda x_2=4(1-\lambda),y_1-\lambda y_2=1-\lambda.$$
因为
$$\begin{cases}\dfrac{x_1^2}{4}+\dfrac{y_1^2}{2}=1,\\ \dfrac{x_2^2}{4}+\dfrac{y_2^2}{2}=1,\end{cases}$$
所以
$$\begin{cases}\dfrac{x_1^2}{4}+\dfrac{y_1^2}{2}=1,\\ \dfrac{\lambda^2 x_2^2}{4}+\dfrac{\lambda^2 y_2^2}{2}=\lambda^2,\end{cases}$$
两式作差并整理得
$$\dfrac{(x_1+\lambda x_2)(x_1-\lambda x_2)}{4}+\dfrac{(y_1+\lambda y_2)(y_1-\lambda y_2)}{2}=1-\lambda^2.$$
因为 $x_1-\lambda x_2=4(1-\lambda),y_1-\lambda y_2=1-\lambda$，代入上式，所以有
$$x_1+\lambda x_2+\dfrac{y_1+\lambda y_2}{2}=1+\lambda.$$

由 $\overrightarrow{AQ}=\lambda\overrightarrow{QB}$ 可有

$$x_1+\lambda x_2=(1+\lambda)x_0, \frac{y_1+\lambda y_2}{2}=\frac{1+\lambda}{2}y_0,$$

两式相加得

$$x_1+\lambda x_2+\frac{y_1+\lambda y_2}{2}=(1+\lambda)x_0+\frac{1+\lambda}{2}y_0=1+\lambda.$$

消去 $1+\lambda$ 得

$$x_0+\frac{y_0}{2}=1.$$

故点 $Q(x,y)$ 在直线 $2x+y-2=0$ 上.

点评 设点而不求点,通过分析式子的整体特征,对坐标进行整体代换,回避求交点的坐标,问题得以巧妙地解决,这就是定比点差法的魅力.

例3 已知椭圆 $\frac{x^2}{4}+y^2=1$ 与顶点 $A(-2,0)$,经过点 $B(1,0)$ 且斜率存在的直线 l 交椭圆于 P,Q 两点,点 C 与点 P 关于坐标原点对称,连接 AC,AQ,设直线 AC,AQ 的斜率分别为 k_1,k_2,求 $\frac{k_1}{k_2}$ 的值.

解答 如图 2.1-4,设 $P(x_1,y_1),Q(x_2,y_2),\overrightarrow{PB}=\lambda\overrightarrow{BQ}$,则有

$$x_1+\lambda x_2=1+\lambda, y_1+\lambda y_2=0.$$

因为

$$\begin{cases}\dfrac{x_1^2}{4}+y_1^2=1,\\ \dfrac{x_2^2}{4}+y_2^2=1,\end{cases}$$

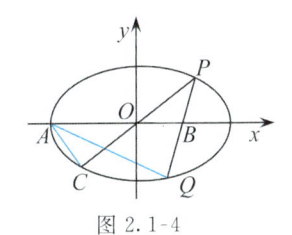

图 2.1-4

所以

$$\begin{cases}\dfrac{x_1^2}{4}+y_1^2=1,\\ \dfrac{\lambda^2 x_2^2}{4}+\lambda^2 y_2^2=\lambda^2,\end{cases}$$

两式作差得

$$\frac{(x_1+\lambda x_2)(x_1-\lambda x_2)}{4}+(y_1+\lambda y_2)(y_1-\lambda y_2)=1-\lambda^2.$$

因为 $y_1+\lambda y_2=0$,所以

$$x_1-\lambda x_2=4(1-\lambda).$$

而 $x_1+\lambda x_2=1+\lambda$,得

$$x_1=\frac{5-3\lambda}{2}, x_2=\frac{5\lambda-3}{2\lambda}.$$

所以

$$\frac{k_1}{k_2}=\frac{y_1(x_2+2)}{y_2(x_1-2)}=\frac{-\lambda(x_2+2)}{x_1-2}=\frac{-\lambda\left(\dfrac{5\lambda-3}{2\lambda}+2\right)}{\dfrac{5-3\lambda}{2}-2}=\frac{3-9\lambda}{1-3\lambda}=3.$$

点评 定比点差法是设点求解圆锥曲线问题的一种重要形式,它主要通过对坐标进行整体化处理,将高次方程化成低次方程,使求点的坐标变得可以实现,从而达到减少运算量的目的.对于圆锥曲线问题的解答通常有设点、设线两种常见类型.这两种类型的方法各有千秋,需要学会权衡利弊.一般情况下,对于椭圆问题可能会比较多地倾向于设线,而对于抛物线问题一般两种都可以.但碰到具体的题目时需要分析哪一种方法更简便,这就需要我们在解题训练中不断感悟、领会,需要总结但无须纠结.所以,我们既要学会抬头看方向,又要学会低头做运算,一切才能在掌控之中.

2.1.3 同构转化法

例1 (2019 年全国卷Ⅲ理科第 21 题第(Ⅰ)问)已知曲线 $C:y=\dfrac{x^2}{2}$,点 D 为直线 $y=-\dfrac{1}{2}$ 上的动点,过点 D 作曲线 C 的两条切线,切点分别为 A,B. 证明:直线 AB 过定点.

证明 设 $D\left(t,-\dfrac{1}{2}\right),A(x_1,y_1)$,则
$$x_1^2=2y_1.$$
由于 $y'=x$,所以切线 DA 的斜率为 x_1,故
$$\dfrac{y_1+\dfrac{1}{2}}{x_1-t}=x_1,$$
整理得
$$2tx_1-2y_1+1=0 \quad ①.$$
设 $B(x_2,y_2)$,同理可得
$$2tx_2-2y_2+1=0 \quad ②.$$
故直线 AB 的方程为
$$2tx-2y+1=0,$$
所以直线 AB 过定点
$$\left(0,\dfrac{1}{2}\right).$$

点评 发现方程①②的结构特征相同,于是两式碰撞,智慧闪光,我们把这样的两式称为**同构式**,同构式显示了数学的对称美与和谐美.如果解题时能利用其同构的特点,寻求与问题的某种内在联系,可以起到化繁为简的作用,收到意想不到的效果.

围绕同构式的高考试题并不鲜见,无独有偶,例如:

例2 (2011 年浙江卷)已知抛物线 $C_1:x^2=y$,圆 $C_2:x^2+(y-4)^2=1$ 的圆心为点 M.
(Ⅰ)求点 M 到抛物线 C_1 的准线的距离.
(Ⅱ)已知 P 是抛物线 C_1 上的点(异于原点),过点 P 作圆 C_2 的两条切线,分别交抛物线 C_1 于点 A,B,若过 M,P 两点的直线 l 垂直于 AB,求直线 l 的方程.

解答 (Ⅰ)点 M 到抛物线 C_1 的准线的距离为 $\dfrac{17}{4}$.

（Ⅱ）如图 2.1-5,设 $P(x_0,x_0^2)$,$A(x_1,x_1^2)$,$B(x_2,x_2^2)$,则直线 AB 的斜率
$$k_{AB}=x_1+x_2,$$
所以直线 PA 的方程为 $y-x_0^2=(x_1+x_0)(x-x_0)$,即
$$(x_1+x_0)x-y-x_1x_0=0.$$
从而
$$1=\frac{|4+x_1x_0|}{\sqrt{(x_1+x_0)^2+1}},$$
整理得
$$(1-x_0^2)x_1^2-6x_1x_0+x_0^2-15=0 \quad ①.$$
同理得
$$(1-x_0^2)x_2^2-6x_2x_0+x_0^2-15=0 \quad ②.$$
由方程①②可知 x_1,x_2 是方程 $(1-x_0^2)x^2-6x_0x+x_0^2-15=0$ 的两根,则
$$x_1+x_2=\frac{6x_0}{1-x_0^2}=k_{AB}.$$
因为 $k_{MP}=\frac{x_0^2-4}{x_0}$,又因为 $MP\perp AB$,所以
$$\frac{6x_0}{1-x_0^2}\cdot\frac{x_0^2-4}{x_0}=-1,$$
解得
$$x_0^2=\frac{23}{5}.$$
故直线 l 的方程为
$$y=\pm\frac{3\sqrt{115}}{115}x+4.$$

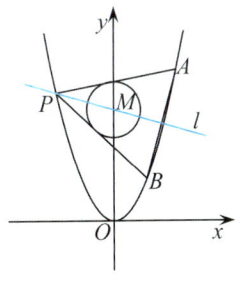

例3 (2018年浙江卷)如图 2.1-6,已知 P 是 y 轴左侧(不含 y 轴)一点,抛物线 $C:y^2=4x$ 上存在不同的两点 A,B 满足 PA,PB 的中点均在抛物线 C 上.

（Ⅰ）设 AB 的中点为 M,证明:PM 垂直于 y 轴.

（Ⅱ）若点 P 是半椭圆 $x^2+\frac{y^2}{4}=1(x<0)$ 上的动点,求 $\triangle PAB$ 面积的取值范围.

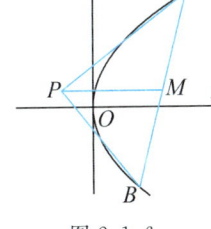

解答 （Ⅰ）设
$$P(x_0,y_0),A\left(\frac{1}{4}y_1^2,y_1\right),B\left(\frac{1}{4}y_2^2,y_2\right).$$
因为 PA,PB 的中点在抛物线上,所以 y_1,y_2 为方程 $\left(\frac{y+y_0}{2}\right)^2=4\cdot\frac{\frac{1}{4}y^2+x_0}{2}$,即
$$y^2-2y_0y+8x_0-y_0^2=0$$
的两个不同的实数根,所以
$$y_1+y_2=2y_0.$$
因此,PM 垂直于 y 轴.

(Ⅱ) 由(Ⅰ)可知
$$\begin{cases} y_1+y_2=2y_0, \\ y_1 y_2=8x_0-y_0^2, \end{cases}$$

所以
$$|PM|=\frac{1}{8}(y_1^2+y_2^2)-x_0=\frac{3}{4}y_0^2-3x_0,$$
$$|y_1-y_2|=2\sqrt{2(y_0^2-4x_0)}.$$

因此，△PAB 的面积
$$S_{\triangle PAB}=\frac{1}{2}|PM|\cdot|y_1-y_2|=\frac{3\sqrt{2}}{4}(y_0^2-4x_0)^{\frac{3}{2}}.$$

因为
$$x_0^2+\frac{y_0^2}{4}=1(x_0<0),$$

所以 $y_0^2-4x_0=-4x_0^2-4x_0+4 \subset [4,5]$. 所以△PAB 面积的取值范围是
$$\left[6\sqrt{2},\frac{15\sqrt{10}}{4}\right].$$

引申 1 已知抛物线 $y^2=x$ 和圆 $C:(x+1)^2+y^2=1$，过抛物线上的点 $P(x_0,y_0)(y_0\geqslant 1)$，作圆 C 的两条切线，与 y 轴分别相交于 A,B 两点. 求△ABP 面积的最小值.

解答 如图 2.1-7，设切线方程为
$$y=kx+m.$$
由点 P 在直线上得
$$k=\frac{y_0-m}{x_0} \quad ①.$$

图 2.1-7

圆心 C 到切线的距离 $\frac{|-k+m|}{\sqrt{k^2+1}}=1$，整理得
$$m^2-2km-1=0 \quad ②.$$
将①代入②并整理得
$$(x_0+2)m^2-2y_0 m-x_0=0 \quad ③.$$
设该方程的两个根分别为 m_1,m_2，由韦达定理得
$$m_1+m_2=\frac{2y_0}{x_0+2}, m_1 m_2=-\frac{x_0}{x_0+2}.$$
从而
$$|AB|=|m_1-m_2|=\sqrt{(m_1+m_2)^2-4m_1 m_2}=2\sqrt{\frac{x_0^2+3x_0}{(x_0+2)^2}},$$
$$S_{\triangle ABP}=\frac{1}{2}|AB|x_0=x_0\sqrt{\frac{x_0^2+3x_0}{(x_0+2)^2}}=\sqrt{\frac{x_0^2(x_0^2+3x_0)}{(x_0+2)^2}} (x_0\geqslant 1).$$

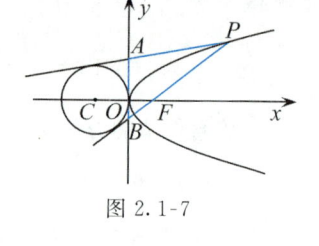

记函数
$$g(x)=\frac{x^2(x^2+3x)}{(x+2)^2} (x\geqslant 1),$$
可得

$$g'(x)=\frac{x^2(2x^2+11x+18)}{(x+2)^3}>0,$$

从而

$$g(x)_{\min}=g(1)=\frac{4}{9}.$$

故当 $x_0=1$ 时，$\triangle ABP$ 面积取到最小值 $\frac{2}{3}$.

引申 2 已知过抛物线 $y=ax^2+c$（其中 a,c 为常数且 $a\neq 0$）上一点 $(m,2)$ 的切线方程是 $4x-y-6=0$.
（Ⅰ）求该抛物线的方程；
（Ⅱ）设点 P,Q,R 是该抛物线上的任意三点，若直线 PQ,PR 均与单位圆 $x^2+y^2=1$ 相切，证明：直线 QR 也与此单位圆相切.

证明 （Ⅰ）设抛物线方程是

$$y=ax^2+c,$$

求导得 $y'=2ax$. 由切线方程易求得所给的点的坐标为 $(2,2)$，故

$$a=1,c=-2.$$

所以抛物线的方程是

$$y=x^2-2.$$

（Ⅱ）不妨设 $P(a,a^2-2),Q(b,b^2-2),R(c,c^2-2)$，则直线 PQ 的方程为

$$(a+b)x-y-(ab+2)=0,$$

直线 PR 的方程为

$$(a+c)x-y-(ac+2)=0,$$

直线 QR 的方程为

$$(b+c)x-y-(bc+2)=0.$$

由直线 PQ 与单位圆相切可知

$$\frac{|ab+2|}{\sqrt{(a+b)^2+1^2}}=1,$$

整理得

$$(1-a^2)b^2-2ab+a^2-3=0.$$

同理，由直线 PR 与单位圆相切得到

$$(1-a^2)c^2-2ac+a^2-3=0.$$

这说明 b,c 是方程 $(1-a^2)t^2-2at+a^2-3=0$ 的两个根，因而

$$b+c=\frac{2a}{1-a^2},bc=\frac{a^2-3}{1-a^2}.$$

将 $b+c,bc$ 代入代数式 $\frac{|bc+2|}{\sqrt{(b+c)^2+1^2}}$，得

$$\frac{|bc+2|}{\sqrt{(b+c)^2+1^2}}=\frac{1+a^2}{1+a^2}=1.$$

于是可知直线 QR 也与此单位圆相切.

引申 3 椭圆 C 的中心在坐标原点、焦点在 x 轴上、离心率为 $\frac{\sqrt{6}}{3}$，并与直线 $y=x+2$ 相切.

（Ⅰ）求椭圆 C 的方程.

（Ⅱ）如图 2.1-8，过圆 $D:x^2+y^2=4$ 上任意一点 P 作椭圆 C 的两条切线 m,n，证明：$m\perp n$.

解答 （Ⅰ）易求椭圆 C 的方程为

$$\frac{x^2}{3}+y^2=1.$$

图 2.1-8

（Ⅱ）设 $P(x_0,y_0)$. 当 $x_0=\pm\sqrt{3}$ 时，有一条切线的斜率不存在，此时 $y_0=\pm 1$. 可见，另一条切线平行于 x 轴，从而 $m\perp n$ 成立.

设 $x_0\neq\pm\sqrt{3}$，则两条切线斜率存在. 设直线 m 的斜率为 k，则其方程为 $y-y_0=k(x-x_0)$，即

$$y=kx+y_0-kx_0.$$

将其代入 $\frac{x^2}{3}+y^2=1$ 并整理得

$$(1+3k^2)x^2+6k(y_0-kx_0)x+3(y_0-kx_0)^2-3=0.$$

由 $\Delta=0$ 可得

$$(3-x_0^2)k^2+2x_0y_0k+1-y_0^2=0.$$

注意到直线 n 的斜率也适合这个关系，所以 m,n 的斜率 k_1,k_2 就是上述方程的两根. 由韦达定理得

$$k_1k_2=\frac{1-y_0^2}{3-x_0^2}.$$

由于点 P 在圆 $D:x^2+y^2=4$ 上，

$$3-x_0^2=-(1-y_0^2),$$

所以

$$k_1k_2=-1.$$

这就证明了 $m\perp n$.

综上所述，过圆 D 上任意一点 P 作椭圆 C 的两条切线 m,n，总有 $m\perp n$.

点评 例题 1,2,3 及引申 1,2,3，从表面上看，它们似乎风马牛不相及，但从解决数学问题方法的角度去看，这几道试题异曲同工，如出一辙，惊人地相似，本质是一样的，都是通过构造同构式（可以是斜率、坐标、截距等），简化运算. 所以，只要找对了视角，我们将会看到完全不一样的精彩.

2.1.4 齐次处理法

例 1 已知椭圆 $C:\frac{x^2}{3}+\frac{y^2}{2}=1$，直线 $l:y=kx+m(m\neq 0)$，设直线 l 与椭圆 C 相交于 A,B 两点，若直线 OA,AB,OB 的斜率依次成等比数列（其中 O 为坐标原点），求 $\triangle OAB$ 面积的取值范围.

解答 联立直线与椭圆方程得到 $\frac{x^2}{3}+\frac{y^2}{2}=\left(\frac{y-kx}{m}\right)^2$，即

$$(6-3m^2)y^2-12kxy+(6k^2-2m^2)x^2=0.$$

等号两边同除以 x^2，得到

$$(6-3m^2)\left(\frac{y}{x}\right)^2-12k\cdot\frac{y}{x}+(6k^2-2m^2)=0.$$

所以
$$k_{OA} \cdot k_{OB} = \frac{6k^2 - 2m^2}{6 - 3m^2} = k^2,$$
所以
$$k^2 = \frac{2}{3}.$$
把直线方程 $l: y = kx + m (m \neq 0)$ 代入椭圆方程得
$$(3k^2 + 2)x^2 + 6kmx + 3m^2 - 6 = 0.$$
由韦达定理可得
$$x_1 + x_2 = \frac{-6km}{3k^2 + 2} = -\frac{3}{2}km, \quad x_1 x_2 = \frac{3m^2 - 6}{3k^2 + 2} = \frac{3m^2 - 6}{4}.$$
所以
$$|AB| = \sqrt{1 + k^2} \, |x_1 - x_2| = \sqrt{1 + k^2} \sqrt{6 - \frac{3}{2}m^2}.$$
点 O 到直线 l 的距离 $d = \frac{|m|}{\sqrt{1+k^2}}$,所以
$$S_{\triangle AOB} = \frac{1}{2}|AB|d = \frac{\sqrt{6}}{6} \sqrt{\left(6 - \frac{3}{2}m^2\right) \cdot \frac{3}{2}m^2} \leqslant \frac{\sqrt{6}}{2},$$
当 $m = \pm\sqrt{2}$ 时,直线 OA 或直线 OB 的斜率不存在,所以取不到等号,因此
$$S_{\triangle AOB} \in \left(0, \frac{\sqrt{6}}{2}\right).$$

例 2 已知双曲线 $C: \frac{x^2}{a^2} - \frac{y^2}{b^2} = 1 (a > 0, b > 0)$ 的离心率为 $\sqrt{3}$、右准线方程为 $x = \frac{\sqrt{3}}{3}$.

(Ⅰ)求双曲线 C 的方程.

(Ⅱ)设直线 l 是圆 $O: x^2 + y^2 = 2$ 上的动点 $P(x_0, y_0)(x_0 y_0 \neq 0)$ 处的切线,l 与双曲线 C 交于不同的两点 A, B,证明:$\angle AOB$ 为定值.

解答 (Ⅰ)求得双曲线 C 的方程为
$$x^2 - \frac{y^2}{2} = 1.$$

(Ⅱ)易知直线 l 的方程为
$$xx_0 + yy_0 = 2,$$
代入双曲线 C 的方程 $2x^2 - y^2 = 2$,变形为
$$2(2x^2 - y^2) = (xx_0 + yy_0)^2,$$
整理得
$$(y_0^2 + 2)y^2 + 2x_0 y_0 xy + (x_0^2 - 4)x^2 = 0.$$
等号两边同除以 $x^2 (x^2 \neq 0)$,得到
$$(y_0^2 + 2)\left(\frac{y}{x}\right)^2 + 2x_0 y_0 \cdot \frac{y}{x} + (x_0^2 - 4) = 0.$$

由韦达定理得

$$k_{OA}k_{OB} = \frac{y_1}{x_1} \cdot \frac{y_2}{x_2} = \frac{x_0^2-4}{y_0^2+2} = \frac{(2-y_0^2)-4}{y_0^2+2} = -1.$$

故 $OA \perp OB$，即 $\angle AOB = 90°$ 的大小为定值.

例3 （2017年全国卷Ⅰ）已知椭圆 $C: \dfrac{x^2}{a^2} + \dfrac{y^2}{b^2} = 1(a > b > 0)$，四点 $P_1(1,1)$，$P_2(0,1)$，$P_3\left(-1, \dfrac{\sqrt{3}}{2}\right)$，$P_4\left(1, \dfrac{\sqrt{3}}{2}\right)$ 中恰有三点在椭圆 C 上.

（Ⅰ）求椭圆 C 的方程.

（Ⅱ）设直线 l 不经过点 P_2 且与椭圆 C 相交于 A，B 两点，若直线 P_2A 与直线 P_2B 的斜率之和为 -1，证明：直线 l 过定点.

解答 （Ⅰ）易求椭圆的方程为

$$\frac{x^2}{4} + y^2 = 1.$$

（Ⅱ）当直线 l 的斜率不存在时，直线 l 过右顶点，不合题意.

当直线 l 的斜率存在时，设直线 l 的方程为

$$y = kx + m \, (m \neq 1),$$

得 $y - 1 = kx + m - 1$，所以

$$1 = \frac{y-1-kx}{m-1}.$$

代入椭圆方程 $x^2 + 4[(y-1)+1]^2 = 4$，得到

$$x^2 + 4\left[(y-1) + \frac{y-1-kx}{m-1}\right]^2 = 4\left(\frac{y-1-kx}{m-1}\right)^2,$$

即

$$(m-1)^2 x^2 + 4[m(y-1) - kx]^2 = 4[(y-1) - kx]^2,$$

整理得

$$4(m+1)\left(\frac{y-1}{x}\right)^2 - 8k \cdot \frac{y-1}{x} + (m-1) = 0.$$

所以

$$k_{P_2A} + k_{P_2B} = \frac{8k}{4(m+1)} = -1,$$

即

$$m = -2k - 1.$$

此时，直线 l 的方程为

$$y = k(x-2) - 1.$$

故直线 l 过定点 $(2, -1)$.

链接 已知椭圆 C 的中心在坐标原点、焦点在 x 轴上，椭圆 C 上的点到焦点距离的最大值为3、最小值为1.

（Ⅰ）求椭圆 C 的标准方程.

（Ⅱ）若直线 l 与椭圆 C 相交于 A，B 两点（A，B 不是左、右顶点），且以 AB 为直径的圆过椭圆 C 的右顶点，证明：直线 l 过定点，并求出该定点的坐标.

解答 （Ⅰ）椭圆的标准方程为
$$\frac{x^2}{4}+\frac{y^2}{3}=1.$$

（Ⅱ）由于右顶点的坐标为$(2,0)$，平移坐标轴使点$(2,0)$为新直角坐标系的原点，得到椭圆的方程为
$$\frac{(x+2)^2}{4}+\frac{y^2}{3}=1.$$

此时，直线的方程设为
$$x=my+t.$$

设直线 $x=my+t$ 与椭圆 $\frac{(x+2)^2}{4}+\frac{y^2}{3}=1$ 的交点为 $M(x_1,y_1)$，$N(x_2,y_2)$，则
$$\frac{x-my}{t}=1.$$

代入 $\frac{(x+2)^2}{4}+\frac{y^2}{3}=1$，构造齐次式方程
$$3\left(x+2\times\frac{x-my}{t}\right)^2+4y^2=12\left(\frac{x-my}{t}\right)^2,$$

即
$$4\left(\frac{y}{x}\right)^2-\frac{12m}{t}\cdot\frac{y}{x}\cdot+3+\frac{12}{t}=0.$$

由韦达定理得
$$k_1k_2=\frac{y_1}{x_1}\cdot\frac{y_2}{x_2}=\frac{3+\frac{12}{t}}{4}=-1,$$

从而
$$t=-\frac{12}{7}.$$

所以，直线 MN 的方程为
$$x=my-\frac{12}{7},$$

直线 MN 过定点 $\left(-\frac{12}{7},0\right)$，所以直线 l 过定点
$$\left(\frac{2}{7},0\right).$$

点评 齐次式体现了数学中的对称美与和谐美，而圆锥曲线本身就是这两种美的化身，所以构造齐次式方程来解决圆锥曲线问题是再自然不过的事情了．这种独辟蹊径的解法不仅新颖别致，而且能够大大简化我们的运算过程，起到减元增效的效果．

基本转化法、整体消元法、同构转化法、齐次处理法是实现设而不求，走天下的"四大金刚"，在解题中相辅相成．在平时的圆锥曲线问题学习中，需要我们去体验其中的内涵，这样有利于培养我们精准的解题能力．设而不求是解析几何中的一种重要思想方法，是解析几何与函数、方程、不等式等相关内容联系的纽带和桥梁，是解决圆锥曲线问题的金钥匙．历年高考、竞赛试题中的许多解析几何题都能用设而不求解决．

2.2 降维转化,别有洞天

在高中平面解析几何中,降维转化思想非常重要.像我们所熟知的将三维立体几何问题转化为二维平面几何问题一样,平面解析几何往往将二维问题转化到一维数轴上解决,这就是降维转化思想.教材中推导点到直线的距离公式、推导平面上两点之间的距离公式等都用到降维转化思想.应用降维转化的思想,可简化解题思路,使计算方便快捷,应用降维思想对条件进行等价转换,使二维的数量关系转化到一维数轴上的数量关系来解决问题,这就是降维转化思想的应用,投影就是比较常见的手段之一.

例1 如图 2.2-1,已知点 P 是直线 $x=4$ 上的动点,以点 P 为圆心的圆经过定点 $B(1,0)$,直线 l 是圆 P 在点 B 处的切线,过点 $A(-1,0)$ 作圆 P 的两条切线,分别与 l 交于点 E,F.

(I)证明:$|EA|+|EB|$ 为定值.

(II)设直线 l 交直线 $x=4$ 于点 Q,证明:$|EB|\cdot|FQ|=|BF|\cdot|EQ|$.

证明 (I)设直线 AE 切圆 P 于点 T,直线 $x=4$ 与 x 轴交点为 N,则

$$|ET|=|EB|,$$

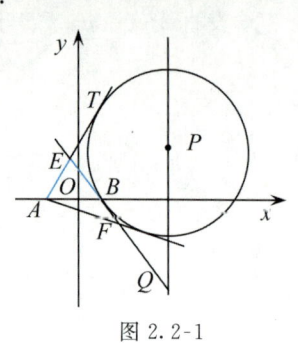

图 2.2-1

所以

$$|EA|+|EB|=|EA|+|ET|=|AT|=\sqrt{|AP|^2-|PT|^2}=\sqrt{|AP|^2-|PB|^2}$$
$$=\sqrt{|AP|^2-(|PN|^2+|BN|^2)}=\sqrt{AN^2-BN^2}=4(\text{定值}).$$

(II)由(I)同理可得

$$|FA|+|FB|=4.$$

由椭圆的定义得点 E,F 都在椭圆

$$\frac{x^2}{4}+\frac{y^2}{3}=1$$

上.设 $E(x_1,y_1),F(x_2,y_2)$,直线 EF 的方程为

$$x=my+1(m\neq 0),$$

则

$$Q\left(4,\frac{3}{m}\right).$$

把直线 EF 的方程代入椭圆方程得

$$(3m^2+4)y^2+6my-9=0,$$

由韦达定理得

$$y_1+y_2=\frac{-6m}{3m^2+4},y_1y_2=\frac{-9}{3m^2+4}.$$

因为点 E,B,F,Q 在同一条直线上,所以

$$|EB|\cdot|FQ|=|BF|\cdot|EQ|\Leftrightarrow(y_1-0)\left(y_2-\frac{3}{m}\right)=(0-y_2)\left(y_1-\frac{3}{m}\right),$$

即

$$2y_1y_2=\frac{3}{m}(y_1+y_2)\quad(*).$$

因为 $y_1+y_2=\dfrac{-6m}{3m^2+4}$，$y_1y_2=\dfrac{-9}{3m^2+4}$，所以（*）式显然成立，从而得证.

点评 解本题的难点就在于如何利用降维思想，把长度的大小转化为坐标来表示，即 $|EB|\cdot|FQ|=|BF|\cdot|EQ|\Leftrightarrow 2y_1y_2=\dfrac{3}{m}(y_1+y_2)$.

例 2 已知圆 $C_1:x^2+(y-1)^2=1$，抛物线 $C_2:x^2=y$，过点 $P(0,t)$ 的直线 l 与抛物线 C_2 交于 M,N 两点，两条直线 OM,ON 与圆 C_1 分别交于点 E,D.

（Ⅰ）若 $t=1$，证明：$OM\perp ON$.

（Ⅱ）若 $t>0$，记 $\triangle OMN$，$\triangle OED$ 的面积分别为 S_1,S_2，求 $\dfrac{S_1}{S_2}$ 的最小值（用 t 表示）.

证明 （Ⅰ）如图 2.2-2，设直线 $l:y=kx+1$，点 $M(x_1,x_1^2),N(x_2,x_2^2)$，由 $\begin{cases}y=kx+1,\\y=x^2\end{cases}$ 得

$$x^2-kx-1=0,$$

所以

$$x_1x_2=-1.$$

因为

$$k_{OM}\cdot k_{ON}=\dfrac{x_1^2}{x_1}\cdot\dfrac{x_2^2}{x_2}=x_1x_2=-1,$$

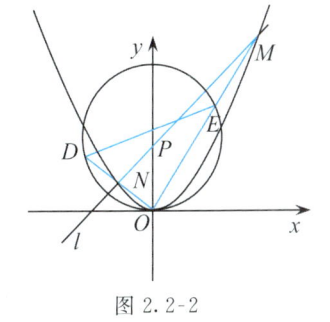

所以

$$OM\perp ON.$$

（Ⅱ）设直线 $l:y=kx+t$，把

$$y=kx+t$$

代入抛物线方程得

$$x^2-kx-t=0.$$

从而

$$x_1x_2=-t,$$

所以

$$k_{OM}\cdot k_{ON}=\dfrac{x_1^2}{x_1}\cdot\dfrac{x_2^2}{x_2}=x_1x_2=-t.$$

联立方程组 $\begin{cases}y=k_{OM}x,\\x^2+(y-1)^2=1,\end{cases}$ 消去 y 并整理得

$$(k_{OM}^2+1)x^2-2k_{OM}x=0,$$

解得

$$x_E=\dfrac{2k_{OM}}{1+k_{OM}^2}=\dfrac{2x_1}{1+x_1^2}.$$

同理可得

$$x_D=\dfrac{2k_{ON}}{1+k_{ON}^2}=\dfrac{2x_2}{1+x_2^2}.$$

所以

图 2.2-2

$$\frac{S_1}{S_2}=\frac{|OM|\cdot|ON|}{|OE|\cdot|OD|}=\frac{|x_M||x_N|}{|x_E||x_D|}=\frac{|x_1 x_2|}{\left|\frac{2x_1}{1+x_1^2}\right|\cdot\left|\frac{2x_2}{1+x_2^2}\right|}=\frac{(1+x_1^2)(1+x_2^2)}{4}.$$

又因为 $x_1 x_2 = -t$,所以

$$\frac{S_1}{S_2}=\frac{(1+x_1^2)(1+x_2^2)}{4}=\frac{1}{4}[1+t^2+(x_1^2+x_2^2)]\geqslant\frac{1}{4}(1+t^2+2t)=\left(\frac{1+t}{2}\right)^2,$$

当且仅当 $|x_1|=|x_2|=\sqrt{t}$ 时取等号.

点评 先将两个三角形面积的比降维为对应长度的比,再将长度的比降维为对应的横坐标的比,这是降维转化法解题的节奏,也是这个题目解法突破的关键思路,还是解答问题的核心步骤.

例3 已知椭圆 $\frac{x^2}{a^2}+\frac{y^2}{b^2}=1(a>b>0)$ 的四个顶点是 A_1, A_2, B_1, B_2,$\triangle A_2 B_1 B_2$ 是边长为 2 的正三角形.

（Ⅰ）求椭圆的方程.

（Ⅱ）若点 G 是椭圆上在第一象限内的动点,直线 $B_1 G$ 交线段 $A_2 B_2$ 于点 E,求 $\frac{|GB_1|}{|EB_1|}$ 的取值范围.

解答 （Ⅰ）如图 2.2-3,由题意可知

$$b=1, a=\sqrt{3},$$

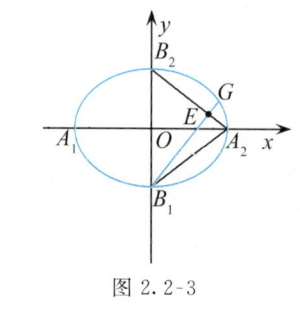

所以椭圆的方程为

$$\frac{x^2}{3}+y^2=1.$$

（Ⅱ）设直线 $B_1 G$ 的方程为

$$y=kx-1\left(k>\frac{\sqrt{3}}{3}\right),$$

将椭圆的方程与直线 $B_1 G$ 的方程联立,可得

$$(1+3k^2)x^2-6kx=0,$$

所以

$$x_G=\frac{6k}{1+3k^2}.$$

将直线 $A_2 B_2$ 的方程与直线 $B_1 G$ 的方程联立,可得 $\begin{cases}\frac{x}{\sqrt{3}}+y=1\\ y=kx-1\end{cases}$,解得

$$x_E=\frac{2\sqrt{3}}{1+\sqrt{3}k}.$$

图 2.2-3

因为 $\frac{|GB_1|}{|EB_1|}=\frac{|x_G|}{|x_E|}=\frac{x_G}{x_E}$,所以

$$\frac{|GB_1|}{|EB_1|}=\frac{\frac{6k}{1+3k^2}}{\frac{2\sqrt{3}}{1+\sqrt{3}k}}=\frac{\sqrt{3}k+3k^2}{1+3k^2}=1+\frac{\sqrt{3}k-1}{1+3k^2}.$$

令 $t=\sqrt{3}k-1\left(k>\frac{\sqrt{3}}{3}\right)$,则 $t>0$,所以

$$\frac{|GB_1|}{|EB_1|} = 1 + \frac{t}{1+(t+1)^2} = 1 + \frac{1}{t+2+\frac{2}{t}}.$$

因为 $t + \frac{2}{t} + 2 \geqslant 2\sqrt{t \cdot \frac{2}{t}} + 2 = 2\sqrt{2} + 2$（当且仅当 $t = \frac{2}{t}$ 时等号成立），所以 $0 < \frac{1}{t+2+\frac{2}{t}} \leqslant \frac{1}{2+2\sqrt{2}} = \frac{\sqrt{2}-1}{2}$，所以

$$1 < 1 + \frac{1}{t+2+\frac{2}{t}} \leqslant \frac{\sqrt{2}+1}{2},$$

即

$$\frac{|GB_1|}{|EB_1|} \in \left(1, \frac{\sqrt{2}+1}{2}\right].$$

点评 圆锥曲线的很多问题在解答时不仅需要大量的运算，而且常常使我们陷入运算困境，导致半途而废，不得其解．通过投影，把几何量（长度、面积等）转化为横坐标或纵坐标，既实现了降维，又实现了几何问题代数化，为简化运算奠定了坚实的基础和方向，让我们在解题迷茫时得以峰回路转．

2.3 定义搭台，几何唱戏

用代数方法来研究圆锥曲线问题是学习解析几何的核心内容．在学习过程中，学生对这种观点是认同的，但在具体的解题过程中却经常陷入"找到了路"而"走不出路"的尴尬境地，从而导致很多同学对圆锥曲线问题望而生畏、望题兴叹，甚至有人调侃道：不被圆锥曲线的运算所虐，不足以谈人生．但我们要清楚，解析几何是几何，如果我们在解题中能够从定义视角出发，依托平面几何等知识对题目中的几何特征进行剖析，即把问题适当地几何化，让定义与几何珠联璧合，往往能使解题思路豁然开朗，会收到意想不到的效果．

例 1 已知椭圆 E 经过点 $A(2,3)$，对称轴为坐标轴，焦点 F_1,F_2 在 x 轴上，离心率 $e = \frac{1}{2}$．

（Ⅰ）求椭圆 E 的方程．

（Ⅱ）求 $\angle F_1 A F_2$ 的角平分线所在直线的方程．

解答 （Ⅰ）椭圆 E 的方程为

$$\frac{x^2}{16} + \frac{y^2}{12} = 1.$$

（Ⅱ）易求 $|AF_2| = 3$，由椭圆的定义得

$$|AF_1| = 2a - |AF_2| = 5.$$

设 $\angle F_1 A F_2$ 的角平分线交 x 轴于点 $B(x_0, 0)$，则由角平分线性质定理有

$$\frac{|AF_1|}{|AF_2|} = \frac{|F_1 B|}{|BF_2|},$$

即 $\frac{5}{3} = \frac{x_0+2}{2-x_0}$，解得

$$x_0 = \frac{1}{2}.$$

求得直线的方程为

$$y = 2x - 1.$$

引申 已知椭圆 $\dfrac{x^2}{a^2}+\dfrac{y^2}{b^2}=1(a>b>0)$ 的左、右焦点分别为 F_1,F_2，上顶点为 A，点 P 为第一象限内椭圆上的点，$|PF_1|+|PF_2|=4|F_1F_2|$，$S_{\triangle PF_1A}=2S_{\triangle PF_1F_2}$，则直线 PF_1 的斜率为（　　）.

A. $\dfrac{\sqrt{15}}{5}$ B. $\dfrac{\sqrt{5}}{5}$ C. $\dfrac{\sqrt{5}}{3}$ D. $\dfrac{\sqrt{5}}{15}$

解答 已知 $|PF_1|+|PF_2|=4|F_1F_2|$，由椭圆定义得 $2a=8c$，即
$$a=4c.$$

如图 2.3-1，连接 AF_2，设 PF_1 与 AF_2、y 轴分别交于点 Q,R. 因为 $S_{\triangle PF_1A}=2S_{\triangle PF_1F_2}$，所以
$$\dfrac{|AQ|}{|QF_2|}=2.$$

又因为 $\dfrac{|AF_1|}{|F_1F_2|}=\dfrac{a}{2c}=\dfrac{4c}{2c}=2$，从而
$$\dfrac{|AF_1|}{|F_1F_2|}=\dfrac{|AQ|}{|QF_2|}=2.$$

因此 PF_1 平分 $\angle AF_1F_2$，所以 $\dfrac{|AR|}{|RO|}=\dfrac{|AF_1|}{|F_1O|}=\dfrac{a}{c}=4$，即
$$|RO|=\dfrac{1}{5}|AO|=\dfrac{1}{5}b.$$

所以直线 PF_1 的斜率为
$$\tan\angle RF_1O=\dfrac{b}{5c}=\dfrac{\sqrt{15}}{5}.$$

故选 A.

图 2.3-1

点评 莫让代数运算挡住了几何视野，我们要坚守圆锥曲线问题的几何观，圆锥曲线问题的定义方法往往是与平面几何知识结合在一起的. 如果定义与几何共舞，更能发挥其特殊的功能，几何法也是直观想象核心素养训练的重要载体.

例 2 如图 2.3-2，过抛物线 $y^2=2px(p>0)$ 的焦点 F 的直线与抛物线相交于 M，N 两点，从点 M,N 向准线 l 作垂线，垂足分别为 M_1,N_1.

（Ⅰ）证明：$FM_1\perp FN_1$.

（Ⅱ）若记 $\triangle FMM_1$，$\triangle FM_1N_1$，$\triangle FNN_1$ 的面积分别为 S_1,S_2,S_3，试判断 $S_2^2=4S_1S_3$ 是否成立，并证明你的结论.

证明 （Ⅰ）由抛物线的定义得
$$|MF|=|MM_1|,|NF|=|NN_1|,$$
所以
$$\angle MFM_1=\angle MM_1F,\angle NFN_1=\angle NN_1F.$$
设准线 l 与 x 轴交点为 F_1，因为 $MM_1\ /\!/\ NN_1\ /\!/\ FF_1$，所以
$$\angle F_1FM_1=\angle MM_1F,\angle F_1FN_1=\angle NN_1F.$$
又因为 $\angle F_1FM_1+\angle MFM_1+\angle F_1FN_1+\angle N_1FN=180°$，即
$$2\angle F_1FM_1+2\angle F_1FN_1=180°,$$

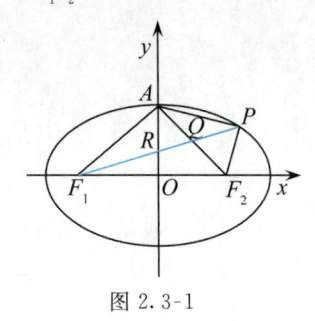

图 2.3-2

所以
$$\angle F_1FM_1+\angle F_1FN_1=90°.$$
故 $FM_1\perp FN_1$.

（Ⅱ）$S_2^2=4S_1S_3$ 成立.

设直线 MN 的倾斜角为 α，$|MF|=r_1$，$|NF|=r_2$，则由抛物线的定义得
$$|MM_1|=|MF|=r_1,|NN_1|=|NF|=r_2.$$
因为 $MM_1\parallel NN_1\parallel FF_1$，所以
$$\angle FMM_1=\alpha,\angle FNN_1=\pi-\alpha.$$
于是
$$S_1=\frac{1}{2}r_1^2\sin\alpha,S_3=\frac{1}{2}r_2^2\sin(\pi-\alpha)=\frac{1}{2}r_2^2\sin\alpha.$$
在 $\triangle FMM_1$ 和 $\triangle FNN_1$ 中，由余弦定理可得
$$|FM_1|^2=2r_1^2-2r_1^2\cos\alpha=2r_1^2(1-\cos\alpha),$$
$$|FN_1|^2=2r_2^2+2r_2^2\cos\alpha=2r_2^2(1+\cos\alpha).$$
由（Ⅰ）的结论得
$$S_2=\frac{1}{2}|FM_1|\cdot|FN_1|,$$
所以
$$S_2^2=\frac{1}{4}|FM_1|^2\cdot|FN_1|^2=\frac{1}{4}\cdot 4r_1^2\cdot r_2^2\cdot(1-\cos\alpha)(1+\cos\alpha)=r_1^2r_2^2\sin^2\alpha=4S_1S_3,$$
即 $S_2^2=4S_1S_3$. 得证.

引申 如图 2.3-3，过椭圆 $\dfrac{x^2}{a^2}+\dfrac{y^2}{b^2}=1(a>b>0)$ 的右焦点 F 的直线与椭圆相交于 M，N 两点，且该椭圆的右准线 l 交 x 轴于点 F_1，从点 M，N 分别向 l 作垂线，垂足分别为 M_1，N_1. 连接 MN_1 和 NM_1，相交于点 P.

（Ⅰ）证明：点 P 在 x 轴上且平分 FF_1.

（Ⅱ）若记 $\triangle FMM_1$，$\triangle FM_1N_1$，$\triangle FNN_1$ 的面积分别为 S_1，S_2，S_3，是否存在 λ，使得 $S_2^2=\lambda S_1S_3$ 成立？若存在，求出 λ 的值；若不存在，请说明理由.

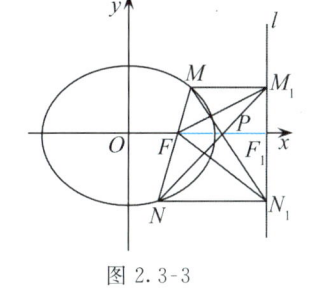

图 2.3-3

证明 （Ⅰ）设 MN_1 交 x 轴于点 P_1，由椭圆的定义知
$$\frac{|MF|}{|MM_1|}=\frac{|NF|}{|NN_1|}=e.$$
因为 $MM_1\parallel FF_1\parallel NN_1$，所以
$$\frac{|P_1F_1|}{|MM_1|}=\frac{|N_1P_1|}{|N_1M|}=\frac{|NF|}{|NM|},\text{且}\frac{|FP_1|}{|NN_1|}=\frac{|MF|}{|NM|}.$$
因此
$$|P_1F_1|=\frac{|MM_1|\cdot|NF|}{|NM|}=\frac{|NF|}{|NN_1|}\cdot\frac{|MM_1|\cdot|NN_1|}{|NM|}=e\cdot\frac{|MM_1|\cdot|NN_1|}{|NM|}=\frac{|MF|\cdot|NN_1|}{|NM|}=|FP_1|,$$
所以 P_1 为 FF_1 的中点.

设 NM_1 交 x 轴于点 P_2，同理可证 P_2 为 FF_1 的中点，所以点 P_1 与点 P_2 重合于点 P，即点 P 在 x 轴上且平分 FF_1.

（Ⅱ）在直角梯形 MNN_1M_1 中，因为 $MM_1 /\!/ FF_1 /\!/ NN_1$，所以 $\dfrac{|F_1P|}{|MM_1|}=\dfrac{|N_1F|}{|N_1M_1|}$，即

$$\dfrac{|N_1M_1|}{|N_1F_1|\cdot|MM_1|}=\dfrac{1}{|F_1P|}.$$

同理得

$$\dfrac{|N_1M_1|}{|M_1F_1|\cdot|NN_1|}=\dfrac{1}{|FP|}.$$

由于

$$S_1=\dfrac{1}{2}|MM_1|\cdot|M_1F_1|,$$

$$S_2=\dfrac{1}{2}|FF_1|\cdot|M_1N_1|,$$

$$S_3=\dfrac{1}{2}|NN_1|\cdot|N_1F_1|,$$

所以

$$\dfrac{S_2^2}{S_1S_3}=\dfrac{|FF_1|^2\cdot|M_1N_1|^2}{|MM_1|\cdot|M_1F_1|\cdot|NN_1|\cdot|N_1F_1|}$$

$$=|FF_1|^2\cdot\dfrac{|M_1N_1|}{|MM_1|\cdot|N_1F_1|}\cdot\dfrac{|M_1N_1|}{|M_1F_1|\cdot|NN_1|}$$

$$=|FF_1|^2\cdot\dfrac{1}{|FP|}\cdot\dfrac{1}{|F_1P|}.$$

由（Ⅰ）知点 P 在 x 轴上且平分 FF_1，故 $|FP|=|F_1P|=\dfrac{1}{2}|FF_1|$，所以

$$\dfrac{S_2^2}{S_1S_3}=4|FP|^2\cdot\dfrac{1}{|FP|^2}=4.$$

故存在 $\lambda=4$ 满足条件．

点评 很多时候巧妙地运用数形结合思想，借助圆锥曲线的定义与平面几何知识的非凡力量，能起到四两拨千斤的作用，使得问题求解过程、方向变得更加明朗，思路更加清晰，几乎回避了代数运算的冗杂过程，剩下的是"阳光灿烂"的推理步骤，所以整个证明过程一气呵成，尽收眼底的是平面几何推理过程的无限风光，使解题过程显得非常优雅与从容，这不失为一种值得借鉴的解题方法．由此看来，跳出代数运算看圆锥曲线，看到的将是另一种不一样的精彩．如果说设而不求让圆锥曲线问题的解决插上"梦想的翅膀"，那么几何法就是解决圆锥曲线问题的"隐形翅膀"．

在圆锥曲线问题的解决中，难就难在运算上，所以我们解决圆锥曲线问题不能盲目地"被运算"，而应该主动出击，既要埋头运算，又要抬头观察．其实，在运算过程中的每一个关键点，都需要认真地审视结构式子的几何特征，从而调整运算方向，使得问题能迎刃而解．圆锥曲线与几何有着密切的联系，大多数圆锥曲线问题都有深厚的几何背景．平面几何直观、简洁、明快，利用平面几何知识解决圆锥曲线问题，借石攻玉，往往可以化难为易，化繁为简．

回归定义与数形结合相得益彰，成为解题中最美的风景．

2.4 向量当道，出奇制胜

在解决圆锥曲线问题中我们习惯于依赖韦达定理，如果没有韦达定理，那么圆锥曲线问题该如何解答呢？解几无"韦"，向量当道，峰回路转、威力无穷．向量在高中数学中的地位非常重要，向量既有自身独特的魅力，又具有较强的工具性，对于很多问题的解答往往能独当一面，特别是圆锥曲线问题，如果借助向量的威力，来解答圆锥曲线问题，往往能完美地"错过"繁杂的运算过程，达到简化运算的目的．所以，利用向量知识来解答圆锥曲线问题，硬核！！！

例 1 已知椭圆 $\dfrac{x^2}{24}+\dfrac{y^2}{16}=1$，直线 $l:\dfrac{x}{12}+\dfrac{y}{8}=1$，$P$ 是直线 l 上一点，射线 OP 交椭圆于点 R．又点 Q 在 OP 上且满足 $|OQ|\cdot|OP|=|OR|^2$，当点 P 在直线 l 上移动时，求点 Q 的轨迹方程．

解答 设
$$\overrightarrow{OQ}=(x,y),$$
其中 x,y 不同时为零，由于 O,P,Q,R 四点共线，可设
$$\overrightarrow{OP}=\lambda(x,y),\overrightarrow{OR}=\mu(x,y).$$
由 $|OQ|\cdot|OP|=|OR|^2$ 可得
$$\lambda=\mu^2.$$
因为 P,R 分别在直线和椭圆上，所以
$$\lambda\left(\dfrac{x}{12}+\dfrac{y}{8}\right)=1,$$
$$\mu^2\left(\dfrac{x^2}{24}+\dfrac{y^2}{16}\right)=1.$$
消去 λ,μ，整理得
$$\dfrac{x^2}{24}+\dfrac{y^2}{16}=\dfrac{x}{12}+\dfrac{y}{8}.$$
所以点 Q 的轨迹方程为
$$\dfrac{(x-1)^2}{\dfrac{5}{2}}+\dfrac{(y-1)^2}{\dfrac{5}{3}}=1(x,y \text{ 不同时为零}).$$

例 2 已知抛物线 $C:y^2=2px(p>0)$ 上的点 $M(m,-2)$ 与其焦点 F 的距离为 2．
（Ⅰ）求实数 p 与 m 的值．
（Ⅱ）如图 2.4-1，动点 Q 在抛物线 C 上，直线 l 过点 M，点 A,B 均在 l 上，且满足 $QA\perp l,QB\parallel x$ 轴．若 $\dfrac{|MB|^2}{|MA|}$ 为常数，求直线 l 的方程．

图 2.4-1

解答 （Ⅰ）由题意得
$$|MF|=m+\dfrac{p}{2}=2.$$
已知点 $M(m,-2)$ 在抛物线上，故 $2pm=4$，解得
$$p=2,m=1.$$

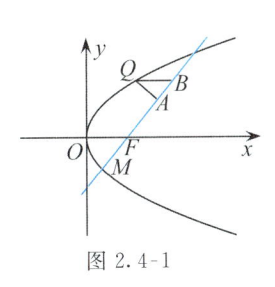

(Ⅱ)设直线 l 的方程为
$$t(y+2)=x-1,$$
$Q\left(\dfrac{y_0^2}{4},y_0\right)$,则 $y_B=y_0$,所以
$$|MB|=\sqrt{1+t^2}\,|y_0+2|.$$
取直线 l 的一个方向向量 $e=(t,1)$,则
$$\overrightarrow{MQ}=\left(\dfrac{y_0^2}{4}-1,y_0+2\right),$$
所以
$$|MA|=\dfrac{|\overrightarrow{MQ}\cdot e|}{\sqrt{t^2+1}}=\dfrac{\left|\left(\dfrac{y_0^2}{4}-1\right)t+y_0+2\right|}{\sqrt{t^2+1}},$$
故
$$\dfrac{|MB|^2}{|MA|}=\dfrac{(t^2+1)\sqrt{1+t^2}\,|y_0+2|}{\left|\dfrac{y_0t}{4}+\left(-\dfrac{t}{2}+1\right)\right|},$$
则 $t=1$,常数为 $8\sqrt{2}$,此时直线 l 的方程为
$$y=x-3.$$

例 3 已知 $m>1$,直线 $l:x-my-\dfrac{m^2}{2}=0$,椭圆 $C:\dfrac{x^2}{m^2}+y^2=1$,点 F_1,F_2 分别为椭圆 C 的左、右焦点.

(Ⅰ)当直线 l 过右焦点 F_2 时,求直线 l 的方程.

(Ⅱ)设直线 l 与椭圆 C 交于 A,B 两点,$\triangle AF_1F_2$,$\triangle BF_1F_2$ 的重心分别为 G,H.若原点 O 在以线段 GH 为直径的圆内,求实数 m 的取值范围.

解答 (Ⅰ)因为直线 $l:x-my-\dfrac{m^2}{2}=0$ 经过点
$$F_2(\sqrt{m^2-1},0),$$
所以 $\sqrt{m^2-1}=\dfrac{m^2}{2}$,解得
$$m^2=2.$$
又因为 $m>1$,所以
$$m=\sqrt{2}.$$
故直线 l 的方程为
$$x-\sqrt{2}y-1=0.$$

(Ⅱ)如图 2.4-2,设 $A(x_1,y_1),B(x_2,y_2)$,把直线 $l:x-my-\dfrac{m^2}{2}=0$ 代入椭圆 C 的方程并消去 x,得
$$2y^2+my+\dfrac{m^2}{4}-1=0.$$

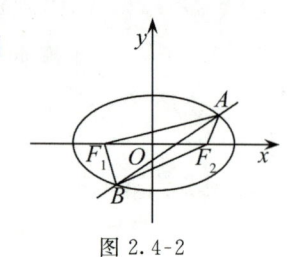

图 2.4-2

由 $\Delta = m^2 - 8\left(\dfrac{m^2}{4} - 1\right) = -m^2 + 8 > 0$ 知

$$m^2 < 8,$$

且有

$$y_1 + y_2 = -\dfrac{m}{2}, y_1 y_2 = \dfrac{m^2}{8} - \dfrac{1}{2}.$$

由已知得 $F_1(-c, 0), F_2(c, 0)$, 故 O 为 F_1F_2 的中点. 由 $\overrightarrow{AG} = 2\overrightarrow{GO}, \overrightarrow{BH} = 2\overrightarrow{HO}$, 可知

$$G\left(\dfrac{x_1}{3}, \dfrac{y_1}{3}\right), H\left(\dfrac{x_2}{3}, \dfrac{y_2}{3}\right).$$

因为原点 O 在以线段 GH 为直径的圆内, 所以 $\overrightarrow{OG} \cdot \overrightarrow{OH} < 0$, 即

$$x_1 x_2 + y_1 y_2 < 0.$$

又因为

$$x_1 x_2 + y_1 y_2 = \left(my_1 + \dfrac{m^2}{2}\right)\left(my_2 + \dfrac{m^2}{2}\right) + y_1 y_2 = (m^2 + 1)\left(\dfrac{m^2}{8} - \dfrac{1}{2}\right),$$

所以 $\dfrac{m^2}{8} - \dfrac{1}{2} < 0$, 即

$$m^2 < 4.$$

因为 $m > 1$ 且 $\Delta > 0$, 所以

$$1 < m < 2.$$

所以 m 的取值范围是 $(1, 2)$.

例4 如图 2.4-3, 已知抛物线 $x^2 = y$, 点 $A\left(-\dfrac{1}{2}, \dfrac{1}{4}\right), B\left(\dfrac{3}{2}, \dfrac{9}{4}\right)$, 抛物线上的点 $P(x, y)\left(-\dfrac{1}{2} < x < \dfrac{3}{2}\right)$, 过点 B 作直线 AP 的垂线, 垂足为 Q.

（Ⅰ）求直线 AP 斜率的取值范围.

（Ⅱ）求 $|PA| \cdot |PQ|$ 的最大值.

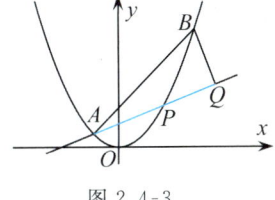

图 2.4-3

解答 （Ⅰ）设直线 AP 的斜率为 k, 则

$$k = \dfrac{x^2 - \dfrac{1}{4}}{x + \dfrac{1}{2}} = x - \dfrac{1}{2}.$$

因为 $-\dfrac{1}{2} < x < \dfrac{3}{2}$, 所以

$$k \in (-1, 1).$$

（Ⅱ）设 AB 的中点为 M, 则

$$M\left(\dfrac{1}{2}, \dfrac{5}{4}\right).$$

从而 $|PA||PQ| = -\overrightarrow{PA} \cdot \overrightarrow{PQ} = -\overrightarrow{PA} \cdot (\overrightarrow{PB} + \overrightarrow{BQ}) = -\overrightarrow{PA} \cdot \overrightarrow{PB}$

$$= \left(\dfrac{\overrightarrow{PA} - \overrightarrow{PB}}{2}\right)^2 - \left(\dfrac{\overrightarrow{PA} + \overrightarrow{PB}}{2}\right)^2$$

$$= 2 - |\overrightarrow{PM}|^2 = \left(x+\frac{1}{2}\right)^3 \left(\frac{3}{2}-x\right)$$

$$= \frac{1}{3}\left(x+\frac{1}{2}\right)\left(x+\frac{1}{2}\right)\left(x+\frac{1}{2}\right)\left(\frac{9}{2}-3x\right)$$

$$\leqslant \frac{1}{3}\left[\frac{\left(x+\frac{1}{2}\right)+\left(x+\frac{1}{2}\right)+\left(x+\frac{1}{2}\right)+\left(\frac{9}{2}-3x\right)}{4}\right]^4 \leqslant \frac{27}{16},$$

当且仅当 $x+\frac{1}{2}=\frac{9}{2}-3x$，即 $x=1$ 时取等号，故 $|PA|\cdot|PQ|$ 取到最大值 $\frac{27}{16}$.（也可以利用导数求最大值，过程略）.

题根 已知直线 AB 与抛物线 $y^2=4x$ 交于 A,B 两点，M 为 AB 的中点，点 C 为抛物线上的一个动点，若点 C_0 满足 $\overrightarrow{C_0A}\cdot\overrightarrow{C_0B}=\min\{\overrightarrow{CA}\cdot\overrightarrow{CB}\}$，则下列一定成立的是（　　）.

A. $C_0M \perp AB$
B. $C_0M \perp l$，其中 l 是抛物线过点 C_0 的切线
C. $C_0A \perp C_0B$
D. $C_0M = \frac{1}{2}AB$

解答 因为

$$\overrightarrow{CA}\cdot\overrightarrow{CB}=\left(\frac{\overrightarrow{CA}+\overrightarrow{CB}}{2}\right)^2-\left(\frac{\overrightarrow{CA}-\overrightarrow{CB}}{2}\right)^2=|\overrightarrow{CM}|^2-|\overrightarrow{AM}|^2,$$

所以只求 $|\overrightarrow{CM}|_{\min}$，而

$$|\overrightarrow{CM}|_{\min} \Leftrightarrow CM \perp l.$$

故选 B.

点评 把长度积的问题转化为向量数量积的问题，借助平面向量的极化恒等式来处理这个解析几何问题，回避了求长度，不仅大大减少了运算量，使得问题迎刃而解，而且更能清楚地看到问题的本质——抛物线的法线的问题. 事实上，这两道题的背景都是抛物线的法线问题.

例 5 如图 2.4-4，已知点 $F(1,0)$ 为抛物线 $y^2=2px(p>0)$ 的焦点. 过点 F 的直线交抛物线于 A,B 两点，点 C 在抛物线上，使得 $\triangle ABC$ 的重心 G 在 x 轴上，直线 AC 交 x 轴于点 Q，且点 Q 在点 F 的右侧，记 $\triangle AFG$，$\triangle CQG$ 的面积分别为 S_1,S_2.

（Ⅰ）求 p 的值及抛物线的准线方程.

（Ⅱ）求 $\frac{S_1}{S_2}$ 的最小值及此时点 G 的坐标.

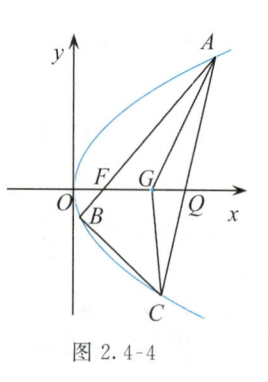

图 2.4-4

解答 （Ⅰ）由已知得 $p=2$，所以抛物线的准线方程为 $x=-1$.

（Ⅱ）设

$$\overrightarrow{AF}=\lambda\overrightarrow{AB},\overrightarrow{AQ}=\mu\overrightarrow{AC},$$

其中 $0<\lambda<1,0<\mu<1$，因为 G 为 $\triangle ABC$ 的重心，所以

$$\overrightarrow{AG}=\frac{1}{3}(\overrightarrow{AB}+\overrightarrow{AC})=\frac{1}{3\lambda}\overrightarrow{AF}+\frac{1}{3\mu}\overrightarrow{AQ}.$$

又因为 F,G,Q 三点共线，所以

$$\frac{1}{3\lambda}+\frac{1}{3\mu}=1,$$

所以 $\dfrac{1}{\lambda}=3-\dfrac{1}{\mu}$. 因为 G 为 $\triangle ABC$ 的重心，所以

$$S_{\triangle ABG}=S_{\triangle AGC},$$

所以

$$\dfrac{S_1}{S_2}=\dfrac{\lambda S_{\triangle ABG}}{(1-\mu)S_{\triangle AGC}}=\dfrac{\lambda}{1-\mu}=\dfrac{1}{\dfrac{1}{\lambda}(1-\mu)}=\dfrac{1}{4-\left(3\mu+\dfrac{1}{\mu}\right)}\geqslant \dfrac{2+\sqrt{3}}{2},$$

当且仅当 $3\mu=\dfrac{1}{\mu}$，即 $\mu=\dfrac{\sqrt{3}}{3},\lambda=\dfrac{3+\sqrt{3}}{6}$ 时取等号. 再利用 $\triangle ABC$ 的重心公式求得

$$G(2,0).$$

点评 该高考试题的解答不管是设点还是设线，都需要过硬的运算功底，再加上不畏艰难的拼搏精神，才能顺利地到达成功的彼岸. 而借助平面向量的威力来解答，则完美地避开了繁杂的运算.

向量以独特的魅力活跃在高中数学中，圆锥曲线的几何性质与向量运算的巧妙结合更是相得益彰. 平面向量既能体现"形"的直观位置特征，又具有"数"的良好运算性质，是数形结合与转换的纽带，它可以使图形量化，使图形间关系代数化. 还有，平面向量能进行坐标运算，因此以坐标为桥梁，使向量的有关运算与圆锥曲线的运算紧密联系起来，这些都为研究圆锥曲线提供了强有力的技术保障，同时也把圆锥曲线的运算转移到向量的运算，从而简化运算量. 所以，利用向量来简化圆锥曲线的运算是一种不错的选择.

2.5 以静制动，突出重围

要善于运用辩证的观点去思考和分析问题，在运动中寻求隐藏在问题中的定点、定直线、定值的不变性. 或通过探索，先确定出定点、定直线、定值的可能性，这样将盲目的解答问题转化为有方向有目标的一般性证明题，再进行推理论证，从而找到解决问题的突破口，达到简化运算的目的.

例 1 已知椭圆 $C:\dfrac{x^2}{a^2}+\dfrac{y^2}{b^2}=1(a>b>0)$ 的右焦点 F 的坐标为 $(1,0)$，且椭圆上任意一点到两焦点的距离之和为 4.

（Ⅰ）求椭圆 C 的标准方程.

（Ⅱ）如图 2.5-1，过右焦点 F 的直线 l 与椭圆 C 相交于 P,Q 两点，点 Q 关于 x 轴的对称点为 Q'，试问 $\triangle PFQ'$ 的面积是否存在最大值？若存在，求出这个最大值；若不存在，请说明理由.

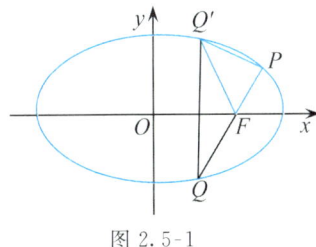

解答 （Ⅰ）椭圆的标准方程为

$$\dfrac{x^2}{4}+\dfrac{y^2}{3}=1.$$

（Ⅱ）设 $P(x_1,y_1),Q(x_2,y_2),Q'(x_2,-y_2)$，再设直线 $PQ:x=ty+1$，代入椭圆方程得

$$(3t^2+4)y^2+6ty-9=0,$$

所以

$$y_1+y_2=\dfrac{-6t}{3t^2+4},y_1y_2=\dfrac{-9}{3t^2+4}.$$

所以
$$PQ': y = \frac{y_1+y_2}{x_1-x_2}(x-x_2)-y_2.$$

令 $y=0$，则
$$x = \frac{x_1y_2+x_2y_1}{y_1+y_2} = \frac{2ty_1y_2}{y_1+y_2}+1 = 4,$$

所以 PQ' 过定点 $M(4,0)$，所以
$$S = \frac{1}{2}|FM||y_1+y_2| = \frac{9}{3|t|+\frac{4}{|t|}} \leq \frac{9}{2\sqrt{3|t|\cdot\frac{4}{|t|}}} = \frac{3\sqrt{3}}{4},$$

当且仅当 $|t|=\frac{2\sqrt{3}}{3}$ 时取等号.

点评 这个问题最棘手的地方就是"动"的太多了，既有点在动也有线在动，所以很多同学就开始"晕题"了. 我们解题的突破口就在于如何在变中寻找不变量——PQ' 过定点，找到定点，剩下的就是"阳光灿烂的日子"了.

例2 如图 2.5-2，已知抛物线 $E: y^2=2px(p>0)$ 过点 $Q(1,2)$，F 为其焦点，过点 F 且不垂直于 x 轴的直线 l 交抛物线 E 于 A,B 两点，动点 P 满足 $\triangle PAB$ 的垂心为原点 O.

（Ⅰ）求抛物线 E 的方程.

（Ⅱ）求 $\dfrac{S_{\triangle PAB}}{S_{\triangle QAB}}$ 的最小值.

图 2.5-2

解答 （Ⅰ）易得抛物线的方程为
$$y^2=4x.$$

（Ⅱ）设 $P(x_0,y_0), A(x_1,y_1), B(x_2,y_2)$，由 A,B,F 三点共线得
$$y_1y_2 = -4,$$

从而
$$x_1x_2 = 1.$$

由 $\triangle PAB$ 的垂心为原点 O 得 $OA \perp PB$，所以
$$\overrightarrow{OA} \cdot \overrightarrow{PB} = x_1(x_2-x_0)+y_1(y_2-y_0) = 1-x_1x_0-4-y_1y_0 = 0,$$

整理得
$$x_1x_0+y_1y_0+3 = 0.$$

同理得
$$x_2x_0+y_2y_0+3 = 0.$$

因此，直线 AB 的方程为
$$xx_0+yy_0+3 = 0.$$

而直线 AB 过点 $F(1,0)$，得 $x_0=-3$，即动点 P 在定直线 $x=-3$ 上，此时 $P(-3,y_0)$. 点 $P(-3,y_0)$ 到直线 $AB: 3x-yy_0-3=0$ 的距离
$$h_1 = \frac{y_0^2+12}{\sqrt{y_0^2+9}};$$

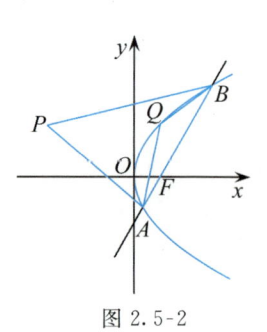

点 $Q(1,2)$ 到直线 $AB:3x-yy_0-3=0$ 的距离

$$h_2=\frac{2|y_0|}{\sqrt{y_0^2+9}}.$$

所以

$$\frac{S_{\triangle PAB}}{S_{\triangle QAB}}=\frac{h_1}{h_2}=\frac{y_0^2+12}{2|y_0|}\geqslant 2\sqrt{3},$$

当且仅当 $y_0=\pm 2\sqrt{3}$ 时取等号.

例3 (2018年全国数学联赛四川预赛)已知双曲线 $\frac{x^2}{4}-\frac{y^2}{3}=1$,设其实轴端点为 A_1,A_2,点 P 是双曲线上不同于点 A_1,A_2 的一个动点,直线 PA_1,PA_2 分别与直线 $x=1$ 交于点 M_1,M_2.证明:以 M_1M_2 为直径的圆经过定点.

解答 如图2.5-3,因为 $k_{PA_1}\cdot k_{PA_2}=e^2-1=\frac{3}{4}$,所以

$$k_{M_1A_1}\cdot k_{M_2A_2}=\frac{3}{4},$$

即

$$\frac{y_{M_1}}{1-(-2)}\cdot\frac{y_{M_2}}{1-2}=\frac{3}{4},$$

因此

$$y_{M_1}\cdot y_{M_2}=-\frac{9}{4}.$$

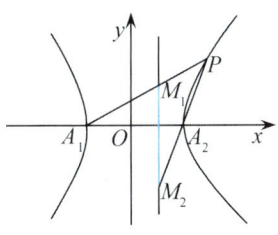

图 2.5-3

以 M_1M_2 为直径的圆的方程为

$$(x-1)(x-1)+(y-y_{M_1})(y-y_{M_2})=0,$$

令 $y=0$,得

$$x=\frac{5}{2} \text{ 或 } x=-\frac{1}{2}.$$

故以 M_1M_2 为直径的圆经过定点 $\left(\frac{5}{2},0\right)$ 或 $\left(-\frac{1}{2},0\right)$.

点评 例1找定点,例2找定直线,例3和例4找定值.这些问题要结合图形的几何特征,寻找不变量,也寻找解决问题的重要突破口.例3中利用 e^2-1 的性质来找定值,这是一种非常重要的途径,在后面的学习中还会经常碰到.

引申1 如图2.5-4,已知椭圆 $C:\frac{x^2}{2}+y^2=1$,过原点的直线与椭圆交于 A,B 两点(点 A 在第一象限),过点 A 作 x 轴的垂线,垂足为点 $E(x_0,0)$.设直线 BE 与椭圆的另一个交点为 P,连接 AP,得到直线 l,交 x 轴于点 M,交 y 轴于点 N.

(Ⅰ)若 $x_0=1$,求直线 AP 的斜率.

(Ⅱ)记 $\triangle ABP,\triangle OEP,\triangle OMN$ 的面积分别为 S_1,S_2,S_3,求 $\frac{S_1-2S_2}{S_3}$ 的最大值.

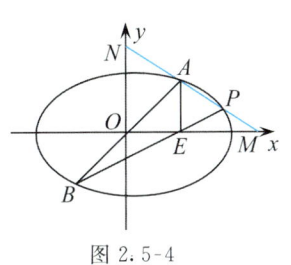

图 2.5-4

解答 （Ⅰ）因为
$$k_{PA} \cdot k_{PB} = e^2 - 1 = -\frac{1}{2},$$
又已知 $E(1,0)$，所以
$$A\left(1, \frac{\sqrt{2}}{2}\right), B\left(-1, -\frac{\sqrt{2}}{2}\right).$$
从而 $k_{PB} = k_{EB} = \frac{\sqrt{2}}{4}$，所以
$$k_{PA} = -\sqrt{2}.$$

（Ⅱ）设 $P(x_1, y_1), A(x_0, y_0), B(-x_0, -y_0)$，则
$$S_1 = S_{\triangle ABE} + S_{\triangle APE} = x_0 y_0 + \frac{1}{2} y_0 (x_1 - x_0).$$
因为 $P(x_1, y_1)$ 在直线 $BE: x = \frac{2x_0}{y_0} y + x_0$ 上，所以
$$S_1 = x_0 y_0 + \frac{1}{2} y_0 \cdot \frac{2x_0}{y_0} \cdot y_1 = x_0 y_0 + x_0 y_1,$$
所以
$$S_1 - 2S_2 = x_0 y_0 + x_0 y_1 - 2 \cdot \frac{1}{2} x_0 \cdot y_1 = x_0 y_0.$$
因为
$$k_{PA} \cdot k_{PB} = e^2 - 1 = -\frac{1}{2},$$
所以
$$k_{PA} = \frac{-\frac{1}{2}}{k_{PB}} = \frac{-\frac{1}{2}}{\frac{y_0}{2x_0}} = -\frac{x_0}{y_0}.$$
所以直线 $PA: y - y_0 = -\frac{x_0}{y_0}(x - x_0)$，$M\left(\frac{y_0^2}{x_0} + x_0, 0\right), N\left(0, \frac{x_0^2}{y_0} + y_0\right)$，所以
$$S_3 = \frac{1}{2}\left(\frac{y_0^2}{x_0} + x_0\right)\left(\frac{x_0^2}{y_0} + y_0\right) = \frac{(x_0^2 + y_0^2)^2}{2x_0 y_0},$$
所以
$$\frac{S_1 - 2S_2}{S_3} = \frac{x_0 y_0}{\frac{(x_0^2 + y_0^2)^2}{2x_0 y_0}} \leqslant \frac{2x_0^2 y_0^2}{4x_0^2 y_0^2} = \frac{1}{2},$$
当且仅当 $x_0 = y_0 = \frac{\sqrt{6}}{3}$ 时等号成立，所以 $\frac{S_1 - 2S_2}{S_3}$ 的最大值为 $\frac{1}{2}$。

引申2 已知椭圆 $C: \frac{x^2}{a^2} + \frac{y^2}{b^2} = 1 (a > b > 0)$ 的左顶点为 $A(-2, 0)$、离心率 $e = \frac{\sqrt{3}}{2}$，过点 $G(1, 0)$ 的直线与椭圆交于 B, C 两点，直线 AB, AC 分别交直线 $x = 3$ 于 M, N 两点.

（Ⅰ）求椭圆 C 的方程.

（Ⅱ）以线段 MN 为直径的圆是否经过定点？若过定点，求出所有定点；若不过定点，请说明理由.

解答 （Ⅰ）椭圆 C 的方程为
$$\frac{x^2}{4}+y^2=1.$$

（Ⅱ）设 $B(x_1,y_1),C(x_2,y_2)$，把直线 BC 的方程
$$x=my+1$$
代入椭圆方程得
$$(m^2+4)y^2+2my-3=0,$$
所以
$$y_1+y_2=\frac{-2m}{m^2+4}, y_1y_2=\frac{-3}{m^2+4}.$$

直线 AB 的方程为 $y=\frac{y_1}{x_1+2}(x+2)$，得
$$y_M=\frac{5y_1}{x_1+2};$$

直线 AC 的方程为 $y=\frac{y_2}{x_2+2}(x+2)$，得
$$y_N=\frac{5y_2}{x_2+2}.$$

从而
$$y_M \cdot y_N=\frac{25y_1y_2}{(x_1+2)(x_2+2)}=\frac{25y_1y_2}{(my_1+3)(my_2+3)}=\frac{25y_1y_2}{m^2y_1y_2+3m(y_1+y_2)+9}=-\frac{25}{12}.$$

故以线段 MN 为直径的圆的方程为
$$(x-3)(x-3)+(y-y_M)(y-y_N)=0.$$

令 $y=0$，得
$$(x-3)^2=-y_M \cdot y_N=\frac{25}{12}.$$

所以定点为
$$\left(3\pm\frac{5\sqrt{3}}{6},0\right).$$

引申 3 如图 2.5-5，已知点 $A(1,2)$ 在抛物线 C 上，过点 $T(3,-2)$ 的动直线 l 与抛物线 $C:y^2=4x$ 交于 P,Q 两点．

（Ⅰ）证明：直线 AP 与直线 AQ 的斜率乘积恒为定值 -2．

（Ⅱ）以 PQ 为底边的等腰三角形 APQ 有几个？请说明理由．

解答 （Ⅰ）设直线 l 的方程为
$$x=m(y+2)+3,$$
由 $\begin{cases} x=m(y+2)+3, \\ y^2=4x \end{cases}$ 得
$$y^2-4my-8m-12=0.$$

设 $P(x_1,y_1),Q(x_2,y_2)$，则
$$y_1+y_2=4m, y_1y_2=-8m-12.$$

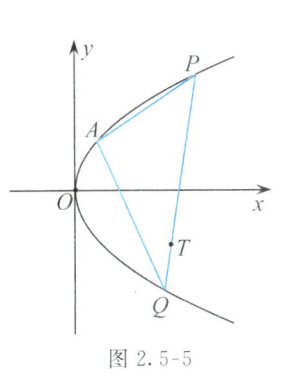

图 2.5-5

所以
$$k_{AP} \cdot k_{AQ} = \frac{y_1-2}{x_1-1} \cdot \frac{y_2-2}{x_2-1} = \frac{4}{y_1+2} \cdot \frac{4}{y_2+2} = \frac{16}{y_1 y_2 + 2(y_1+y_2)+4} = -2.$$

(Ⅱ) PQ 的中点坐标为 $\left(\dfrac{x_1+x_2}{2}, \dfrac{y_1+y_2}{2}\right)$，即

$$\left(\frac{\frac{y_1^2}{4}+\frac{y_2^2}{4}}{2}, \frac{y_1+y_2}{2}\right).$$

因为
$$\frac{y_1^2}{4}+\frac{y_2^2}{4} = \frac{(y_1+y_2)^2 - 2y_1 y_2}{4} = 4m^2+4m+6,$$

所以 PQ 的中点坐标为

$$(2m^2+2m+3, 2m).$$

由已知得 $\dfrac{2m-2}{2m^2+2m+3-1} = -m$，即

$$m^3+m^2+2m-1=0.$$

设 $f(m)=m^3+m^2+2m-1$，则

$$f'(m)=3m^2+2m+2>0,$$

$f(m)$ 在 **R** 上是增函数. 又 $f(0)=-1$, $f(1)=3$，故 $f(m)$ 在 $(0,1)$ 上有一个零点.

函数 $f(m)$ 有且只有一个零点，即方程 $m^3+m^2+2m-1=0$ 有唯一实根，所以满足条件的等腰三角形有且只有一个.

点评 求圆锥曲线中的相关变量的范围问题，涉及的变量多、运算量大，靠死算常常是行不通的，算不到底，很多同学会半途而废. 所以，我们需要不断挖掘题目中的不动量（定点、定直线、定值等），寻找解决问题的突破口，从而简化我们的运算. 不能让繁杂的运算淹没了火热的思考.

运算是数学核心素养的重要组成部分，而圆锥曲线则是运算训练的最重要载体，是运算训练的主战场. 我们在学习圆锥曲线时，千万不能错过，否则就会是"过了这个村，就没有这个店". 我们要学会运算，更要学会避免运算，即学会精准运算，避免繁杂的运算. 解题训练是数学学习中永不过时的旋律，也是伴随数学学习全过程的美妙乐章，解题就是"逢山开路，遇水搭桥"，解题要揭示被千变万化的数学表象所掩盖的数学本质，还数学以本原.

波利亚在《数学的发现》的序言中说："中学数学教学的首要任务就是加强解题训练."他把"解题"作为培养学生数学才能和教会他们思考的一种重要手段和途径. 解题意味着要找到克服困难的方法，找到绕过障碍的道路，达到不能直接达到的目的. 正如不可能找到一把能打开一切大门的神奇的钥匙一样，我们也不可能找到一种能解决一切数学问题的方法. 只有通过模仿与实践才能学会解题. 比如，想学会游泳，你就得跳到水中去，想成为解题高手，那你就得去努力地解题. 解题犹如打仗，不能只是忙于冲锋陷阵，一时局部的胜利并不能说明问题，有时甚至会被局部所纠缠而看不清问题的实质，只有见微知著、树立全局观念，讲究排兵布阵、运筹帷幄，方能决胜千里. 解题需要模式，但不能模式化；解题需要技巧，但不能依赖技巧. 技巧是锦上添花，但绝不会是雪中送炭.

高中数学解题三部曲：

是什么？——为了忘却的纪念

为什么？——喝牛奶要品出芳草的清香

怎么样？——听取蛙声一片

讲了这么多的如何简化解题的方法，有这么多的解题方法武器来武装我们的头脑，大家是不是有一种想解题的冲动了，别急！我们不能盲目地解题，不能没有方向地刷题，我们首先要知道高考、竞赛命题老师有什么命题情结．欲知命题情结如何，还是请看下章慢慢分解！

思考题

1. 如图,设 P 为椭圆 $E_1: \dfrac{x^2}{a^2}+\dfrac{y^2}{b^2}=1(a>b>0)$ 上的动点,过点 P 作椭圆 $E_2: \dfrac{x^2}{a^2}+\dfrac{y^2}{b^2}=\lambda(0<\lambda<1)$ 的两条切线 PA,PB,它们的斜率分别为 k_1,k_2.若 $k_1 \cdot k_2$ 为定值,则 $\lambda=(\quad)$.

A. $\dfrac{1}{4}$

B. $\dfrac{\sqrt{2}}{4}$

C. $\dfrac{1}{2}$

D. $\dfrac{\sqrt{2}}{2}$

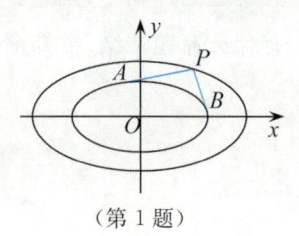

(第1题)

2. 直线 l 与抛物线 $y^2=4x$ 交于 A,B 两点,O 为坐标原点,直线 OA,OB 的斜率之积为 -1,以线段 AB 的中点为圆心、$\sqrt{2}$ 为半径的圆与直线 l 交于 P,Q 两点,则 $|OP|^2+|OQ|^2$ 的最小值为_____.

3. 已知椭圆 C 的中心在原点、焦点在 x 轴上,它的一个顶点恰好是抛物线 $y=\dfrac{1}{4}x^2$ 的焦点,椭圆 C 的离心率等于 $\dfrac{2\sqrt{5}}{5}$.

(Ⅰ)求椭圆 C 的标准方程.

(Ⅱ)过椭圆 C 的右焦点 F 作直线 l,交椭圆 C 于 A,B 两点,交 y 轴于点 M,若 $\overrightarrow{MA}=\lambda_1\overrightarrow{AF}$,$\overrightarrow{MB}=\lambda_2\overrightarrow{BF}$,证明:$\lambda_1+\lambda_2$ 为定值.

4. 如图,在平面直角坐标系 xOy 中,已知椭圆 $\dfrac{x^2}{a^2}+\dfrac{y^2}{b^2}=1(a>b>0)$ 的离心率为 $\dfrac{\sqrt{2}}{2}$、右顶点为 A,直线 BC 过原点 O,且点 B 在 x 轴上方,直线 AB,AC 分别交直线 $l:x=a+1$ 于点 E,F.

(Ⅰ)若点 B 的坐标为 $(\sqrt{2},\sqrt{3})$,求 $\triangle ABC$ 的面积.

(Ⅱ)若点 B 为动点,设直线 AB,AC 的斜率分别为 k_1,k_2.

(i)问:k_1k_2 是否为定值?若为定值,求出该定值;若不为定值,请说明理由.

(ii)求 $\triangle AEF$ 的面积的最小值.

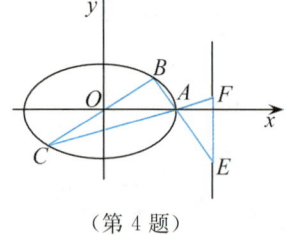

(第4题)

5. 如图,已知抛物线 $C_1:y^2=2px(p>0)$ 上一点 $Q(1,a)$ 到焦点的距离为 3.

(Ⅰ)求 a,p 的值.

(Ⅱ)设 P 为直线 $x=-1$ 上除 $(-1,\sqrt{3})$,$(-1,-\sqrt{3})$ 两点外的任意一点,过点 P 作圆 $C_2:(x-2)^2+y^2=3$ 的两条切线,分别与曲线 C_1 相交于点 A,B 和点 C,D.试问 A,B,C,D 四点纵坐标之积是否为定值?若是定值,求出该定值;若不是定值,请说明理由.

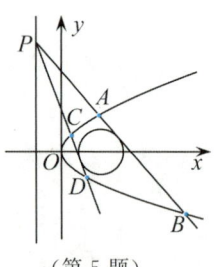

(第5题)

6. 已知抛物线 $C: y = ax^2 (a > 0)$ 上的点 $P(b, 1)$ 到焦点的距离为 $\dfrac{5}{4}$.

（Ⅰ）求 a 的值.

（Ⅱ）如图,已知动线段 AB（点 B 在点 A 的右边）在直线 $l: y = x - 2$ 上,且 $|AB| = \sqrt{2}$. 现过点 A 作曲线 C 的切线,取左边的切点为 M；过点 B 作曲线 C 的切线,取右边的切点为 N. 当 $MN \parallel AB$ 时,求点 A 的横坐标 t 的值.

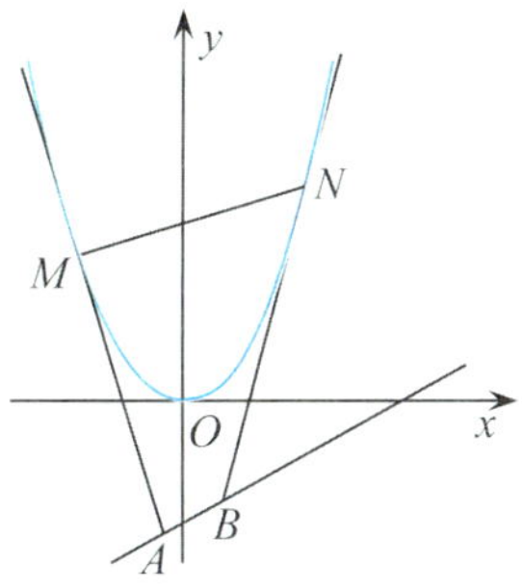

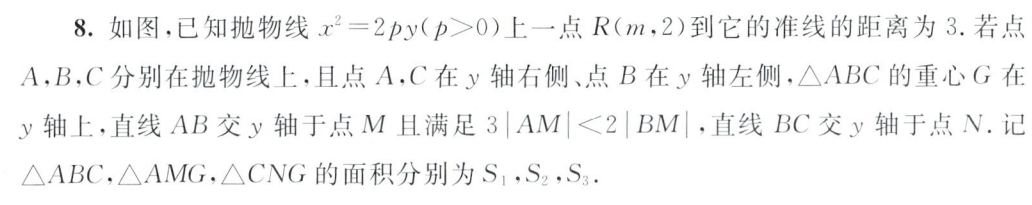

（第6题）

7. 设椭圆 $\dfrac{x^2}{4} + y^2 = 1$ 的右顶点为 A,以点 A 为圆心的圆 $(x-2)^2 + y^2 = r^2 (r > 0)$ 与椭圆交于 B, C 两点, P 是椭圆上异于 B, C 的任意一点,直线 PB, PC 分别交 x 轴于 M, N 两点,求 $S_{\triangle POM} \cdot S_{\triangle PON}$ 的最大值.

8. 如图,已知抛物线 $x^2 = 2py (p > 0)$ 上一点 $R(m, 2)$ 到它的准线的距离为 3. 若点 A, B, C 分别在抛物线上,且点 A, C 在 y 轴右侧,点 B 在 y 轴左侧, $\triangle ABC$ 的重心 G 在 y 轴上,直线 AB 交 y 轴于点 M 且满足 $3|AM| < 2|BM|$,直线 BC 交 y 轴于点 N. 记 $\triangle ABC, \triangle AMG, \triangle CNG$ 的面积分别为 S_1, S_2, S_3.

（Ⅰ）求 p 的值及抛物线的准线方程.

（Ⅱ）求 $\dfrac{S_2 + S_3}{S_1}$ 的取值范围.

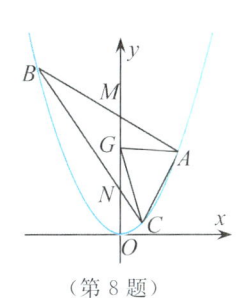

（第8题）

9. 如图,已知 P 是抛物线 $C_1: y^2 = 4x$ 的准线上的任意一点,过点 P 作抛物线 C_1 的两条切线 PA, PB,其中 A, B 为切点.

（Ⅰ）证明：直线 AB 过定点,并求出定点的坐标.

（Ⅱ）若直线 AB 交椭圆 $C_2: \dfrac{x^2}{4} + \dfrac{y^2}{3} = 1$ 于 C, D 两点, S_1, S_2 分别是 $\triangle PAB$, $\triangle PCD$ 的面积,求 $\dfrac{S_1}{S_2}$ 的最小值.

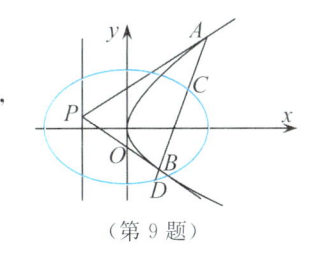

（第9题）

第三章

落霞与孤鹜齐飞,秋水共长天一色
——圆锥曲线可以这样考查

物之生也,若骤若驰,无动而不变,无时而不移. ——《庄子·秋水》

"年年岁岁花相似,岁岁年年题不同",虽然每年的高考试题在不断地变化,在不断地创新,但如果从统一的角度去看高考试题,也许你会有又见炊烟袅袅升起时的亲切感,蓦然回首,你也许又会多一份"星星还是那个星星"的熟悉感,别样的熟悉,惊人的相似,一切尽在不言中.

在历年高考数学试题中,圆锥曲线问题的考查特点:

圆锥曲线的离心率问题独占鳌头、傲视群雄;

中点弦、焦点弦、切点弦等老字号依然闪烁、星光依旧;

定点、定值、定线等核心问题频频亮相、独领风骚;

求范围、求最值、证明三点共线等经典问题风采依旧、势不可挡;

圆锥曲线的第二定义等旧面孔虽然逐步淡出江湖、但风光犹在.

"记录在纸上的思想就如同某人留在沙上的脚印,我们也许能看到他走过的路径,但若想知道他在路上看见了什么东西,就必须用我们自己的眼睛."德国哲学家叔本华的这番话从某种意义上也道出了问题研究的重要性.备战高考也是如此,我们需要研究高考试题,摸清高考命题的轨迹及其特点,以便为我们厘清高考复习的思路.

第三章 落霞与孤鹜齐飞,秋水共长天一色

3.1 有关共焦点问题

有共同焦点的椭圆与双曲线问题在高考试题中频繁出现,解决这类问题最常见的方法是"算两次".如可以对焦点三角形的面积"算两次"等.

例 1 （2013 年浙江卷）如图 3.1-1，F_1,F_2 是椭圆 $C_1:\dfrac{x^2}{4}+y^2=1$ 与双曲线 C_2 的公共焦点，A,B 分别是 C_1,C_2 在第二、四象限的公共点. 若四边形 AF_1BF_2 为矩形,则双曲线 C_2 的离心率是（　　）.

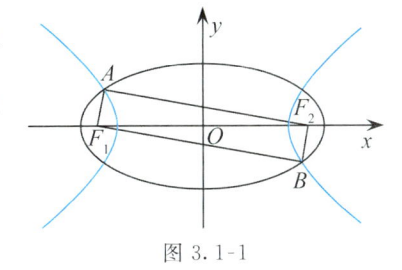

A. $\sqrt{2}$　　　　　　　　　　B. $\sqrt{3}$

C. $\dfrac{3}{2}$　　　　　　　　　　D. $\dfrac{\sqrt{6}}{2}$

图 3.1-1

解答　由题意知 $\angle F_1AF_2=90°$，所以

$$\frac{1}{e_1^2}+\frac{1}{e_2^2}=2,$$

所以

$$e_2=\frac{\sqrt{6}}{2}.$$

故选 D.

例 2 （2016 年浙江卷）已知椭圆 $C_1:\dfrac{x^2}{m^2}+y^2=1(m>1)$ 与双曲线 $C_2:\dfrac{x^2}{n^2}-y^2=1(n>0)$ 的焦点重合，e_1,e_2 分别为 C_1,C_2 的离心率，则（　　）

A. $m>n$ 且 $e_1e_2>1$　　　　　　　　B. $m>n$ 且 $e_1e_2<1$

C. $m<n$ 且 $e_1e_2>1$　　　　　　　　D. $m<n$ 且 $e_1e_2<1$

解答　设 F_1,F_2 是椭圆与双曲线的公共焦点，P 为椭圆与双曲线的交点，令 $\angle F_1PF_2=\theta$，因为

$$S_{\triangle PF_1F_2}=\tan\frac{\theta}{2}=\frac{1}{\tan\dfrac{\theta}{2}},$$

所以 $\theta=90°$，所以

$$\frac{1}{e_1^2}+\frac{1}{e_2^2}=2.$$

再用基本不等式可得 $e_1e_2>1$. 因为 $m^2-1=n^2+1$，即 $m^2=n^2+2$，所以 $m>n$. 故选 A.

> 已知 F_1,F_2 为椭圆与双曲线的公共焦点，P 是它们的一个公共点，设 $\angle F_1PF_2=\theta$，则椭圆的离心率 e_1 与双曲线的离心率 e_2 的关系为
> $$\frac{\sin^2\dfrac{\theta}{2}}{e_1^2}+\frac{\cos^2\dfrac{\theta}{2}}{e_2^2}=1.$$

例3 (2014年湖北卷)已知 F_1, F_2 为椭圆与双曲线的公共焦点,P 是它们的一个公共点,且 $\angle F_1 P F_2 = \frac{\pi}{3}$,则椭圆的离心率 e_1 和双曲线的离心率 e_2 的倒数之和的最大值为( ).

A. $\frac{4\sqrt{3}}{3}$　　　　B. $\frac{2\sqrt{3}}{3}$　　　　C. 3　　　　D. 2

解答 由上述结论得到

$$\frac{1}{e_1^2} + \frac{3}{e_2^2} = 4.$$

设 $\frac{1}{e_1} = 2\cos\theta, \frac{\sqrt{3}}{e_2} = 2\sin\theta$,则

$$\frac{1}{e_1} + \frac{1}{e_2} = 2\cos\theta + \frac{2\sin\theta}{\sqrt{3}} = \frac{4\sqrt{3}}{3}\sin(\theta + \varphi),$$

其中 $\tan\varphi = \sqrt{3}$,当 $\theta + \varphi = \frac{\pi}{2}$ 时,$\frac{1}{e_1} + \frac{1}{e_2}$ 取最大值 $\frac{4\sqrt{3}}{3}$.

也可以由柯西不等式求得答案. 故选 A.

链接1 (2016年全国数学联赛四川预赛)已知 F_1, F_2 为椭圆与双曲线的公共焦点,P 是它们的一个公共点,且 $\angle F_1 P F_2 = 60°$,则该椭圆和双曲线的离心率之积的最小值是( ).

A. $\frac{\sqrt{3}}{3}$　　　　B. $\frac{\sqrt{3}}{2}$　　　　C. 1　　　　D. $\sqrt{3}$

解答 设椭圆的离心率为 e_1、双曲线的离心率为 e_2,由上述结论得

$$\frac{1}{e_1^2} + \frac{3}{e_2^2} = 4.$$

由基本不等式得

$$4 = \frac{1}{e_1^2} + \frac{3}{e_2^2} \geq 2\sqrt{\frac{1}{e_1^2} \cdot \frac{3}{e_2^2}},$$

所以

$$e_1 e_2 \geq \frac{\sqrt{3}}{2},$$

当且仅当 $\frac{1}{e_1^2} = \frac{3}{e_2^2}$,即 $e_2 = \sqrt{3} e_1$ 时取等号. 故选 B.

链接2 已知椭圆 $C_1: m^2 x^2 + y^2 = 1 (0 < m < 1)$ 与双曲线 $C_2: n^2 x^2 - y^2 = 1 (n > 0)$ 的焦点重合,e_1, e_2 分别为 C_1, C_2 的离心率,则 $e_1 e_2$ 的取值范围是_____.

解答 设 F_1, F_2 是椭圆与双曲线的公共焦点,P 为椭圆与双曲线的交点. 设 $\angle F_1 P F_2 = \theta$,结合上述结论,因为

$$S_{\triangle P F_1 F_2} = \tan\frac{\theta}{2} = \frac{1}{\tan\frac{\theta}{2}},$$

所以 $\theta = 90°$,所以

$$\frac{1}{e_1^2} + \frac{1}{e_2^2} = 2.$$

由基本不等式得

$$2 = \frac{1}{e_1^2} + \frac{1}{e_2^2} > 2 \cdot \frac{1}{e_1} \cdot \frac{1}{e_2},$$

其中 $e_1 \neq e_2$，所以 $e_1 e_2$ 的取值范围是
$$(1, +\infty).$$

链接 3 设点 P 为有公共焦点 F_1, F_2 的椭圆和双曲线的一个交点，且 $\cos\angle F_1PF_2 = \dfrac{3}{5}$，若椭圆的离心率为 e_1，双曲线的离心率为 e_2，且 $e_2 = 2e_1$，则 $e_1 = ($ ）

A. $\dfrac{\sqrt{10}}{4}$ B. $\dfrac{\sqrt{7}}{5}$ C. $\dfrac{\sqrt{7}}{4}$ D. $\dfrac{\sqrt{10}}{5}$

解答 设 $\angle F_1PF_2 = \theta$，则有
$$\sin^2\frac{\theta}{2} = \frac{1-\cos\theta}{2} = \frac{1}{5}, \cos^2\frac{\theta}{2} = \frac{1+\cos\theta}{2} = \frac{4}{5}.$$

由上述结论得
$$\frac{1}{e_1^2} + \frac{4}{e_2^2} = 5.$$

又因为 $e_2 = 2e_1$，所以
$$e_1 = \frac{\sqrt{10}}{5}.$$

故选 D.

链接 4 如图 3.1-2，已知 F_1, F_2 为椭圆与双曲线的公共焦点，P 是它们的一个公共点，且满足 $\angle F_1PF_2 = 45°$，则该椭圆的离心率 e_1 与双曲线的离心率 e_2 之积的最小值为（ ）.

A. $\dfrac{\sqrt{2}}{4}$

B. $\dfrac{\sqrt{2}}{2}$

C. 1

D. $\sqrt{2}$

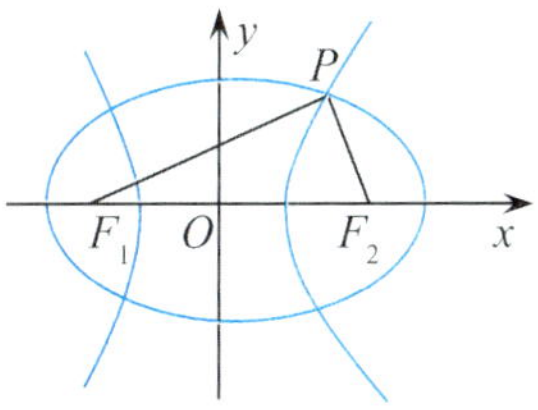

图 3.1-2

解答 设 $\angle F_1PF_2 = \theta$，由上述结论得
$$\frac{\sin^2\dfrac{\theta}{2}}{e_1^2} + \frac{\cos^2\dfrac{\theta}{2}}{e_2^2} = 1.$$

由基本不等式得 $1 \geqslant 2\sqrt{\dfrac{\sin^2\dfrac{\theta}{2}}{e_1^2} \cdot \dfrac{\cos^2\dfrac{\theta}{2}}{e_2^2}}$，即
$$e_1 e_2 \geqslant 2\sin\frac{\theta}{2}\cos\frac{\theta}{2} = \sin\theta = \frac{\sqrt{2}}{2}.$$

当且仅当 $\dfrac{\sin^2\dfrac{\theta}{2}}{e_1^2} = \dfrac{\cos^2\dfrac{\theta}{2}}{e_2^2}$，即 $e_1\cos\dfrac{\theta}{2} = e_2\sin\dfrac{\theta}{2}$ 时取等号.

故选 B.

链接 5 已知椭圆 $\dfrac{x^2}{a^2} + \dfrac{y^2}{b^2} = 1(a > b > 0)$ 与双曲线 $\dfrac{x^2}{m^2} - \dfrac{y^2}{n^2} = 1(m > 0, n > 0)$ 有公共焦点，左、右焦点分别为 F_1, F_2，且两条曲线在第一象限的交点为 P，$\triangle PF_1F_2$ 是以 PF_1 为底边的等腰三角形，椭圆和双曲线的离心率分别为 e_1 和 e_2，则 $e_2 - e_1$ 的取值范围是（ ）.

A. $(1,+\infty)$ B. $\left(\dfrac{2}{3},+\infty\right)$ C. $\left(\dfrac{6}{5},+\infty\right)$ D. $\left(\dfrac{10}{9},+\infty\right)$

解答 因为 $\triangle PF_1F_2$ 是以 PF_1 为底边的等腰三角形，所以
$$|F_1F_2|=|PF_2|=2c.$$
由椭圆的定义知
$$|PF_1|=2a-|PF_2|=2a-2c,$$
由双曲线的定义知
$$|PF_1|=2m+|PF_2|=2m+2c.$$
所以 $2a-2m=4c$，即
$$\dfrac{1}{e_1}-\dfrac{1}{e_2}=2,$$
从而 $e_2-e_1=e_2-\dfrac{e_2}{2e_2+1}$. 令 $t=2e_2+1>3$，则
$$e_2-e_1=\dfrac{1}{2}\left(t+\dfrac{1}{t}\right)-1>\dfrac{2}{3}.$$
故选 B.

链接 6 已知离心率为 e_1 的椭圆与离心率为 e_2 的双曲线有相同的焦点，且椭圆长轴的端点、短轴的端点、焦点到双曲线的一条渐近线的距离依次构成等比数列，则 $\dfrac{e_1^2-1}{e_2^2-1}=(\quad)$.

A. $-e_1$ B. $-e_2$ C. $-\dfrac{1}{e_1}$ D. $-\dfrac{1}{e_2}$

解答 设椭圆的方程为
$$\dfrac{x^2}{a_1^2}+\dfrac{y^2}{b_1^2}=1(a_1>b_1>0),$$
双曲线的方程为
$$\dfrac{x^2}{a_2^2}-\dfrac{y^2}{b_2^2}=1(a_2>0,b_2>0),$$
则双曲线的一条渐近线方程为
$$b_2x-a_2y=0,$$
所以 $\dfrac{a_1b_2}{c},\dfrac{a_2b_1}{c},\dfrac{b_2c}{c}$ 成等比数列，即 $\dfrac{a_1b_2}{c}\cdot\dfrac{b_2c}{c}=\left(\dfrac{a_2b_1}{c}\right)^2$，即
$$a_2^2b_1^2=a_1cb_2^2\Rightarrow a_2^2(a_1^2-c^2)=a_1c(c^2-a_2^2),$$
整理得
$$\dfrac{e_1^2-1}{e_2^2-1}=-e_1.$$
故选 A.

链接 7 已知椭圆 $C_1:\dfrac{x^2}{a_1^2}+\dfrac{y^2}{b_1^2}=1(a_1>b_1>0)$ 和双曲线 $C_2:\dfrac{x^2}{a_2^2}-\dfrac{y^2}{b_2^2}=1(a_2>0,b_2>0)$ 有相同的焦点 F_1，F_2，且 C_1 与 C_2 在第一象限的交点为 P. 若 $2\overrightarrow{OF_2}\cdot\overrightarrow{OP}=|\overrightarrow{OF_2}|^2$（$O$ 为坐标原点），则双曲线的离心率的取值范围为（ ）．

A. $(\sqrt{2},+\infty)$ B. $(2,+\infty)$ C. $(\sqrt{3},+\infty)$ D. $(3,+\infty)$

解答 连接 PF_1,设 PF_2 的中点为 M,则由向量的极化恒等式得

$$2\overrightarrow{OF_2} \cdot \overrightarrow{OP} = 2\left[\left(\frac{\overrightarrow{OF_2}+\overrightarrow{OP}}{2}\right)^2 - \left(\frac{\overrightarrow{OF_2}-\overrightarrow{OP}}{2}\right)^2\right] = 2\left[|\overrightarrow{OM}|^2 - \left(\frac{\overrightarrow{PF_2}}{2}\right)^2\right] = 2\left[\left(\frac{\overrightarrow{PF_1}}{2}\right)^2 - \left(\frac{\overrightarrow{PF_2}}{2}\right)^2\right],$$

所以 $|\overrightarrow{PF_1}|^2 - |\overrightarrow{PF_2}|^2 = 2c^2$,即

$$(|\overrightarrow{PF_1}|+|\overrightarrow{PF_2}|)(|\overrightarrow{PF_1}|-|\overrightarrow{PF_2}|) = 2c^2.$$

由椭圆和双曲线的定义知 $(2a_1)(2a_2) = 2c^2$,所以

$$e_1 e_2 = 2.$$

由于 $0 < e_1 < 1$,所以

$$e_2 > 2.$$

故选 B.

3.2 有关定比问题

对于一类有关圆锥曲线成定比的弦的问题在历年高考中占有重要的一席之地,如果从解题方法的角度来看这类问题,解决这类问题最常见的方法是用定比点差法,它往往会使问题的解决变得有规可循.

例1 (2018年浙江卷)已知点 $P(0,1)$,椭圆 $\frac{x^2}{4} + y^2 = m(m>1)$ 上两点 A,B 满足 $\overrightarrow{AP} = 2\overrightarrow{PB}$,则当 $m=$ _____ 时,点 B 横坐标的绝对值最大.

解答 设 $A(x_1,y_1),B(x_2,y_2)$,已知 $\overrightarrow{AP} = 2\overrightarrow{PB}$,则

$$x_1 + 2x_2 = 0, \quad y_1 + 2y_2 = 3 \quad ①.$$

因为 $\begin{cases} \dfrac{x_1^2}{4} + y_1^2 = m, \\ \dfrac{x_2^2}{4} + y_2^2 = m, \end{cases}$ 所以

$$\begin{cases} \dfrac{x_1^2}{4} + y_1^2 = m, \\ \dfrac{4x_2^2}{4} + 4y_2^2 = 4m, \end{cases}$$

作差得 $\dfrac{x_1^2 - 4x_2^2}{4} + y_1^2 - 4y_2^2 = -3m$,即

$$\frac{(x_1-2x_2)(x_1+2x_2)}{4} + (y_1-2y_2)(y_1+2y_2) = -3m \quad ②.$$

把①代入②得到

$$y_1 - 2y_2 = -m.$$

又因为 $y_1 + 2y_2 = 3$,所以

$$y_2 = \frac{m+3}{4}.$$

因此 $x_2^2 = 4(m - y_2^2) = 4\left[m - \left(\frac{m+3}{4}\right)^2\right] = -\frac{1}{4}(m-5)^2 + 4 \leqslant 4$,即

$$|x_2| \leqslant 2.$$

所以，当 $m=5$ 时，点 B 横坐标的绝对值最大为 2.

例2 （2011年浙江卷）设 F_1，F_2 分别为椭圆 $\dfrac{x^2}{3}+y^2=1$ 的左、右焦点，点 A，B 在椭圆上，若 $\overrightarrow{F_1A}=5\overrightarrow{F_2B}$，则点 A 的坐标是_____.

解答 如图3.2-1，设 $A(x_1,y_1)$，$B(x_2,y_2)$，已知 $\overrightarrow{F_1A}=5\overrightarrow{F_2B}$，则

$$x_1-5x_2=-6\sqrt{2},\ y_1-5y_2=0 \quad ①.$$

因为 $\begin{cases}\dfrac{x_1^2}{3}+y_1^2=1,\\ \dfrac{x_2^2}{3}+y_2^2=1,\end{cases}$ 所以

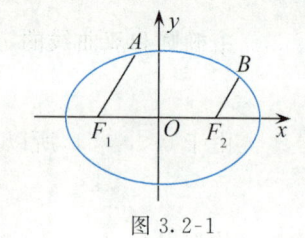

$$\begin{cases}\dfrac{x_1^2}{3}+y_1^2=1,\\ \dfrac{25x_2^2}{3}+25y_2^2=25,\end{cases}$$

作差得 $\dfrac{x_1^2-25x_2^2}{3}+y_1^2-25y_2^2=-24$，即

$$\dfrac{(x_1-5x_2)(x_1+5x_2)}{3}+(y_1-5y_2)(y_1+5y_2)=-24 \quad ②.$$

把①代入②得

$$x_1+5x_2=6\sqrt{2}.$$

又因为 $x_1-5x_2=-6\sqrt{2}$，所以 $x_1=0$，得点 A 的坐标是

$$(0,1)\ \text{或}\ (0,-1).$$

例3 （2009年浙江卷）过双曲线 $\dfrac{x^2}{a^2}-\dfrac{y^2}{b^2}=1(a>0,b>0)$ 的右顶点 A 作斜率为 -1 的直线，该直线与双曲线的两条渐近线的交点分别为 B，C. 若 $\overrightarrow{AB}=\dfrac{1}{2}\overrightarrow{BC}$，则双曲线的离心率是（　　）.

A. $\sqrt{2}$　　　　　　B. $\sqrt{3}$　　　　　　C. $\sqrt{5}$　　　　　　D. $\sqrt{10}$

解答 设 $B(x_1,y_1)$，$C(x_2,y_2)$，已知 $\overrightarrow{AB}=\dfrac{1}{2}\overrightarrow{BC}$，则

$$3x_1-x_2=2a,\ 3y_1-y_2=0 \quad ①.$$

因为 $\begin{cases}\dfrac{x_1^2}{a^2}-\dfrac{y_1^2}{b^2}=0,\\ \dfrac{x_2^2}{a^2}-\dfrac{y_2^2}{b^2}=0,\end{cases}$ 所以

$$\begin{cases}\dfrac{9x_1^2}{a^2}-\dfrac{9y_1^2}{b^2}=0,\\ \dfrac{x_2^2}{a^2}-\dfrac{y_2^2}{b^2}=0,\end{cases}$$

作差得 $\dfrac{9x_1^2-x_2^2}{a^2}-\dfrac{9y_1^2-y_2^2}{b^2}=0$，即

$$\frac{(3x_1-x_2)(3x_1+x_2)}{a^2}-\frac{(3y_1-y_2)(3y_1+y_2)}{b^2}=0 \quad ②.$$

把①代入②得
$$3x_1+x_2=0.$$

又因为 $3x_1-x_2=2a$，所以 $x_1=\frac{a}{3}$，$y_1=\frac{b}{3}$，所以 $k_{AB}=\frac{y_1-0}{x_1-a}=\frac{b}{-2a}=-1$，即
$$b=2a.$$

因此
$$e=\sqrt{5}.$$

故选 C.

点评 上述三道试题具有同样的问题背景(都与定比有关)，题目朴素无华，内涵却丰富，利用定比点差法来解答问题，更是常规中透着灵气，脱俗中不失新颖，于平淡处见精神，是值得研究的好试题.

例4 (2015年北京卷)如图 3.2-2，已知椭圆 $C: x^2+3y^2=3$，过点 $D(1,0)$ 且不过点 $E(2,1)$ 的直线与椭圆 C 交于 A，B 两点，直线 AE 与直线 $x=3$ 交于点 M.

(Ⅰ)求椭圆 C 的离心率.

(Ⅱ)若 AB 垂直于 x 轴，求直线 BM 的斜率.

(Ⅲ)试判断直线 BM 与直线 DE 的位置关系，并说明理由.

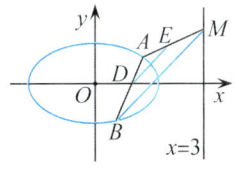

图 3.2-2

解答 (Ⅰ)椭圆 C 的离心率
$$e=\frac{c}{a}=\frac{\sqrt{6}}{3}.$$

(Ⅱ)因为 AB 过点 $D(1,0)$ 且垂直于 x 轴，所以可设 $A(1,y_1)$，$B(1,-y_1)$，则直线 AE 的方程为
$$y-1=(1-y_1)(x-2).$$

令 $x=3$，得 $M(3,2-y_1)$，所以直线 BM 的斜率
$$k_{BM}=\frac{2-y_1+y_1}{3-1}=1.$$

(Ⅲ)直线 BM 与直线 DE 平行．证明如下．

令 $A(x_1,y_1)$，$B(x_2,y_2)$，设 $\overrightarrow{AE}=m\overrightarrow{EM}$，则
$$(2-x_1,1-y_1)=m(1,y_M-1),$$

所以
$$m=2-x_1.$$

另外，设 $\overrightarrow{AD}=n\overrightarrow{DB}$，得到
$$x_1+nx_2=1+n, y_1+ny_2=0 \quad ①.$$

因为 $\begin{cases} x_1^2+3y_1^2=3, \\ x_2^2+3y_2^2=3, \end{cases}$ 所以 $\begin{cases} x_1^2+3y_1^2=3, \\ n^2x_2^2+3n^2y_2^2=3n^2, \end{cases}$

作差得

$$(x_1+nx_2)(x_1-nx_2)+3(y_1+ny_2)(y_1-ny_2)=3-3n^2 \quad ②.$$

把①代入②得

$$x_1-nx_2=3(1-n).$$

又因为 $x_1+nx_2=1+n$，所以 $n=2-x_1$。因此 $m=n$，即 $\dfrac{|\overrightarrow{AE}|}{|\overrightarrow{EM}|}=\dfrac{|\overrightarrow{AD}|}{|\overrightarrow{DB}|}$，得

$$BM\ /\!/\ DE.$$

点评 一类问题，多年试题，一种方法，一"解"到底．这也许就是命题者所认为的重要方法重点考查的原因，这在学习中需要梳理总结，为我们的解题服务．笛卡儿有句名言："我解决过的每一个问题都可以是日后用以解决其他问题的法则．"

链接 1 已知 F_1 是双曲线 $C: \dfrac{x^2}{a^2}-\dfrac{y^2}{b^2}=1(a>0, b>0)$ 的左焦点，点 B 的坐标为 $(0,b)$，直线 F_1B 与双曲线 C 的两条渐近线分别交于 P, Q 两点．若 $\overrightarrow{QP}=4\overrightarrow{PF_1}$，则双曲线 C 的离心率为（　　）.

A. $\dfrac{\sqrt{6}}{2}$ 　　　　B. $\dfrac{3}{2}$ 　　　　C. $\dfrac{\sqrt{5}}{2}$ 　　　　D. 2

解答 设点 $P(x_1,y_1)$, $Q(x_2,y_2)$，已知 $\overrightarrow{QP}=4\overrightarrow{PF_1}$，则

$$5x_1-x_2=-4c,\ 5y_1-y_2=0 \quad ①.$$

因为 $\begin{cases} \dfrac{x_1^2}{a^2}-\dfrac{y_1^2}{b^2}=0, \\ \dfrac{x_2^2}{a^2}-\dfrac{y_2^2}{b^2}=0, \end{cases}$ 所以

$$\begin{cases} \dfrac{25x_1^2}{a^2}-\dfrac{25y_1^2}{b^2}=0, \\ \dfrac{x_2^2}{a^2}-\dfrac{y_2^2}{b^2}=0, \end{cases}$$

作差得 $\dfrac{25x_1^2-x_2^2}{a^2}-\dfrac{25y_1^2-y_2^2}{b^2}=0$，即

$$\dfrac{(5x_1-x_2)(5x_1+x_2)}{a^2}-\dfrac{(5y_1-y_2)(5y_1+y_2)}{b^2}=0 \quad ②.$$

把①代入②得

$$5x_1+x_2=0.$$

又因为 $5x_1-x_2=-4c$，所以

$$x_1=-\dfrac{2c}{5},\ y_1=\dfrac{2bc}{5a},$$

所以

$$k_{PF_1}=\dfrac{2b}{3a},\ k_{BF_1}=\dfrac{b}{c},$$

因此 $\dfrac{2b}{3a}=\dfrac{b}{c}$，得双曲线 C 的离心率

$$e=\dfrac{3}{2}.$$

故选 B.

链接 2 如图 3.2-3,已知椭圆 $\Gamma: \dfrac{x^2}{a^2}+\dfrac{y^2}{b^2}=1(a>b>0)$ 内有一个定点 $P(1,1)$,过点 P 的两条直线 l_1 和 l_2 分别与椭圆 Γ 交于点 A,C 和点 B,D,且满足 $\overrightarrow{AP}=\lambda\overrightarrow{PC}$,$\overrightarrow{BP}=\lambda\overrightarrow{PD}$.若 λ 变化时,直线 CD 的斜率总为 $-\dfrac{1}{4}$,则椭圆 Γ 的离心率为( ).

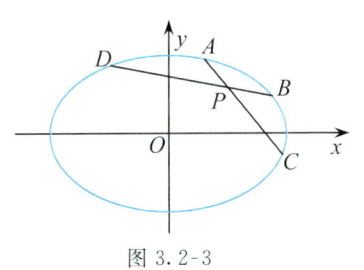

图 3.2-3

A. $\dfrac{\sqrt{3}}{2}$

B. $\dfrac{1}{2}$

C. $\dfrac{\sqrt{2}}{2}$

D. $\dfrac{\sqrt{5}}{5}$

解答 (1)已知 $\overrightarrow{AP}=\lambda\overrightarrow{PC}$,$\overrightarrow{BP}=\lambda\overrightarrow{PD}$,则

$$AB/\!/CD.$$

(2)设点 $A(x_1,y_1)$,$B(x_2,y_2)$,$C(x_3,y_3)$,$D(x_4,y_4)$,由于 $\overrightarrow{AP}=\lambda\overrightarrow{PC}$,则

$$x_1+\lambda x_3=1+\lambda, y_1+\lambda y_3=1+\lambda \quad ①.$$

同理,由于 $\overrightarrow{BP}=\lambda\overrightarrow{PD}$,则

$$x_2+\lambda x_4=1+\lambda, y_2+\lambda y_4=1+\lambda.$$

因为 $\begin{cases}\dfrac{x_1^2}{a^2}+\dfrac{y_1^2}{b^2}=1,\\[2pt] \dfrac{x_3^2}{a^2}+\dfrac{y_3^2}{b^2}=1,\end{cases}$ 所以 $\begin{cases}\dfrac{x_1^2}{a^2}+\dfrac{y_1^2}{b^2}=1,\\[2pt] \dfrac{\lambda^2 x_3^2}{a^2}+\dfrac{\lambda^2 y_3^2}{b^2}=\lambda^2,\end{cases}$

作差得 $\dfrac{x_1^2-\lambda^2 x_3^2}{a^2}+\dfrac{y_1^2-\lambda^2 y_3^2}{b^2}=1-\lambda^2$,即

$$\dfrac{(x_1-\lambda x_3)(x_1+\lambda x_3)}{a^2}+\dfrac{(y_1-\lambda y_3)(y_1+\lambda y_3)}{b^2}=1-\lambda^2 \quad ②.$$

把①代入②得

$$\dfrac{x_1-\lambda x_3}{a^2}+\dfrac{y_1-\lambda y_3}{b^2}=1-\lambda.$$

又因为 $x_1+\lambda x_3=1+\lambda$,$y_1+\lambda y_3=1+\lambda$,所以

$$\dfrac{2x_1-(\lambda+1)}{a^2}+\dfrac{2y_1-(\lambda+1)}{b^2}=1-\lambda \quad ③.$$

同理

$$\dfrac{2x_2-(\lambda+1)}{a^2}+\dfrac{2y_2-(\lambda+1)}{b^2}=1-\lambda \quad ④.$$

由③-④得 $\dfrac{2(x_1-x_2)}{a^2}+\dfrac{2(y_1-y_2)}{b^2}=0$,即

$$k_{AB}=\dfrac{y_1-y_2}{x_1-x_2}=\dfrac{-b^2}{a^2}=e^2-1.$$

又因为 $AB \parallel CD$，且 $k_{CD} = -\dfrac{1}{4}$，因此 $e^2 - 1 = -\dfrac{1}{4}$，得

$$e = \dfrac{\sqrt{3}}{2}.$$

注：另解见 P86"链接 6".

链接 3 （2020 年全国高中数学联赛浙江初赛）已知椭圆 C 的中心在原点，焦点在 x 轴上，离心率为 $\dfrac{\sqrt{3}}{2}$，且椭圆 C 的任意三个顶点构成的三角形的面积为 $\dfrac{1}{2}$.

（Ⅰ）求椭圆 C 的方程.

（Ⅱ）若过点 $P(\lambda, 0)$ 的直线 l 与椭圆交于相异的两点 A，B，且 $\overrightarrow{AP} = 2\overrightarrow{PB}$，求实数 λ 的取值范围.

解答 （Ⅰ）椭圆 C 的方程为

$$x^2 + 4y^2 = 1.$$

（Ⅱ）设 $A(x_1, y_1)$，$B(x_2, y_2)$，由 $\overrightarrow{AP} = 2\overrightarrow{PB}$ 得

$$x_1 + 2x_2 = 3\lambda,\ y_1 + 2y_2 = 0 \quad ①.$$

因为 $\begin{cases} x_1^2 + 4y_1^2 = 1, \\ x_2^2 + 4y_2^2 = 1, \end{cases}$ 所以

$$\begin{cases} x_1^2 + 4y_1^2 = 1, \\ 4x_2^2 + 16y_2^2 = 4, \end{cases}$$

作差并整理得

$$(x_1 + 2x_2)(x_1 - 2x_2) + 4(y_1 + 2y_2)(y_1 - 2y_2) = -3 \quad ②.$$

把①代入②得

$$x_1 - 2x_2 = -\dfrac{1}{\lambda}.$$

又因为 $x_1 + 2x_2 = 3\lambda$，所以 $2x_1 = 3\lambda - \dfrac{1}{\lambda} \in (-2, 2)$，$4x_2 = 3\lambda + \dfrac{1}{\lambda} \in (-4, 4)$，所以

$$\lambda \in \left(-1, -\dfrac{1}{3}\right) \cup \left(\dfrac{1}{3}, 1\right).$$

点评 当我们从解题方法的视角看这一类高考试题时，顿感豁然开朗，这类问题瞬间也都变成了同一个模式.数学解题需要有一定的模式，因为这样可以使解题变得有章可循，不拖泥带水，直奔主题，一气呵成，解题过程变得清清爽爽，帮助我们寻找正确的解题方向.

3.3 有关"两率"问题

圆锥曲线的"两率"（斜率、离心率）问题是高中数学的重要内容，也是高考命题者的"必争之地"，在高考数学试题中，圆锥曲线中的一类斜率的积为定值 $e^2 - 1$ 问题频频亮相，重点考查，已经成为高考数学试题中绕不开的"情结"，值得我们探讨研究.（本节中所涉及的字母 e 都为圆锥曲线的离心率）

3.3.1 与圆锥曲线的对称中心有关的 e^2-1 性质

性质 1 若 M,N 是椭圆 $\dfrac{x^2}{a^2}+\dfrac{y^2}{b^2}=1(a>b>0)$ 上关于原点对称的两个点,点 P 是椭圆上的任意一点,当直线 PM,PN 的斜率都存在时,并记为 k_1,k_2,则 $k_1 \cdot k_2 = e^2 - 1$.

(1) 证明垂直

例 1 (2019 年全国新课标卷 II) 已知点 $A(-2,0)$,$B(2,0)$,动点 $M(x,y)$ 满足直线 AM 和 BM 的斜率之积为 $-\dfrac{1}{2}$,记点 M 的轨迹为曲线 C.

(I) 求曲线 C 的方程,并说明 C 是什么曲线.

(II) 过坐标原点的直线交曲线 C 于 P,Q 两点,点 P 在第一象限,$PE \perp x$ 轴,垂足为 E,连接 QE 并延长,交曲线 C 于点 G,证明:$\triangle PQG$ 是直角三角形.

解答 (I) 由题意得
$$\frac{y}{x+2} \cdot \frac{y}{x-2} = -\frac{1}{2},$$
化简得
$$\frac{x^2}{4}+\frac{y^2}{2}=1 \ (x \neq \pm 2),$$
表示焦点在 x 轴上的椭圆(不含与 x 轴的交点).

(II) 如图 3.3-1,依题意设 $P(x_0,y_0)$,则 $Q(-x_0,-y_0)$,所以
$$k_{PQ}=k_{PO}=\frac{y_0}{x_0}.$$

因为 $k_{GQ}=k_{QE}=\dfrac{y_0}{2x_0}$,所以
$$k_{GQ}=\frac{1}{2}k_{PQ}.$$

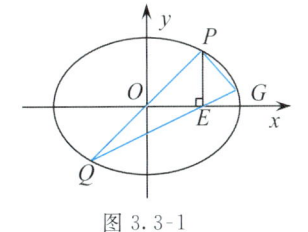

又
$$k_{GQ} \cdot k_{GP} = e^2-1 = -\frac{1}{2},$$

图 3.3-1

所以 $\dfrac{1}{2}k_{PQ} \cdot k_{GP} = e^2-1 = -\dfrac{1}{2}$,即
$$k_{PQ} \cdot k_{PG}=-1,$$
即 $PQ \perp PG$. 故 $\triangle PQG$ 是直角三角形.

引申 如图 3.3-2,已知过原点 O 的直线 AB 交椭圆 $\dfrac{x^2}{a^2}+\dfrac{y^2}{b^2}=1(a>b>0)$ 于 A,B 两点,过点 A 分别作 x 轴和 AB 的垂线 AP 和 AQ,交椭圆于 P,Q 两点. 连接 BQ,交 AP 于点 M. 若 $\overrightarrow{AM}=\dfrac{4}{5}\overrightarrow{AP}$,则椭圆的离心率为 _____.

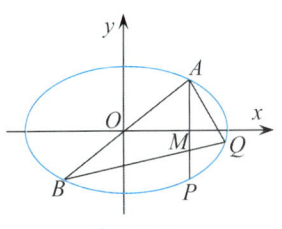

图 3.3-2

解答 由"性质 1"知 $\begin{cases} k_{QA} \cdot k_{QB}=e^2-1, \\ k_{QA} \cdot k_{AB}=-1, \end{cases}$ 两式相除得

$$\frac{k_{QB}}{k_{AB}}=1-e^2 \quad ①.$$

设 $A(x_0,y_0)$，则 $B(-x_0,-y_0)$，$P(x_0,-y_0)$．已知 $\overrightarrow{AM}=\frac{4}{5}\overrightarrow{AP}$，则 $M\left(x_0,-\frac{3}{5}y_0\right)$，且

$$k_{AB}=k_{AO}=\frac{y_0}{x_0}.$$

因为 $k_{QB}=k_{MB}=\frac{y_0}{5x_0}$，所以

$$k_{QB}=\frac{1}{5}k_{AB} \quad ②.$$

由①②两式得 $1-e^2=\frac{1}{5}$，所以

$$e=\frac{2\sqrt{5}}{5}.$$

例2 如图 3.3-3，已知椭圆 $\frac{x^2}{2}+y^2=1$ 的左、右顶点分别是 A,B．设点 $P(\sqrt{2},t)$ $(t>0)$，连接 PA，交椭圆于点 C，点 O 是坐标原点．证明：$OP\perp BC$．

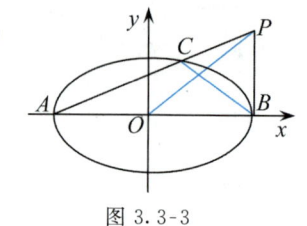

证明 由"性质1"得到

$$k_{CA}\cdot k_{CB}=e^2-1=-\frac{1}{2},$$

即

$$k_{PA}\cdot k_{CB}=-\frac{1}{2}.$$

因为 $k_{OP}=2k_{PA}$，所以

$$k_{BC}\cdot k_{OP}=-1.$$

因此 $OP\perp BC$．

图 3.3-3

点评 "性质1"的标志性条件是有过原点的直线．以上结论如果换成双曲线，同样成立．这个性质在解决一类圆锥曲线问题中起到了化繁为简的作用，使得问题的解决变得有章可循，直奔问题的本源．

(2) 求离心率的值或范围

例3 （2013年全国大纲卷理）若椭圆 $C:\frac{x^2}{4}+\frac{y^2}{3}=1$ 的左、右顶点分别为 A_1,A_2，点 P 在椭圆 C 上且直线 PA_2 的斜率的取值范围是 $[-2,-1]$，那么直线 PA_1 的斜率的取值范围是（　　）．

A. $\left[\frac{1}{2},\frac{3}{4}\right]$　　　　B. $\left[\frac{3}{8},\frac{3}{4}\right]$　　　　C. $\left[\frac{1}{2},1\right]$　　　　D. $\left[\frac{3}{4},1\right]$

解答 由"性质1"得

$$k_{PA_1}\cdot k_{PA_2}=e^2-1=-\frac{3}{4}.$$

因为 $-2\leq k_{PA_2}\leq -1$，所以

$$\frac{3}{8}\leq k_{PA_2}\leq\frac{3}{4}.$$

故选 B．

链接 1 如图 3.3-4,已知椭圆 $C: \dfrac{x^2}{2}+y^2=1$,点 $M_1, M_2, \cdots, M_5$ 为其长轴 AB 的 6 等分点,分别过这五点作斜率为 $k(k\neq 0)$ 的一组平行线,交椭圆 C 于点 $P_1, P_2, \cdots, P_{10}$,则直线 $AP_1, AP_2, \cdots, AP_{10}$ 这 10 条直线的斜率的乘积为 ( ).

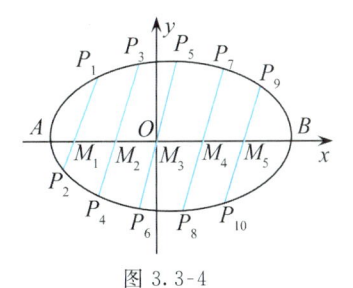

A. $-\dfrac{1}{16}$ B. $-\dfrac{1}{32}$

C. $\dfrac{1}{64}$ D. $-\dfrac{1}{1024}$

图 3.3-4

解答 由椭圆的对称性知,点 P_1 与点 P_{10} 关于原点对称,点 P_2 与点 P_9 关于原点对称,点 P_3 与点 P_8 关于原点对称,点 P_4 与点 P_7 关于原点对称,点 P_5 与点 P_6 关于原点对称.由"性质 1"得

$$k_{AP_1} \cdot k_{AP_{10}} = e^2-1.$$

同理,其余四组中每一组直线的斜率的乘积都等于 e^2-1,所以直线 $AP_1, AP_2, \cdots, AP_{10}$ 这 10 条直线的斜率乘积为

$$(e^2-1)^5 = -\dfrac{1}{32}.$$

故选 B.

链接 2 如图 3.3-5,已知双曲线 $\dfrac{x^2}{a^2}-\dfrac{y^2}{b^2}=1(a>b>0)$ 的左、右顶点分别为 A_1, A_2,P 为双曲线右支上的点,直线 A_1P 交双曲线的一条渐近线于点 M,若直线 A_2M, A_2P 的斜率分别为 k_1, k_2,且 $A_2M\perp A_1P, k_1+4k_2=0$,则双曲线的离心率为 _____.

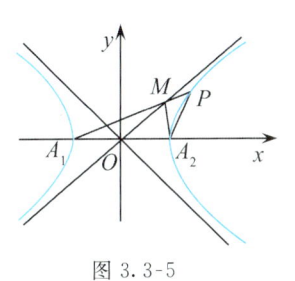

图 3.3-5

解答 由"性质 1"得

$$k_{PA_1} \cdot k_{PA_2} = e^2-1.$$

因为 $A_2M\perp A_1P$,所以 $k_{PA_1}=-\dfrac{1}{k_1}$,即

$$\left(-\dfrac{1}{k_1}\right)k_2 = e^2-1.$$

又因为 $\dfrac{k_2}{k_1}=-\dfrac{1}{4}$,所以 $\dfrac{1}{4}=e^2-1$,解得

$$e=\dfrac{\sqrt{5}}{2}.$$

链接 3 如图 3.3-6,已知 A, B 分别为椭圆 $\dfrac{x^2}{a^2}+\dfrac{y^2}{b^2}=1(a>b>0)$ 的左、右顶点,F 为椭圆的左焦点,S 在直线 $x=a$ 上,且 SA 与椭圆交于点 P.若 $BP\perp SF$,则椭圆的离心率为 _____.

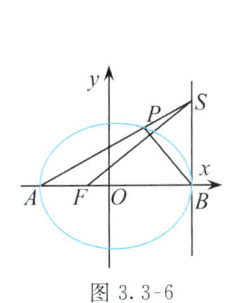

图 3.3-6

解答 设点 $S(a,t)$.因为 $BP\perp SF$,所以

$$k_{BP} \cdot k_{SF} = -1,$$

解得

$$k_{BP} = -\dfrac{a+c}{t}.$$

因为 $k_{PA}=k_{SA}=\dfrac{t}{2a}$，所以

$$k_{PA}\cdot k_{PB}=\dfrac{t}{2a}\cdot\left(-\dfrac{a+c}{t}\right)=-\dfrac{a+c}{2a}=-\dfrac{1+e}{2}.$$

因为

$$k_{PA}\cdot k_{PB}=e^2-1,$$

所以 $e^2-1=-\dfrac{1+e}{2}$. 从而椭圆的离心率

$$e=\dfrac{1}{2}.$$

链接 4 已知双曲线 $x^2-y^2=2020$ 的左、右顶点分别为 A_1,A_2，点 P 为其右支上一点，且 $\angle A_1PA_2=4\angle PA_1A_2$，则 $\angle PA_1A_2=$ _____.

解答 设 $\angle PA_1A_2=\alpha$，则 $\angle A_1PA_2=4\alpha$. 因为双曲线为等轴双曲线，离心率为 $\sqrt{2}$，由"性质 1"得

$$k_{PA_1}\cdot k_{PA_2}=e^2-1=1,$$

即 $\tan\alpha\cdot\tan 5\alpha=1$，得 $\tan 5\alpha=\tan\left(\dfrac{\pi}{2}-\alpha\right)$，即

$$\alpha=\dfrac{\pi}{12},$$

所以

$$\angle PA_1A_2=\dfrac{\pi}{12}.$$

(3)证明直线过定点

例 4 (2020 年全国卷 I)设 A,B 分别为椭圆 $E:\dfrac{x^2}{a^2}+y^2=1\ (a>1)$ 的左、右顶点，G 为椭圆 E 的上顶点，$\overrightarrow{AG}\cdot\overrightarrow{GB}=8$，$P$ 为直线 $x=6$ 上的任意动点，直线 PA 与椭圆 E 的另一个交点为 C，直线 PB 与椭圆 E 的另一个交点为 D.

（Ⅰ）求椭圆 E 的方程.

（Ⅱ）证明：直线 CD 过定点.

解答 （Ⅰ）如图 3.3-7，设椭圆的中心为 O，由向量的极化恒等式得

$$\overrightarrow{AG}\cdot\overrightarrow{GB}=a^2-|\overrightarrow{GO}|^2=a^2-1=8,$$

得椭圆 E 的方程为

$$\dfrac{x^2}{9}+y^2=1.$$

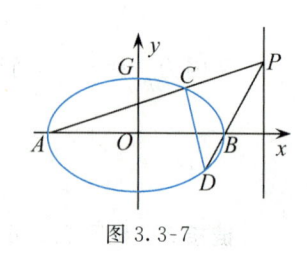

图 3.3-7

（Ⅱ）由"性质 1"得

$$k_{DA}\cdot k_{DB}=e^2-1=-\dfrac{1}{9}.$$

设 $P(6,n)$，则 $k_{AC}=\dfrac{n}{9}$，$k_{DB}=k_{PB}=\dfrac{n}{3}$，所以 $k_{DB}=3k_{AC}$，代入上式得 $k_{DA}(3k_{AC})=-\dfrac{1}{9}$，即

$$k_{AD}\cdot k_{AC}=-\dfrac{1}{27}.$$

设 $C(x_1,y_1),D(x_2,y_2)$,直线 CD 的方程为
$$x=my+t,$$
把 $x=my+t$ 代入椭圆方程并整理得
$$(m^2+9)y^2+2mty+t^2-9=0,$$
所以
$$y_1+y_2=\frac{-2mt}{m^2+9},y_1y_2=\frac{t^2-9}{m^2+9}.$$
从而
$$k_{AD}\cdot k_{AC}=\frac{y_1}{x_1+3}\cdot\frac{y_2}{x_2+3}=\frac{y_1y_2}{(my_1+t+3)(my_2+t+3)}=\frac{y_1y_2}{m^2y_1y_2+m(t+3)(y_1+y_2)+(t+3)^2}=\frac{t-3}{9(t+3)}.$$
而 $k_{AD}\cdot k_{AC}=-\dfrac{1}{27}$,得到
$$t=\frac{3}{2}.$$

所以直线 CD 的方程为 $x=my+\dfrac{3}{2}$,即直线 CD 过定点 $\left(\dfrac{3}{2},0\right)$.

点评 当我们从整体上把握知识的内在规律时,不仅能完善知识结构,构建完整的知识网络,而且利用这些知识来解答一些问题,往往能突出问题的本质,切中问题的要害.

3.3.2 与圆锥曲线的中点弦有关的 e^2-1 性质

性质 2 已知椭圆 $\dfrac{x^2}{a^2}+\dfrac{y^2}{b^2}=1(a>b>0)$,斜率为 k_1 的直线交椭圆于 A,B 两点,若点 M 是线段 AB 的中点且直线 OM 的斜率为 k_2,则 $k_1\cdot k_2=e^2-1$.

如果把"性质 2"中的"椭圆 $\dfrac{x^2}{a^2}+\dfrac{y^2}{b^2}=1(a>b>0)$"换成"双曲线 $\dfrac{x^2}{a^2}-\dfrac{y^2}{b^2}=1(a>0,b>0)$",结论同样成立.这一组结论看似简单,但应用广泛,值得关注.

特例 若 A,B 是双曲线 $\dfrac{x^2}{a^2}-\dfrac{y^2}{b^2}=1(a>0,b>0)$ 的渐近线上的两个点,M 是 AB 的中点,则直线 AB,OM 的斜率之积为 e^2-1.

(1)求直线的斜率或方程

例 1 (2020 年天津卷)已知椭圆 $\dfrac{x^2}{a^2}+\dfrac{y^2}{b^2}=1(a>b>0)$ 的一个顶点为 $A(0,-3)$、右焦点为 F,且 $|OA|=|OF|$,其中 O 为原点.

(Ⅰ)求椭圆的方程.

(Ⅱ)已知点 C 满足 $3\overrightarrow{OC}=\overrightarrow{OF}$,点 B 在椭圆上(点 B 异于椭圆的顶点),直线 AB 与以 C 为圆心的圆相切于点 P,且 P 为线段 AB 的中点.求直线 AB 的方程.

解答 (Ⅰ)椭圆的方程为
$$\frac{x^2}{18}+\frac{y^2}{9}=1.$$

（Ⅱ）如图 3.3-8，设 $P(x_0, y_0)$，由 $3\overrightarrow{OC} = \overrightarrow{OF}$ 得点 C 的坐标为 $(1,0)$。由条件及"性质 2"得

$$\begin{cases} k_{AB} \cdot k_{OP} = e^2 - 1 = -\dfrac{1}{2}, \\ k_{AB} \cdot k_{CP} = -1. \end{cases}$$

消去 k_{AB} 得 $k_{CP} = 2k_{OP}$，即

$$\frac{y_0}{x_0 - 1} = 2\frac{y_0}{x_0},$$

所以 $x_0 = 2$。因为 $A(0, -3)$，所以 $x_B = 4$，即

$$B(4, \pm 1).$$

因此，直线 AB 的方程为

$$y = \frac{1}{2}x - 3 \text{ 或 } y = x - 3.$$

例 2 如图 3.3-9，椭圆 $C: \dfrac{x^2}{a^2} + \dfrac{y^2}{b^2} = 1(a > b > 0)$ 的离心率为 $\dfrac{1}{2}$，其左焦点到点 $P(2, 1)$ 的距离为 $\sqrt{10}$，不过原点 O 的直线 l 与椭圆 C 相交于 A, B 两点，且线段 AB 被直线 OP 平分。

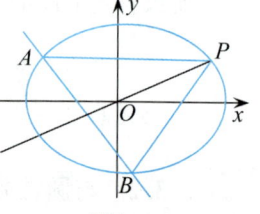

（Ⅰ）求椭圆 C 的方程。

（Ⅱ）求 $\triangle APB$ 的面积取最大值时直线 l 的方程。

解答 （Ⅰ）椭圆 C 的方程为

$$\frac{x^2}{4} + \frac{y^2}{3} = 1.$$

（Ⅱ）设 PO 与线段 AB 交于点 R，由"性质 2"得到

$$k_{AB} \cdot k_{OR} = e^2 - 1 = -\frac{3}{4}.$$

因为 $k_{OR} = k_{OP} = \dfrac{1}{2}$，所以

$$k_{AB} = -\frac{3}{2}.$$

（得到直线的斜率之后，剩下的计算则是"一马平川"，直奔问题的主题）

设直线 AB 的方程为

$$l: y = -\frac{3}{2}x + m(m \neq 0),$$

代入椭圆方程得

$$3x^2 - 3mx + m^2 - 3 = 0,$$

显然 $\Delta = (3m)^2 - 4 \times 3(m^2 - 3) = 3(12 - m^2) > 0$，所以

$$-\sqrt{12} < m < \sqrt{12} \text{ 且 } m \neq 0.$$

由韦达定理知

$$x_A + x_B = m, \quad x_A x_B = \frac{m^2 - 3}{3}.$$

所以
$$|AB|=\sqrt{1+k_{AB}^2}|x_A-x_B|=\sqrt{1+k_{AB}^2}\sqrt{(x_A+x_B)^2-4x_Ax_B}=\frac{\sqrt{39}}{6}\sqrt{12-m^2}.$$

因为点 $P(2,1)$ 到直线 l 的距离
$$d=\frac{|8-2m|}{\sqrt{13}}=\frac{2|4-m|}{\sqrt{13}},$$

所以
$$S_{\triangle ABP}=\frac{1}{2}d|AB|=\frac{\sqrt{3}}{6}\sqrt{(4-m)^2(12-m^2)},$$

其中 $-\sqrt{12}<m<\sqrt{12}$ 且 $m\neq 0$. 利用导数求解,令
$$u(m)=(4-m)^2(12-m^2),$$

则
$$u'(m)=-4(m-4)(m^2-2m-6)=-4(m-4)(m-1-\sqrt{7})(m-1+\sqrt{7}).$$

当 $m=1-\sqrt{7}$ 时,有 $(S_{\triangle ABP})_{\max}$,此时直线 l 的方程为
$$3x+2y+2\sqrt{7}-2=0.$$

例3 如图 3.3-10,已知 F_1,F_2 是离心率为 $\frac{\sqrt{2}}{2}$ 的椭圆 $C:\frac{x^2}{a^2}+\frac{y^2}{b^2}=1(a>b>0)$ 的左、右焦点,直线 $l:x=-\frac{1}{2}$ 将线段 F_1F_2 分成两段,其长度之比为 $1:3$. 设 A,B 是椭圆 C 上的两个动点,线段 AB 的中垂线与椭圆 C 交于 P,Q 两点,线段 AB 的中点 M 在直线 l 上.

（Ⅰ）求椭圆 C 的方程.

（Ⅱ）求 $\overrightarrow{F_2P}\cdot\overrightarrow{F_2Q}$ 的取值范围.

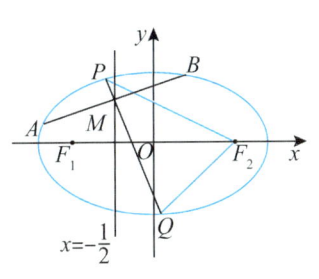

图 3.3-10

解答 （Ⅰ）椭圆 C 的方程为
$$\frac{x^2}{2}+y^2=1.$$

（Ⅱ）当直线 AB 垂直于 x 轴时,直线 AB 的方程为 $x=-\frac{1}{2}$,此时 $P(-\sqrt{2},0),Q(\sqrt{2},0)$,则
$$\overrightarrow{F_2P}\cdot\overrightarrow{F_2Q}=-1.$$

当直线 AB 不垂直于 x 轴时,设直线 AB 的斜率为 k,$M\left(-\frac{1}{2},m\right)(m\neq 0)$,$A(x_1,y_1),B(x_2,y_2)$. 由"性质 2"得
$$k_{OM}\cdot k_{AB}=e^2-1=-\frac{1}{2},$$

所以
$$k=\frac{1}{4m}.$$

所以直线 PQ 的斜率 $k_1=-4m$,直线 PQ 的方程为 $y-m=-4m\left(x+\frac{1}{2}\right)$,即

$$y=-4mx-m.$$

联立 $\begin{cases} y=-4mx-m, \\ \dfrac{x^2}{2}+y^2=1, \end{cases}$ 消去 y,整理得

$$(32m^2+1)x^2+16m^2x+2m^2-2=0.$$

所以

$$x_1+x_2=-\frac{16m^2}{32m^2+1}, x_1x_2=\frac{2m^2-2}{32m^2+1}.$$

于是 $\overrightarrow{F_2P}\cdot\overrightarrow{F_2Q}=(x_1-1)(x_2-1)+y_1y_2=x_1x_2-(x_1+x_2)+1+(4mx_1+m)(4mx_2+m)$
$=(1+16m^2)x_1x_2+(4m^2-1)(x_1+x_2)+1+m^2$
$=\dfrac{(1+16m^2)(2m^2-2)}{32m^2+1}+\dfrac{(4m^2-1)(-16m^2)}{32m^2+1}+1+m^2=\dfrac{19m^2-1}{32m^2+1}.$

令 $t=1+32m^2\left(0<m^2<\dfrac{7}{8}\right),1<t<29$,则

$$\overrightarrow{F_2P}\cdot\overrightarrow{F_2Q}=\frac{19}{32}-\frac{51}{32t}.$$

因为 $1<t<29$,所以

$$-1<\overrightarrow{F_2P}\cdot\overrightarrow{F_2Q}<\frac{125}{232}.$$

综上,$\overrightarrow{F_2P}\cdot\overrightarrow{F_2Q}$ 的取值范围是

$$\left[-1,\frac{125}{232}\right).$$

例 4 已知椭圆 $\dfrac{x^2}{2}+y^2=1$ 上两个不同的点 A,B 关于直线 $y=mx+\dfrac{1}{2}$ 对称,求实数 m 的取值范围.

解答 如图 3.3-11,设 AB 的中点为 M,由"性质 2"得

$$k_{OM}\cdot k_{AB}=e^2-1,$$

所以 $k_{OM}\cdot\dfrac{-1}{m}=-\dfrac{1}{2}$,所以

$$k_{OM}=\frac{m}{2},$$

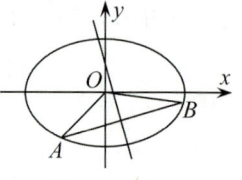

图 3.3-11

故直线 OM 的方程为

$$y=\frac{m}{2}x.$$

由 $\begin{cases} y=mx+\dfrac{1}{2}, \\ y=\dfrac{m}{2}x \end{cases}$ 得到

$$M\left(-\frac{1}{m},-\frac{1}{2}\right).$$

由点 M 在椭圆内得到 $\dfrac{1}{2m^2}+\dfrac{1}{4}<1$，即 $m^2>\dfrac{2}{3}$，所以

$$m>\dfrac{\sqrt{6}}{3} \text{ 或 } m<-\dfrac{\sqrt{6}}{3}.$$

例 5 已知斜率为 k 的直线 l 与椭圆 $C:\dfrac{x^2}{4}+\dfrac{y^2}{3}=1$ 交于 A,B 两点．线段 AB 的中点为 $M(1,m)(m>0)$．证明：$k<-\dfrac{1}{2}$．

证明 因为 $k_{AB}\cdot k_{OM}=km=e^2-1=-\dfrac{3}{4}$，所以

$$k=-\dfrac{3}{4m}.$$

又因为点 $M(1,m)$ 在椭圆内，则 $\dfrac{1^2}{4}+\dfrac{m^2}{3}<1$，得

$$0<m<\dfrac{3}{2},$$

所以 $k=-\dfrac{3}{4m}<-\dfrac{1}{2}$．

链接 1 已知椭圆 $\dfrac{x^2}{4}+y^2=1$，P 是椭圆的上顶点，过点 P 作斜率为 $k(k\neq 0)$ 的直线 l，交椭圆于另一点 A，设点 A 关于原点的对称点为 B．

（Ⅰ）求 $\triangle PAB$ 面积的最大值．

（Ⅱ）设线段 PB 的中垂线与 y 轴交于点 N，若点 N 在椭圆内部，求斜率 k 的取值范围．

解答 （Ⅰ）如图 3.3-12，由题意得，椭圆的上顶点 P 的坐标为 $(0,1)$．设点 $A(x_0,y_0)$，因为点 B 是点 A 关于原点 O 的对称点，所以点 B 的坐标为 $(-x_0,-y_0)$．设 $\triangle PAB$ 的面积为 S，则

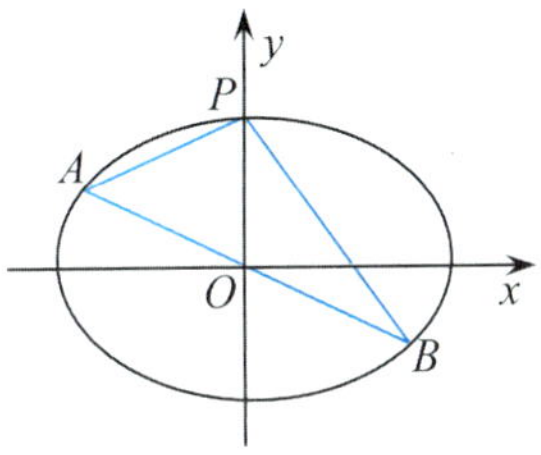

$$S=S_{\triangle PAO}+S_{\triangle PBO}=2S_{\triangle PAO}=2\times\dfrac{1}{2}|PO||x_0|=|x_0|.$$

因为

$$-2\leqslant x_0\leqslant 2,$$

所以当 $x_0=\pm 2$ 时，S 有最大值 2．

图 3.3-12

（Ⅱ）设 PB 的中点为 M，因为

$$k_{OM}\cdot k_{PB}=k_{PA}\cdot k_{PB}=e^2-1=-\dfrac{1}{4},$$

所以直线 PB 的方程为

$$y=-\dfrac{1}{4k}x+1.$$

由 $\begin{cases}y=kx,\\ y=-\dfrac{1}{4k}x+1\end{cases}$ 得

$$M\left(\frac{4k}{4k^2+1},\frac{4k^2}{4k^2+1}\right),$$

所以线段 PB 的中垂线方程为

$$y-\frac{4k^2}{4k^2+1}=4k\left(x-\frac{4k}{4k^2+1}\right),$$

从而

$$y_N=-\frac{12k^2}{4k^2+1}\in(-1,1).$$

所以

$$k\in\left(-\frac{\sqrt{2}}{4},0\right)\cup\left(0,\frac{\sqrt{2}}{4}\right).$$

链接2 已知椭圆 $\frac{x^2}{a^2}+\frac{y^2}{b^2}=1(a>b>0)$ 的离心率为 $\frac{\sqrt{3}}{2}$，$\triangle ABC$ 的三个顶点都在椭圆上，设 $\triangle ABC$ 三条边 AB,BC,AC 的中点分别为 D,E,M，且三条边所在直线的斜率分别为 k_1,k_2,k_3，且均不为 0，O 为坐标原点．若直线 OD,OE,OM 的斜率之和为 2，则 $\frac{1}{k_1}+\frac{1}{k_2}+\frac{1}{k_3}=$ _____．

解答 由"性质2"得

$$k_1\cdot k_{OD}=e^2-1=-\frac{1}{4},$$

$$k_2\cdot k_{OE}=e^2-1=-\frac{1}{4},$$

$$k_3\cdot k_{OM}=e^2-1=-\frac{1}{4},$$

所以

$$\frac{1}{k_1}+\frac{1}{k_2}+\frac{1}{k_3}=-4(k_{OD}+k_{OE}+k_{OM})=-8.$$

链接3 已知直线 $l:y=kx+m$ 与椭圆 $\frac{x^2}{4}+\frac{y^2}{3}=1$ 交于 A,B 两点，且直线 l 与 x 轴、y 轴分别交于点 C，D．若点 C,D 三等分线段 AB，则（　　）．

A. $k^2=\frac{1}{4}$　　　　B. $k^2=\frac{9}{16}$　　　　C. $m^2=\frac{3}{2}$　　　　D. $m^2=\frac{3}{5}$

解答 易求点 $C\left(-\frac{m}{k},0\right)$，$D(0,m)$，所以 CD 的中点为

$$M\left(-\frac{m}{2k},\frac{m}{2}\right),$$

所以

$$k_{OM}=-k.$$

因为点 C,D 三等分线段 AB，所以 CD 的中点与 AB 的中点重合，从而

$$k(-k)=e^2-1=-\frac{3}{4},$$

即

$$k^2=\frac{3}{4}.$$

由于点 $A\left(\dfrac{m}{k},2m\right)$ 在椭圆上,得 $\dfrac{m^2}{4k^2}+\dfrac{4m^2}{3}=1$,从而
$$m^2=\dfrac{3}{5}.$$
故选 D.

链接 4 已知椭圆 $C:\dfrac{x^2}{4}+y^2=1$ 上的三点 A,B,C,斜率为负数的直线 BC 与 y 轴交于点 M,若原点 O 是 $\triangle ABC$ 的重心,且 $\triangle BMA$ 与 $\triangle CMO$ 的面积之比为 $\dfrac{3}{2}$,则直线 BC 的斜率为 _____.

解答 如图 3.3-13,由于 $\triangle BMA$ 与 $\triangle CMO$ 的面积之比为 $\dfrac{3}{2}$,所以
$$|MC|=2|BM|.$$
延长 AO,交 BC 于点 N,则 N 为 BC 的中点,所以
$$|BM|=2|MN|.$$
因为 $|AO|=2|ON|$,所以
$$AB\ /\!/\ OM.$$
设 $A(x_0,y_0)$,则 $B(x_0,-y_0)$.由 $\overrightarrow{AO}=2\overrightarrow{ON}$ 得 $N\left(-\dfrac{x_0}{2},-\dfrac{y_0}{2}\right)$,所以 $k_{ON}=\dfrac{y_0}{x_0}$,$k_{BC}=k_{BN}=-\dfrac{y_0}{3x_0}$,即
$$k_{ON}=-3k_{BC}.$$
因为
$$k_{ON}\cdot k_{BC}=e^2-1=-\dfrac{1}{4},$$
又 $k_{BC}<0$,所以
$$k_{BC}=-\dfrac{\sqrt{3}}{6}.$$

图 3.3-13

例 6 (2018 年全国数学联赛江西预赛)若椭圆 $\dfrac{x^2}{25}+\dfrac{y^2}{9}=1$ 上不同的三点 $A(x_1,y_1),B\left(4,\dfrac{9}{5}\right),C(x_2,y_2)$ 到椭圆右焦点 F 的距离顺次成等差数列,线段 AC 的中垂线交 x 轴于点 T,求直线 BT 的方程.

解答 如图 3.3-14,设线段 AC 的中点为 $M(x_0,y_0),T(t,0)$,因为
$$|AF|+|CF|=2|BF|,$$
所以由焦半径公式得 $(a-ex_1)+(a-ex_2)=2(a-4e)$,即
$$x_1+x_2=8,$$
因此
$$x_0=4.$$
由条件知
$$\begin{cases}k_{AC}\cdot k_{OM}=e^2-1=-\dfrac{9}{25},\\ k_{AC}\cdot k_{MT}=-1,\end{cases}$$
两式相除得

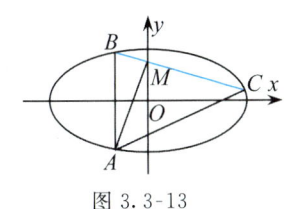

图 3.3-14

$$\frac{k_{OM}}{k_{MT}} = \frac{9}{25},$$

故 $\dfrac{y_0}{x_0} \cdot \dfrac{x_0-t}{y_0} = \dfrac{9}{25}$,解得

$$t = \frac{64}{25}, \quad T\left(\frac{64}{25}, 0\right).$$

从而直线 BT 的方程为

$$25x - 20y = 64.$$

(2) 求离心率的值或范围

例 7 如图 3.3-15,F_1,F_2 分别是双曲线 $C: \dfrac{x^2}{a^2} - \dfrac{y^2}{b^2} = 1 (a,b>0)$ 的左、右焦点,B 是虚轴的端点,直线 F_1B 与双曲线 C 的两条渐近线分别交于 P,Q 两点,线段 PQ 的垂直平分线与 x 轴交于点 M. 若 $|MF_2| = |F_1F_2|$,则双曲线 C 的离心率是(   ).

A. $\dfrac{2\sqrt{3}}{3}$

B. $\dfrac{\sqrt{6}}{2}$

C. $\sqrt{2}$

D. $\sqrt{3}$

图 3.3-15

解答 设 N 是线段 PQ 的中点,由 $|MF_2| = |F_1F_2|$ 得

$$M(3c, 0).$$

所以线段 PQ 的垂直平分线方程为

$$y = -\frac{c}{b}(x - 3c).$$

由 $\begin{cases} y = \dfrac{b}{c}(x+c), \\ y = -\dfrac{c}{b}(x-3c) \end{cases}$ 得

$$N\left(\frac{3c^3 - b^2c}{b^2+c^2}, \frac{4bc^2}{b^2+c^2}\right),$$

故

$$k_{ON} = \frac{4bc^2}{3c^3 - b^2c} = \frac{4bc}{3c^2 - b^2},$$

由"性质 2"的"特例"得

$$k_{PQ} \cdot k_{ON} = e^2 - 1,$$

即 $\dfrac{b}{c} \cdot \dfrac{4bc}{3c^2 - b^2} = e^2 - 1$,所以离心率为

$$e = \frac{\sqrt{6}}{2}.$$

故选 B.

例 8 设直线 $x-3y+m=0(m\neq 0)$ 与双曲线 $\dfrac{x^2}{a^2}-\dfrac{y^2}{b^2}=1(a>b>0)$ 的两条渐近线分别交于点 A,B，若点 $P(m,0)$ 满足 $|PA|=|PB|$，则该双曲线的离心率是_____．

分析 这道试题很多考生的失误就在于疲于运算，结果半途而废，如果能看清问题的本质，利用"性质2"解题，将会"柳暗花明又一村"．利用"性质2"解题可谓是点睛之笔，不可多得．

解答 如图 3.3-16，设 AB 的中点为 M，由条件 $|PA|=|PB|$ 得
$$PM\perp AB.$$
所以直线 PM 的方程为
$$y=-3(x-m).$$
由 $\begin{cases}x-3y+m=0,\\y=-3(x-m)\end{cases}$ 得 $M\left(\dfrac{4m}{5},\dfrac{3m}{5}\right)$，因为
$$k_{AB}\cdot k_{OM}=e^2-1,$$
所以 $\dfrac{1}{3}\cdot\dfrac{3}{4}=e^2-1$，所以
$$e=\dfrac{\sqrt{5}}{2}.$$

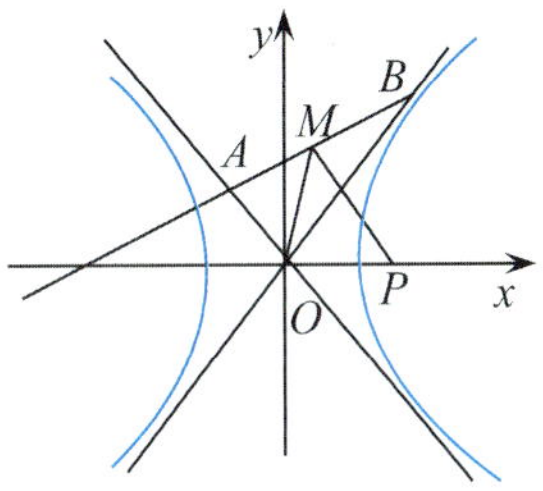

图 3.3-16

例 9 如图 3.3-17，设椭圆 $C:\dfrac{x^2}{a^2}+y^2=1(a>1)$．

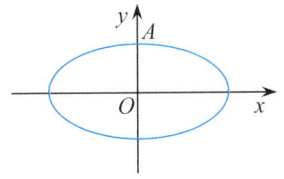

（Ⅰ）求直线 $y=kx+1$ 被椭圆截得的弦长．（用 a,k 表示）

（Ⅱ）若以点 $A(0,1)$ 为圆心的圆与椭圆至多有三个公共点，求椭圆离心率的取值范围．

图 3.3-17

分析 对于题（Ⅱ），很多同学感到有点怪异，不知如何下手，似乎脱离了常规训练套路，没有了直线，没有了弦，似乎也没有韦达定理．自己空有一身的本领，却无用武之地．如果能正难则反，从反面来考虑，再利用"性质2"，那就可以轻而易举地拿下．

解答 （Ⅰ）$\dfrac{2a^2|k|}{1+a^2k^2}\cdot\sqrt{1+k^2}$．

（Ⅱ）从反面考虑，若以点 $A(0,1)$ 为圆心的圆与椭圆有四个公共点，由图形的对称性可知，在 y 轴的左、右两侧各有两个交点⇔椭圆的一侧存在一个等腰三角形 APQ 且 $|AP|=|AQ|$．

如图 3.3-18，设 PQ 的中点为 $M(x_0,y_0)$，由"性质2"得
$$k_{OM}\cdot k_{PQ}=e^2-1=\dfrac{-1}{a^2}.$$
因为
$$k_{AM}\cdot k_{PQ}=\dfrac{y_0-1}{x_0}\cdot k_{PQ}=-1,$$
两式相除得
$$\dfrac{y_0-1}{y_0}=a^2,$$
所以 $y_0=\dfrac{1}{1-a^2}\in(-1,1)\Rightarrow a^2>2$，从而

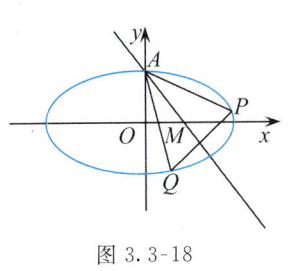

图 3.3-18

$$e^2 = 1 - \frac{1}{a^2} \in \left[\frac{1}{2}, 1\right),$$

所以离心率的取值范围是

$$\left(0, \frac{\sqrt{2}}{2}\right].$$

链接 5 已知双曲线 $\frac{x^2}{a^2} - \frac{y^2}{b^2} = 1 (a>0, b>0)$ 的左焦点为 F、离心率为 e，过点 F 且斜率为 1 的直线交双曲线的渐近线于 A, B 两点，AB 的中点为 M. 若 $|FM|$ 等于半焦距，则 e^2 等于 _____.

解答 如图 3.3-19，因为

$$k_{AB} \cdot k_{OM} = e^2 - 1,$$

所以

$$k_{OM} = e^2 - 1.$$

因为 $|FM| = c = \sqrt{2}(-c - x_M)$，所以

$$x_M = -c - \frac{\sqrt{2}}{2}c,$$

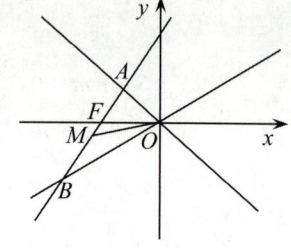

所以

$$y_M = -\frac{\sqrt{2}}{2}c,$$

从而 $k_{OM} = \sqrt{2} - 1 = e^2 - 1$，即

$$e^2 = \sqrt{2}.$$

链接 6 已知椭圆 $\Gamma: \frac{x^2}{a^2} + \frac{y^2}{b^2} = 1 (a>b>0)$ 内有一定点 $P(1,1)$，过点 P 的两条直线 l_1 和 l_2 分别与椭圆 Γ 交于点 A, C 和点 B, D，且满足 $\overrightarrow{AP} = \lambda \overrightarrow{PC}, \overrightarrow{BP} = \lambda \overrightarrow{PD}$. 当 λ 变化时，直线 CD 的斜率总为 $-\frac{1}{4}$，则椭圆 Γ 的离心率为（　　）．

A. $\frac{\sqrt{3}}{2}$　　　　B. $\frac{1}{2}$　　　　C. $\frac{\sqrt{2}}{2}$　　　　D. $\frac{\sqrt{5}}{5}$

解答 (1) 如图 3.3-20，由于 $\overrightarrow{AP} = \lambda \overrightarrow{PC}, \overrightarrow{BP} = \lambda \overrightarrow{PD}$，得

$$AB \parallel CD.$$

(2) 设 AB 的中点为 M、CD 的中点为 N，则

$$k_{OM} \cdot k_{AB} = k_{ON} \cdot k_{CD} = e^2 - 1.$$

所以

$$k_{OM} = k_{ON},$$

从而 O, M, N 三点共线，所以 O, M, N, P 四点共线，所以 $k_{OP} \cdot k_{CD} = 1 \times \left(-\frac{1}{4}\right) = e^2 - 1$，所以

$$e = \frac{\sqrt{3}}{2}.$$

故选 A.

(3)综合问题

例 10 （2020 年浙江卷）如图 3.3-21，已知椭圆 $C_1: \dfrac{x^2}{2}+y^2=1$ 和抛物线 $C_2: y^2=2px(p>0)$，点 A 是椭圆 C_1 和抛物线 C_2 的交点，过点 A 的直线交椭圆 C_1 于点 B、交抛物线 C_2 于点 M（点 B, M 不同于点 A）.

（Ⅰ）若 $p=\dfrac{1}{16}$，求抛物线的焦点坐标.

（Ⅱ）若存在不过原点的直线 l 使点 M 为线段 AB 的中点，求 p 的最大值.

解答 （Ⅰ）因为 $p=\dfrac{1}{16}$，所以抛物线的焦点坐标为

$$\left(\dfrac{1}{32}, 0\right).$$

（Ⅱ）设 $A(2pt^2, 2pt), M(2pm^2, 2pm)$，由点 A 在椭圆上得 $\dfrac{(2pt^2)^2}{2}+(2pt)^2=1$，即

$$2p^2=\dfrac{1}{t^4+2t^2} \quad ①.$$

由"性质 2"得

$$k_{OM} \cdot k_{AB}=e^2-1=-\dfrac{1}{2}=\dfrac{2pm}{2pm^2} \cdot \dfrac{2pt-2pm}{2pt^2-2pm^2}=\dfrac{1}{m(m+t)},$$

所以 $2=-m(m+t) \leqslant \left[\dfrac{(-m)+(m+t)}{2}\right]^2=\dfrac{1}{4}t^2$，得

$$t^2 \geqslant 8 \quad ②.$$

由①②得 $2p^2=\dfrac{1}{t^4+2t^2} \leqslant \dfrac{1}{80}$，所以

$$p_{\max}=\dfrac{\sqrt{10}}{40}.$$

点评 利用设点求解该高考试题，在 e^2-1 性质的助推下，洋洋洒洒的解答过程简直就是"神运算". 一种方法与一个性质天衣无缝结合，简直完美.

例 11 已知点 $P(0,1)$，椭圆 $\dfrac{x^2}{4}+y^2=m(m>1)$ 上两点 A, B 满足 $\overrightarrow{AP}=2\overrightarrow{PB}$，则当 $m=$ _____ 时，点 B 横坐标的绝对值最大.

解答 如图 3.3-22，设 $A(x_1, y_1), B(x_2, y_2)$，当直线 AB 的斜率存在时，设 $AB: y=kx+1 (k \neq 0)$，因为 $\overrightarrow{AP}=2\overrightarrow{PB}$，所以 $x_1+x_2=-x_2, y_1+y_2=3-y_2=2-kx_2$. 设 AB 的中点为 M，则 $M\left(-\dfrac{x_2}{2}, \dfrac{2-kx_2}{2}\right)$. 由"性质 2"得

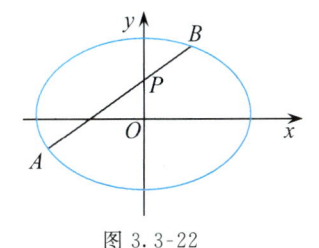

$$k_{AB} \cdot k_{OM}=e^2-1,$$

即 $k\left(-\dfrac{2-kx_2}{x_2}\right)=e^2-1=-\dfrac{1}{4}$，所以

$$x_2=\dfrac{2}{k+\dfrac{1}{4k}},$$

得

$$|x_2| = \frac{2}{|k|+\frac{1}{4|k|}} \leqslant 2,$$

当且仅当 $|k|=\frac{1}{2}$ 时取等号,可得 $B(\pm 2,2)$,所以

$$m=5.$$

例 12 (2015 年全国新课标卷 Ⅱ)已知椭圆 $C:9x^2+y^2=m^2(m>0)$,直线 l 不过原点 O 且不平行于坐标轴,l 与椭圆 C 有两个交点 A,B,线段 AB 的中点为 M.证明:直线 OM 的斜率与 l 的斜率的乘积为定值.

解答 (Ⅰ)直接考查"性质 2"的推导,得

$$k_{AB} \cdot k_{OM} = e^2 - 1 = -9.$$

链接 7 已知椭圆方程为 $\frac{x^2}{4}+y^2=1$,圆 $C:(x-1)^2+y^2=r^2$.

(Ⅰ)求椭圆上动点 P 与圆心 C 距离的最小值.

(Ⅱ)如图 3.3-23,直线 l 与椭圆相交于 A,B 两点,且与圆 C 相切于点 M,若以 M 为线段 AB 中点的直线 l 有 4 条,求半径 r 的取值范围.

解答 (Ⅰ)略.

(Ⅱ)(i)当 AB 的斜率不存在时,显然有 2 条.

(ii)当 AB 的斜率存在时,由"性质 2"得

$$k_{OM} \cdot k_{AB} = e^2 - 1 = -\frac{1}{4}.$$

因为 $k_{CM} \cdot k_{AB} = -1$,所以

$$k_{CM} = 4k_{OM} \neq 0.$$

由 $\begin{cases} y=k_{OM}x, \\ y=4k_{OM}(x-1) \end{cases}$ 得

$$M\left(\frac{4}{3}, \frac{4}{3}k_{OM}\right).$$

由点 M 在椭圆内得

$$\frac{4}{9}+\frac{16k_{OM}^2}{9}<1,$$

所以 $16k_{OM}^2<5$.因为 $r^2=\frac{1}{9}+\frac{16k_{OM}^2}{9}$,所以

$$r \in \left(\frac{1}{3}, \frac{\sqrt{6}}{3}\right).$$

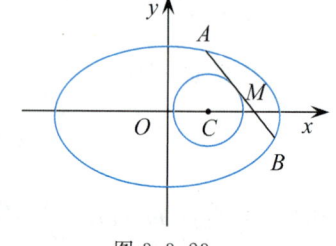

图 3.3-23

点评 通过对上面几道题目解题过程的剖析,我们可以清楚地看到,高考对于数学核心内容的考查绝不手软,重点主干知识重点考查.高考试题一如既往地重复考查这个性质,也在情理之中.在学习中,我们不仅需要关注一题多解,而且还需要关注多题一解,因为一题多解能拓展我们的数学思维,是训练发散思维的重要途径,而多题一解则能抓住问题的本质,体现万变不离其宗的思想,透过"性质 2"这个视角,我们就可以把历年的高考试题统一在一起,发现题源之所在,揭下其神秘的面纱.

3.3.3 与圆锥曲线的切线有关的 e^2-1 性质

性质 3 过椭圆 $\dfrac{x^2}{a^2}+\dfrac{y^2}{b^2}=1(a>b>0)$ 上任意一点 P(不是椭圆的顶点)作椭圆的切线,设切线的斜率为 k_1,直线 OP 的斜率为 k_2,则 $k_1\cdot k_2=e^2-1$.

证明 由于椭圆的对称性,不妨设点 P 在第一象限内,设点 $P(x_0,y_0)$,由椭圆方程 $\dfrac{x^2}{a^2}+\dfrac{y^2}{b^2}=1$ 可得

$$y=\dfrac{b}{a}\sqrt{a^2-x^2},$$

所以 $y_0=\dfrac{b}{a}\sqrt{a^2-x_0^2}$. 因此,椭圆在点 P 处的切线斜率

$$k_1=y'|_{x=x_0}=-\dfrac{bx_0}{a\sqrt{a^2-x_0^2}}=-\dfrac{b^2 x_0}{a^2 y_0}.$$

所以 $k_1\cdot\dfrac{y_0}{x_0}=-\dfrac{b^2}{a^2}$,即

$$k_1\cdot k_2=e^2-1.$$

证毕.

例 1 如图 3.3-24,设椭圆 $\dfrac{x^2}{a^2}+\dfrac{y^2}{b^2}=1(a>b>0)$,动直线 l 与椭圆 C 只有一个公共点 P,且点 P 在第一象限.

(Ⅰ)已知直线 l 的斜率为 k,用 a,b,k 表示点 P 的坐标.

(Ⅱ)若过原点 O 的直线 l_1 与 l 垂直,证明:点 P 到直线 l_1 的距离的最大值为 $a-b$.

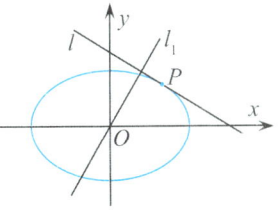

图 3.3-24

解答 (Ⅰ)设点 $P(x_0,y_0)$,由"性质 3"得

$$k_{OP}\cdot k=e^2-1,$$

所以 $P\left(x_0,-\dfrac{b^2}{ka^2}x_0\right)$. 由于点 P 在椭圆 $\dfrac{x^2}{a^2}+\dfrac{y^2}{b^2}=1(a>b>0)$ 上,得到

$$\dfrac{x_0^2}{a^2}+\dfrac{\left(-\dfrac{b^2}{ka^2}x_0\right)^2}{b^2}=1,$$

即

$$P\left(\dfrac{-a^2 k}{\sqrt{b^2+a^2 k^2}},\dfrac{b^2}{\sqrt{b^2+a^2 k^2}}\right).$$

(Ⅱ)因为

$$k_{OP}\cdot k=e^2-1,$$

所以 $k\cdot\dfrac{y_0}{x_0}=-\dfrac{b^2}{a^2}$,所以

$$ky_0=-\dfrac{b^2}{a^2}x_0.$$

点 P 到直线

的距离

$$d=\frac{|x_0+ky_0|}{\sqrt{1+k^2}}=\frac{|x_0|\left(1-\frac{b^2}{a^2}\right)}{\sqrt{1+\frac{b^4}{a^4}\frac{x_0^2}{y_0^2}}}=\frac{1-\frac{b^2}{a^2}}{\frac{b}{a}\sqrt{\frac{a^2}{b^2x_0^2}+\frac{b^2}{a^2y_0^2}}}\leqslant\frac{1-\frac{b^2}{a^2}}{\frac{b}{a}\sqrt{\frac{(a+b)^2}{b^2x_0^2+a^2y_0^2}}}=\frac{1-\frac{b^2}{a^2}}{\frac{b}{a}\cdot\frac{a+b}{ab}}=a-b.$$

(利用二维权方和不等式)

二维权方和不等式

若 $x>0,y>0$,则 $\frac{m^2}{x}+\frac{n^2}{y}\geqslant\frac{(m+n)^2}{x+y}$,当且仅当 $\frac{m}{x}=\frac{n}{y}$ 时取等号.(可以看作二维的柯西不等式的变式)

例 2 已知椭圆 $C:\frac{x^2}{a^2}+\frac{y^2}{b^2}=1(a>b>0)$ 的左、右焦点分别是 F_1,F_2,离心率为 $\frac{\sqrt{3}}{2}$,过点 F_1 且垂直于 x 轴的直线被椭圆 C 截得的线段长为 1.

(Ⅰ)求椭圆 C 的方程.

(Ⅱ)P 是椭圆 C 上除了长轴端点的任一点,过点 P 作斜率为 k 的直线 l,使得 l 与椭圆 C 有且只有一个公共点.设直线 PF_1,PF_2 的斜率分别为 k_1,k_2,若 $k\neq 0$,试证明 $\frac{1}{kk_1}+\frac{1}{kk_2}$ 为定值,并求出这个定值.

解答 (Ⅰ)椭圆 C 的方程为

$$\frac{x^2}{4}+y^2=1.$$

(Ⅱ)设 $P(x_0,y_0)$,由题意可知,l 为椭圆在点 P 处的切线,

$$k_1=\frac{y_0}{x_0+\sqrt{3}},k_2=\frac{y_0}{x_0-\sqrt{3}},$$

所以

$$\frac{1}{k_1}+\frac{1}{k_2}=\frac{x_0+\sqrt{3}}{y_0}+\frac{x_0-\sqrt{3}}{y_0}=\frac{2x_0}{y_0},$$

故

$$\frac{1}{k\cdot k_1}+\frac{1}{k\cdot k_2}=\frac{1}{k}\left(\frac{1}{k_1}+\frac{1}{k_2}\right)=\frac{1}{k}\cdot\frac{2x_0}{y_0}=\frac{2}{k\cdot k_{OP}}=\frac{2}{e^2-1}=-8(定值).$$

引申 在平面直角坐标系 xOy 中,已知 M 是双曲线 $\frac{x^2}{a^2}-\frac{y^2}{b^2}=1(a>0,b>0)$ 上异于顶点的任意一点,过点 M 作双曲线的切线 l.若 $k_{OM}\cdot k_l=\frac{1}{3}$,则双曲线的离心率 e 等于_____.

解答 如图 3.3-25,由"性质 3"得

$$k_{OM}\cdot k_l=e^2-1=\frac{1}{3},$$

解得

$$e=\frac{2\sqrt{3}}{3}.$$

图 3.3-25

点评 利用 e^2-1 性质去考虑问题,使得原本错综复杂的问题变得思路清晰明朗,解题过程干净利落,简捷优美,给人"清水出芙蓉"的感觉.同时,利用 e^2-1 性质去考虑问题,也让我们站到一定的高度去看问题,更容易看到问题的数学本质.

3.3.4 e^2-1 性质的本质与适用范围

如果我们把圆看作是离心率为 0 的圆锥曲线,那么上面的"性质 1"、"性质 2"(包括特例)、"性质 3"就可以看作是圆的性质在椭圆中的推广,分别对应圆的性质:(1)圆上一点对直径所张成的角为直角;(2)圆的垂径定理;(3)圆心与切点的连线垂直于该切线.它们充分揭示了椭圆的本质属性.这样的性质由圆到椭圆再到双曲线进一步拓展,不断构建起一个完善的知识网络体系.

上面的"性质 1"、"性质 2"(包括特例)、"性质 3"的适用范围都是焦点在 x 轴上的椭圆或双曲线,那么焦点在 y 轴上的椭圆或双曲线会有什么结论呢?

其实,只要把性质中的定值 e^2-1 改为 $\dfrac{1}{e^2-1}$ 就可以了.

链接 1 (2016 年全国数学联赛广东预赛)已知椭圆 $C:\dfrac{x^2}{b^2}+\dfrac{y^2}{a^2}=1(a>b>0)$,直线 l 不过原点 O 且不平行于坐标轴,直线 l 与椭圆 C 交于 A,B 两点,线段 AB 的中点为 M.证明:直线 OM 与直线 l 的斜率乘积为定值 $-\dfrac{a^2}{b^2}=\dfrac{1}{e^2-1}$.

证明 设点 $A(x_1,y_1),B(x_2,y_2),M(x_0,y_0)$,则有
$$x_1+x_2=2x_0,y_1+y_2=2y_0.$$
所以
$$\begin{cases}\dfrac{x_1^2}{b^2}+\dfrac{y_1^2}{a^2}=1,\\[6pt]\dfrac{x_2^2}{b^2}+\dfrac{y_2^2}{a^2}=1,\end{cases}$$
两式作差得
$$\dfrac{(x_1+x_2)(x_1-x_2)}{b^2}+\dfrac{(y_1+y_2)(y_1-y_2)}{a^2}=0,$$
所以 $\dfrac{2x_0(x_1-x_2)}{b^2}+\dfrac{2y_0(y_1-y_2)}{a^2}=0$,即
$$k_{OM}\cdot k_l=\dfrac{y_0}{x_0}\cdot\dfrac{y_1-y_2}{x_1-x_2}=-\dfrac{a^2}{b^2}=\dfrac{1}{e^2-1}.$$

证毕.

链接 2 已知双曲线 $C:\dfrac{y^2}{a^2}-\dfrac{x^2}{b^2}=1(a>0,b>0)$,$A,B$ 是双曲线的两个顶点.P 是双曲线上的点,且与点 B 在双曲线的同一支上.点 P 关于 y 轴的对称点是点 Q,若直线 AP,BQ 的斜率分别是 k_1,k_2,且 $k_1\cdot k_2=-\dfrac{4}{5}$,则双曲线的离心率是( ).

A. $\dfrac{3\sqrt{5}}{5}$ B. $\dfrac{9}{4}$ C. $\dfrac{3}{2}$ D. $\dfrac{9}{5}$

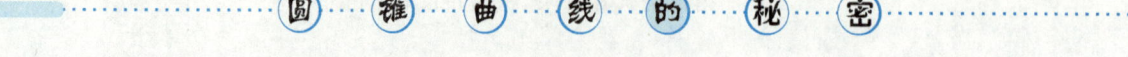

解答 由"性质1"得

$$k_{PA} \cdot k_{PB} = \frac{1}{e^2-1},$$

即 $k_1 \cdot (-k_2) = \frac{1}{e^2-1}$,解得

$$e = \frac{3}{2}.$$

故选 C.

链接3 已知椭圆 $M: \frac{x^2}{a^2} + \frac{y^2}{b^2} = 1 (a>b>0)$ 长轴上的两个顶点为 A, B,点 P 为椭圆 M 上除 A, B 外的一个动点.若 $\overrightarrow{QA} \cdot \overrightarrow{PA} = 0, \overrightarrow{QB} \cdot \overrightarrow{PB} = 0$,则动点 Q 在下列哪种曲线上运动(　　).

A. 圆　　　　　　B. 椭圆　　　　　　C. 双曲线　　　　　　D. 抛物线

解答 由"性质1"得

$$k_{PA} \cdot k_{PB} = e^2 - 1,$$

所以

$$k_{QA} \cdot k_{QB} = \left(-\frac{1}{k_{PA}}\right)\left(-\frac{1}{k_{PB}}\right) = \frac{1}{e^2-1}.$$

故选 B.

点拨 通过对历年高考试题中 e^2-1 性质的梳理,我们不难理解圆锥曲线中的 e^2-1 性质为什么会集万千宠爱于一身.圆锥曲线中的 e^2-1 性质是圆锥曲线的重要而又实用的性质,是圆锥曲线中的隐性知识.当我们在茫茫的运算中迷失了方向时,e^2-1 性质就像海岸的灯塔、夜空的北斗星,为我们指明解题的方向,让我们少走弯路,直奔问题的本源.所以,这也是高考命题者难以割舍的命题情愫,需要我们好好地去研究,使隐性知识显性化、显性知识系统化,挖掘其丰富的内涵,为我们高考复习提供精准而明确的方向.那么,关于圆锥曲线中的 e^2-1 还有哪些有趣的性质呢?圆锥曲线还有哪些秘密要揭晓呢?欲知更多圆锥曲线的秘密,请看下章分解!

思考题

1. 已知 A,B,P 是双曲线 $\dfrac{x^2}{a^2}-\dfrac{y^2}{b^2}=1(a>0,b>0)$ 上不同的三点，且点 A,B 的连线经过坐标原点，若直线 PA,PB 的斜率乘积 $k_{PA} \cdot k_{PB}=\dfrac{2}{3}$，则该双曲线的离心率为（　　）.

A. $\dfrac{\sqrt{5}}{2}$ 　　　　　　　　　　B. $\dfrac{\sqrt{6}}{2}$

C. $\sqrt{2}$ 　　　　　　　　　　D. $\dfrac{\sqrt{15}}{3}$

2. 已知双曲线 $x^2-y^2=a^2(a>0)$ 的左、右顶点分别为 A,B，双曲线在第一象限的图象上有一点 P，记 $\angle PAB=\alpha,\angle PBA=\beta,\angle APB=\gamma$，则（　　）.

A. $\tan\alpha+\tan\beta+\tan\gamma=0$ 　　　　B. $\tan\alpha+\tan\beta-\tan\gamma=0$

C. $\tan\alpha+\tan\beta+2\tan\gamma=0$ 　　　D. $\tan\alpha+\tan\beta-2\tan\gamma=0$

3. 已知 A,B 是双曲线 $\dfrac{x^2}{4}-y^2=1$ 的两个顶点，P 是双曲线上异于点 A,B 的一点，连接 PO（O 为坐标原点），交椭圆 $\dfrac{x^2}{4}+y^2=1$ 于点 Q. 如果设直线 PA,PB,QA 的斜率分别为 k_1,k_2,k_3，且 $k_1+k_2=-\dfrac{15}{8}$，假设 $k_3>0$，则 k_3 的值为（　　）.

A. 1　　　　B. $\dfrac{1}{2}$　　　　C. 2　　　　D. 4

4. 已知中心在原点的椭圆与双曲线有公共焦点，左、右焦点分别为 F_1,F_2，且两条曲线在第一象限的交点为 P，$\triangle PF_1F_2$ 是以 PF_1 为底边的等腰三角形. 若 $|PF_1|=10$，椭圆与双曲线的离心率分别为 e_1,e_2，则 e_1e_2+1 的取值范围是（　　）.

A. $(1,+\infty)$ 　　　　　　　　　B. $\left(\dfrac{4}{3},+\infty\right)$

C. $\left(\dfrac{6}{5},+\infty\right)$ 　　　　　　　　D. $\left(\dfrac{10}{9},+\infty\right)$

5. 已知 $\dfrac{x^2}{a^2}+\dfrac{y^2}{b^2}=1(a>b>0)$，$M,N$ 是椭圆的左、右顶点，P 是椭圆上的任意一点，且直线 PM,PN 的斜率分别为 $k_1,k_2(k_1k_2\neq 0)$. 若 $|k_1|+|k_2|$ 的最小值为 1，则椭圆的离心率为 _____.

6. 已知椭圆 $\dfrac{x^2}{2}+y^2=1$ 与 y 轴交于 M,N 两点，直线 $y=x$ 交椭圆于 A_1,A_2 两点，点 P 为椭圆上除 A_1,A_2 外的一个动点. 若点 Q 满足 $\overrightarrow{QA_1} \cdot \overrightarrow{PA_1}=0$，$\overrightarrow{QA_2} \cdot \overrightarrow{PA_2}=0$，则 $|QM|+|QN|=$ _____.

7. 如图，在平面直角坐标系 xOy 中，过坐标原点的直线交椭圆 $\dfrac{x^2}{a^2}+\dfrac{y^2}{b^2}=1(a>b>0)$ 于 P,A 两点. 其中，点 P 在第一象限，过点 P 作 x 轴的垂线，垂足为 C. 连接 AC 并延长，交椭圆于点 B. 若 $PA\perp PB$，求椭圆的离心率.

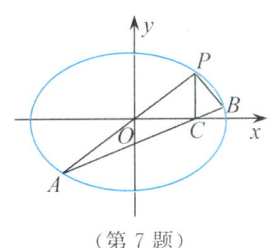

(第 7 题)

8. 如图，椭圆 $\dfrac{x^2}{a^2}+\dfrac{y^2}{b^2}=1(a>b>0)$ 的上、下两个顶点分别为 A,B，直线 $l:y=-2$，P 是椭圆上异于点 A,B 的任意一点．连接 AP 并延长，交直线 l 于点 N；连接 PB 并延长，交直线 l 于点 M．设 AP 所在的直线的斜率为 k_1，BP 所在的直线的斜率为 k_2，若椭圆的离心率为 $\dfrac{\sqrt{3}}{2}$，且过点 $A(0,1)$．

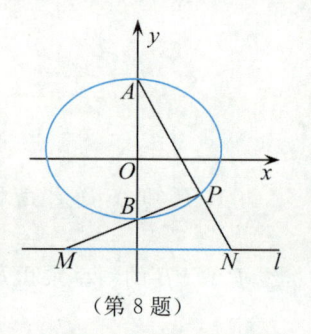

（Ⅰ）求椭圆 C 的方程．

（Ⅱ）求 MN 的最小值．

9. 已知椭圆 $\dfrac{x^2}{6}+\dfrac{y^2}{4}=1$ 及其顶点 $A(0,-2)$，经过点 $E(0,1)$ 且斜率存在的直线 l 交椭圆于 Q,N 两点，点 B 与点 Q 关于坐标原点对称，连接 AB,AN．问：是否存在实数 λ 使得 $k_{AN}=\lambda k_{AB}$ 成立？若存在，求出 λ 的值；若不存在，请说明理由．

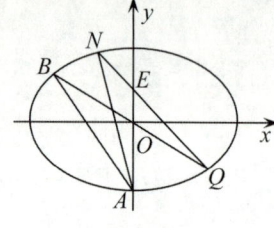

10. 已知椭圆 $C:\dfrac{x^2}{a^2}+\dfrac{y^2}{b^2}=1(a>b>0)$ 的离心率为 $\dfrac{1}{2}$，且过点 $\left(-1,\dfrac{3}{2}\right)$．

（Ⅰ）求椭圆 C 的方程．

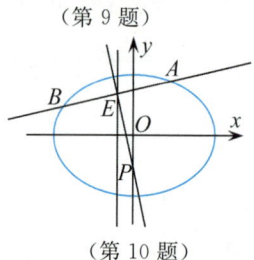

（Ⅱ）直线 l 交椭圆 C 于不同的两点 A,B，且 AB 的中点 E 在直线 $x=-1$ 上，线段 AB 的垂直平分线交 y 轴于点 $P(0,m)$，求 m 的取值范围．

第四章

撑一支长篙,向更青处漫溯
——圆锥曲线可以这样研究

莫让浮云遮望眼,撩开雾纱见真颜.

数学学习不仅要知其然,而且要知其所以然,即清清楚楚地学、刨根究底地研.新一轮课改提倡以主题式学习为脉络,开展深度学习,构建"知识块、方法线、问题链".从"知识点"形成"方法块",从"线性思考"逐步走向"立体思维",使数学学习"向青草更青处漫溯",进一步培育数学核心素养.孟子曰:"资之深,则取之左右逢其源."所以,我们对所学内容只有深入透彻地理解,努力理解数学的精神、思想和方法,在学习中才能游刃有余.对于圆锥曲线的性质研究也是如此,需要透过现象看本质,枯木深藏又一春.努力去揭示被千变万化的数学表象所掩盖的数学本质,还数学以本原.

圆锥曲线的美精彩纷呈、魅力四射,能带给我们无尽的遐思,那么我们应该如何去欣赏圆锥曲线的美?鸳鸯绣出从君看,更把金针度与人,我们不仅要去欣赏圆锥曲线外在的美,而且还要去剖析圆锥曲线内在的性质,探寻其中蕴含的几何特征,去欣赏圆锥曲线本质的美.邂逅圆锥曲线,我们注定要进行一场轰轰烈烈地探究,试题也将在探究中绽放精彩.

"一花一世界,一树一菩提",在这里我想说"一题一世界".我们的研究就从教材的一道例题或一道高考试题、一道高考模拟试题、一道竞赛试题等找到一个适当的突破口,去探寻圆锥曲线内在的美妙性质,这样既可以轻轻松松地帮我们脱离"茫茫题海",又不失"叶落知秋",举一明三,以期达到"一雨普滋,千山秀色"之效.这样,我们就可以把圆锥曲线这部"鸿篇巨制"分解为一集集既相互独立,又有内在联系的"电视连续剧",从而娓娓道来,慢慢地掀起圆锥曲线的"盖头"来.

正因为圆锥曲线变化多端,才成就了圆锥曲线美丽地蜕变.所以,在扑朔迷离的变化中如何寻找不变的性质,是我们欣赏圆锥曲线美的主要的切入点.正如古人所说的"零落成泥碾作尘,只有香如故."圆锥曲线中的不变问题以一言蔽之:主要涉及定值、定点、定直线等问题.本章主要从这几个方面展开讨论,内容是探讨如何开展圆锥曲线的性质研究,圆锥曲线有哪些常见的性质等话题.

圆锥曲线的秘密

4.1 圆锥曲线研究案例综述

正如管斌全老师所说:"世间万物的运行都有其规律,你只有掌握了这个规律,做起事来才会得心应手、左右逢源、事半功倍;没有掌握规律,你即使费了九牛二虎之力,也会劳而无功,事倍功半."同样地,研究也是如此,研究常常是无意的,但必须是有心的,如切如磋、如琢如磨.圆锥曲线的有关研究有其特点,类比与一般化是对其常见的研究方向.类比思想是一种由此及彼的联想,一般化思想是从一滴水中看出一种大海的情怀,这两种思想方法对我们圆锥曲线的探讨研究非常管用,是我们研究圆锥曲线的"左臂右膀".因为圆锥曲线的很多性质无论是从结构还是结论来看都有惊人的相似,有着千丝万缕的联系,所以圆锥曲线的很多问题初看起来,都有一种似曾相识的感觉,这也为我们研究提供了很好的亲和力.

4.1.1 问题的背景提出——乱花渐欲迷人眼

要研究圆锥曲线的性质,我们还是从圆锥曲线的定义开始.

设椭圆的两个焦点坐标分别为 $F_1(-c,0)$,$F_2(c,0)$,且 $M(x,y)$ 为椭圆上的任意一点,则由椭圆的定义得 $|MF_1|+|MF_2|=2a$,即

$$\sqrt{(x+c)^2+y^2}+\sqrt{(x-c)^2+y^2}=2a \quad ①.$$

因为

$$[(x+c)^2+y^2]-[(x-c)^2+y^2]=4cx,$$

两式相除得

$$\sqrt{(x+c)^2+y^2}-\sqrt{(x-c)^2+y^2}=\frac{2cx}{a} \quad ②,$$

由①-②并整理得

$$\sqrt{(x-c)^2+y^2}=a-\frac{c}{a}x.$$

如果把上式等号两边平方得 $\frac{b^2}{a^2}(x^2-a^2)=-y^2(b^2=a^2-c^2)$,整理得

$$\frac{y}{x+a}\cdot\frac{y}{x-a}=e^2-1.$$

其几何意义即性质1.

性质1 若椭圆 $\frac{x^2}{a^2}+\frac{y^2}{b^2}=1(a>b>0)$ 上任意一点 P(不是长轴的端点)与长轴的两个端点的连线的斜率分别为 k_1 与 k_2,则 $k_1\cdot k_2=e^2-1$.

证明 设 $P(x_0,y_0)$,则

$$y_0^2=\frac{b^2}{a^2}(a^2-x_0^2),$$

所以

$$k_1\cdot k_2=\frac{y_0}{x_0+a}\cdot\frac{y_0}{x_0-a}=\frac{y_0^2}{x_0^2-a^2}=-\frac{b^2}{a^2}=e^2-1.$$

4.1.2 问题的本原探究——吹尽狂沙始到金

化繁为简,真功夫也! 把纷繁复杂的问题简单化,这样容易突出问题的本质,这不正是我们数学学习所执着追求的一种境界吗? 对于一个问题,我们需要从不同的角度去剖析其本质,赏析数学内在的美. 对于一个数学问题,我们不仅要去探究方法的巧思妙解,更要去关注问题的本质,探讨问题本身所蕴含的数学实质,让题目会"说话".(李学军语)

(1) 一般化探究

性质 1 只是对椭圆的长轴的两个端点成立,对椭圆的短轴类似的情况是否成立? 能不能把特殊的弦,推广到所有过中心的弦? 由此得到性质 2.

性质 2 过原点 O 的直线 l 与椭圆 $C:\dfrac{x^2}{a^2}+\dfrac{y^2}{b^2}=1(a>b>0)$ 相交于 A,B 两点,P 为椭圆上任意一点,设直线 PA 和直线 PB 的斜率分别为 k_1 和 k_2,则 $k_1 \cdot k_2 = e^2-1$.

证明 设 $P(x_0,y_0),A(x_1,y_1),B(-x_1,-y_1)$,因为点 A,P 在椭圆 C 上,所以

$$\dfrac{x_1^2}{a^2}+\dfrac{y_1^2}{b^2}=1,\dfrac{x_0^2}{a^2}+\dfrac{y_0^2}{b^2}=1.$$

两式相减得 $\dfrac{(x_1-x_0)(x_1+x_0)}{a^2}+\dfrac{(y_1-y_0)(y_1+y_0)}{b^2}=0$,得

$$k_1 \cdot k_2 = e^2-1.$$

4.1.3 问题的变式探究——淡妆浓抹总相宜

问题是数学的心脏. 对于一个问题,不仅要剖析其本质,还要不断地探究问题的知识结构和系统性,对问题蕴含的知识进行纵向深入地引申探究,加强知识间的横向联系,把问题所蕴含孤立的知识点,扩展到系统的知识面. 通过不断地拓展、联系、加强对知识结构的理解,进而形成认知结构中知识的系统性. 在解析几何中与 e^2-1 有关的定值问题是非常活跃的,所以我们有必要从正向、逆向、类比等多个方面加以引申拓展.

(2) 正向引申探究——接天莲叶无穷碧

引申 1 不过原点 O 的直线 l 与椭圆 $C:\dfrac{x^2}{a^2}+\dfrac{y^2}{b^2}=1(a>b>0)$ 相交于 A,B 两点,P 为线段 AB 的中点,设直线 AB 和直线 OP 斜率分别为 k_1 和 k_2,则 $k_1 \cdot k_2 = e^2-1$.

证明 设 $P(x_0,y_0),A(x_1,y_1),B(x_2,y_2)$,则

$$2x_0=x_1+x_2,2y_0=y_1+y_2 \quad ①.$$

因为点 A,B 在椭圆 C 上,所以

$$\dfrac{x_1^2}{a^2}+\dfrac{y_1^2}{b^2}=1,\dfrac{x_2^2}{a^2}+\dfrac{y_2^2}{b^2}=1,$$

两式相减得

$$\dfrac{(x_1-x_2)(x_1+x_2)}{a^2}+\dfrac{(y_1-y_2)(y_1+y_2)}{b^2}=0 \quad ②.$$

把①代入②得

$$k_1 \cdot k_2 = e^2-1.$$

引申 2 过椭圆 $\dfrac{x^2}{a^2}+\dfrac{y^2}{b^2}=1(a>b>0)$ 上的任意一点 P(P 不是椭圆的顶点)作倾斜角互补的两条直线,交该椭圆于 A,B 两点,O 为椭圆的中心,则 $k_{AB}\cdot k_{OP}=-(e^2-1)$.

证明 设点 P 的坐标为 (x_0,y_0),直线 PA 的方程为
$$y-y_0=k(x-x_0),$$
则直线 PB 的方程为
$$y-y_0=-k(x-x_0).$$
把直线 PA 的方程代入椭圆方程得
$$(a^2k^2+b^2)x^2-2a^2k(kx_0-y_0)x+(a^2k^2x_0^2-2a^2kx_0y_0+a^2y_0^2-a^2b^2)=0,$$
由题意知 x_0 是上式的一个解. 因为
$$x_0+x_A=\dfrac{2a^2k(kx_0-y_0)}{a^2k^2+b^2},$$
所以
$$x_A=\dfrac{a^2k^2x_0-2a^2ky_0-b^2x_0}{a^2k^2+b^2}.$$
只需把上式的 k 换成 $-k$,得
$$x_B=\dfrac{a^2k^2x_0+2a^2ky_0-b^2x_0}{a^2k^2+b^2},$$
从而
$$x_B-x_A=\dfrac{4a^2ky_0}{a^2k^2+b^2}.$$
因为 $k_{AB}=\dfrac{y_B-y_A}{x_B-x_A}=\dfrac{-k(x_A+x_B-2x_0)}{x_B-x_A}=\dfrac{b^2x_0}{a^2y_0}$,所以
$$k_{AB}\cdot k_{OP}=\dfrac{b^2}{a^2}=-(e^2-1).$$

链接 已知椭圆 $C:\dfrac{x^2}{a^2}+\dfrac{y^2}{b^2}=1(a>b>0)$ 经过点 $P\left(3,\dfrac{16}{5}\right)$,离心率为 $\dfrac{3}{5}$. 过椭圆 C 的右焦点作斜率为 k 的直线 l,交椭圆于 A,B 两点,记直线 PA,PB 的斜率分别为 k_1,k_2.

(Ⅰ)求椭圆的标准方程.

(Ⅱ)若 $k_1+k_2=0$,求实数 k 的值.

解答 (Ⅰ)如图 4.1-1,椭圆的标准方程为
$$\dfrac{x^2}{25}+\dfrac{y^2}{16}=1.$$

(Ⅱ)因为 $k_1+k_2=0$,所以直线 PA,PB 的倾斜角互补,由"引申 2"知
$$k_{AB}\cdot k_{OP}=-(e^2-1)=\dfrac{16}{25}.$$
而 $k_{OP}=\dfrac{16}{15}$,故
$$k_{AB}=\dfrac{3}{5}.$$

(注:本题中的条件"过椭圆 C 的右焦点"是多余的)

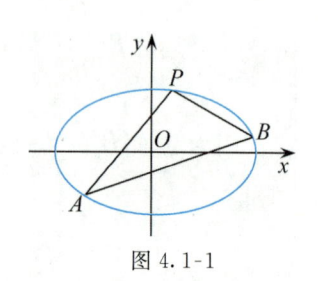

(3)逆向拓展探究——横看成岭侧成峰

引申 3 已知椭圆的方程为 $\dfrac{x^2}{a^2}+\dfrac{y^2}{b^2}=1\ (a>b>0)$，设直线 $l_1:y=k_1x+p$ 交椭圆于 A,B 两点，交直线 $l_2:y=k_2x$ 于点 E。若 $k_1 \cdot k_2 = e^2-1$，则 E 为 AB 的中点。

证明 设 $A(x_1,y_1),B(x_2,y_2)$，线段 AB 的中点为 $M(x_0,y_0)$，则

$$\dfrac{x_1^2}{a^2}+\dfrac{y_1^2}{b^2}=1 \quad ①,$$

$$\dfrac{x_2^2}{a^2}+\dfrac{y_2^2}{b^2}=1 \quad ②,$$

且 $x_0=\dfrac{x_1+x_2}{2}, y_0=\dfrac{y_1+y_2}{2}$。由①－②得

$$k_1 \cdot k_{OM} = -\dfrac{b^2}{a^2}.$$

已知 $k_1 \cdot k_2 = e^2-1=-\dfrac{b^2}{a^2}$，故

$$k_2 = k_{OM}.$$

因为直线 OM 和直线 OE 都过原点 O，直线 OM 与直线 OE 为同一条直线，所以点 M 与点 E 重合，于是 E 为 AB 的中点。

引申 4 过椭圆 $\dfrac{x^2}{a^2}+\dfrac{y^2}{b^2}=1(a>b>0)$ 上任意一点 A 作两条线段，分别交椭圆于点 P,Q（不是长轴的端点），O 为坐标原点，若直线 AP 和直线 AQ 的斜率分别为 k_1 和 k_2，且满足 $k_1 \cdot k_2 = e^2-1$，则 P,O,Q 三点共线。

证明 设 $A(x_0,y_0),P(x_1,y_1),Q(x_2,y_2)$，则

$$\dfrac{x_0^2}{a^2}+\dfrac{y_0^2}{b^2}=1, \dfrac{x_1^2}{a^2}+\dfrac{y_1^2}{b^2}=1,$$

两式相减得

$$\dfrac{y_0^2-y_1^2}{x_0^2-x_1^2}=-\dfrac{b^2}{a^2}=e^2-1 \quad ①.$$

又

$$k_1 \cdot k_2 = \dfrac{y_0-y_1}{x_0-x_1} \cdot \dfrac{y_0-y_2}{x_0-x_2} = e^2-1 \quad ②,$$

由①②得

$$\dfrac{y_0-y_1}{x_0-x_1} \cdot \dfrac{y_0-y_2}{x_0-x_2} = \dfrac{y_0^2-y_1^2}{x_0^2-x_1^2},$$

整理得

$$\dfrac{y_0-y_2}{x_0-x_2} = \dfrac{y_0+y_1}{x_0+x_1}.$$

所以 $A(x_0,y_0),P'(-x_1,-y_1),Q(x_2,y_2)$ 三点共线。又因为点 $P'(-x_1,-y_1)$ 在椭圆上，所以点 $P'(-x_1,-y_1)$ 与点 $Q(x_2,y_2)$ 重合，显然点 $P(x_1,y_1)$ 与点 $P'(-x_1,-y_1)$ 关于原点对称，所以弦 PQ 过中心 O，即 P,O,Q 三点共线。

引申 5 过椭圆 $\dfrac{x^2}{a^2}+\dfrac{y^2}{b^2}=1(a>b>0)$ 上的任意一点 P(不是椭圆的顶点)作斜率为 k_1 的直线 l,设直线 OP 的斜率为 k_2,且 $k_1 \cdot k_2=e^2-1$,则直线 l 为椭圆的切线.

证明 设点 P 的坐标为 (x_0,y_0),则

$$k_2=\dfrac{y_0}{x_0}.$$

因为 $k_1 \cdot k_2=e^2-1=-\dfrac{b^2}{a^2}$,所以

$$k_1=-\dfrac{b^2 x_0}{a^2 y_0},$$

即 k_1 为过点 P 的椭圆切线的斜率,故直线 l 为椭圆的切线.

引申 6 设 F_1,F_2 分别为椭圆 $\dfrac{x^2}{a^2}+\dfrac{y^2}{b^2}=1\ (a>b>0)$ 的左、右焦点,过椭圆上的任意一点 $P(x_0,y_0)$ 的切线的斜率为 k,直线 PF_1 和直线 PF_2 的斜率分别为 k_1 和 k_2.若 $k_1 \cdot k_2=-(e^2-1)$,则 $k^2=e^2-1$.

证明 不妨设点 $P(x_0,y_0)$ 在第一象限,则 $x_0>0$,$y_0>0$,$k<0$,过点 $P(x_0,y_0)$ 的切线的方程为

$$y=y_0+k(x-x_0),$$

代入椭圆方程 $\dfrac{x^2}{a^2}+\dfrac{y^2}{b^2}=1\ (a>b>0)$,整理得

$$(a^2 k^2+b^2)x^2+2a^2 k(y_0-kx_0)x+a^2(y_0-kx_0)^2-a^2 b^2=0.$$

由 $\Delta=0$ 得 $y_0-kx_0=\sqrt{a^2 k^2+b^2}$,因此

$$x_0=\dfrac{-a^2 k}{\sqrt{a^2 k^2+b^2}},\ y_0=\dfrac{b^2}{\sqrt{a^2 k^2+b^2}},$$

所以

$$k_1 \cdot k_2=\dfrac{y_0^2}{x_0^2-c^2}=\dfrac{a^2-c^2}{a^2 k^2-c^2}=\dfrac{1-e^2}{k^2-e^2}.$$

因为 $k_1 \cdot k_2=e^2-1$,所以

$$k^2=e^2-1.$$

引申 7 已知点 A 在椭圆 $\dfrac{x^2}{a^2}+\dfrac{y^2}{b^2}=1\ (a>b>0)$ 的右准线上,点 B 在椭圆上,若直线 OA 和直线 OB 的斜率分别为 k_1 和 k_2,且满足 $k_1 \cdot k_2=e^2-1$(O 为坐标原点),F 为椭圆的右焦点,则 $\overrightarrow{FA} \cdot \overrightarrow{OB}=0$.

证明 如图 4.1-2,设 $A\left(\dfrac{a^2}{c},y_1\right)$,$B(x_2,y_2)$,因为 $k_{OA} \cdot k_{OB}=e^2-1=-\dfrac{b^2}{a^2}$,即

$$y_1 y_2 c=-b^2 x_2,$$

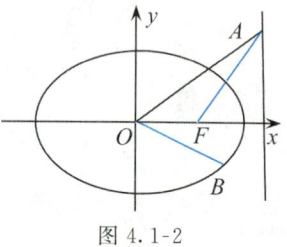

所以

$$k_{FA} \cdot k_{OB}=\dfrac{y_1-0}{\dfrac{a^2}{c}-c} \cdot \dfrac{y_2}{x_2}=\dfrac{c y_1 y_2}{b^2 x_2}=-1,$$

图 4.1-2

则 $FA \perp OB$,即

$$\overrightarrow{FA} \cdot \overrightarrow{OB}=0.$$

引申 8 若椭圆 $\dfrac{x^2}{a^2}+\dfrac{y^2}{b^2}=1(a>b>0)$ 上有两点 P,Q(不是长轴的端点),O 为原点,若直线 OP 和直线 OQ 的斜率分别为 k_1 和 k_2,且满足 $k_1 \cdot k_2=e^2-1$,则 $|\overrightarrow{OP}|^2+|\overrightarrow{OQ}|^2$ 为定值.

证明 由于 P,Q 两点都在椭圆 $\dfrac{x^2}{a^2}+\dfrac{y^2}{b^2}=1$ 上,可以设点

$$P(a\cos\alpha, b\sin\alpha), Q(a\cos\beta, b\sin\beta),$$

则

$$k_1 \cdot k_2 = \dfrac{b\sin\alpha}{a\cos\alpha} \cdot \dfrac{b\sin\beta}{a\cos\beta} = e^2-1 = -\dfrac{b^2}{a^2},$$

整理得

$$\cos(\alpha-\beta)=0.$$

从而 $|\overrightarrow{OP}|^2+|\overrightarrow{OQ}|^2 = (a^2\cos^2\alpha+b^2\sin^2\alpha)+(a^2\cos^2\beta+b^2\sin^2\beta)$

$=a^2(\cos^2\alpha+\cos^2\beta)+b^2(\sin^2\alpha+\sin^2\beta)$

$=a^2\left(\dfrac{1+\cos 2\alpha}{2}+\dfrac{1+\cos 2\beta}{2}\right)+b^2\left(\dfrac{1-\cos 2\alpha}{2}+\dfrac{1-\cos 2\beta}{2}\right)$

$=a^2+b^2+\dfrac{a^2-b^2}{2}(\cos 2\alpha+\cos 2\beta)$

$=a^2+b^2+(a^2-b^2)\cos(\alpha+\beta)\cos(\alpha-\beta)$

$=a^2+b^2,$

为定值.

引申 9 已知椭圆 $\dfrac{x^2}{a^2}+\dfrac{y^2}{b^2}=1\ (a>b>0)$ 上两点 A,B,若直线 OA 和直线 OB 的斜率分别为 k_1 和 k_2,且满足 $k_1 \cdot k_2=e^2-1(O$ 为坐标原点),则线段 AB 的中点的轨迹是已知椭圆的相似椭圆(离心率相等的椭圆称为相似椭圆).

证明 设椭圆 $\dfrac{x^2}{a^2}+\dfrac{y^2}{b^2}=1\ (a>b>0)$ 上两点 $A(x_1,y_1),B(x_2,y_2)$,线段 AB 的中点为 $M(x,y)$,则

$$\dfrac{x_1^2}{a^2}+\dfrac{y_1^2}{b^2}=1, \dfrac{x_2^2}{a^2}+\dfrac{y_2^2}{b^2}=1,$$

且 $x=\dfrac{x_1+x_2}{2},y=\dfrac{y_1+y_2}{2}$,于是

$$\dfrac{x^2}{a^2}+\dfrac{y^2}{b^2}=\dfrac{(x_1+x_2)^2}{4a^2}+\dfrac{(y_1+y_2)^2}{4b^2}=\dfrac{1}{4}\left(\dfrac{x_1^2}{a^2}+\dfrac{y_1^2}{b^2}+\dfrac{x_2^2}{a^2}+\dfrac{y_2^2}{b^2}+\dfrac{2x_1x_2}{a^2}+\dfrac{2y_1y_2}{b^2}\right)=\dfrac{1}{4}\left(2+\dfrac{2x_1x_2}{a^2}+\dfrac{2y_1y_2}{b^2}\right) \quad ①.$$

由于 $k_{OA} \cdot k_{OB}=-\dfrac{b^2}{a^2}$,即 $\dfrac{y_1}{x_1} \cdot \dfrac{y_2}{x_2}=-\dfrac{b^2}{a^2}$,整理得

$$\dfrac{x_1x_2}{a^2}+\dfrac{y_1y_2}{b^2}=0 \quad ②.$$

由①②得 $\dfrac{x^2}{\left(\dfrac{a}{\sqrt{2}}\right)^2}+\dfrac{y^2}{\left(\dfrac{b}{\sqrt{2}}\right)^2}=1$,则点 M 的轨迹方程为

$$\dfrac{x^2}{\left(\dfrac{a}{\sqrt{2}}\right)^2}+\dfrac{y^2}{\left(\dfrac{b}{\sqrt{2}}\right)^2}=1.$$

(4)类比引申探究——淡妆浓抹总相宜

上述结论,对于双曲线是否成立?我们对问题的探究从椭圆拓展到了双曲线.在探究中不断挖掘、变换问题的角度,对问题进行开发和加工,捕捉和拓展,以期构建动态生成模式,继而挖掘其潜在的智能训练因素.或启迪思路,提炼方法;或引申问题,丰富内涵;或串联知识,扩大成果;或鼓励创新,提升智慧.

4.1.4 问题探究的反思——映日荷花别样红

荷兰著名数学教育家弗赖登塔尔认为:学习数学的唯一正确方法是对知识进行"再创造".从教育心理学角度讲,所有的新知识只有通过"再创造",使其纳入自己的认知结构中,才可能成为有效的知识.所以,在我们学习中有必要对试题进行引申与拓展.学习者从自己的认知结构出发,围绕某个问题纵横驰骋,将问题的拓展、引申的过程演绎得悬念迭起、扣人心弦.

美国心理学家布鲁纳认为"探索是数学的生命线".我们可以借助于一些经典试题,进行"点拨与剖析""引申与拓展"和"类比推理"的三重途径,使得知识能够由此及彼、纵横交错、触类旁通,达到剖析一题,收获一片的效果,提高我们的学习效率.通过探究的手段对例题进行"再创造",我们站在一定的高度去思考问题,这样再回头去看看高考试题,大有一种"一览众山小"的感觉.建构主义指出:"数学学习并非是一个被动的接受过程,而是一个主动的建构过程."也就是说数学知识必须基于个人对经验的操作、交流,通过反省来主动建构.通过对例题的"再创造",发现新知识点,在探究中感受乐趣,驱动探究的热情,从而有效地领悟数学思想和数学方法.

"八方联系,浑然一体,漫江碧透,鱼翔浅底."通过剖析试题,探讨知识联系、知识整合、探究规律等一系列思维活动,从整体上把握知识的内在规律.我们不仅要拥有知识,而且要拥有学习知识的智慧.有一个形象的比喻:拥有知识的人看到一块石头就是一块石头、一粒沙子就是一粒沙子,而拥有智慧的人却能在一块石头里看到风景,在一粒沙子里发现光辉.有效地进行变式探究有利于拓宽我们的学习视野,有利于优化我们的思维品质.

4.2 圆锥曲线中的定值问题探究

4.2.1 一类组合圆锥曲线的定值问题探究

自从 2007 年上海市高考试题中的"果圆"亮相以来,有关组合圆锥曲线的问题正以其独特的魅力与活力不断活跃在全国各地的高考模拟试题中.组合圆锥曲线的试题不仅给我们带来全新的美的视觉体验,而且往往把解析几何的思想方法考查得淋漓尽致.可以说是把数学的美与数学知识、能力的考查融为一体,这也是倍受命题者青睐的原因所在.这里结合一道高考模拟试题谈谈一类共焦点组合圆锥曲线的定值问题.

引例 如图 4.2-1,曲线 C_1 是以原点 O 为中心、F_1,F_2 为焦点的椭圆的一部分,曲线 C_2 是以 O 为顶点、F_2 为焦点的抛物线的一部分,A 是曲线 C_1 和 C_2 的交点且 $\angle AF_2F_1$ 为钝角,我们把由曲线 C_1 和曲线 C_2 合成的曲线 C 称为"月蚀圆".设 $|AF_1|=\dfrac{7}{2}$,$|AF_2|=\dfrac{5}{2}$.

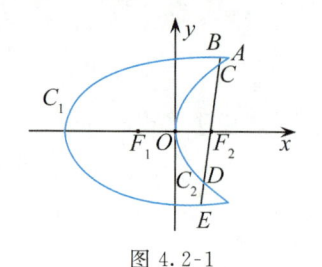

(Ⅰ)求曲线 C_1 和 C_2 所在的椭圆和抛物线方程.

图 4.2-1

(Ⅱ)过点 F_2 作一条与 x 轴不垂直的直线,与"月蚀圆"依次交于 B,C,D,E 四点,记 G 为 CD 的中点、H 为 BE 的中点.问 $\dfrac{|CD|\cdot|HF_2|}{|BE|\cdot|GF_2|}$ 是否为定值?若是,求出此定值;若不是,请说明理由.

解答 (Ⅰ)设椭圆方程为
$$\frac{x^2}{a^2}+\frac{y^2}{b^2}=1,$$
则 $2a=|AF_1|+|AF_2|=\dfrac{7}{2}+\dfrac{5}{2}=6$,得
$$a=3.$$
设 $A(x,y),F_1(-c,0),F_2(c,0)$,则
$$(x+c)^2+y^2=\left(\frac{7}{2}\right)^2,$$
$$(x-c)^2+y^2=\left(\frac{5}{2}\right)^2,$$
两式相减得
$$xc=\frac{3}{2}.$$
由抛物线定义可知
$$|AF_2|=x+c=\frac{5}{2},$$
则 $c=1,x=\dfrac{3}{2}$ 或 $x=1,c=\dfrac{3}{2}$(舍去),所以椭圆方程为
$$\frac{x^2}{9}+\frac{y^2}{8}=1,$$
抛物线方程为
$$y^2=4x.$$

(Ⅱ)设 $B(x_1,y_1),E(x_2,y_2),C(x_3,y_3),D(x_4,y_4)$,直线 $y=k(x-1)$,将 $y=k(x-1)$ 代入 $\dfrac{x^2}{9}+\dfrac{y^2}{8}=1$,消去 x 并整理得
$$(8+9k^2)y^2+16ky-64k^2=0,$$
从而
$$y_1+y_2=-\frac{16k}{8+9k^2},y_1y_2=-\frac{64k^2}{8+9k^2}\quad ①.$$
同理,将 $y=k(x-1)$ 代入 $y^2=4x$,消去 x 并整理得
$$ky^2-4y-4k=0,$$
从而
$$y_3+y_4=\frac{4}{k},y_3y_4=-4\quad ②.$$
结合①②得
$$\frac{|CD|\cdot|HF_2|}{|BE|\cdot|GF_2|}=\frac{|y_3-y_4|\cdot\frac{1}{2}|y_1+y_2|}{|y_1-y_2|\cdot\frac{1}{2}|y_3+y_4|}=\sqrt{\frac{(y_3+y_4)^2-4y_3y_4}{(y_3+y_4)^2}\cdot\frac{(y_1+y_2)^2}{(y_1+y_2)^2-4y_1y_2}}=\frac{1}{3},$$
其为定值.

点评 这是一道颇具特色、背景新颖的试题. 从图形形式上看, 它优美的对称图形像是一轮明月; 从数学本质上看, 它揭示了共焦点的圆锥曲线的焦点弦、中点弦的性质; 从考查方式上看, 它要求学生探究圆锥曲线的定值问题. 这是一道开放性题目, 真可谓是探究与考查两不误.

(1) 椭圆与抛物线的组合

如果把上面的引例一般化, 设"月蚀圆"中曲线 C_1 为椭圆 $\dfrac{x^2}{a^2}+\dfrac{y^2}{b^2}=1(a>b>0)$, 曲线 C_2 为抛物线 $y^2=2px(p>0)$, 我们就可以得到下面的性质.

性质 1 曲线 C_1 是以原点 O 为中心, F_1,F_2 为焦点的椭圆 $\dfrac{x^2}{a^2}+\dfrac{y^2}{b^2}=1(a>b>0)$ 的一部分, 曲线 C_2 是以 O 为顶点、F_2 为焦点的抛物线 $y^2=2px(p>0)$ 的一部分, A 是曲线 C_1 和 C_2 的交点且 $\angle AF_2F_1$ 为钝角, 我们把由曲线 C_1 和曲线 C_2 围成的曲线 C 称为 "月蚀圆". 过点 F_2 作一条与 x 轴不垂直的直线, 与 "月蚀圆" 依次交于 B,C,D,E 四点, 记 G 为 CD 的中点、H 为 BE 的中点, 则 $\dfrac{|CD|\cdot|HF_2|}{|BE|\cdot|GF_2|}=e$ (e 为椭圆的离心率).

证明 设 $B(x_1,y_1), E(x_2,y_2), C(x_3,y_3), D(x_4,y_4)$, 设过右焦点的直线方程为
$$x=my+c,$$
其中 $c=\dfrac{p}{2}$, 把直线方程 $x=my+c$ 代入椭圆方程 $\dfrac{x^2}{a^2}+\dfrac{y^2}{b^2}=1$, 消去 x 并整理得
$$(b^2m^2+a^2)y^2+2b^2cmy-b^4=0,$$
所以
$$y_1+y_2=\dfrac{-2b^2cm}{b^2m^2+a^2},\quad y_1y_2=\dfrac{-b^4}{b^2m^2+a^2}\quad ①.$$

把直线方程 $x=my+c$ 代入抛物线方程 $y^2=2px$, 消去 x 并整理得
$$y^2-2pmy-2pc=0.$$
因为 $c=\dfrac{p}{2}$, 所以
$$y^2-2pmy-p^2=0,$$
从而
$$y_3+y_4=2pm,\quad y_3y_4=-p^2\quad ②.$$
结合 ①② 得
$$\dfrac{|CD|\cdot|HF_2|}{|BE|\cdot|GF_2|}=\dfrac{|y_3-y_4|\cdot\dfrac{1}{2}|y_1+y_2|}{|y_1-y_2|\cdot\dfrac{1}{2}|y_3+y_4|}=\sqrt{\dfrac{(y_3+y_4)^2-4y_3y_4}{(y_3+y_4)^2}\cdot\dfrac{(y_1+y_2)^2}{(y_1+y_2)^2-4y_1y_2}}=\dfrac{c}{a}=e,$$
其为定值.

(2) 双曲线与抛物线的组合

如果把 "月蚀圆" 中的曲线 C_1 变为双曲线 $\dfrac{x^2}{a^2}-\dfrac{y^2}{b^2}=1(a>0,b>0)$, 曲线 C_2 还是 $y^2=2px(p>0)$, 我们就可以得到下面的性质.

性质 2 曲线 C_1 是以原点 O 为中心，F_1，F_2 为焦点的双曲线 $\dfrac{x^2}{a^2}-\dfrac{y^2}{b^2}=1(a>0,b>0)$ 的一部分，曲线 C_2 是以 O 为顶点、F_2 为焦点的抛物线 $y^2=2px(p>0)$ 的一部分，A 是曲线 C_1 和 C_2 的交点且 $\angle AF_2F_1$ 为钝角，我们把由曲线 C_1 和曲线 C_2 围成的曲线 C 称为"月蚀圆". 过点 F_2 作一条与 x 轴不垂直的直线，与"月蚀圆"依次交于 B,C,D,E 四点，记 G 为 CD 的中点、H 为 BE 的中点，则 $\dfrac{|CD|\cdot|HF_2|}{|BE|\cdot|GF_2|}=e$（$e$ 为双曲线的离心率）.

证明 设 $B(x_1,y_1),E(x_2,y_2),C(x_3,y_3),D(x_4,y_4)$，设过右焦点的直线方程为
$$x=my+c,$$
其中 $c=\dfrac{p}{2}$，把直线方程 $x=my+c$ 代入双曲线方程 $\dfrac{x^2}{a^2}-\dfrac{y^2}{b^2}=1$，消去 x 并整理得
$$(b^2m^2-a^2)y^2+2b^2cmy+b^4=0,$$
所以
$$y_1+y_2=\dfrac{-2b^2cm}{b^2m^2-a^2},\ y_1y_2=\dfrac{b^4}{b^2m^2-a^2}\quad ①.$$
把直线方程 $x=my+c$ 代入抛物线方程 $y^2=2px$，消去 x 并整理得
$$y^2-2pmy-2pc=0.$$
因为 $c=\dfrac{p}{2}$，所以
$$y^2-2pmy-p^2=0,$$
从而
$$y_3+y_4=2pm,\ y_3y_4=-p^2\quad ②.$$
结合①②得
$$\dfrac{|CD|\cdot|HF_2|}{|BE|\cdot|GF_2|}=\dfrac{|y_3-y_4|\cdot\dfrac{1}{2}|y_1+y_2|}{|y_1-y_2|\cdot\dfrac{1}{2}|y_3+y_4|}=\sqrt{\dfrac{(y_3+y_4)^2-4y_3y_4}{(y_3+y_4)^2}\cdot\dfrac{(y_1+y_2)^2}{(y_1+y_2)^2-4y_1y_2}}=\dfrac{c}{a}=e,$$
其为定值.

(3) 椭圆与双曲线的组合

如果把"月蚀圆"中曲线 C_1 变为椭圆 $\dfrac{x^2}{a_1^2}+\dfrac{y^2}{b_1^2}=1(a_1>b_1>0)$，曲线 C_2 变为双曲线 $\dfrac{x^2}{a_2^2}-\dfrac{y^2}{b_2^2}=1(a_2>0,b_2>0)$，我们就可以得到下面的性质.

性质 3 曲线 C_1 是以原点 O 为中心，F_1，F_2 为焦点的椭圆 $\dfrac{x^2}{a_1^2}+\dfrac{y^2}{b_1^2}=1(a_1>b_1>0)$ 的一部分，曲线 C_2 是以 O 为中心、F_1，F_2 为焦点的双曲线 $\dfrac{x^2}{a_2^2}-\dfrac{y^2}{b_2^2}=1(a_2>0,b_2>0)$ 的右支部分，A 是曲线 C_1 和 C_2 的交点且 $\angle AF_2F_1$ 为钝角，我们把由曲线 C_1 和曲线 C_2 围成的曲线 C 称为"月蚀圆". 过点 F_2 作一条与 x 轴不垂直的直线，与"月蚀圆"依次交于 B,C,D,E 四点，记 G 为 CD 的中点、H 为 BE 的中点，则 $\dfrac{|CD|\cdot|HF_2|}{|BE|\cdot|GF_2|}=\dfrac{e_1}{e_2}$（$e_1$，$e_2$ 分别为椭圆与双曲线的离心率）.

证明 设 $B(x_1,y_1), E(x_2,y_2), C(x_3,y_3), D(x_4,y_4)$，设过右焦点的直线方程为

$$x=my+c,$$

把直线方程 $x=my+c$ 代入椭圆方程 $\dfrac{x^2}{a_1^2}+\dfrac{y^2}{b_1^2}=1$，消去 x 并整理得

$$(b_1^2m^2+a_1^2)y^2+2b_1^2cmy-b_1^4=0,$$

所以

$$y_1+y_2=\dfrac{-2b_1^2cm}{b_1^2m^2+a_1^2},\ y_1y_2=\dfrac{-b_1^4}{b_1^2m^2+a_1^2}\quad ①.$$

把直线方程 $x=my+c$ 代入双曲线方程 $\dfrac{x^2}{a_2^2}-\dfrac{y^2}{b_2^2}=1$，消去 x 并整理得

$$(b_2^2m^2-a_2^2)y^2+2b_2^2cmy+b_2^4=0,$$

所以

$$y_3+y_4=\dfrac{-2b_2^2cm}{b_2^2m^2-a_2^2},\ y_3y_4=\dfrac{b_2^4}{b_2^2m^2-a_2^2}\quad ②.$$

结合①②得

$$\dfrac{|CD|\cdot|HF_2|}{|BE|\cdot|GF_2|}=\dfrac{|y_3-y_4|\cdot\frac{1}{2}|y_1+y_2|}{|y_1-y_2|\cdot\frac{1}{2}|y_3+y_4|}=\sqrt{\dfrac{(y_3+y_4)^2-4y_3y_4}{(y_3+y_4)^2}\cdot\dfrac{(y_1+y_2)^2}{(y_1+y_2)^2-4y_1y_2}}=\dfrac{a_2}{a_1}=\dfrac{e_1}{e_2},$$

其为定值.

4.2.2 一类圆锥曲线中平行弦的定值问题探究

(1) 问题的呈现

问题 已知椭圆 $\dfrac{x^2}{a^2}+\dfrac{y^2}{b^2}=1(a>b>0)$，直线 l 过点 $A(-a,0)$，与椭圆交于点 M、与 y 轴交于点 N，过原点且平行于 l 的直线与椭圆交于点 P. 证明 $|\overrightarrow{AM}|,\sqrt{2}|\overrightarrow{OP}|,|\overrightarrow{AN}|$ 成等比数列.

证明 如图 4.2-2，设直线 OP 的方程为

$$y=kx,$$

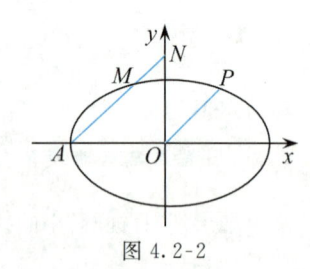

则直线 AM 的方程为

$$y=k(x+a).$$

则 $N(0,ka)$，所以

$$|AN|=\sqrt{1+k^2}\,a.$$

由 $\begin{cases}y=k(x+a)\\ \dfrac{x^2}{a^2}+\dfrac{y^2}{b^2}=1\end{cases}$ 得到

$$|AM|=\dfrac{2ab^2\sqrt{1+k^2}}{a^2k^2+b^2},$$

所以

$$|AM|\cdot|AN|=\dfrac{2a^2b^2(1+k^2)}{a^2k^2+b^2};$$

图 4.2-2

由 $\begin{cases} y=kx \\ \dfrac{x^2}{a^2}+\dfrac{y^2}{b^2}=1 \end{cases}$ 得到

$$|OP|^2=\frac{a^2b^2(1+k^2)}{a^2k^2+b^2}.$$

因此

$$\frac{|\overrightarrow{AM}|\cdot|\overrightarrow{AN}|}{|\overrightarrow{OP}|^2}=2,$$

即 $|\overrightarrow{AM}|,\sqrt{2}|\overrightarrow{OP}|,|\overrightarrow{AN}|$ 成等比数列.

点评 这是一道以圆锥曲线的平行弦问题为载体考查学生解析几何思想方法的试题,内容丰富多彩、结构浑然一体,定值、定点、定向问题三足鼎立,知识、能力考查平分秋色.该试题蕴含着椭圆许多有趣的几何性质,是我们高考复习研究的重要素材.

(2) 有关性质的探讨

高考试题往往是一个重要的知识生长点,是我们自主探究的重要平台,能激活我们的理性思维.

性质 1 若点 P 是椭圆 $\dfrac{x^2}{a^2}+\dfrac{y^2}{b^2}=1(a>b>0)$ 上的一个动点,O 为椭圆的中心,过椭圆的左顶点 A 且平行于弦 OP 的直线与椭圆交于点 M,与 y 轴交于点 N,则 $\dfrac{\overrightarrow{AM}\cdot\overrightarrow{AN}}{|\overrightarrow{OP}|^2}=2$.

引申 1 若点 P 是椭圆 $\dfrac{x^2}{a^2}+\dfrac{y^2}{b^2}=1(a>b>0)$ 上的一个动点,O 为椭圆的中心,过椭圆的左焦点 F 且平行于弦 OP 的直线与椭圆交于点 M,N,则 $\dfrac{\overrightarrow{FM}\cdot\overrightarrow{FN}}{|\overrightarrow{OP}|^2}=e^2-1$.(其中 e 为椭圆的离心率)

证明 如图 4.2-3,设直线 OP 的方程为

$$y=kx,$$

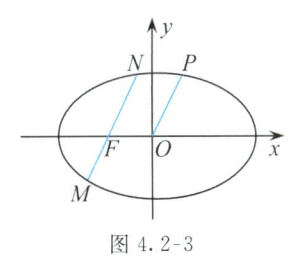

把 $y=kx$ 代入椭圆方程得

$$|\overrightarrow{OP}|^2=\frac{a^2b^2(1+k^2)}{a^2k^2+b^2} \quad ①.$$

设直线 MN 的方程为

$$\begin{cases} x=t\cos\alpha-c, \\ y=t\sin\alpha \end{cases}$$

(t 为参数,α 为倾斜角),将其代入椭圆方程得

$$(a^2\sin^2\alpha+b^2\cos^2\alpha)t^2-2b^2ct\cos\alpha+b^2c^2-a^2b^2=0,$$

其中 $k=\tan\alpha$.由韦达定理得

$$t_1t_2=\frac{b^2c^2-a^2b^2}{a^2\sin^2\alpha+b^2\cos^2\alpha}=\frac{(b^2c^2-a^2b^2)(1+k^2)}{a^2k^2+b^2},$$

即

$$\overrightarrow{FM}\cdot\overrightarrow{FN}=\frac{(b^2c^2-a^2b^2)(1+k^2)}{a^2k^2+b^2} \quad ②.$$

图 4.2-3

由①②得
$$\frac{\overrightarrow{FM}\cdot\overrightarrow{FN}}{|\overrightarrow{OP}|^2}=e^2-1.$$

引申 2 若点 P 是椭圆 $\frac{x^2}{a^2}+\frac{y^2}{b^2}=1(a>b>0)$ 上的一个动点，O 为椭圆的中心，过椭圆的左准线与 x 轴的交点 E 且平行于弦 OP 的直线与椭圆交于点 M,N，则 $\frac{\overrightarrow{EM}\cdot\overrightarrow{EN}}{|\overrightarrow{OP}|^2}=\frac{1}{e^2}-1$.（$e$ 为椭圆的离心率）

证明 如图 4.2-4，设直线 OP 的方程为
$$y=kx,$$
把 $y=kx$ 代入椭圆方程得
$$|\overrightarrow{OP}|^2=\frac{a^2b^2(1+k^2)}{a^2k^2+b^2}\quad ①.$$

设直线 MN 的方程为
$$\begin{cases}x=t\cos\alpha-\frac{a^2}{c},\\ y=t\sin\alpha\end{cases}$$

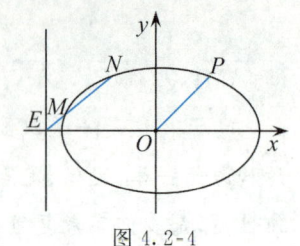

（t 为参数，α 为倾斜角），将其代入椭圆方程得
$$(a^2\sin^2\alpha+b^2\cos^2\alpha)t^2-\frac{2a^2b^2}{c}t\cos\alpha+\frac{a^4b^2}{c^2}-a^2b^2=0,$$

其中 $k=\tan\alpha$. 由韦达定理得
$$t_1t_2=\frac{a^2b^2(a^2-c^2)}{c^2(a^2\sin^2\alpha+b^2\cos^2\alpha)}=\frac{a^2b^4(1+k^2)}{c^2(a^2k^2+b^2)},$$

即
$$\overrightarrow{EM}\cdot\overrightarrow{EN}=\frac{a^2b^4(1+k^2)}{c^2(a^2k^2+b^2)}\quad ②.$$

由①②得
$$\frac{\overrightarrow{EM}\cdot\overrightarrow{EN}}{|\overrightarrow{OP}|^2}=\frac{1}{e^2}-1.$$

点评 以上从向量的数量积的角度来探讨椭圆的平行弦性质，都是过椭圆的特征点（如椭圆的顶点、准线与对称轴的交点、焦点等）的平行弦问题，得到一系列耐人寻味的性质．那么，对椭圆内一般的点，是否也有统一的结论呢？答案是肯定的，这样又从统一的角度引导我们探究圆锥曲线的内在奇异美．

性质 2 若点 P 是椭圆 $\frac{x^2}{a^2}+\frac{y^2}{b^2}=1(a>b>0)$ 上的一个动点，O 为椭圆的中心，过椭圆内的任意一点 $E(x_0,y_0)$ 且平行于弦 OP 的直线与椭圆交于点 M,N，则 $\frac{\overrightarrow{EM}\cdot\overrightarrow{EN}}{|\overrightarrow{OP}|^2}=\left(\frac{x_0^2}{a^2}+\frac{y_0^2}{b^2}\right)-1$（为定值）.

证明 设直线 OP 的方程为 $y=kx$，把 $y=kx$ 代入椭圆方程得
$$|\overrightarrow{OP}|^2=\frac{a^2b^2(1+k^2)}{a^2k^2+b^2}\quad ①.$$

设直线 MN 的方程为

$$\begin{cases} x = x_0 + t\cos\alpha, \\ y = y_0 + t\sin\alpha \end{cases}$$

(t 为参数，α 为倾斜角)，将其代入椭圆方程得

$$(a^2\sin^2\alpha + b^2\cos^2\alpha)t^2 + 2(b^2 x_0\cos\alpha + a^2 y_0\sin\alpha)t + b^2 x_0^2 + a^2 y_0^2 - a^2 b^2 = 0.$$

由韦达定理得

$$t_1 t_2 = \frac{b^2 x_0^2 + a^2 y_0^2 - a^2 b^2}{a^2\sin^2\alpha + b^2\cos^2\alpha} = \frac{(b^2 x_0^2 + a^2 y_0^2 - a^2 b^2)(1+k^2)}{a^2 k^2 + b^2},$$

其中 $k = \tan\alpha$，即

$$\overrightarrow{EM}\cdot\overrightarrow{EN} = \frac{(b^2 x_0^2 + a^2 y_0^2 - a^2 b^2)(1+k^2)}{a^2 k^2 + b^2} \quad ②.$$

由①②得

$$\frac{\overrightarrow{EM}\cdot\overrightarrow{EN}}{|\overrightarrow{OP}|^2} = \left(\frac{x_0^2}{a^2} + \frac{y_0^2}{b^2}\right) - 1（是定值）.$$

性质3 若点 P 是椭圆 $\dfrac{x^2}{a^2}+\dfrac{y^2}{b^2}=1(a>b>0)$ 上的一个动点，O 为椭圆的中心，过椭圆的左焦点 F 且平行于弦 OP 的直线与椭圆交于点 M,N，则 $\dfrac{|\overrightarrow{OP}|^2}{|\overrightarrow{MN}|}=\dfrac{a}{2}$.

证明 设直线 OP 的方程为

$$x = my,$$

则直线 MN 的方程为

$$x = my - c.$$

把 $x=my$ 代入 $\dfrac{x^2}{a^2}+\dfrac{y^2}{b^2}=1$ 得

$$|\overrightarrow{OP}|^2 = \frac{(1+m^2)a^2 b^2}{a^2 + m^2 b^2} \quad ①;$$

把 $x=my-c$ 代入 $\dfrac{x^2}{a^2}+\dfrac{y^2}{b^2}=1$ 得

$$(a^2 + b^2 m^2)y^2 - 2b^2 mcy + b^2 c^2 - a^2 b^2 = 0.$$

由韦达定理得

$$y_1 + y_2 = \frac{2mcb^2}{a^2 + m^2 b^2},$$

故

$$|\overrightarrow{MN}| = (a+ex_1)+(a+ex_2) = 2a+em(y_1+y_2)-\frac{2c^2}{a} = \frac{2(1+m^2)ab^2}{a^2+m^2 b^2} \quad ②.$$

由①②得

$$\frac{|\overrightarrow{OP}|^2}{|\overrightarrow{MN}|} = \frac{a}{2}.$$

性质4 若点 P 是椭圆 $\dfrac{x^2}{a^2}+\dfrac{y^2}{b^2}=1(a>b>0)$ 上的一个动点,O 为椭圆的中心,F 为椭圆的右焦点,过椭圆在第二象限内的任意一点 M 的切线 l 平行于弦 OP,MF 交 OP 于点 N,则 $|MN|=a$.

证明 如图 4.2-5,设 $M(x_0,y_0)$,则椭圆在点 M 处的切线 l 的方程为

$$\frac{xx_0}{a^2}+\frac{yy_0}{b^2}=1,$$

直线 OP 的方程为

$$y=-\frac{b^2 x_0}{a^2 y_0}x,$$

直线 MF 的方程为

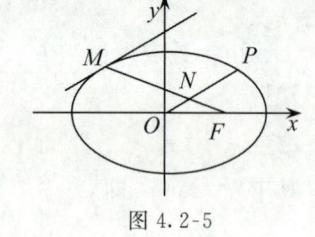

$$y=\frac{y_0}{x_0-c}(x-c),$$

易得 $N\left(\dfrac{a^2 y_0^2 c}{b^2(a^2-cx_0)},\dfrac{-x_0 y_0 c}{a^2-cx_0}\right)$,

$$|MN|^2=\left[\frac{a^2 y_0^2 c}{b^2(a^2-cx_0)}-x_0\right]^2+\left(\frac{-x_0 y_0 c}{a^2-cx_0}-y_0\right)^2=\left[\frac{(c-x_0)^2}{(a^2-cx_0)^2}+\frac{y_0^2}{(a^2-cx_0)^2}\right]\times a^4$$

$$=\frac{(c-x_0)^2+y_0^2}{(a^2-cx_0)^2}\times a^4=\frac{(c-x_0)^2+\left(1-\dfrac{x_0^2}{a^2}\right)b^2}{(a^2-cx_0)^2}\times a^4=\frac{a^2(c-x_0)^2+(a^2-x_0^2)b^2}{(a^2-cx_0)^2}\times a^2$$

$$=\frac{(a^2-cx_0)^2}{(a^2-cx_0)^2}\times a^2=a^2,$$

因此

$$|MN|=a.$$

(3) 有关试题链接

如图 4.2-6,CD 是椭圆 $\dfrac{x^2}{a^2}+\dfrac{y^2}{b^2}=1$ 的一条直径,过椭圆长轴的左顶点 A 作 CD 的平行线,交椭圆于另一点 N,交椭圆短轴所在直线于 M,证明 $|AM|\cdot|AN|=|CO|\cdot|CD|$.

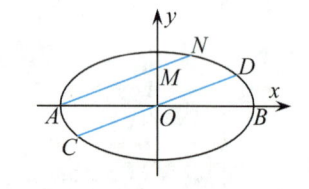

图 4.2-6

"水无华,相荡乃生涟漪,石无光,相击而生火光."试题因探究而精彩,有效的学习应该以"问题"为核心、以"探究"为途径、以"发现"为目的,体验数学发现、数学探究、数学创造的过程,这也是新课程学习所重点推崇的.

4.2.3 一类以蝴蝶定理为背景的定值问题探寻

(1) 高考试题的精彩回放

(2011 年四川卷理科第 21 题第(Ⅱ)问)已知椭圆的两个顶点 $A(-1,0)$,$B(1,0)$,过椭圆焦点 $F(0,1)$ 的直线 l 与椭圆交于 C,D 两点,并与 x 轴交于点 P,直线 AC 与直线 BD 交于点 Q. 当点 P 异于 A,B 两点时,证明:$\overrightarrow{OP}\cdot\overrightarrow{OQ}$ 为定值.

解答 如图 4.2-7,由题意知椭圆的焦点在 y 轴上,设椭圆的标准方程为 $\dfrac{y^2}{a^2}+\dfrac{x^2}{b^2}=1(a>b>0)$,由已知得 $b=1$,$c=1$,所以 $a^2=2$,则椭圆的方程为

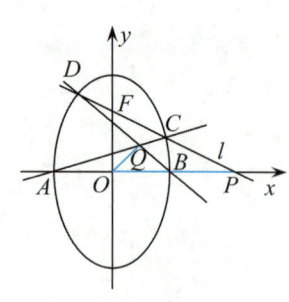

图 4.2-7

$$x^2+\frac{y^2}{2}=1.$$

由题意知,直线 l 不垂直于 x 轴,设直线 l 的方程为

$$y=kx+1,$$

则点 P 的坐标为 $\left(-\frac{1}{k},0\right)$. 把直线 l 的方程 $y=kx+1$ 代入椭圆方程得

$$(k^2+2)x^2+2kx-1=0.$$

设 $C(x_1,y_1),D(x_2,y_2)$,则 $\Delta=4k^2+4(k^2+2)=8(k^2+1)$,从而

$$x_1+x_2=-\frac{2k}{k^2+2},x_1x_2=-\frac{1}{k^2+2}.$$

设直线 AC 的方程为

$$y=\frac{y_1}{x_1+1}(x+1),$$

直线 BD 的方程为

$$y=\frac{y_2}{x_2-1}(x-1).$$

解法1:设 $Q(x_0,y_0)$,联立方程 $y=\frac{y_1}{x_1+1}(x+1)$ 与 $y=\frac{y_2}{x_2-1}(x-1)$,解得

$$x_0=\frac{1+\frac{y_1(x_2-1)}{y_2(x_1+1)}}{1-\frac{y_1(x_2-1)}{y_2(x_1+1)}}=\frac{y_2(x_1+1)+y_1(x_2-1)}{y_2(x_1+1)-y_1(x_2-1)}.$$

不妨设 $x_1>x_2$,则 $x_0=\frac{(kx_2+1)(x_1+1)+(kx_1+1)(x_2-1)}{(kx_2+1)(x_1+1)-(kx_1+1)(x_2-1)}=\frac{2kx_1x_2+(x_1+x_2)+k(x_2-x_1)}{k(x_1+x_2)+(x_1-x_2)+2}=$

$\frac{-\frac{2k}{k^2+2}-\frac{2k}{k^2+2}-\frac{k\sqrt{8(k^2+1)}}{k^2+2}}{-\frac{2k^2}{k^2+2}+\frac{\sqrt{8(k^2+1)}}{k^2+2}+2}=\frac{-4k-2k\sqrt{2(k^2+1)}}{2\sqrt{2(k^2+1)}+4}=-k.$

因此,点 Q 的坐标为 $(-k,y_0)$. 因为 $\overrightarrow{OP}=\left(-\frac{1}{k},0\right)$,所以

$$\overrightarrow{OP}\cdot\overrightarrow{OQ}=(-k)\cdot\left(-\frac{1}{k}\right)+0=1.$$

故 $\overrightarrow{OP}\cdot\overrightarrow{OQ}$ 为定值.

解法2:联立方程 $\begin{cases}y=\frac{y_1}{x_1+1}(x+1),\\ y=\frac{y_2}{x_2-1}(x-1),\end{cases}$ 消去 y 得 $\frac{x+1}{x-1}=\frac{y_2(x_1+1)}{y_1(x_2-1)}$,所以

$$\left(\frac{x+1}{x-1}\right)^2=\frac{y_2^2(x_1+1)^2}{y_1^2(x_2-1)^2}=\frac{2-2x_2^2}{2-2x_1^2}\cdot\frac{(x_1+1)^2}{(x_2-1)^2}=\frac{(1+x_1)(1+x_2)}{(1-x_1)(1-x_2)}=\frac{1+\frac{-2k}{k^2+2}+\frac{-1}{k^2+2}}{1-\frac{-2k}{k^2+2}+\frac{-1}{k^2+2}}=\left(\frac{k-1}{k+1}\right)^2.$$

因为 $-1<x_1,x_2<1$,所以 $\frac{x+1}{x-1}$ 与 $\frac{y_2}{y_1}$ 异号. 因为

$$y_1y_2=k^2x_1x_2+k(x_1+x_2)+1=\frac{2(1-k)(1+k)}{k^2+2}=-\frac{2(1+k)^2}{k^2+2}\cdot\frac{k-1}{k+1},$$

所以 $\dfrac{k-1}{k+1}$ 与 y_1y_2 异号，$\dfrac{x+1}{x-1}$ 与 $\dfrac{k-1}{k+1}$ 同号，所以 $\dfrac{x+1}{x-1}=\dfrac{k-1}{k+1}$，解得
$$x=-k.$$

因此得点 $Q(-k,y_0)$．又 $P\left(-\dfrac{1}{k},0\right)$，所以
$$\vec{OP}\cdot\vec{OQ}=(-k)\cdot\left(-\dfrac{1}{k}\right)+0=1.$$

故 $\vec{OP}\cdot\vec{OQ}=1$（为定值）．

点评 这是一道有关解析几何的定值问题，图形优美（蝴蝶的形状），题目朴素无华，背景清晰、内涵丰富，常规中透着灵气，脱俗中不失新颖，于平淡处见精神，这是一道值得研究的试题，也是我们进行思维探究的好素材．

(2) 探究高考试题的根源

充分挖掘数学问题的本质，揭示数学问题的精髓，从特殊到一般去发现结论、推广命题，既可以享受学习的喜悦，又循序渐进地撩开了数学试题的真实面纱，逐渐达到融会贯通的学习境界．如果我们把上面的高考试题进行一般化探究，去掉问题中的非实质的数学背景，凸现出问题的本质，易得到如下探究 1．

探究 1 若 A,B 分别为椭圆 $\dfrac{y^2}{a^2}+\dfrac{x^2}{b^2}=1(a>b>0)$ 的左、右顶点，过椭圆的焦点 $F(0,c)$ 的直线 l 与椭圆交于 C,D 两点，并与 x 轴交于点 P，直线 AC 与直线 BD 交于点 Q．当点 P 异于 A,B 两点时，则 $\vec{OP}\cdot\vec{OQ}=b^2$（为定值）．

证明 由题意知，直线 l 不垂直于 x 轴，所以设直线 l 的方程为
$$y=kx+c,$$

则 $P\left(-\dfrac{c}{k},0\right)$．把直线 l 的方程代入椭圆方程得
$$(a^2+b^2k^2)x^2+2b^2kcx+b^2c^2-a^2b^2=0.$$

设 $C(x_1,y_1),D(x_2,y_2)$，则
$$x_1+x_2=\dfrac{-2b^2kc}{a^2+b^2k^2},x_1x_2=\dfrac{b^2c^2-a^2b^2}{a^2+b^2k^2} \quad ①.$$

设直线 AC 的方程为 $y=\dfrac{y_1}{x_1+b}(x+b)$，直线 BD 的方程为 $y=\dfrac{y_2}{x_2-b}(x-b)$，消去 y 得
$$\dfrac{x+b}{x-b}=\dfrac{y_2(x_1+b)}{y_1(x_2-b)},$$

所以
$$\left(\dfrac{x+b}{x-b}\right)^2=\dfrac{y_2^2(x_1+b)^2}{y_1^2(x_2-b)^2}=\dfrac{a^2\left(1-\dfrac{x_2^2}{b^2}\right)(x_1+b)^2}{a^2\left(1-\dfrac{x_1^2}{b^2}\right)(x_2-b)^2}=\dfrac{(b^2-x_2^2)(x_1+b)^2}{(b^2-x_1^2)(x_2-b)^2}=\dfrac{(b+x_2)(b+x_1)}{(b-x_1)(b-x_2)}$$

$$=\dfrac{b^2+b(x_1+x_2)+x_1x_2}{b^2-b(x_1+x_2)+x_1x_2} \quad ②.$$

把①代入②得
$$\left(\dfrac{x+b}{x-b}\right)^2=\dfrac{(bk-c)^2}{(bk+c)^2} \quad ③.$$

因为 $-b<x_1,x_2<b$，所以 $\dfrac{x+b}{x-b}$ 与 $\dfrac{y_2}{y_1}$ 异号. 又因为

$$y_1y_2=k^2x_1x_2+kc(x_1+x_2)+c^2=\dfrac{-a^2(bk-c)^2(bk+c)}{(a^2+b^2k^2)(bk-c)},$$

所以 $\dfrac{bk-c}{bk+c}$ 与 y_1y_2 异号，$\dfrac{x+b}{x-b}$ 与 $\dfrac{bk-c}{bk+c}$ 同号，所以 $\dfrac{x+b}{x-b}=\dfrac{bk-c}{bk+c}$，解得

$$x=-\dfrac{b^2}{c}k.$$

因此，点 Q 的坐标为 $\left(-\dfrac{b^2}{c}k,y_Q\right)$，结合 $P\left(-\dfrac{c}{k},0\right)$ 得到 $\overrightarrow{OP}\cdot\overrightarrow{OQ}=b^2$（为定值）.

(3)探究高考试题的变式

圆锥曲线蕴含着许多丰富多彩、生动有趣的性质，变式探究是我们研究的最常见形式，可使知识网络化、方法系统化，做到举一反三，提升运用数学思想方法分析问题和解决问题的能力、探究创新的能力以及灵活多变的思维能力.

探究 2 若 A,B 分别为椭圆 $\dfrac{y^2}{a^2}+\dfrac{x^2}{b^2}=1(a>b>0)$ 的左、右顶点，过椭圆的焦点 $F(0,c)$ 的直线 l 与椭圆交于 C,D 两点，并与 x 轴交于点 P，直线 AC 与直线 BD 交于点 Q. 当点 P 异于 A,B 两点时，$\overrightarrow{OP}\cdot\overrightarrow{OQ}+\overrightarrow{OA}\cdot\overrightarrow{OB}=0$（为定值）.

探究 3 若 A,B 分别为椭圆 $\dfrac{y^2}{a^2}+\dfrac{x^2}{b^2}=1(a>b>0)$ 的左、右顶点，过椭圆的上顶点 C 的直线 l 与椭圆交于另一点 D，并与 x 轴交于点 P，直线 BC 与直线 AD 交于点 Q，当点 P 异于点 B 时，$\overrightarrow{OP}\cdot\overrightarrow{OQ}=b^2$（为定值）.

证明 设直线 CB 的方程为

$$\dfrac{x}{b}+\dfrac{y}{a}=1 \quad ①.$$

设 $P(x_0,0)$，则直线 CP 的方程为

$$\dfrac{x}{x_0}+\dfrac{y}{a}=1,$$

把直线 CP 的方程代入椭圆方程，整理得

$$(a^2b^2+a^2x_0^2)x^2-2a^2b^2x_0x=0,$$

所以点 D 的横坐标 $x_D=\dfrac{2b^2x_0}{x_0^2+b^2}$，故 $D\left(\dfrac{2b^2x_0}{x_0^2+b^2},\dfrac{x_0^2-b^2}{x_0^2+b^2}a\right)$. 因此，直线 AD 的方程为

$$y=\dfrac{a}{b}\cdot\dfrac{x_0-b}{x_0+b}(x+b) \quad ②.$$

由①②得

$$Q\left(\dfrac{b^2}{x_0},\dfrac{a(x_0-b)}{x_0}\right),$$

所以 $\overrightarrow{OP}\cdot\overrightarrow{OQ}=b^2$（为定值）.

探究 4 若 A,B 分别为椭圆 $\dfrac{y^2}{a^2}+\dfrac{x^2}{b^2}=1(a>b>0)$ 的左、右顶点，过椭圆的上顶点 C 的直线 l 与椭圆交于另一点 D，并与 x 轴交于点 P，直线 BC 与直线 AD 交于点 Q. 当点 P 异于点 B 时，$\overrightarrow{OP}\cdot\overrightarrow{OQ}+\overrightarrow{OA}\cdot\overrightarrow{OB}=0$（为定值）.

如果我们把"探究 1"中的椭圆 $\frac{y^2}{a^2}+\frac{x^2}{b^2}=1(a>b>0)$ 的焦点 $F(0,c)$ 改为动点 $E(0,t)$,是否有相同的结论呢?所以,我们有必要对该问题进行探究与思考.

探究 5 若 A,B 分别为椭圆 $\frac{y^2}{a^2}+\frac{x^2}{b^2}=1(a>b>0)$ 的左、右顶点,过点 $E(0,t)(0<t<a)$ 的直线 l 与椭圆交于 C,D 两点,并与 x 轴交于点 P,直线 AC 与直线 BD 交于点 Q. 当点 P 异于 A,B 两点时,$\overrightarrow{OP}\cdot\overrightarrow{OQ}=b^2$(为定值).

证明 由题意知,直线 l 不垂直于 x 轴,所以可设直线 l 的方程为
$$y=kx+t,$$
则 $P\left(-\frac{t}{k},0\right)$. 把直线 l 的方程代入椭圆方程得
$$(a^2+b^2k^2)x^2+2b^2ktx+b^2t^2-a^2b^2=0,$$
设 $C(x_1,y_1),D(x_2,y_2)$,则
$$x_1+x_2=\frac{-2b^2kt}{a^2+b^2k^2},\ x_1x_2=\frac{b^2t^2-a^2b^2}{a^2+b^2k^2}\quad ①.$$
设直线 AC 的方程为
$$y=\frac{y_1}{x_1+b}(x+b),$$
直线 BD 的方程为
$$y=\frac{y_2}{x_2-b}(x-b),$$
消去 y 得 $\frac{x+b}{x-b}=\frac{y_2(x_1+b)}{y_1(x_2-b)}$,所以

$$\left(\frac{x+b}{x-b}\right)^2=\frac{y_2^2(x_1+b)^2}{y_1^2(x_2-b)^2}=\frac{a^2\left(1-\frac{x_2^2}{b^2}\right)(x_1+b)^2}{a^2\left(1-\frac{x_1^2}{b^2}\right)(x_2-b)^2}=\frac{(b^2-x_2^2)(x_1+b)^2}{(b^2-x_1^2)(x_2-b)^2}=\frac{(b+x_2)(b+x_1)}{(b-x_1)(b-x_2)}=\frac{b^2+b(x_1+x_2)+x_1x_2}{b^2-b(x_1+x_2)+x_1x_2}\quad ②.$$

把①代入②得
$$\left(\frac{x+b}{x-b}\right)^2=\frac{(bk-t)^2}{(bk+t)^2}\quad ③.$$

因为 $-b<x_1,x_2<b$,所以 $\frac{x+b}{x-b}$ 与 $\frac{y_2}{y_1}$ 异号. 又
$$y_1y_2=k^2x_1x_2+kt(x_1+x_2)+t^2=\frac{-a^2(bk-t)^2(bk+t)}{(a^2+b^2k^2)(bk-t)},$$
所以 $\frac{bk-t}{bk+t}$ 与 y_1y_2 异号,$\frac{x+b}{x-b}$ 与 $\frac{bk-t}{bk+t}$ 同号,$\frac{x+b}{x-b}=\frac{bk-t}{bk+t}$,解得
$$x=-\frac{b^2}{t}k.$$

因此,点 Q 的坐标为 $\left(-\frac{b^2}{t}k,y_Q\right)$. 因为 $P\left(-\frac{t}{k},0\right)$,所以 $\overrightarrow{OP}\cdot\overrightarrow{OQ}=b^2$ 为定值.

点评 研究试题,要弄清问题的来龙去脉,重在激活学习思维;剖析试题,要立足其数学本质,重在提升思维,以期达到触类旁通的目的. 在探究中捕捉精彩,将探究的过程演绎得波澜壮阔、悬念迭起、扣人心弦,令人感到荡气回肠!

4.2.4 一类与准线相关的定值问题溯源

(1) 典型问题的回放

已知椭圆 $\dfrac{x^2}{5^2}+\dfrac{y^2}{4^2}=1$,过其左焦点 F_1 作一条直线,交椭圆于 A,B 两点,$D(a,0)$ 为点 F_1 右侧一点,连接 DA,DB 并延长,分别交椭圆左准线于点 M,N. 若以 MN 为直径的圆恰好过点 F_1,求 a 的值.

解答 如图 4.2-8,易得 $F_1(-3,0)$,左准线方程为 $x=-\dfrac{25}{3}$,当直线 AB 的斜率 k 存在时,设其方程为

$$y=k(x+3).$$

设 $A(x_1,y_1),B(x_2,y_2)$,由 $\begin{cases} y=k(x+3), \\ \dfrac{x^2}{25}+\dfrac{y^2}{16}=1 \end{cases}$ 得

$$(16+25k^2)x^2+150k^2x+225k^2-400=0,$$

从而

$$x_1+x_2=-\dfrac{150k^2}{16+25k^2},\ x_1x_2=\dfrac{225k^2-400}{16+25k^2},$$

所以

$$y_1y_2=k^2(x_1+3)(x_2+3)=-\dfrac{256k^2}{16+25k^2}.$$

设 $M\left(-\dfrac{25}{3},y_3\right),N\left(-\dfrac{25}{3},y_4\right)$. 由点 M,A,D 共线得

$$y_3=\dfrac{(3a+25)y_1}{3(a-x_1)}.$$

同理

$$y_4=\dfrac{(3a+25)y_2}{3(a-x_2)}.$$

又 $\overrightarrow{F_1M}=\left(-\dfrac{16}{3},y_3\right),\overrightarrow{F_1N}=\left(-\dfrac{16}{3},y_4\right)$,由已知得 $\overrightarrow{F_1M}\perp \overrightarrow{F_1N}$,即 $\overrightarrow{F_1M}\cdot \overrightarrow{F_1N}=0$,得

$$y_3y_4=-\dfrac{256}{9}.$$

而 $y_3y_4=\dfrac{(3a+25)^2 y_1y_2}{9(a-x_1)(a-x_2)}$,即 $-\dfrac{256k^2}{16+25k^2}\cdot\dfrac{(3a+25)^2}{9(a-x_1)(a-x_2)}=-\dfrac{256}{9}$,整理得

$$(1+k^2)(16a^2-400)=0\Rightarrow a=\pm 5.$$

又因为 $a>-3$,所以 $a=5$.

当直线 AB 的斜率不存在时,经计算得 $a=5$ 符合题意.

综上所述,$a=5$.

点评 这是一道看似平淡,其实内涵丰富的解析几何问题,蕴含着圆锥曲线的一个非常重要的几何性质. 整个试题设计隽永、背景深刻、构思巧妙、结构优美和谐、内容别具一格,是一道值得我们进行教学探究的经典之作. 其实,题目中的点 D 恰好是椭圆的右顶点. 题目的美妙之处在于,它不仅深刻地揭示了圆锥曲线的焦点与准线的内在联系,而且具有推广和引申的价值,可以演变出一组妙趣横生的结论.

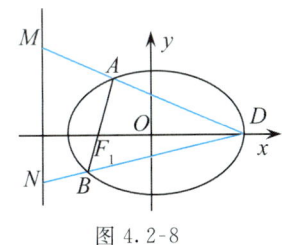

(2) 问题的本原探究

如果我们能够围绕着某个典型例题进行展开剖析、引申、拓展，充分利用经典试题的营养价值在学习中的重要作用，让我们的思维纵横驰骋，将有利于构筑完整的认知结构和思想体系，提高学习数学理性思维的灵活性和广阔性，拓宽数学视野.

探究 1 （一般化）过椭圆 $\dfrac{x^2}{a^2}+\dfrac{y^2}{b^2}=1(a>b>0)$ 的左焦点 F 作一条直线，交椭圆于 A，B 两点，D 为椭圆的右顶点，连接 DA，DB 并延长，分别交椭圆的左准线于点 M，N，则以线段 MN 为直径的圆过点 F.

证明 设 $A(x_1,y_1)$，$B(x_2,y_2)$，直线 AB 的方程为
$$x=my-c,$$
把直线 AB 的方程代入椭圆方程得
$$(b^2m^2+a^2)y^2-2b^2cmy+b^2c^2-a^2b^2=0,$$
所以
$$y_1+y_2=\dfrac{2b^2cm}{b^2m^2+a^2},\quad y_1y_2=\dfrac{b^2c^2-a^2b^2}{b^2m^2+a^2},$$
从而
$$(my_1-a-c)(my_2-a-c)=m^2y_1y_2-m(a+c)(y_1+y_2)+(a+c)^2$$
$$=\dfrac{m^2(b^2c^2-a^2b^2)}{m^2b^2+a^2}-(a+c)\dfrac{2b^2m^2c}{m^2b^2+a^2}+(a+c)^2=\dfrac{a^2(a+c)^2}{a^2+m^2b^2},$$
故 $\dfrac{y_1y_2}{(my_1-a-c)(my_2-a-c)}=\dfrac{b^2(c^2-a^2)}{a^2(a+c)^2}$. 因此
$$\overrightarrow{FM}\cdot\overrightarrow{FN}=\left(\dfrac{a^2}{c}-c\right)^2+\dfrac{a^2(a+c)^2}{c^2}\cdot\dfrac{y_1y_2}{(my_1-a-c)(my_2-a-c)}$$
$$=\left(\dfrac{a^2}{c}-c\right)^2+\dfrac{a^2(a+c)^2}{c^2}\cdot\dfrac{b^2(c^2-a^2)}{a^2(a+c)^2}=0,$$
即以线段 MN 为直径的圆过点 F.

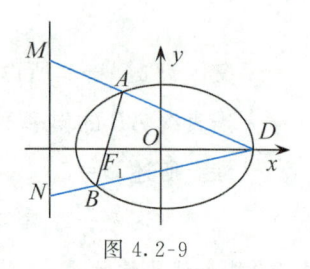

(3) 相关问题的引申探究

通过引申探究展示知识的发生、发展和形成的过程，从而弄清知识的来龙去脉，形成知识网络，抓住问题的本质，加深对问题的理解.

探究 2 过椭圆 $\dfrac{x^2}{a^2}+\dfrac{y^2}{b^2}=1(a>b>0)$ 的左焦点 F_1 作一条直线，交椭圆于 A，B 两点，D 为椭圆的右顶点，连接 AD，BD 并延长，分别交椭圆左准线于点 M，N，则直线 DM，DN 的斜率之积为定值 $-(e-1)^2$. （其中 e 为椭圆的离心率）

证明 如图 4.2-9，设 $A(x_1,y_1)$，$B(x_2,y_2)$，直线 AB 的方程为
$$x=my-c,$$
把直线 AB 的方程代入椭圆方程，整理得
$$(b^2m^2+a^2)y^2-2b^2cmy+b^2c^2-a^2b^2=0,$$
所以
$$y_1+y_2=\dfrac{2b^2cm}{b^2m^2+a^2},\quad y_1y_2=\dfrac{b^2c^2-a^2b^2}{b^2m^2+a^2}.$$

图 4.2-9

因此

$$k_{DM} \cdot k_{DN} = k_{DA} \cdot k_{DB} = \frac{y_1}{x_1-a} \cdot \frac{y_2}{x_2-a} = \frac{y_1 y_2}{(my_1-a-c)(my_2-a-c)} = \frac{y_1 y_2}{m^2 y_1 y_2 - m(a+c)(y_1+y_2)+(a+c)^2} \quad (*).$$

又$(*)$式的分母$= \dfrac{m^2(b^2c^2-a^2b^2)}{m^2b^2+a^2} - (a+c)\dfrac{2b^2m^2c}{m^2b^2+a^2} + (a+c)^2 = \dfrac{a^2(a+c)^2}{a^2+m^2b^2}$,而$(*)$式的分子$= \dfrac{b^2c^2-a^2b^2}{b^2m^2+a^2}$,所以

$$k_{DM} \cdot k_{DN} = \frac{b^2c^2-a^2b^2}{a^2(a+c)^2} = -(e-1)^2.$$

证毕.

探究 3 过椭圆$\dfrac{x^2}{a^2}+\dfrac{y^2}{b^2}=1(a>b>0)$的左焦点$F$作一条直线,交椭圆于$A,B$两点,$D$为椭圆的右顶点,连接$DA,DB$并延长,分别交椭圆左准线于点$M,N$,则点$M,N$的纵坐标之积为定值$-\dfrac{b^4}{c^2}$.

证明 由"探究 2"可知

$$k_{DM} \cdot k_{DN} = -(e-1)^2.$$

所以$k_{DM} \cdot k_{DN} = \dfrac{-y_M}{\dfrac{a^2}{c}+a} \cdot \dfrac{-y_N}{\dfrac{a^2}{c}+a} = -(e-1)^2$,从而

$$y_M \cdot y_N = -\frac{b^4}{c^2}.$$

利用"探究 3",我们就可以轻松地再来证明"探究 1". 由"探究 2"可知

$$y_M \cdot y_N = -\frac{b^4}{c^2},$$

所以

$$k_{FM} \cdot k_{FN} = \frac{y_M}{-\dfrac{a^2}{c}+c} \cdot \frac{y_N}{-\dfrac{a^2}{c}+c} = \frac{y_M \cdot y_N}{\dfrac{b^4}{c^2}} = -1.$$

因此$\angle MFN = 90°$.

点评 利用"探究 3"重新来审视这道高考试题,解题思路变得豁然开朗,解题过程一目了然,问题的解决也变得轻而易举. 同时,"探究 3"也使得问题的解决变得有规可循,让我们解题做到胸有成竹.

探究 4 过椭圆$\dfrac{x^2}{a^2}+\dfrac{y^2}{b^2}=1(a>b>0)$的左焦点$F$作一条直线,交椭圆于$A,B$两点,$D$为椭圆的右顶点,连接$DA,DB$并延长,分别交椭圆左准线于点$M,N$,则$\overrightarrow{OM} \cdot \overrightarrow{ON} = a^2+b^2$(定值).

探究 5 过椭圆$\dfrac{x^2}{a^2}+\dfrac{y^2}{b^2}=1(a>b>0)$的左焦点$F$作一条直线交椭圆于$A,B$两点,$D$为椭圆的右顶点,连接$DA,DB$并延长,分别交椭圆左准线于点$M,N$,则直线$AN$与直线$BM$相交于左顶点$D'$.

证明 设$A(x_1,y_1),B(x_2,y_2)$,直线AB的方程为

$$x = my-c,$$

把直线AB的方程代入椭圆方程,整理得

$$(b^2m^2+a^2)y^2-2b^2cmy+b^2c^2-a^2b^2=0,$$

所以
$$y_1+y_2=\frac{2b^2cm}{b^2m^2+a^2}, y_1y_2=\frac{b^2c^2-a^2b^2}{b^2m^2+a^2} \quad ①.$$

直线 AD 的方程为 $y=\frac{y_1}{x_1-a}(x-a)$,与左准线方程 $x=-\frac{a^2}{c}$ 联立,可得点 M 的纵坐标
$$y_M=\frac{y_1}{x_1-a}\left(-\frac{a^2}{c}-a\right).$$

同理可得
$$y_N=\frac{y_2}{x_2-a}\left(-\frac{a^2}{c}-a\right).$$

所以 $k_{D'A}=\frac{y_1}{x_1+a}=\frac{y_1}{my_1-c+a}, k_{D'N}=\frac{y_N}{-\frac{a^2}{c}+a}=\frac{a+c}{a-c}\cdot\frac{y_2}{my_2-c-a}$. 从而

$$k_{D'A}-k_{D'N}=\frac{y_1}{my_1-c+a}-\frac{(a+c)y_2}{(a-c)(my_2-c-a)}=\frac{-b^2(y_1+y_2)-2mcy_1y_2}{(my_1-c+a)(my_2-c-a)(a-c)} \quad ②.$$

把①代入②可得
$$k_{D'A}-k_{D'N}=0,$$

所以直线 AN 与 x 轴相交于左顶点 D'. 同理,直线 BM 与 x 轴相交于左顶点 D',所以直线 AN 与直线 BM 相交于左顶点 D'.

(4) 相关问题链接

以上有关椭圆的性质在双曲线中同样成立. 我们把问题再延伸探究,触类旁通,链接高考试题.

(2010 年四川卷) 已知定点 $A(-1,0), F(2,0)$,定直线 $l: x=\frac{1}{2}$,不在 x 轴上的动点 P 与点 F 的距离是它到直线 l 的距离的 2 倍. 设点 P 的轨迹为 E,过点 F 的直线交轨迹 E 于 B,C 两点,直线 AB,AC 分别交直线 l 于点 M,N.

(Ⅰ) 求轨迹 E 的方程.

(Ⅱ) 试判断以线段 MN 为直径的圆是否过点 F,并说明理由.

解答 (Ⅰ) 设 $P(x,y)$,则 $\sqrt{(x-2)^2+y^2}=2\left|x-\frac{1}{2}\right|$,化简得
$$x^2-\frac{y^2}{3}=1(y\neq 0).$$

(Ⅱ) 以线段 MN 为直径的圆经过点 F. 理由略.

点评 通过经典试题的再现,以问题为载体,按照"提出问题—探究问题—解答问题"的学习路线层层展开,达到"放马于原野之中,牵其于晚霞之时"的潇洒境界. 体验其中探究的乐趣,将探究的过程演绎得波澜壮阔、悬念迭起、扣人心弦,令人感到荡气回肠!

4.2.5 一类与极点、极线相关的定值问题溯源

(1) 问题的提出

定值、定点、定向的"三定"问题始终是我们研究圆锥曲线性质的重要课题. 下面摘录椭圆定值问题的两个有趣的性质.

性质 1 如图 4.2-10,已知椭圆 $\dfrac{x^2}{a^2}+\dfrac{y^2}{b^2}=1\ (a>b>0)$,$A$ 为其右顶点、B 为其左顶点,x 轴上有两点 $E(-m,0)$,$F(m,0)(0<m<a)$,对于椭圆上的任意一点 P(不包括两个顶点),设直线 AP,BP 分别交直线 $l:x=\dfrac{a^2}{m}$ 于点 M,N,则 $\overrightarrow{EM}\cdot\overrightarrow{FN}=\dfrac{(a^2-m^2)(a^2+m^2-b^2)}{m^2}$(定值).

图 4.2-10

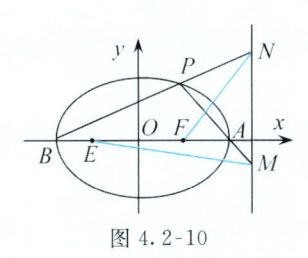

性质 2 已知椭圆 $\dfrac{x^2}{a^2}+\dfrac{y^2}{b^2}=1\ (a>b>0)$,$A$ 为其右顶点、B 为其左顶点,x 轴上有两点 $E(-m,0)$,$F(m,0)(0<m<a)$,对于椭圆上的任意一点 P(不包括两个顶点),设直线 AP,BP 分别交直线 $l:x=\dfrac{a^2}{m}$ 于点 M,N,则 $\overrightarrow{BM}\cdot\overrightarrow{FN}=\dfrac{(a^2-m^2)(a^2+am-b^2)}{m^2}$(定值).

这两个性质结构优美、和谐,内容别具一格,但由于"性质 1"的证明涉及烦琐的运算以及在向量的包装下将问题的本质掩盖了.那么这类问题的本质是什么?有没有连接这类问题的纽带呢?纽带又是什么呢?这正是本节所要考虑的问题.

其实,这两个性质的证明过程都涉及了点 M,N 的纵坐标之积,所以我们很自然地想问点 M,N 的纵坐标之积有怎么样的性质呢?由此得到下面的定理.

定理 已知椭圆 $\dfrac{x^2}{a^2}+\dfrac{y^2}{b^2}=1\ (a>b>0)$,$A$ 为其右顶点、B 为其左顶点,对于椭圆上的任意一点 P(不包括两个顶点),设直线 AP,BP 分别交直线 $l:x=\dfrac{a^2}{m}\ (0<m<a)$ 于点 M,N,则点 M,N 的纵坐标之积为定值 $b^2\left(1-\dfrac{a^2}{m^2}\right)$.

证明 设 $P(x_0,y_0)$,则

$$\dfrac{y_0^2}{a^2-x_0^2}=\dfrac{b^2}{a^2}.$$

易求直线 AP 的方程为

$$y=\dfrac{y_0}{x_0-a}(x-a),$$

直线 BP 的方程为

$$y=\dfrac{y_0}{x_0+a}(x+a),$$

所以

$$y_M\cdot y_N=\dfrac{y_0^2}{x_0^2-a^2}\left(\dfrac{a^2}{m}+a\right)\left(\dfrac{a^2}{m}-a\right)=-\dfrac{b^2}{a^2}\cdot\dfrac{a^2(a^2-m^2)}{m^2}=b^2\left(1-\dfrac{a^2}{m^2}\right).$$

下面我们就利用此定理来证明"性质1".

证明 $\overrightarrow{EM} \cdot \overrightarrow{FN} = \left(\dfrac{a^2}{m}+m, y_M\right) \cdot \left(\dfrac{a^2}{m}-m, y_N\right)$

$= \left(\dfrac{a^2}{m}+m\right)\left(\dfrac{a^2}{m}-m\right) + y_M y_N$

$= \left(\dfrac{a^2}{m}+m\right)\left(\dfrac{a^2}{m}-m\right) + b^2\left(1-\dfrac{a^2}{m^2}\right)$

$= \dfrac{(a^2-m^2)(a^2+m^2-b^2)}{m^2}.$

(2)问题的拓展

有了这个定理,我们再回头去证明上面的两个性质,一切都变得豁然开朗,且在情理之中,问题的解决也变得轻而易举.事实上,这类定值问题都可以统一归结为该定理的一组推论.另外,我们对这类问题的推广也变得有章可循.同样地,我们还可以得到与此类似的其他相关性质.

(i)数量积为定值

引申1 已知椭圆 $\dfrac{x^2}{a^2}+\dfrac{y^2}{b^2}=1$ $(a>b>0)$,A 为其右顶点、B 为其左顶点,x 轴上有两点 $E(-m,0)$,$F(m,0)$ $(0<m<a)$,对于椭圆上的任意一点 P(不包括两个顶点),设直线 AP,BP 分别交直线 $l:x=\dfrac{a^2}{m}$ 于点 M,N,则 $\overrightarrow{FM}\cdot\overrightarrow{FN}=\dfrac{(a^2-m^2)(a^2-m^2+b^2)}{m^2}$(定值).

引申2 已知椭圆 $\dfrac{x^2}{a^2}+\dfrac{y^2}{b^2}=1$ $(a>b>0)$,A 为其右顶点、B 为其左顶点,对于椭圆上的任意一点 P(不包括两个顶点),设直线 AP,BP 分别交直线 $l:x=\dfrac{a^2}{m}$ 于点 M,N,则 $\overrightarrow{AM}\cdot\overrightarrow{BN}=\dfrac{(a^2-m^2)(a^2-b^2)}{m^2}$(定值).

引申3 已知椭圆 $\dfrac{x^2}{a^2}+\dfrac{y^2}{b^2}=1$ $(a>b>0)$,A 为其右顶点、B 为其左顶点,对于椭圆上的任意一点 P(不包括两个顶点),设直线 AP,BP 分别交直线 $l:x=\dfrac{a^2}{m}$ 于点 M,N,则 $\overrightarrow{AM}\cdot\overrightarrow{FN}=\dfrac{(a^2-m^2)(a^2-am-b^2)}{m^2}$(定值).

(ii)斜率为定值

引申4 已知椭圆 $\dfrac{x^2}{a^2}+\dfrac{y^2}{b^2}=1$ $(a>b>0)$,A 为其右顶点、B 为其左顶点,对于椭圆上的任意一点 P(不包括两个顶点),设直线 AP,BP 分别交直线 $l:x=\dfrac{a^2}{m}$ 于点 M,N,则直线 AP,BQ 的斜率之积为定值 e^2-1.(e 为椭圆的离心率)

证明 由"定理"知

$$y_M \cdot y_N = b^2\left(1-\dfrac{a^2}{m^2}\right),$$

所以

$$k_{AP} \cdot k_{BQ} = k_{AM} \cdot k_{BN} = \dfrac{y_M}{\dfrac{a^2}{m}-a} \cdot \dfrac{y_N}{\dfrac{a^2}{m}+a} = e^2-1.$$

引申 5 已知椭圆 $\dfrac{x^2}{a^2}+\dfrac{y^2}{b^2}=1$ $(a>b>0)$，A 为其右顶点、B 为其左顶点，对于椭圆上的任意一点 P(不包括两个顶点)，设直线 AP,BP 分别交直线 $l:x=\dfrac{a^2}{m}$ 于点 M,N，则直线 AM,AN 的斜率之积为定值 $\dfrac{a+m}{a-m}(e^2-1)$. (e 为椭圆的离心率)

引申 6 已知椭圆 $\dfrac{x^2}{a^2}+\dfrac{y^2}{b^2}=1$ $(a>b>0)$，A 为其右顶点、B 为其左顶点，x 轴上有两点 $E(-m,0)$，$F(m,0)(0<m<a)$，对于椭圆上的任意一点 P(不包括两个顶点)，设直线 AP,BP 分别交直线 $l:x=\dfrac{a^2}{m}$ 于点 M,N，则直线 EM,FN 的斜率之积为定值 $\dfrac{-b^2}{m^2+a^2}$.

(iii) 过定点

引申 7 已知椭圆 $\dfrac{x^2}{a^2}+\dfrac{y^2}{b^2}=1$ $(a>b>0)$，A 为其右顶点、B 为其左顶点，对于椭圆上的任意一点 P(不包括两个顶点)，设直线 AP,BP 分别交直线 $l:x=\dfrac{a^2}{m}(0<m<a)$ 于点 M,N，则以线段 MN 为直径的圆必经过椭圆外的一个定点.

证明 由条件易得，MN 为直径的圆的方程为
$$\left(x-\dfrac{a^2}{m}\right)\left(x-\dfrac{a^2}{m}\right)+(y-y_M)(y-y_N)=0.$$

令 $y=0$，得
$$\left(x-\dfrac{a^2}{m}\right)^2=-y_M\cdot y_N.$$

由"定理"知
$$y_M\cdot y_N=b^2\left(1-\dfrac{a^2}{m^2}\right),$$

所以
$$x=\dfrac{a^2\pm b\sqrt{a^2-m^2}}{m}.$$

故以线段 MN 为直径的圆必经过椭圆外的一个定点
$$\left(\dfrac{a^2+b\sqrt{a^2-m^2}}{m},0\right).$$

特例 已知椭圆 $\dfrac{x^2}{a^2}+\dfrac{y^2}{b^2}=1$ $(a>b>0)$，其长轴为 AA_1，P 是椭圆上不同于点 A,A_1 的一个动点，直线 AP,PA_1 分别与同一条准线 l 交于点 M,M_1，则以线段 MM_1 为直径的圆必经过椭圆外的一个定点.

证明 当"引申 7"中的直线 $l:x=\dfrac{a^2}{m}(0<m<a)$ 变成椭圆的准线时，就是该特例，即 $m=c$，故以线段 MN 为直径的圆必经过椭圆外的一个定点 $\left(\dfrac{a^2+b^2}{c},0\right)$.

"会当凌绝顶，一览众山小."只有我们站在一定的高度去思考数学问题，刨根问底而居高临下时，我们才会把问题的来龙去脉看得清清楚楚.

4.2.6 一类以 e^2-1 为背景的定值问题溯源

(1)问题的呈现

如图 4.2-11,已知椭圆 $C: \dfrac{x^2}{a^2}+\dfrac{y^2}{b^2}=1(a>b>0)$ 经过点 $\left(1,\dfrac{\sqrt{6}}{2}\right)$,其离心率等于 $\dfrac{\sqrt{2}}{2}$. 点 A,B 分别为椭圆 C 的左、右顶点,M,N 是椭圆 C 上非顶点的两点,且 $\triangle MON$ 的面积等于 $\sqrt{2}$.

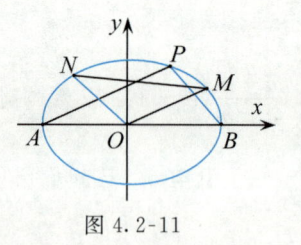

图 4.2-11

(Ⅰ)求椭圆 C 的方程.

(Ⅱ)过点 A 作 $AP // OM$,交椭圆 C 于点 P,证明:$BP // ON$.

解答 (Ⅰ)由题意得椭圆 C 的方程为

$$\frac{x^2}{4}+\frac{y^2}{2}=1.$$

(Ⅱ)**解法 1**:设直线 OM, ON 的方程分别为

$$y=k_{OM}x, y=k_{ON}x,$$

联立方程组 $\begin{cases} y=k_{OM}x, \\ \dfrac{x^2}{4}+\dfrac{y^2}{2}=1, \end{cases}$ 解得

$$M\left(\frac{2}{\sqrt{1+2k_{OM}^2}},\frac{2k_{OM}}{\sqrt{1+2k_{OM}^2}}\right).$$

同理可得

$$N\left(-\frac{2}{\sqrt{1+2k_{ON}^2}},-\frac{2k_{ON}}{\sqrt{1+2k_{ON}^2}}\right).$$

作 $MM' \perp x$ 轴,$NN' \perp x$ 轴,M', N' 是垂足,则

$$S_{\triangle OMN}=S_{\text{梯形}MM'N'N}-S_{\triangle OMM'}-S_{\triangle ONN'}=\frac{1}{2}[(y_M+y_N)(x_M-x_N)-x_My_M+x_Ny_N]=\frac{1}{2}(x_My_N-x_Ny_M)$$

$$=\frac{1}{2}\left(\frac{-4k_{ON}}{\sqrt{1+2k_{OM}^2}\sqrt{1+2k_{ON}^2}}+\frac{4k_{OM}}{\sqrt{1+2k_{OM}^2}\sqrt{1+2k_{ON}^2}}\right)$$

$$=\frac{2(k_{OM}-k_{ON})}{\sqrt{1+2k_{OM}^2}\sqrt{1+2k_{ON}^2}}.$$

已知 $S_{\triangle OMN}=\sqrt{2}$,化简可得

$$k_{OM} \cdot k_{ON}=-\frac{1}{2}.$$

设 $P(x_P, y_P)$,则 $4-x_P^2=2y_P^2$. 已知 $k_{AP}=k_{OM}$,所以要证 $k_{BP}=k_{ON}$,只要证

$$k_{AP} \cdot k_{BP}=-\frac{1}{2}.$$

而 $k_{AP} \cdot k_{BP}=\dfrac{y_P}{x_P+2} \cdot \dfrac{y_P}{x_P-2}=\dfrac{y_P^2}{x_P^2-4}=-\dfrac{1}{2}$,所以可得

$$BP // ON.$$

(点 M, N 在 y 轴同侧的情况同理可得)

解法2: 设直线 AP 的方程为
$$y=k_{OM}(x+2),$$
代入 $x^2+2y^2=4$ 得
$$(2k_{OM}^2+1)x^2+8k_{OM}^2x+8k_{OM}^2-4=0,$$
它的两个根为 -2 和 x_P,可得
$$x_P=\frac{2-4k_{OM}^2}{2k_{OM}^2+1}, y_P=\frac{4k_{OM}}{2k_{OM}^2+1}.$$
从而 $k_{BP}=\dfrac{\frac{4k_{OM}}{2k_{OM}^2+1}}{\frac{2-4k_{OM}^2}{2k_{OM}^2+1}-2}=-\dfrac{1}{2k_{OM}}$. 所以只需证 $-\dfrac{1}{2k_{OM}}=k_{ON}$,即
$$k_{OM}\cdot k_{ON}=-\frac{1}{2}.$$

设 $M(x_1,y_1)$,$N(x_2,y_2)$,若直线 MN 的斜率不存在,易得 $x_1=x_2=\pm\sqrt{2}$,从而可得 $k_{OM}k_{ON}=-\dfrac{1}{2}$. 若直线 MN 的斜率存在,设直线 MN 的方程为
$$y=kx+m,$$
代入椭圆方程 $\dfrac{x^2}{4}+\dfrac{y^2}{2}=1$ 得
$$(2k^2+1)x^2+4kmx+2m^2-4=0,$$
则
$$x_1+x_2=-\frac{4km}{2k^2+1}, x_1x_2=\frac{2m^2-4}{2k^2+1}.$$
因为 $\Delta=8(4k^2+2-m^2)>0$,所以
$$S_{\triangle OMN}=\frac{1}{2}|m|\cdot|x_1-x_2|=\frac{1}{2}|m|\cdot\frac{\sqrt{8(4k^2+2-m^2)}}{2k^2+1}=\sqrt{2},$$
化简得 $m^4-(4k^2+2)m^2+(2k^2+1)^2=0$,得
$$m^2=2k^2+1,$$
故
$$k_{OM}\cdot k_{ON}=\frac{y_1y_2}{x_1x_2}=\frac{k^2x_1x_2+km(x_1+x_2)+m^2}{x_1x_2}=\frac{m^2-4k^2}{2m^2-4}=\frac{2k^2+1-4k^2}{2(2k^2+1)-4}=-\frac{1}{2}.$$

得证.

点评 本试题立意之新、内涵之广、选材之妙不得不令人叹服.以新颖的视角、创新的手法进行精心地构思,彰显新课程的理念.所以,这是一道创新而不落俗套的好试题,有利于甄别学生的思维层次,具有较好的区分度.这个问题反映了 $\dfrac{x^2}{a^2}+\dfrac{y^2}{b^2}=1(a>b>0)$ 的一组性质,不仅设计独特新颖,而且具有推广和引申的价值,可以演变出一组妙趣横生的结论.

(2)问题的逆向探究

"重门深锁无寻处,疑有碧桃千树花."对于一个数学问题,需要多角度地剖析、探究.对于一个数学问题的探究思考,最基本的切入点就是对条件与结论进行变式思考,可以考虑逆命题是否成立.

引申 1 如图 4.2-12，已知椭圆 $C: \dfrac{x^2}{a^2}+\dfrac{y^2}{b^2}=1(a>b>0)$ 经过点 $\left(1,\dfrac{\sqrt{6}}{2}\right)$，其离心率为 $\dfrac{\sqrt{2}}{2}$．点 A,B 分别为椭圆 C 的左、右顶点，M,N 是椭圆 C 上非顶点的两点．

（Ⅰ）求椭圆 C 的方程．

（Ⅱ）过椭圆 C 上的点 P 作 $AP \parallel OM$，且 $BP \parallel ON$．证明：$\triangle MON$ 的面积为 $\sqrt{2}$．

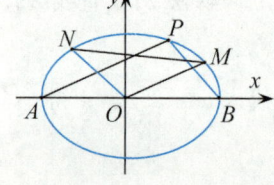

图 4.2-12

解答 （Ⅰ）由题意得椭圆 C 的方程为

$$\dfrac{x^2}{4}+\dfrac{y^2}{2}=1.$$

（Ⅱ）由于 $k_{PA} \cdot k_{PB}=e^2-1$，所以

$$k_{OM} \cdot k_{ON}=e^2-1=-\dfrac{1}{2}.$$

设 $M(x_1,y_1),N(x_2,y_2)$，直线 $MN:x=my+t$，将其代入椭圆方程 $\dfrac{x^2}{4}+\dfrac{y^2}{2}=1$ 并整理得

$$(2+m^2)y^2+2mty+t^2-4=0,$$

从而

$$y_1+y_2=-\dfrac{2mt}{2+m^2},\ y_1y_2=\dfrac{t^2-4}{2+m^2},$$

所以 $k_{OM} \cdot k_{ON}=\dfrac{y_1y_2}{x_1x_2}=\dfrac{y_1y_2}{m^2y_1y_2+mt(y_1+y_2)+t^2}=\dfrac{t^2-4}{2t^2-4m^2}=-\dfrac{1}{2}$，得到

$$t^2=2+m^2.$$

所以

$$S_{\triangle OMN}=\dfrac{1}{2}|t|\cdot|y_1-y_2|=\dfrac{\sqrt{2}|t|\sqrt{4-t^2+2m^2}}{2+m^2}=\dfrac{\sqrt{2}|t|\sqrt{2t^2-t^2}}{t^2}=\sqrt{2}.$$

(3) 问题的一般化探究

为了能把问题看得更清楚些，我们往往考虑把问题进行一般化研究，容易得到下列引申结论．

引申 2 已知点 A,B 分别为椭圆 $C: \dfrac{x^2}{a^2}+\dfrac{y^2}{b^2}=1(a>b>0)$ 的左、右顶点，M,N 是椭圆 C 上非顶点的两点，且 $\triangle MON$ 的面积等于 $\dfrac{1}{2}ab$．过点 A 作 $AP \parallel OM$，交椭圆 C 于点 P，证明：$BP \parallel ON$．

分析 由于 $k_{PA} \cdot k_{PB}=e^2-1$，所以只需要证明 $k_{OM} \cdot k_{ON}=e^2-1$．

解答 如图 4.2-13，设 $MN:x=my+t$，将其代入椭圆方程 $\dfrac{x^2}{a^2}+\dfrac{y^2}{b^2}=1$ 并整理得

$$(a^2+b^2m^2)y^2+2b^2mty+b^2t^2-a^2b^2=0,$$

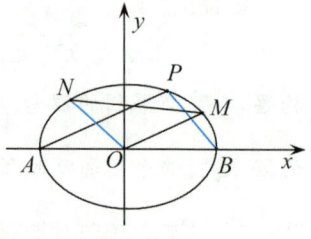

图 4.2-13

从而

$$y_1+y_2=-\dfrac{2b^2mt}{a^2+b^2m^2},\ y_1y_2=\dfrac{b^2t^2-a^2b^2}{a^2+b^2m^2}.$$

所以

$$S_{\triangle OMN}=\dfrac{1}{2}|t|\cdot|y_1-y_2|=\dfrac{|t|ab\sqrt{a^2-t^2+b^2m^2}}{a^2+b^2m^2}=\dfrac{1}{2}ab,$$

化简得 $4t^4-4t^2(a^2+b^2m^2)+(a^2+b^2m^2)^2=0$，即
$$2t^2=a^2+b^2m^2,$$
所以
$$k_{OM} \cdot k_{ON}=\frac{y_1y_2}{x_1x_2}=\frac{y_1y_2}{m^2y_1y_2+mt(y_1+y_2)+t^2}=\frac{b^2t^2-a^2b^2}{a^2t^2-a^2b^2m^2}=\frac{b^2(m^2b^2-a^2)}{a^2(a^2-b^2m^2)}=-\frac{b^2}{a^2}=e^2-1.$$
证毕.

引申 3 已知点 M,N 是椭圆 $C:\dfrac{x^2}{a^2}+\dfrac{y^2}{b^2}=1(a>b>0)$ 上非顶点的两点，且 $\triangle MON$ 的面积等于 $\dfrac{1}{2}ab$，则 $k_{OM} \cdot k_{ON}=e^2-1$.

引申 4 已知点 A,B 分别为椭圆 $C:\dfrac{x^2}{a^2}+\dfrac{y^2}{b^2}=1(a>b>0)$ 的左、右顶点，P,M,N 是椭圆 C 上非顶点的三点，若 $AP//OM,BP//ON$，则 $\triangle MON$ 的面积等于 $\dfrac{1}{2}ab$.

解答 如图 4.2-14，因为 $k_{PA} \cdot k_{PB}=e^2-1$，所以
$$k_{OM} \cdot k_{ON}=e^2-1=-\frac{b^2}{a^2}.$$
设 $MN:x=my+t$，将其代入椭圆方程 $\dfrac{x^2}{a^2}+\dfrac{y^2}{b^2}=1$ 并整理得
$$(a^2+b^2m^2)y^2+2b^2mty+b^2t^2-a^2b^2=0,$$
从而
$$y_1+y_2=-\frac{2b^2mt}{a^2+b^2m^2},\quad y_1y_2=\frac{b^2t^2-a^2b^2}{a^2+b^2m^2}.$$

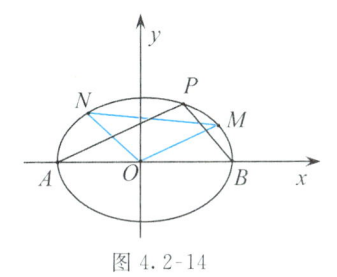

图 4.2-14

所以 $k_{OM} \cdot k_{ON}=\dfrac{y_1y_2}{x_1x_2}=\dfrac{y_1y_2}{m^2y_1y_2+mt(y_1+y_2)+t^2}=\dfrac{b^2t^2-a^2b^2}{a^2t^2-a^2b^2m^2}=-\dfrac{b^2}{a^2}$，得到
$$2t^2=a^2+b^2m^2.$$
所以
$$S_{\triangle OMN}=\frac{1}{2}|t| \cdot |y_1-y_2|=\frac{|t|ab\sqrt{a^2-t^2+b^2m^2}}{a^2+b^2m^2}=\frac{|t|ab\sqrt{2t^2-t^2}}{2t^2}=\frac{1}{2}ab.$$

(4) 问题的本原探究

问题的本原：已知点 M,N 是椭圆 $C:\dfrac{x^2}{a^2}+\dfrac{y^2}{b^2}=1(a>b>0)$ 上非顶点的两点，且 $\triangle MON$ 的面积等于 $\dfrac{1}{2}ab$ 的充要条件是 $k_{OM} \cdot k_{ON}=e^2-1$.

4.2.7 一类与定值 $\dfrac{2}{e}$ 有关的问题溯源

(1) 问题的精彩回放

已知中心在坐标原点，以坐标轴为对称轴的双曲线 C 过点 $Q\left(2,\dfrac{\sqrt{3}}{3}\right)$，且点 Q 在 x 轴上的射影恰好为该双曲线 C 的一个焦点 F_1.

（Ⅰ）求双曲线 C 的方程.

（Ⅱ）命题"过椭圆 $E:\dfrac{x^2}{25}+\dfrac{y^2}{16}=1$ 的一个焦点 F 作与 x 轴不垂直的任意直线 l，交椭圆于 A,B 两点，线段

AB 的垂直平分线交 x 轴于点 M，则 $\dfrac{|AB|}{|FM|}$ 为定值，且定值是 $\dfrac{10}{3}$". 命题中涉及了这么几个元素：给定的圆锥曲线 E，过该圆锥曲线焦点 F 的弦 AB，AB 的垂直平分线与焦点所在的对称轴的交点 M，AB 的长度与焦点 F,M 两点间的距离的比值. 试类比上述命题，写出一个关于双曲线 C 的类似的正确命题，并加以证明.

（Ⅲ）试推广（Ⅱ）中的命题，写出关于圆锥曲线（椭圆、双曲线、抛物线）的统一的一般性命题.

解答 （Ⅰ）由条件易得双曲线 C 的方程为

$$\dfrac{x^2}{3}-y^2=1.$$

（Ⅱ）关于双曲线 C 的类似的命题：过双曲线 $\dfrac{x^2}{3}-y^2=1$ 的一个焦点 $F(2,0)$ 作与 x 轴不垂直的任意直线 l，交双曲线于 A,B 两点，线段 AB 的垂直平分线交 x 轴于点 M，则 $\dfrac{|AB|}{|FM|}$ 为定值，且定值是 $\sqrt{3}$.

证明 由于 l 与 x 轴不垂直，可设直线 l 的方程为

$$y=k(x-2).$$

①当 $k=0$ 时，l 与 x 轴重合，$|AB|=2\sqrt{3}$，$|FM|=2$，$\dfrac{|AB|}{|FM|}=\sqrt{3}$，命题正确.

②当 $k\neq 0$ 时，由 $\begin{cases}\dfrac{x^2}{3}-y^2=1,\\ y=k(x-2)\end{cases}$ 得

$$(1-3k^2)x^2+12k^2x-12k^2-3=0.$$

依题意，l 与双曲线 C 有两个交点 A,B，所以 $1-3k^2\neq 0$，$\Delta>0$. 设 $A(x_1,y_1),B(x_2,y_2)$，则

$$x_1+x_2=-\dfrac{12k^2}{1-3k^2},\ x_1x_2=-\dfrac{12k^2+3}{1-3k^2},$$

从而

$$y_1+y_2=k(x_1+x_2-4)=-\dfrac{4k}{1-3k^2}.$$

所以 AB 的中点 P 的坐标为 $\left(-\dfrac{6k^2}{1-3k^2},-\dfrac{2k}{1-3k^2}\right)$，$AB$ 的垂直平分线 MP 的方程为

$$y+\dfrac{2k}{1-3k^2}=\dfrac{-1}{k}\left(x+\dfrac{6k^2}{1-3k^2}\right).$$

令 $y=0$，解得 $x=-\dfrac{8k^2}{1-3k^2}$，即 $M\left(-\dfrac{8k^2}{1-3k^2},0\right)$，所以 $|F_1M|=\left|2+\dfrac{8k^2}{1-3k^2}\right|=\dfrac{2(1+k^2)}{|1-3k^2|}$. 又

$$|AB|=\sqrt{1+k^2}\,|x_1-x_2|=\sqrt{1+k^2}\cdot\sqrt{\left(-\dfrac{12k^2}{1-3k^2}\right)^2-4\left(-\dfrac{12k^2+3}{1-3k^2}\right)}=\dfrac{2\sqrt{3}(1+k^2)}{|1-3k^2|},$$

所以

$$\dfrac{|AB|}{|F_1M|}=\sqrt{3}.$$

（Ⅲ）过圆锥曲线 E 的焦点 F 作与焦点所在的对称轴不垂直的任意直线 l，交曲线 E 于 A,B 两点，线段 AB 的垂直平分线交焦点所在的对称轴于点 M，则 $\dfrac{|AB|}{|FM|}$ 为定值，且定值是 $\dfrac{2}{e}$.（其中 e 为圆锥曲线的离心率）

证明 不妨设 AB 过圆锥曲线 E 的左焦点弦，以左焦点为极点、x 轴为极轴建立极坐标系，得极坐标方程

$$\rho=\dfrac{ep}{1-e\cos\theta},$$

所以
$$|AB|=\rho_1+\rho_2=\frac{2ep}{1-e^2\cos^2\theta},$$
$$|FM|=\frac{1}{|\cos\theta|}\left|\frac{\rho_1-\rho_2}{2}\right|=\frac{e^2p}{1-e^2\cos^2\theta},$$

所以 $\dfrac{|AB|}{|FM|}$ 为定值 $\dfrac{2}{e}$.

点评 这是一道彰显新课程理念的高考模拟试题,问题层层递进、环环相扣、由此及彼、由特殊到一般的设置,使得问题探究与合情推理融为一体,但不着痕迹.既让考生享受了学习的喜悦,又在不知不觉中撩开了数学试题的神秘面纱,同时也为考生揭示了数学问题研究的基本方法,为后续学习奠定基础.

(2) 相关问题的探究

"以问题为载体,以知识为基础,以思维为主线,以能力为目标,全面考查学生的学习潜能"仍然是当前高考命题的一个重要方向.在学习中我们要充分挖掘试题所蕴含的丰富教学资源,以试题研究为阵地,利用问题的相似性和知识的系统性,我们可以把与此相关的问题进行归纳推理,以期对其一网打尽.其实,圆锥曲线还蕴含着许多与定值 $\dfrac{2}{e}$ 有关的问题,我们可以趁机对与定值 $\dfrac{2}{e}$ 有关的圆锥曲线问题做进一步探究,先对椭圆进行讨论,由此可以得到下面的一些性质.(本节所涉及的字母 e 均为圆锥曲线的离心率)

(i) 与弦长相关的问题

性质1 若 AB 是过椭圆 $\dfrac{x^2}{a^2}+\dfrac{y^2}{b^2}=1(a>b>0)$ 的焦点 F 的焦点弦,AB 的垂直平分线交 x 轴于点 M,则 $\dfrac{|AB|}{|FM|}$ 为定值 $\dfrac{2}{e}$.

性质2 若椭圆 $\dfrac{x^2}{a^2}+\dfrac{y^2}{b^2}=1(a>b>0)$ 的左焦点为 F,在 x 轴上点 F 右侧有一点 A,以 FA 为直径作圆(半径为 R),与椭圆在 x 轴上方部分交于 M,N 两点,则 $\dfrac{|FM|+|FN|}{R}$ 为定值 $\dfrac{2}{e}$.

证明 设椭圆的半焦距为 c,则圆的方程为
$$[x-(R-c)]^2+y^2=R^2,$$
与椭圆方程联立得
$$c^2x^2-2a^2(R-c)x+a^2(b^2+c^2-2Rc)=0.$$
设 $M(x_1,y_1),N(x_2,y_2)$,则
$$x_1+x_2=\frac{2a^2(R-c)}{c^2},$$
所以由焦半径公式得
$$|FM|+|FN|=(a+ex_1)+(a+ex_2)=2a+e(x_1+x_2)=\frac{2aR}{c}=\frac{2R}{e},$$
从而
$$\frac{|FM|+|FN|}{R}=\frac{2}{e}.$$

圆锥曲线的秘密

性质 3 若 AB 为过椭圆 $\dfrac{x^2}{a^2}+\dfrac{y^2}{b^2}=1(a>b>0)$ 焦点 F 的弦,FM 为与焦点 F 对应的焦准距,则 $\dfrac{|AB|\cdot|FM|}{|FA|\cdot|FB|}$ 为定值 $\dfrac{2}{e}$.

证明 不妨设 AB 为椭圆 $\dfrac{x^2}{a^2}+\dfrac{y^2}{b^2}=1(a>b>0)$ 的左焦点弦,以左焦点为极点、x 轴为极轴建立极坐标系,得极坐标方程为

$$\rho=\dfrac{ep}{1-e\cos\theta},$$

其中 $|FM|=p$,则 $|FA|=\dfrac{ep}{1-e\cos\theta}$,$|FB|=\dfrac{ep}{1+e\cos\theta}$,所以

$$|AB|=|FA|+|FB|=\dfrac{2ep}{1-e^2\cos^2\theta},$$

$$|FA|\cdot|FB|=\dfrac{e^2p^2}{1-e^2\cos^2\theta}.$$

故 $\dfrac{|AB|\cdot|FM|}{|FA|\cdot|FB|}$ 为定值 $\dfrac{2}{e}$.

(ii) 与角度相关的问题

性质 4 已知椭圆 $M:\dfrac{x^2}{a^2}+\dfrac{y^2}{b^2}=1(a>b>0)$ 的左、右焦点分别为 F_1,F_2,椭圆 M 与 x 轴的两个交点分别为 A,B,点 P 是椭圆上的点(不与点 A,B 重合),且 $\angle APB=2\alpha$,$\angle F_1PF_2=2\beta$.证明:$|\tan\beta\cdot\tan 2\alpha|$ 为定值 $\dfrac{2}{e}$.

证明 如图 4.2-15,不妨设点 $P(x,y)$ 在第一象限,则在 $\triangle PF_1F_2$ 中,

$$|F_1F_2|^2=|PF_1|^2+|PF_2|^2-2|PF_1|\cdot|PF_2|\cos 2\beta,$$

所以 $|F_1F_2|^2=(|PF_1|+|PF_2|)^2-2|PF_1|\cdot|PF_2|(1+\cos 2\beta)$,即

$$4c^2=4a^2-2|PF_1|\cdot|PF_2|(1+\cos 2\beta),$$

所以

$$|PF_1|\cdot|PF_2|=\dfrac{2b^2}{1+\cos 2\beta}=\dfrac{2b^2}{2\cos^2\beta}=\dfrac{b^2}{\cos^2\beta},$$

所以

$$S_{\triangle F_1F_2P}=\dfrac{1}{2}|PF_1|\cdot|PF_2|\sin 2\beta=\dfrac{b^2\sin 2\beta}{2\cos^2\beta}=\dfrac{b^2\sin\beta}{\cos\beta}=b^2\tan\beta.$$

因为 $S_{\triangle F_1F_2P}=\dfrac{1}{2}\times 2c\times y=cy$,所以 $b^2\tan\beta=cy$,即

$$\tan\beta=\dfrac{cy}{b^2}.$$

作 $PC\perp x$ 轴,垂足为 C.因为 $\tan\angle APC=\dfrac{|AC|}{|PC|}=\dfrac{a+x}{y}$,$\tan\angle CPB=\dfrac{|CB|}{|PC|}=\dfrac{a-x}{y}$,所以

$$\tan 2\alpha=\tan(\angle APC+\angle CPB)=\dfrac{\dfrac{a+x}{y}+\dfrac{a-x}{y}}{1-\dfrac{a^2-x^2}{y^2}}=\dfrac{2ay}{x^2+y^2-a^2}.$$

因为 $\dfrac{x^2}{a^2}+\dfrac{y^2}{b^2}=1$，所以

$$x^2=a^2-\dfrac{a^2y^2}{b^2}.$$

所以

$$\tan 2\alpha=\dfrac{2ay}{x^2+y^2-a^2}=\dfrac{2a}{\left(1-\dfrac{a^2}{b^2}\right)y}=\dfrac{2ab^2}{-c^2y}.$$

所以 $\tan\beta\cdot\tan 2\alpha=\dfrac{2}{-\dfrac{c}{a}}=\dfrac{2}{-e}$. 因此 $|\tan\beta\cdot\tan 2\alpha|$ 为定值 $\dfrac{2}{e}$.

上面只对椭圆的有关性质进行归纳推理,我们还要问在双曲线或抛物线中是否也有相应的性质？这样又可以进行类比推理.

4.2.8 一类与圆锥曲线的焦点弦有关的定值问题

焦点弦在圆锥曲线中占有非常重要的地位,其性质丰富多彩,人们对其性质的探究可以说是前赴后继、经久不衰,而焦点弦中的"$\lambda_1+\lambda_2$ 为定值"问题更是"奇葩".这些性质集向量与"定比"于一体,倍受命题者推崇,是我们高考复习研究的重要素材,也是培养学生探究能力的不可多得的载体.本节从一道高考数学试题出发,对圆锥曲线焦点弦中的"$\lambda_1+\lambda_2$ 为定值"问题做剖析与思考.(本小节所涉及的字母 e 均为圆锥曲线的离心率).

(1) 高考试题链接

(2006年山东卷)双曲线 C 与椭圆 $\dfrac{x^2}{8}+\dfrac{y^2}{4}=1$ 有相同的焦点,直线 $y=\sqrt{3}x$ 为双曲线 C 的一条渐近线.

（Ⅰ）求双曲线 C 的方程.

（Ⅱ）过点 $P(0,4)$ 的直线 l 交双曲线 C 于 A,B 两点,交 x 轴于点 Q（点 Q 与双曲线 C 的顶点不重合）,当 $\overrightarrow{PQ}=\lambda_1\overrightarrow{QA}=\lambda_2\overrightarrow{QB}$,且 $\lambda_1+\lambda_2=-\dfrac{8}{3}$ 时,求点 Q 的坐标.

解答 （Ⅰ）易求双曲线 C 的方程为

$$x^2-\dfrac{y^2}{3}=1.$$

（Ⅱ）由题意知,直线 l 的斜率 k 存在且不为零,设 l 的方程为

$$y=kx+4,$$

$A(x_1,y_1),B(x_2,y_2)$,则 $Q\left(-\dfrac{4}{k},0\right)$. 因为 $\overrightarrow{PQ}=\lambda_1\overrightarrow{QA}=\lambda_2\overrightarrow{QB}$,所以

$$\left(-\dfrac{4}{k},-4\right)=\lambda_1\left(x_1+\dfrac{4}{k},y_1\right)=\lambda_2\left(x_2+\dfrac{4}{k},y_2\right),$$

所以 $-4=\lambda_1y_1=\lambda_2y_2$,所以

$$\lambda_1=-\dfrac{4}{y_1},\lambda_2=-\dfrac{4}{y_2}.$$

又因为 $\lambda_1+\lambda_2=-\dfrac{8}{3}$,所以 $\dfrac{1}{y_1}+\dfrac{1}{y_2}=\dfrac{2}{3}$,即

$$3(y_1+y_2)=2y_1y_2 \quad ①.$$

将 $y=kx+4$ 代入 $x^2-\dfrac{y^2}{3}=1$,整理得

$$(3-k^2)y^2-24y+48-3k^2=0.$$

因为 $3-k^2\neq 0$(否则 l 与双曲线的渐近线平行),所以

$$y_1+y_2=\dfrac{24}{3-k^2},\ y_1y_2=\dfrac{48-3k^2}{3-k^2}\quad ②.$$

把②代入①得 $3\times\dfrac{24}{3-k^2}=2\times\dfrac{48-3k^2}{3-k^2}$,所以

$$k=\pm 2,$$

所以 $Q(\pm 2,0)$.

(2) 试题的延伸

这是一道平实而隽永的高考试题,虽然问题已经解决,但我们似乎还有意犹未尽的感觉. 由上述结论可知,满足条件的点 Q 恰好为双曲线的左焦点或右焦点,如果我们转换思考角度,即已知焦点坐标,那么 $\lambda_1+\lambda_2$ 是不是为定值呢?若是定值,则定值又是多少?

问题 已知双曲线 $x^2-\dfrac{y^2}{3}=1$,过双曲线的左焦点 $F(-2,0)$ 的直线 l 交双曲线于 A,B 两点、交 y 轴于点 P. 设 $\overrightarrow{PF}=\lambda_1\overrightarrow{FA}=\lambda_2\overrightarrow{FB}$,则 $\lambda_1+\lambda_2=-\dfrac{8}{3}$.

解答 由题意知,直线 l 的斜率 k 存在且不等于零,设直线 l 的方程为

$$y=k(x+2),$$

代入双曲线方程得

$$(3-k^2)x^2-4k^2x-4k^2-3=0,$$

所以

$$x_1+x_2=\dfrac{4k^2}{3-k^2},\ x_1x_2=\dfrac{-4k^2-3}{3-k^2},$$

所以

$$\lambda_1+\lambda_2=\dfrac{-2}{x_1+2}+\dfrac{-2}{x_2+2}=\dfrac{-2(x_1+x_2+4)}{4+2(x_1+x_2)+x_1x_2}=-\dfrac{8}{3}.$$

(3) 性质的探究

一般地,在双曲线 $\dfrac{x^2}{a^2}-\dfrac{y^2}{b^2}=1(a>0,b>0)$ 中也有同样的性质(如下).

性质 1 已知双曲线 $\dfrac{x^2}{a^2}-\dfrac{y^2}{b^2}=1(a>0,b>0)$,过双曲线的左焦点 $F(-c,0)$ 的直线交双曲线于 A,B 两点、交 y 轴于点 P. 设 $\overrightarrow{PF}=\lambda_1\overrightarrow{FA}=\lambda_2\overrightarrow{FB}$,则 $\lambda_1+\lambda_2=\dfrac{2e^2}{1-e^2}$.

证明 易知直线 AB 的斜率必存在,设为 k,则直线 AB 的方程为

$$y=k(x+c),$$

代入双曲线方程得

$$(b^2-a^2k^2)x^2-2a^2ck^2x-a^2k^2c^2-a^2b^2=0.$$

设 $A(x_1,y_1),B(x_2,y_2)$,则

$$x_1+x_2=\frac{2a^2k^2c}{b^2-a^2k^2}, x_1x_2=\frac{-a^2k^2c^2-a^2b^2}{b^2-a^2k^2},$$

所以
$$\lambda_1+\lambda_2=\frac{-c}{c+x_1}+\frac{-c}{c+x_2}=\frac{-(x_1+x_2+2c)c}{c^2+c(x_1+x_2)+x_1x_2}=-\frac{2c^2}{b^2}=\frac{2e^2}{1-e^2}.$$

如果我们再把双曲线的焦点变成实轴上的一个定点 $M(m,0)$，则可以得到更为一般的结论(引申)：

引申 已知双曲线 $\frac{x^2}{a^2}-\frac{y^2}{b^2}=1(a>0,b>0)$，过双曲线实轴上的定点 $M(m,0)$ 的直线交双曲线于 A,B 两点、交 y 轴于点 P. 设 $\overrightarrow{PM}=\lambda_1\overrightarrow{MA}=\lambda_2\overrightarrow{MB}$，则 $\lambda_1+\lambda_2=\frac{2m^2}{a^2-m^2}$.

(4)性质的拓展

在圆锥曲线中，与焦点弦的"$\lambda_1+\lambda_2$ 为定值"问题息息相关的性质还有很多，其结构和谐、形式优美，值得为之探索.

性质2 已知双曲线 $\frac{x^2}{a^2}-\frac{y^2}{b^2}=1(a>0,b>0)$，过双曲线的右焦点 $F(c,0)$ 的直线交双曲线于 A,B 两点、交 y 轴于 P 点. 设 $\overrightarrow{PA}=\lambda_1\overrightarrow{AF},\overrightarrow{PB}=\lambda_2\overrightarrow{BF}$，则双曲线的离心率 e 满足 $\lambda_1+\lambda_2=\frac{2}{e^2-1}$.

证明 易知直线 AB 的斜率必存在，设为 k，则直线 AB 的方程为
$$y=k(x-c),$$
代入双曲线的方程得
$$(b^2-a^2k^2)x^2+2a^2ck^2x-a^2k^2c^2-a^2b^2=0.$$

设 $A(x_1,y_1),B(x_2,y_2)$，则
$$x_1+x_2=\frac{2a^2k^2c}{a^2k^2-b^2}, x_1x_2=\frac{a^2k^2c^2+a^2b^2}{a^2k^2-b^2},$$

所以
$$\lambda_1+\lambda_2=\frac{x_1}{c-x_1}+\frac{x_2}{c-x_2}=\frac{c(x_1+x_2)-2x_1x_2}{c^2-c(x_1+x_2)+x_1x_2}=\frac{2a^2}{b^2},$$

所以
$$\lambda_1+\lambda_2=\frac{2}{e^2-1}.$$

性质3 设点 P 为双曲线 $\frac{x^2}{a^2}-\frac{y^2}{b^2}=1(a>0,b>0)$ 上的动点，直线 PA,PB 分别过双曲线的焦点 F_1,F_2. 若 $\overrightarrow{PF_1}=\lambda_1\overrightarrow{F_1A},\overrightarrow{PF_2}=\lambda_2\overrightarrow{F_2B}$，则 $\lambda_1+\lambda_2=\frac{2(1+e^2)}{1-e^2}$.

证明 不妨设点 $P(x_0,y_0)$ 在双曲线的左支上，当直线 PA 的斜率存在时，设直线 PA 的方程为
$$y=\frac{y_0}{x_0+c}(x+c),$$
代入双曲线方程得
$$(a^2+c^2+2cx_0)y^2-[2cy_0(x_0+c)]y+b^2y_0^2=0.$$

设 $A(x_1, y_1)$,得到 $y_0 y_1 = \dfrac{b^2 y_0^2}{a^2 + c^2 + 2cx_0}$,因此 $y_1 = \dfrac{b^2 y_0}{a^2 + c^2 + 2cx_0}$,所以

$$\lambda_1 = \dfrac{-y_0}{y_1} = -\dfrac{a^2 + c^2 + 2cx_0}{b^2}.$$

同理

$$\lambda_2 = -\dfrac{a^2 + c^2 - 2cx_0}{b^2}.$$

故

$$\lambda_1 + \lambda_2 = \dfrac{-2(a^2 + c^2)}{b^2} = \dfrac{2(1+e^2)}{1-e^2}.$$

当直线 PA 的斜率不存在时,也有相同的结论.

性质 4 已知双曲线 $\dfrac{x^2}{a^2} - \dfrac{y^2}{b^2} = 1\,(a>0,b>0)$,过双曲线的左焦点 $F(-c,0)$ 的直线交双曲线于 A,B 两点,交左准线于点 P. 设 $\overrightarrow{AF} = \lambda_1 \overrightarrow{FB}, \overrightarrow{AP} = \lambda_2 \overrightarrow{PB}$,则 $\lambda_1 + \lambda_2 = 0$.

证明 由题意得点 F,P 分 $\overrightarrow{AB}$ 的比为 λ_1, λ_2,过点 A,B 分别作左准线的垂线,垂足分别为 A_1, B_1. 由定比分点的意义及椭圆的定义得

$$\lambda_1 = \dfrac{|AF|}{|FB|} = \dfrac{|AA_1|}{|BB_1|},\ \lambda_2 = -\dfrac{|AP|}{|PB|} = -\dfrac{|AA_1|}{|BB_1|},$$

所以

$$\lambda_1 + \lambda_2 = 0.$$

证毕.

我们把以上的结论推广到椭圆 $\dfrac{x^2}{a^2} + \dfrac{y^2}{b^2} = 1\,(a>b>0)$ 中去,结论同样也成立.(证明类似,略)

(5) 性质的简单应用

例 1 已知点 A,B,C 都在椭圆 $\dfrac{x^2}{a^2} + \dfrac{y^2}{b^2} = 1\,(a>b>0)$ 上,直线 AB,AC 分别过两个焦点 F_1, F_2,当 $\overrightarrow{AC} \cdot \overrightarrow{F_1 F_2} = 0$ 时,有 $\overrightarrow{AF_1} \cdot \overrightarrow{AF_2} = \dfrac{1}{9}|\overrightarrow{AF_1}|^2$ 成立.

(Ⅰ) 求此椭圆的离心率.

(Ⅱ) 设 $\overrightarrow{AF_1} = m\overrightarrow{F_1 B}, \overrightarrow{AF_2} = n\overrightarrow{F_2 C}$,当点 A 在椭圆上运动时,证明:$m+n$ 始终是定值.

解答 (Ⅰ) 当 $\overrightarrow{AC} \cdot \overrightarrow{F_1 F_2} = 0$ 时,

$$\overrightarrow{AF_1} \cdot \overrightarrow{AF_2} \cos\angle F_1 A F_2 = |\overrightarrow{AF_2}|^2 = \dfrac{1}{9}|\overrightarrow{AF_1}|^2.$$

由椭圆的定义得 $|\overrightarrow{AF_2}| + |\overrightarrow{AF_1}| = 2a$,所以

$$|\overrightarrow{AF_1}| = \dfrac{3a}{2},\ |\overrightarrow{AF_2}| = \dfrac{a}{2}.$$

在 $\mathrm{Rt}\triangle AF_1 F_2$ 中,因为 $|\overrightarrow{AF_1}|^2 - |\overrightarrow{AF_2}|^2 = |\overrightarrow{F_1 F_2}|^2$,所以 $\dfrac{9a^2}{4} - \dfrac{a^2}{4} = 4c^2$,所以

$$e = \dfrac{c}{a} = \dfrac{\sqrt{2}}{2}.$$

(Ⅱ)由上面的"性质3"可知

$$m+n=\frac{2(1+e^2)}{1-e^2}=6,$$

所以定值是6.

例2 已知双曲线 $\frac{x^2}{a^2}-\frac{y^2}{b^2}=1$ 的右焦点是 F、右顶点是 A、虚轴的上端点是 B,且 $\overrightarrow{AB}\cdot\overrightarrow{AF}=-1$, $\angle BAF=120°$.

(Ⅰ)求双曲线 C 的方程.

(Ⅱ)过点 $Q\left(\pm\frac{4}{3},0\right)$ 的直线 l 交双曲线 C 于 M,N 两点、交 y 轴于点 P,当 $\overrightarrow{PQ}=\lambda_1\overrightarrow{QM}=\lambda_2\overrightarrow{QN}$ 时,求 $\lambda_1+\lambda_2$ 的值.

解答 (Ⅰ)易得双曲线 C 的方程为

$$x^2-\frac{y^2}{3}=1.$$

(Ⅱ)由上面的"引申"可知

$$\lambda_1+\lambda_2=-\frac{32}{7}.$$

例3 已知椭圆 C 的焦点在 x 轴上,它的一个顶点恰好是抛物线 $y=\frac{1}{4}x^2$ 的焦点,离心率等于 $\frac{2\sqrt{5}}{5}$.

(Ⅰ)求椭圆 C 的方程.

(Ⅱ)过椭圆 C 的右焦点作直线 l,交椭圆 C 于 A,B 两点、交 y 轴于点 M,若 $\overrightarrow{MA}=\lambda_1\overrightarrow{AF}$,$\overrightarrow{MB}=\lambda_2\overrightarrow{BF}$,证明:$\lambda_1+\lambda_2$ 为定值.

解答 (Ⅰ)由题意易求出椭圆 C 的方程为

$$\frac{x^2}{5}+y^2=1.$$

(Ⅱ)因为椭圆的离心率 $e=\frac{2}{\sqrt{5}}$,所以由"性质2"得

$$\lambda_1+\lambda_2=\frac{2}{e^2-1},$$

所以

$$\lambda_1+\lambda_2=-10.$$

4.2.9 与双曲线的渐近线有关的定值问题

在圆锥曲线中,渐近线是双曲线所特有的"伴随"直线,也正是因为双曲线有了渐近线,才使双曲线的性质变得更加丰富多彩和与众不同.双曲线的许多性质就是通过渐近线这个重要的载体来演绎与呈现的.本节试图通过向量的数量积的视角来诠释与双曲线的渐近线有关的性质,并对此进行一些梳理、归纳.

(1) 有关渐近线的平行线的问题

性质 1 过双曲线 $\dfrac{x^2}{a^2}-\dfrac{y^2}{b^2}=1(a>0,b>0)$ 上的任意一点 P 作双曲线的渐近线的平行线,分别交渐近线于点 M,N,则 $\overrightarrow{PM}\cdot\overrightarrow{PN}=\dfrac{a^2-b^2}{4}$.

证明 设点 $P(x_0,y_0)$,因为双曲线的渐近线方程为

$$y=\pm\dfrac{b}{a}x,$$

所以易得 $M\left(\dfrac{bx_0+ay_0}{2b},\dfrac{bx_0+ay_0}{2a}\right),N\left(\dfrac{bx_0-ay_0}{2b},-\dfrac{bx_0-ay_0}{2a}\right)$,得

$$\overrightarrow{PM}=\left(\dfrac{ay_0-bx_0}{2b},\dfrac{bx_0-ay_0}{2a}\right),\overrightarrow{PN}=\left(-\dfrac{ay_0+bx_0}{2b},-\dfrac{bx_0+ay_0}{2a}\right),$$

从而

$$\overrightarrow{PM}\cdot\overrightarrow{PN}=\dfrac{a^2y_0^2-b^2x_0^2}{-4b^2}+\dfrac{a^2y_0^2-b^2x_0^2}{4a^2}.$$

因为点 P 在双曲线上,所以 $\dfrac{x_0^2}{a^2}-\dfrac{y_0^2}{b^2}=1$,即

$$b^2x_0^2-a^2y_0^2=a^2b^2,$$

故

$$\overrightarrow{PM}\cdot\overrightarrow{PN}=\dfrac{a^2-b^2}{4}.$$

性质 2 设双曲线 $\dfrac{x^2}{a^2}-\dfrac{y^2}{b^2}=1(a>0,b>0)$ 的右顶点为 A,点 P 是双曲线上异于顶点的一个动点,从点 A 引双曲线的两条渐近线的平行线,与直线 OP(O 为坐标原点)分别交于点 Q,R. 若 $\overrightarrow{OR}=\lambda\overrightarrow{OP}$,$\overrightarrow{OQ}=\mu\overrightarrow{OP}$,则 $\mu\lambda=1$.

证明 设 $P(x_0,y_0)$,则 $\dfrac{x_0^2}{a^2}-\dfrac{y_0^2}{b^2}=1$,$A(a,0)$,所以直线 AQ,AR 的方程分别为

$$y=\dfrac{b}{a}(x-a),y=-\dfrac{b}{a}(x-a).$$

因为 $\overrightarrow{OR}=\lambda\overrightarrow{OP}$,$\overrightarrow{OQ}=\mu\overrightarrow{OP}$,所以

$$\overrightarrow{OR}=(\lambda x_0,\lambda y_0),\overrightarrow{OQ}=(\mu x_0,\mu y_0),$$

因此 $\lambda y_0=-\dfrac{b}{a}(\lambda x_0-a)$,$\mu y_0=\dfrac{b}{a}(\mu x_0-a)$,即

$$\lambda=\dfrac{ab}{bx_0+ay_0},\mu=\dfrac{ab}{bx_0-ay_0}.$$

故

$$\lambda\mu=\dfrac{ab}{bx_0+ay_0}\cdot\dfrac{ab}{bx_0-ay_0}=\dfrac{a^2b^2}{b^2x_0^2-a^2y_0^2}=1.$$

引申 设双曲线 $\dfrac{x^2}{a^2}-\dfrac{y^2}{b^2}=1(a>0,b>0)$ 的右顶点为 A，点 P 是双曲线上异于顶点的一个动点，从点 A 引双曲线的两条渐近线的平行线，与直线 OP 分别交于点 Q,R，则 $\overrightarrow{OQ}\cdot\overrightarrow{OR}=|\overrightarrow{OP}|^2$. （$O$ 为坐标原点）

证明 由"性质 2"可知，若 $\overrightarrow{OR}=\lambda\overrightarrow{OP},\overrightarrow{OQ}=\mu\overrightarrow{OP}$，则
$$\mu\lambda=1,$$
所以
$$\overrightarrow{OQ}\cdot\overrightarrow{OR}=\lambda\mu|\overrightarrow{OP}|^2=|\overrightarrow{OP}|^2.$$

点评 从结构上看与圆的切割线定理非常相似. 整个性质的结构和谐统一，内容别具一格.

(2) *有关渐近线的垂线的问题*

性质 3 过双曲线 $\dfrac{x^2}{a^2}-\dfrac{y^2}{b^2}=1(a>0,b>0)$ 上的任意一点 P 作双曲线的渐近线的垂线，垂足分别为 M,N，则 $\overrightarrow{PM}\cdot\overrightarrow{PN}=\dfrac{a^2b^2(b^2-a^2)}{c^4}.$

证明 设点 $P(x_0,y_0)$，因为双曲线的渐近线方程为
$$y=\pm\dfrac{b}{a}x,$$
所以易得 $M\left(\dfrac{a(ax_0+by_0)}{c^2},\dfrac{b(ax_0+by_0)}{c^2}\right),N\left(\dfrac{a(ax_0-by_0)}{c^2},-\dfrac{b(ax_0-by_0)}{c^2}\right)$，由此得
$$\overrightarrow{PM}=\left(\dfrac{b(ay_0-bx_0)}{c^2},\dfrac{a(bx_0-ay_0)}{c^2}\right),\overrightarrow{PN}=\left(\dfrac{-b(ay_0+bx_0)}{c^2},\dfrac{-a(bx_0+ay_0)}{c^2}\right),$$
从而
$$\overrightarrow{PM}\cdot\overrightarrow{PN}=\dfrac{-b^2(a^2y_0^2-b^2x_0^2)}{c^4}+\dfrac{a^2(a^2y_0^2-b^2x_0^2)}{c^4}.$$

因为点 P 在双曲线上，所以 $\dfrac{x_0^2}{a^2}-\dfrac{y_0^2}{b^2}=1$，即
$$b^2x_0^2-a^2y_0^2=a^2b^2,$$
故
$$\overrightarrow{PM}\cdot\overrightarrow{PN}=\dfrac{a^2b^2(b^2-a^2)}{c^4}.$$

(3) *有关渐近线的其他直线的问题*

与双曲线的渐近线密切相关的直线还有双曲线的准线、切线等一些重要的直线，这些直线与渐近线的结合更是把双曲线的性质演绎得淋漓尽致.

性质 4 过双曲线 $\dfrac{x^2}{a^2}-\dfrac{y^2}{b^2}=1(a>0,b>0)$ 上的一点 P 作双曲线的切线，分别交两条渐近线于点 M,N，点 O 为坐标原点，则 $\overrightarrow{OM}\cdot\overrightarrow{ON}=a^2-b^2.$

证明 设点 $P(x_0,y_0)$，过点 P 的切线方程为
$$\dfrac{xx_0}{a^2}-\dfrac{yy_0}{b^2}=1 \quad ①,$$
双曲线的渐近线方程为
$$\dfrac{x^2}{a^2}-\dfrac{y^2}{b^2}=0 \quad ②.$$

把②代入①，消去 x 得

$$\frac{y_0^2}{b^4}y^2 + \frac{2y_0}{b^2}y + 1 - \frac{x_0^2}{a^2} \cdot \frac{y^2}{b^2} = 0 \quad ③,$$

即 $\frac{1}{b^2}\left(\frac{y_0^2}{b^2} - \frac{x_0^2}{a^2}\right)y^2 + \frac{2y_0}{b^2}y + 1 = 0$．因为点 P 在双曲线上，所以 $\frac{x_0^2}{a^2} - \frac{y_0^2}{b^2} = 1$，因此方程③又可化为

$$-\frac{1}{b^2}y^2 + \frac{2y_0}{b^2}y + 1 = 0.$$

设 $M(x_1, y_1), N(x_2, y_2)$，所以

$$y_1 y_2 = -b^2.$$

同理得到

$$x_1 x_2 = a^2.$$

故

$$\overrightarrow{OM} \cdot \overrightarrow{ON} = a^2 - b^2.$$

性质 5 已知双曲线 $\frac{x^2}{a^2} - \frac{y^2}{b^2} = 1(a>0, b>0)$，$F_1, F_2$ 分别为双曲线的左、右焦点，M 为双曲线的准线与渐近线的交点，则 $\overrightarrow{F_1M} \cdot \overrightarrow{F_2M} = -b^2$．

证明 不妨设 M 为双曲线的左准线与渐近线在第二象限的交点，则 $M\left(-\frac{a^2}{c}, \frac{ab}{c}\right)$，所以

$$\overrightarrow{F_1M} \cdot \overrightarrow{F_2M} = \left(-\frac{a^2}{c} + c\right)\left(-\frac{a^2}{c} - c\right) + \frac{ab}{c} \cdot \frac{ab}{c} = \frac{a^4 - c^4}{c^2} + \frac{a^2b^2}{c^2} = -b^2.$$

特例 已知双曲线 $\frac{x^2}{a^2} - \frac{y^2}{b^2} = 1(a>0, b>0)$ 的离心率为 $\frac{\sqrt{5}}{2}$，F_1, F_2 分别为双曲线的左、右焦点，M 为左准线与渐近线在第二象限内的交点，且 $\overrightarrow{F_1M} \cdot \overrightarrow{F_2M} = -\frac{1}{4}$．求双曲线的方程．

分析 由"性质 5"知 $\overrightarrow{F_1M} \cdot \overrightarrow{F_2M} = -b^2$，即 $b^2 = \frac{1}{4}$．由双曲线的离心率为 $\frac{\sqrt{5}}{2}$，易得 $a^2 = 1$．双曲线的方程为 $x^2 - 4y^2 = 1$．

4.2.10 一类以阿基米德三角形为背景的定值问题

圆锥曲线的弦与过弦端点的两条切线所围的三角形称为阿基米德三角形，该弦称为阿基米德三角形的底边．阿基米德三角形有着深厚的背景、丰富的内涵．

(1) 问题的提出

在 2006 年高考数学全国卷中有这样一道试题（有删减）：

如图 4.2-16，已知抛物线 $x^2 = 4y$ 的焦点为 F，点 A, B 是抛物线上的两个动点，且 $\overrightarrow{AF} = \lambda\overrightarrow{FB}(\lambda>0)$，过 A, B 两点分别作抛物线的切线，设其交点为 M．证明：$\overrightarrow{FM} \cdot \overrightarrow{AB}$ 为定值．

证明 由已知条件得 $F(0,1), \lambda>0$．设 $A\left(x_1, \frac{x_1^2}{4}\right), B\left(x_2, \frac{x_2^2}{4}\right)$．由 $\overrightarrow{AF} = \lambda\overrightarrow{FB}$ 得 A, F, B 三点共线，易知

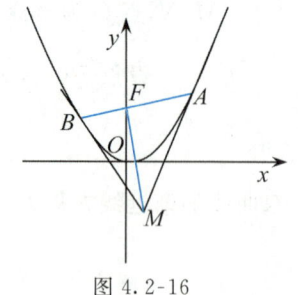

$$x_1 x_2 = -4.$$

图 4.2-16

已知抛物线的方程为 $y=\frac{1}{4}x^2$，求导得

$$y'=\frac{1}{2}x.$$

所以过抛物线上 A,B 两点的切线方程分别是

$$y=\frac{1}{2}x_1 x-\frac{1}{4}x_1^2, y=\frac{1}{2}x_2 x-\frac{1}{4}x_2^2,$$

解出两条切线的交点 M 的坐标为 $\left(\frac{x_1+x_2}{2},-1\right)$. 所以

$$\overrightarrow{FM}=\left(\frac{x_1+x_2}{2},-2\right), \overrightarrow{AB}=\left(x_2-x_1,\frac{x_2^2-x_1^2}{4}\right),$$

从而

$$\overrightarrow{FM}\cdot\overrightarrow{AB}=\frac{x_1+x_2}{2}(x_2-x_1)+(-2)\frac{x_2^2-x_1^2}{4}=0.$$

透过这个试题，我们可以得到有关抛物线切点弦的两个重要性质（如下）.

性质 1 已知过抛物线 $y^2=2px(p>0)$ 焦点 F 的直线交抛物线于 A,B 两点，过 A,B 两点的切线交于点 M，则 $\overrightarrow{FM}\cdot\overrightarrow{AB}=0$.

证明 设 $A\left(\frac{y_1^2}{2p},y_1\right), B\left(\frac{y_2^2}{2p},y_2\right)$，因为直线 AB 过抛物线的焦点，所以

$$y_1 y_2=-p^2.$$

切线 MA,MB 的方程分别为

$$yy_1=p\left(x+\frac{y_1^2}{2p}\right), yy_2=p\left(x+\frac{y_2^2}{2p}\right),$$

据此得出

$$M\left(-\frac{p}{2},\frac{y_1+y_2}{2}\right).$$

故

$$\overrightarrow{FM}=\left(-p,\frac{y_1+y_2}{2}\right),$$

而

$$\overrightarrow{AB}=\left(\frac{y_2^2-y_1^2}{2p},y_2-y_1\right),$$

易得 $\overrightarrow{FM}\cdot\overrightarrow{AB}=0$.

性质 2 已知过抛物线 $y^2=2px(p>0)$ 焦点 F 的直线交抛物线于 A,B 两点，过 A,B 两点的切线交于点 M，则点 M 在抛物线的准线上.

证明 在"性质 1"的证明中，已经得出点 M 的坐标为 $\left(-\frac{p}{2},\frac{y_1+y_2}{2}\right)$，所以命题得证.

(2)**性质的引申与拓展**

我们很自然想到在椭圆中是否有相应的性质呢？答案是肯定的.

拓展 已知过椭圆 $\dfrac{x^2}{a^2}+\dfrac{y^2}{b^2}=1\ (a>b>0)$ 的左焦点 F 任意作一条直线 AB，交椭圆于 A, B 两点，分别过点 A, B 的椭圆的切线交于点 M，则点 M 在椭圆的左准线上，且 $\overrightarrow{FM}\cdot\overrightarrow{AB}=0$.

证明 设 $A(a\cos\theta_1, b\sin\theta_1), B(a\cos\theta_2, b\sin\theta_2)$，则得到切线 MA, MB 的方程分别为

$$MA: \dfrac{x\cos\theta_1}{a}+\dfrac{y\sin\theta_1}{b}=1,\ MB: \dfrac{x\cos\theta_2}{a}+\dfrac{y\sin\theta_2}{b}=1.$$

由此得到点 M 的坐标为

$$x_M=\dfrac{a(\sin\theta_1-\sin\theta_2)}{\sin(\theta_1-\theta_2)}\quad ①,$$

$$y_M=-\dfrac{b(\cos\theta_1-\cos\theta_2)}{\sin(\theta_1-\theta_2)}\quad ②.$$

由 F, A, B 三点共线得 $\dfrac{b\sin\theta_1}{a\cos\theta_1+c}=\dfrac{b\sin\theta_2}{a\cos\theta_2+c}$，即

$$\dfrac{\sin\theta_1-\sin\theta_2}{\sin(\theta_1-\theta_2)}=-\dfrac{a}{c}\quad ③.$$

把③代入①得

$$x_M=-\dfrac{a^2}{c},$$

所以点 M 在椭圆的左准线上. 另外，我们可以得到

$$\overrightarrow{AB}=(a\cos\theta_2-a\cos\theta_1, b\sin\theta_2-b\sin\theta_1),\ \overrightarrow{FM}=\left(-\dfrac{b^2}{c},-\dfrac{b(\cos\theta_1-\cos\theta_2)}{\sin(\theta_1-\theta_2)}\right),$$

所以

$$\overrightarrow{AB}\cdot\overrightarrow{FM}=a(\cos\theta_2-\cos\theta_1)\left(-\dfrac{b^2}{c}\right)+b(\sin\theta_2-\sin\theta_1)\dfrac{b(\cos\theta_2-\cos\theta_1)}{\sin(\theta_1-\theta_2)}$$

$$=a(\cos\theta_2-\cos\theta_1)\left(-\dfrac{b^2}{c}\right)-b^2(\cos\theta_2-\cos\theta_1)\cdot\dfrac{\sin\theta_1-\sin\theta_2}{\sin(\theta_1-\theta_2)}.$$

将③代入上式得

$$\overrightarrow{AB}\cdot\overrightarrow{FM}=a(\cos\theta_2-\cos\theta_1)\left(-\dfrac{b^2}{c}\right)-b^2(\cos\theta_2-\cos\theta_1)\left(-\dfrac{a}{c}\right)=0.$$

由"性质 2"，我们还可以再引申得到另一个与抛物线切点弦息息相关的性质：

性质 3 过抛物线 $y^2=2px\ (p>0)$ 焦点 F 的直线交抛物线于 A, B 两点，分别过 A, B 两点作抛物线的切线，交于点 M，则 $|\overrightarrow{FA}|\cdot|\overrightarrow{FB}|=|\overrightarrow{MF}|^2$.

分析 由"性质 1"知 $\overrightarrow{FM}\cdot\overrightarrow{AB}=0$，得 $FM\perp AB$，所以只需证明 $MA\perp MB$.

证明 设 $A\left(\dfrac{y_1^2}{2p}, y_1\right), B\left(\dfrac{y_2^2}{2p}, y_2\right)$，因为直线 AB 过抛物线的焦点，所以

$$y_1 y_2=-p^2.$$

切线 MA, MB 的方程分别为

$$yy_1=p\left(x+\dfrac{y_1^2}{2p}\right),\ yy_2=p\left(x+\dfrac{y_2^2}{2p}\right),$$

据此得出 $M\left(-\dfrac{p}{2}, \dfrac{y_1+y_2}{2}\right)$. 故

$$\overrightarrow{MA}=\left(\frac{y_1^2}{2p}+\frac{p}{2},\frac{y_1-y_2}{2}\right),\overrightarrow{MB}=\left(\frac{y_2^2}{2p}+\frac{p}{2},\frac{y_2-y_1}{2}\right),$$

易得

$$\overrightarrow{MA}\cdot\overrightarrow{MB}=\left(\frac{y_1^2}{2p}+\frac{p}{2}\right)\left(\frac{y_2^2}{2p}+\frac{p}{2}\right)+\left(\frac{y_1-y_2}{2}\right)\left(\frac{y_2-y_1}{2}\right)$$

$$=\frac{(y_1y_2)^2}{4p^2}+\frac{y_1^2+y_2^2}{4}+\frac{p^2}{4}-\frac{(y_1-y_2)^2}{4}$$

$$=\frac{(-p^2)^2}{4p^2}+\frac{y_1^2+y_2^2}{4}+\frac{p^2}{4}-\frac{(y_1-y_2)^2}{4}$$

$$=\frac{p^2}{2}+\frac{y_1^2+y_2^2}{4}-\frac{(y_1-y_2)^2}{4}$$

$$=\frac{-y_1y_2}{2}+\frac{y_1^2+y_2^2}{4}-\frac{(y_1-y_2)^2}{4}=0,$$

所以 $MA\perp MB$. 在 Rt$\triangle MAB$ 中,由射影定理易知

$$|\overrightarrow{FA}|\cdot|\overrightarrow{FB}|=|\overrightarrow{MF}|^2.$$

点评 这是抛物线切点弦的一个耐人寻味的性质,从结构上看,它与三角形的射影定理非常相似.从知识层面上看,它又具有较强的应用性.

(3) 简单应用

例1 已知曲线 $C:y=\frac{x^2}{2}$,点 D 为直线 $y=-\frac{1}{2}$ 上的动点,过点 D 作曲线 C 的两条切线,切点分别为 A,B. 证明:直线 AB 过定点.

答案 直线 AB 过定点 $\left(0,\frac{1}{2}\right)$.

例2 已知对每个正整数 $n,A_n(x_n,y_n)$ 是抛物线 $x^2=4y$ 上的点,过焦点 F 的直线 FA_n 交抛物线于另一点 $B_n(s_n,t_n)$.

（Ⅰ）证明: $x_ns_n=-4(n\geqslant 1)$.

（Ⅱ）取 $x_n=2^n$,并记 C_n 为抛物线上分别以 A_n 和 B_n 为切点的两条切线的交点.证明: $|FC_1|+|FC_2|+\cdots+|FC_n|=2^n-2^{-n+1}+1$.

证明 （Ⅰ）略.（Ⅱ）由"性质3"知

$$|FC_n|^2=|FA_n|\cdot|FB_n|,$$

所以

$$|FC_n|^2=\left(\frac{x_n^2}{4}+1\right)\left(\frac{s_n^2}{4}+1\right)=\frac{(x_ns_n)^2}{16}+\frac{s_n^2+x_n^2}{4}+1=2+\frac{s_n^2+x_n^2}{4}=\frac{8+s_n^2+x_n^2}{4}=\frac{-2x_ns_n+s_n^2+x_n^2}{4}=\frac{(s_n-x_n)^2}{4}.$$

故 $|FC_n|=\frac{x_n-s_n}{2}=2^{n-1}+\frac{1}{2^{n-1}}$,因此

$$|FC_1|+|FC_2|+\cdots+|FC_n|=2^n-2^{-n+1}+1.$$

点拨 当我们把学习数学知识的过程变成探究的过程时,我们就成了真正意义上学习的主体.我们的学习效率将会不断地从低效走向有效,最终达到高效,而且这样的过程能够改变我们的学习观,使学习变得有章可循,使探究达到"润物细无声".这样我们的学习就能升华为一种境界:天空不留痕迹,鸟儿已经飞过.

4.3 圆锥曲线中的定点问题探究

4.3.1 圆锥曲线中一对奇异的"伴侣点"

在圆锥曲线的很多性质中,常常出现一对活跃的点 $A(m,0)$ 和点 $B\left(\dfrac{a^2}{m},0\right)$,这一对点总是同时出现在圆锥曲线的对称轴上,形影不离,相伴而行,我们把这一对特殊的点形象地称作圆锥曲线的"**伴侣点**".圆锥曲线的"伴侣点"在我们研究圆锥曲线的性质中具有重要的地位,蕴含着圆锥曲线许多有趣的性质.

(1)从一道高考试题讲起

(2006 年天津卷(有删减))如图 4.3-1,已知双曲线 $\dfrac{x^2}{a^2}-\dfrac{y^2}{b^2}=1$($a>0,b>0$),设 $A(m,0)$ 和 $B\left(\dfrac{a^2}{m},0\right)$($0<m<a$)是 x 轴上的两点,过点 A 作斜率不为 0 的直线 l,使得 l 交双曲线于 C,D 两点,作直线 BC 交双曲线于另一点 E. 证明:直线 DE 垂直于 x 轴.

证明 设点 $C(x_1,y_1), D(x_2,y_2), E(x_3,y_3)$,则直线 l 的方程为

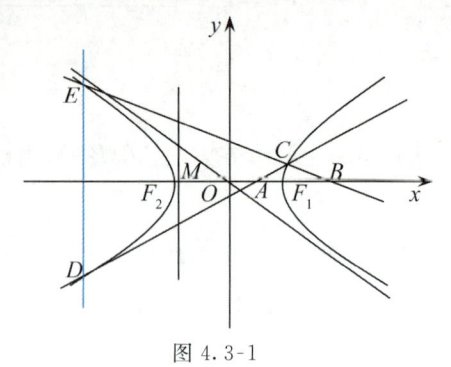

$$y=\dfrac{y_1}{x_1-m}(x-m).$$

图 4.3-1

把直线 l 的方程代入双曲线方程,整理得

$$(b^2x_1^2-a^2y_1^2-2b^2mx_1+b^2m^2)x^2+2a^2my_1^2x-a^2y_1^2m^2-a^2b^2(x_1-m)^2=0.$$

因为 $b^2x_1^2-a^2y_1^2=a^2b^2$(点 C 在双曲线上),所以上面的方程可化简为

$$(a^2b^2-2b^2mx_1+b^2m^2)x^2+2a^2my_1^2x-a^2[(y_1^2+b^2)m^2+b^2x_1^2-2b^2mx_1]=0.$$

又因为 $b^2x_1^2-a^2y_1^2=a^2b^2$,所以

$$a^2(y_1^2+b^2)=b^2x_1^2,$$

代入上式,方程又可化简为

$$(a^2b^2-2b^2mx_1+b^2m^2)x^2+2a^2my_1^2x-b^2x_1^2m^2-a^2b^2x_1^2+2a^2b^2mx_1=0.$$

由已知,显然 $a^2b^2-2b^2mx_1+b^2m^2\neq 0$,于是

$$x_1x_2=-\dfrac{x_1^2m^2+a^2x_1^2-2a^2mx_1}{a^2-2mx_1+m^2}.$$

因为 $x_1\neq 0$,所以

$$x_2=-\dfrac{x_1m^2+a^2x_1-2a^2m}{a^2-2mx_1+m^2} \quad (*).$$

同理,直线 BC 的方程为

$$y=\dfrac{y_1}{x_1-\dfrac{a^2}{m}}\left(x-\dfrac{a^2}{m}\right),$$

所以只要把($*$)式中 m 换成 $\dfrac{a^2}{m}$,就可以得到

$$x_3 = -\frac{x_1\left(\frac{a^2}{m}\right)^2 + a^2 x_1 - 2a^2 \frac{a^2}{m}}{a^2 - 2\frac{a^2}{m}x_1 + \left(\frac{a^2}{m}\right)^2} = -\frac{x_1 m^2 + a^2 x_1 - 2a^2 m}{a^2 - 2mx_1 + m^2}.$$

所以 $x_2 = x_3$. 故直线 DE 垂直于 x 轴.

点评 这道题以圆锥曲线的"伴侣点"为载体,来探讨圆锥曲线性质,别具一格.

如果把双曲线改为椭圆或抛物线,上述结果同样成立.下面只写出椭圆的情况.

引申 1 已知椭圆 $\frac{x^2}{a^2} + \frac{y^2}{b^2} = 1(a > b > 0)$,设 $A(m, 0)$ 和 $B\left(\frac{a^2}{m}, 0\right)$ 是 x 轴上的两点,过点 A 作斜率不为 0 的直线 l,使得 l 交椭圆于 C, D 两点,作直线 BC 交椭圆于另一点 E. 证明:直线 DE 垂直于 x 轴.

上述命题的逆命题都成立.下面只写出椭圆的情况并加以证明.

引申 2 已知椭圆 $\frac{x^2}{a^2} + \frac{y^2}{b^2} = 1(a > b > 0)$,设 $A(m, 0)$ 和 $B\left(\frac{a^2}{m}, 0\right)$ 是 x 轴上的两点,过点 A 作斜率不为 0 的直线 l,使得 l 交椭圆于 C, D 两点. 若直线 DE 垂直于 x 轴,且交椭圆于另一点 E. 证明:B, C, E 三点共线.

思路 设直线 CE 交 x 轴于点 B_1,证明点 B 与点 B_1 重合. 先证明:若 $\overrightarrow{AC} = \lambda \overrightarrow{AD}$,则 $\overrightarrow{CB_1} = \lambda \overrightarrow{B_1E}$.

证明 (1) 设直线 CE 交 x 轴于点 B_1,连接 AE,因为直线 DE 垂直于 x 轴,所以点 D 与点 E 关于 x 轴对称,而点 A 在 x 轴上,则在 $\triangle CDB_1$ 中,AB_1 平分 $\angle CB_1D$. 由角平分线定理可知

$$|\overrightarrow{AC}| : |\overrightarrow{AD}| = |\overrightarrow{CB_1}| : |\overrightarrow{B_1E}|.$$

设 $\overrightarrow{AC} = \lambda \overrightarrow{AD}$,因为 $\overrightarrow{AC}$ 与 $\overrightarrow{AD}$ 同向,故 $\lambda > 0$,则

$$|\overrightarrow{CB_1}| : |\overrightarrow{B_1E}| = \lambda.$$

又因为点 C, B_1, E 在同一直线上且 $\overrightarrow{CB_1}$ 与 $\overrightarrow{B_1E}$ 同向,于是有

$$\overrightarrow{CB_1} = \lambda \overrightarrow{B_1E}.$$

(2) 设过点 $A(m, 0)$ 的直线 l 与椭圆 $\frac{x^2}{a^2} + \frac{y^2}{b^2} = 1$ 交于点 $C(x_1, y_1), D(x_2, y_2)$,则有 $E(x_2, -y_2)$.

由 $\overrightarrow{AC} = \lambda \overrightarrow{AD}$ 得

$$m = \frac{x_1 - \lambda x_2}{1 - \lambda} \quad ①,$$

由 $\overrightarrow{CB_1} = \lambda \overrightarrow{B_1E}$ 得

$$x_{B_1} = \frac{x_1 + \lambda x_2}{1 + \lambda} \quad ②.$$

由 ①×② 得

$$mx_{B_1} = \frac{x_1^2 - \lambda^2 x_2^2}{1 - \lambda^2} \quad ③.$$

因为

$$\frac{x_1^2}{a^2} + \frac{y_1^2}{b^2} = 1 \quad ④,$$

$$\frac{x_2^2}{a^2} + \frac{y_2^2}{b^2} = 1 \quad ⑤,$$

又因为 $y_1 = \lambda y_2$,由 ④−⑤·λ^2 得 $\frac{x_1^2}{a^2} - \frac{\lambda^2 x_2^2}{a^2} = 1 - \lambda^2$,即

$$\frac{x_1^2-\lambda^2 x_2^2}{1-\lambda^2}=a^2 \quad ⑥.$$

由③⑥可知

$$mx_{B_1}=a^2,$$

所以 $x_{B_1}=\dfrac{a^2}{m}$. 故点 B 与点 B_1 重合,从而 B,C,E 三点共线.

(2)利用"伴侣点"来拓展圆锥曲线的性质

圆锥曲线的"伴侣点"在椭圆与双曲线中出现的形式往往是点 $A(m,0)$ 和点 $B\left(\dfrac{a^2}{m},0\right)$,而在抛物线中出现的形式则是点 $A(m,0)$ 和点 $B(-m,0)$. 利用这种对偶变换的关系,我们可以轻而易举地把圆锥曲线的很多问题进行类比、推广与拓展,这也是我们探究圆锥曲线问题的很好的途径.

例 1 过抛物线 $y^2=2px(p>0)$ 的对称轴上的任意一点 $P(m,0)(m>0)$ 作直线与抛物线交于 A,B 两点,点 Q 是点 P 关于原点的对称点.设点 P 分有向线段 $\overrightarrow{AB}$ 所成的比为 λ,证明:$\overrightarrow{QP}\perp(\overrightarrow{QA}-\lambda\overrightarrow{QB})$.

证明 如图 4.3-2,由圆锥曲线的性质易知 QP 为 $\angle AQB$ 的内角平分线,所以由内角平分线定理知

$$\frac{|\overrightarrow{QA}|}{|\overrightarrow{QB}|}=\frac{|\overrightarrow{AP}|}{|\overrightarrow{PB}|}.$$

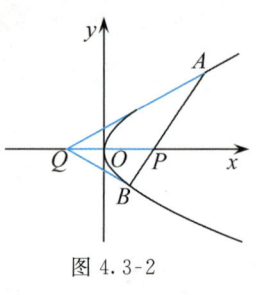

因为 $\dfrac{|\overrightarrow{AP}|}{|\overrightarrow{PB}|}=\lambda$,所以 $\dfrac{|\overrightarrow{QA}|}{|\overrightarrow{QB}|}=\lambda\Rightarrow|\overrightarrow{QA}|=\lambda|\overrightarrow{QB}|\Rightarrow|\overrightarrow{QA}||\overrightarrow{QP}|=\lambda|\overrightarrow{QB}||\overrightarrow{QP}|$. 又因为 $\angle AQP=\angle BQP$,所以

$$|\overrightarrow{QP}|\cdot|\overrightarrow{QA}|\cos\angle AQP-\lambda|\overrightarrow{QP}||\overrightarrow{QB}|\cos\angle BQP=0\Leftrightarrow\overrightarrow{QP}\cdot(\overrightarrow{QA}-\lambda\overrightarrow{QB})=0.$$

图 4.3-2

引申 1 已知椭圆 $\dfrac{x^2}{a^2}+\dfrac{y^2}{b^2}=1(a>b>0)$,过椭圆的左焦点 F 作任意一条与两坐标轴都不垂直的弦 AB,设点 F 分有向线段 $\overrightarrow{AB}$ 所成的比为 λ,若 M 为椭圆的左准线 l 与对称轴的交点,则 $\overrightarrow{MF}\perp(\overrightarrow{MA}-\lambda\overrightarrow{MB})$.

引申 2 已知椭圆 $\dfrac{x^2}{a^2}+\dfrac{y^2}{b^2}=1(a>b>0)$,过椭圆的对称轴上的任意一点 $P(m,0)(m>0)$ 作一条与两坐标轴都不垂直的弦 AB,设点 P 分有向线段 $\overrightarrow{AB}$ 所成的比为 λ,若 $Q\left(\dfrac{a^2}{m},0\right)$,则 $\overrightarrow{QP}\perp(\overrightarrow{QA}-\lambda\overrightarrow{QB})$.

例 2 已知椭圆 $\dfrac{x^2}{a^2}+\dfrac{y^2}{b^2}=1(a>b>0)$ 的相应于焦点 $F(c,0)(c>0)$ 的准线 l 与 x 轴相交于点 A,过点 A 的直线与椭圆相交于 P,Q 两点.设 $\overrightarrow{AP}=\lambda\overrightarrow{AQ}(\lambda>1)$,过点 P 且平行于准线 l 的直线与椭圆相交于另一点 M,证明:$\overrightarrow{FM}=-\lambda\overrightarrow{FQ}$.

引申 已知椭圆 $\dfrac{x^2}{a^2}+\dfrac{y^2}{b^2}=1(a>b>0)$,设 $A(m,0)$ 和 $B\left(\dfrac{a^2}{m},0\right)$ 是 x 轴上的两点,过点 A 的直线与椭圆相交于 P,Q 两点.设 $\overrightarrow{AP}=\lambda\overrightarrow{AQ}(\lambda>1)$,过点 P 且平行于准线 l 的直线与椭圆相交于另一点 M,证明:$\overrightarrow{BM}=-\lambda\overrightarrow{BQ}$.

例 3 已知椭圆 $\dfrac{x^2}{a^2}+\dfrac{y^2}{b^2}=1(a>b>0)$ 的右准线 l 与 x 轴相交于点 E,过椭圆右焦点 F 的直线与椭圆相交于 A,B 两点,点 C 在椭圆的右准线 l 上,且 $BC\parallel x$ 轴.证明:直线 AC 经过线段 EF 的中点.

引申 已知椭圆 $\dfrac{x^2}{a^2}+\dfrac{y^2}{b^2}=1(a>b>0)$，设 $E(m,0)$ 和 $B\left(\dfrac{a^2}{m},0\right)$ 是 x 轴上的两点，过点 E 的直线与椭圆相交于 A,B 两点，点 C 在直线 $x=\dfrac{a^2}{m}$ 上，且 $BC\parallel x$ 轴，证明：直线 AC 经过线段 EF 的中点.

点评 对圆锥曲线的"伴侣点"的性质进行推广，使得类似的很多问题的引申与拓展变得有章可循.

(3) 圆锥曲线"伴侣点"的几何意义

简单来讲，圆锥曲线"伴侣点"的特殊情形就是焦点和对应准线与对称轴交点. 从几何的角度去思考的话，圆锥曲线"伴侣点"应该是什么呢？过点 $A(m,0)$ 的直线与圆锥曲线相切，该点的"伴侣点"就是切点在对称轴上的射影点 $B\left(\dfrac{a^2}{m},0\right)$. 圆锥曲线以椭圆 $\dfrac{x^2}{a^2}+\dfrac{y^2}{b^2}=1(a>b>0)$ 为例进行推导：

设切点为 $T(x_0,y_0)$，则切线的方程为

$$\dfrac{xx_0}{a^2}+\dfrac{yy_0}{b^2}=1.$$

因为切线过点 $A(m,0)$，所以 $\dfrac{mx_0}{a^2}+\dfrac{0\times y_0}{b^2}=1$，即

$$x_0=\dfrac{a^2}{m},$$

即切点在对称轴上的射影点就是点 $B\left(\dfrac{a^2}{m},0\right)$.

4.3.2 高考试题中圆锥曲线"伴侣点"的透视与剖析

高考试题是命题专家潜心研究、匠心独运的结果，所以高考试题有着其独特的魅力，如何发挥其潜在的价值，最大限度地提升学习效率，无疑是我们必须要思考的问题. 如果能够立足问题的本质，对试题进行主动探究，将会提高我们的学习效率，提升我们的思维能力.

(1) 精彩回放、思维碰撞

(2011 年山东卷) 如图 4.3-3，在平面直角坐标系 xOy 中，已知椭圆 $C:\dfrac{x^2}{3}+y^2=1$. 斜率为 $k(k>0)$ 且不过原点的直线 l 交椭圆 C 于 A,B 两点，线段 AB 的中点为 E，射线 OE 交椭圆 C 于点 G，交直线 $x=-3$ 于点 $D(-3,m)$. 若 $|OG|^2=|OD|\cdot|OE|$，证明：直线 l 过定点.

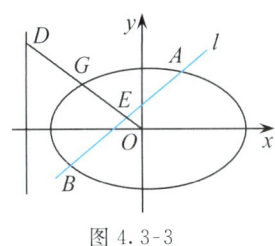

图 4.3-3

证明 由题意可设直线

$$l:y=kx+n(n\neq 0).$$

由 $\begin{cases} y=kx+n,\\ \dfrac{x^2}{3}+y^2=1 \end{cases}$ 消去 y 得

$$(1+3k^2)x^2+6knx+3n^2-3=0.$$

设 $A(x_1,y_1),B(x_2,y_2)$，AB 的中点为 $E(x_0,y_0)$，则由韦达定理得

$$x_1+x_2=\dfrac{-6kn}{1+3k^2}.$$

故 $x_0=\dfrac{-3kn}{1+3k^2}$，$y_0=kx_0+n=\dfrac{-3kn}{1+3k^2}\cdot k+n=\dfrac{n}{1+3k^2}$，所以中点 E 的坐标为

$$E\left(\frac{-3kn}{1+3k^2}, \frac{n}{1+3k^2}\right).$$

因为 O, E, D 三点在同一条直线上，所以 $k_{OE} = k_{OD}$，即 $-\frac{1}{3k} = -\frac{m}{3}$，解得

$$m = \frac{1}{k}.$$

由题意知 $n > 0$，因为直线 OD 的方程为

$$y = -\frac{m}{3}x,$$

所以由 $\begin{cases} y = -\dfrac{m}{3}x, \\ \dfrac{x^2}{3} + y^2 = 1 \end{cases}$ 得交点 G 的纵坐标

$$y_G = \sqrt{\frac{m^2}{m^2+3}}.$$

又因为 $y_E = \dfrac{n}{1+3k^2}$，$y_D = m$，且 $|OG|^2 = |OD| \cdot |OE|$，所以 $\dfrac{m^2}{m^2+3} = m \cdot \dfrac{n}{1+3k^2}$. 由于 $m = \dfrac{1}{k}$，解得 $k = n$，所以直线 l 的方程为 $l: y = kx + k$，即有

$$l: y = k(x+1).$$

令 $x = -1$，得 $y = 0$，与实数 k 无关，所以直线 l 过定点 $(-1, 0)$.

点评 这是一道经典之作，试题淡中见隽，突出了对解析法本质的考查，突出思维是数学的学科特色，重点考查圆锥曲线的基本量与几何性质，内涵丰富、新颖脱俗. 关注了考生的思维能力、运算能力、图形分析和处理能力. 通过对试题的解答，多角度思考，进行思维碰撞.

(2) 追本溯源、变式探究

对于高考试题的研究，我们可以对题目进行变式探究，如对条件与结论的探究（增加、减少或变更条件），对结论的探究（结论是否唯一），引申探究（命题是否可以推广），类比探究等.

一般化 已知椭圆 $C: \dfrac{x^2}{a^2} + \dfrac{y^2}{b^2} = 1 (a > b > 0)$，斜率为 $k(k > 0)$ 且不过原点的直线 l 交椭圆 C 于 A, B 两点，线段 AB 的中点为 E，射线 OE 交椭圆 C 于点 G、交直线 $x = t$ 于点 D. 若 $|OG|^2 = |OD| \cdot |OE|$，则直线 l 过定点 $\left(\dfrac{a^2}{t}, 0\right)$.

证明 由题意可设直线

$$l: y = kx + n (n \neq 0),$$

代入椭圆的方程 $\dfrac{x^2}{a^2} + \dfrac{y^2}{b^2} = 1$，整理得

$$(a^2k^2 + b^2)x^2 + 2a^2knx + a^2n^2 - a^2b^2 = 0.$$

设 $A(x_1, y_1), B(x_2, y_2)$，则

$$x_1 + x_2 = \frac{-2a^2kn}{a^2k^2 + b^2}.$$

所以 $x_E = \dfrac{-a^2kn}{a^2k^2 + b^2}$，$y_E = \dfrac{b^2n}{a^2k^2 + b^2}$，从而 $k_{OE} = -\dfrac{b^2}{a^2k}$，故直线 OE 的方程为

$$y=-\frac{b^2}{a^2k}x.$$

把直线 OE 的方程 $y=-\frac{b^2}{a^2k}x$ 代入椭圆的方程 $\frac{x^2}{a^2}+\frac{y^2}{b^2}=1$, 得 $x_G^2=\frac{a^4k^2}{a^2k^2+b^2}$, 所以

$$|OG|^2=x_G^2+y_G^2=x_G^2+\left(-\frac{b^2}{a^2k}x_G\right)^2=\frac{a^4k^2+b^4}{a^2k^2+b^2}\quad ①.$$

因为

$$|OD|=\frac{|t|\sqrt{a^4k^2+b^4}}{a^2k}\quad ②,$$

$$|OE|=\frac{|n|\sqrt{a^4k^2+b^4}}{a^2k^2+b^2}\quad ③,$$

又因为 $|OG|^2=|OD|\cdot|OE|$ 且 y_D 与 y_E 同号,所以

$$n=-\frac{a^2k}{t}.$$

因此直线 l 的方程为

$$y=k\left(x-\frac{a^2}{t}\right),$$

故直线 l 过定点 $\left(\frac{a^2}{t},0\right)$.

至此,通过探究,试题的本原问题已经水落石出,题中的直线 $x=t$ 过点 $(t,0)$,直线 l 过点 $\left(\frac{a^2}{t},0\right)$. 而 $A(t,0)$ 和 $B\left(\frac{a^2}{t},0\right)$ 就是圆锥曲线的"伴侣点",圆锥曲线的"伴侣点"蕴含着圆锥曲线许多有趣的性质.

(3)抓住本质、合情推广

比较联系,从中发现规律. 抓住试题的本质,对问题进行合情推理,可以演变出一组妙趣横生的结论.

引申1 已知椭圆 $C:\frac{x^2}{a^2}+\frac{y^2}{b^2}=1(a>b>0)$,斜率为 $k(k>0)$ 且过点 $\left(\frac{a^2}{t},0\right)$ 的直线 l 交椭圆 C 于 A,B 两点,线段 AB 的中点为 E,射线 OE 交椭圆 C 于点 G、交直线 $x=t$ 于点 D,则 $|OG|^2=|OD|\cdot|OE|$.

证明 由题意可设直线 $l:y=k\left(x-\frac{a^2}{t}\right)$,将其代入椭圆的方程 $\frac{x^2}{a^2}+\frac{y^2}{b^2}=1$,整理得

$$t^2(a^2k^2+b^2)x^2-2a^4k^2tx+a^6k^2-a^2b^2t^2=0.$$

设 $A(x_1,y_1)$, $B(x_2,y_2)$,则

$$x_1+x_2=\frac{2a^4k^2}{(a^2k^2+b^2)t},$$

所以 $E\left(\frac{a^4k^2}{(a^2k^2+b^2)t},\frac{-a^2b^2k}{(a^2k^2+b^2)t}\right)$,从而 $k_{OE}=-\frac{b^2}{a^2k}$,故直线 OE 的方程为

$$y=-\frac{b^2}{a^2k}x.$$

把直线 OE 的方程 $y=-\frac{b^2}{a^2k}x$ 代入椭圆的方程 $\frac{x^2}{a^2}+\frac{y^2}{b^2}=1$, 得 $x_G^2=\frac{a^4k^2}{a^2k^2+b^2}$, 所以

$$|OG|^2=x_G^2+y_G^2=x_G^2+\frac{b^4}{a^4k^2}x_G^2=\frac{a^4k^2+b^4}{a^2k^2+b^2}\quad ①.$$

因为
$$|OD| = \frac{|t|\sqrt{a^4k^2+b^4}}{a^2k} \quad ②,$$
$$|OE| = \frac{a^2k\sqrt{a^4k^2+b^4}}{(a^2k^2+b^2)|t|} \quad ③,$$

所以由①②③得 $|OG|^2 = |OD| \cdot |OE|$.

引申 2 已知椭圆 $C: \frac{x^2}{a^2} + \frac{y^2}{b^2} = 1 (a > b > 0)$，斜率为 $k(k>0)$ 且过点 $\left(\frac{a^2}{t}, 0\right)$ 的直线 l 交椭圆 C 于 A, B 两点，线段 AB 的中点为 E，射线 OE 交椭圆 C 于点 G. 若点 D 在射线 OE 上，且 $|OG|^2 = |OD| \cdot |OE|$，则点 D 在直线 $x = t$ 上.

证明 由题意可设直线
$$l: y = k\left(x - \frac{a^2}{t}\right),$$
将其代入椭圆 $\frac{x^2}{a^2} + \frac{y^2}{b^2} = 1$ 的方程，整理得
$$t^2(a^2k^2+b^2)x^2 - 2a^4k^2tx + a^6k^2 - a^2b^2t^2 = 0.$$

设 $A(x_1, y_1), B(x_2, y_2)$，则
$$x_1 + x_2 = \frac{2a^4k^2}{(a^2k^2+b^2)t},$$

所以 $E\left(\frac{a^4k^2}{(a^2k^2+b^2)t}, \frac{-a^2b^2k}{(a^2k^2+b^2)t}\right)$，从而 $k_{OE} = -\frac{b^2}{a^2k}$，故直线 OE 的方程为 $y = -\frac{b^2}{a^2k}x$，所以
$$|OE| = \frac{a^2k\sqrt{a^4k^2+b^4}}{(a^2k^2+b^2)|t|} \quad ①.$$

把直线 OE 的方程 $y = -\frac{b^2}{a^2k}x$ 代入椭圆的方程 $\frac{x^2}{a^2} + \frac{y^2}{b^2} = 1$，得 $x_G^2 = \frac{a^4k^2}{a^2k^2+b^2}$，所以
$$|OG|^2 = x_G^2 + y_G^2 = x_G^2 + \frac{b^4}{a^4k^2}x_G^2 = \frac{a^4k^2+b^4}{a^2k^2+b^2} \quad ②.$$

由①②及 $|OG|^2 = |OD| \cdot |OE|$ 得 $|OD| = \frac{|t|\sqrt{a^4k^2+b^4}}{a^2k}$，即
$$|OD|^2 = \frac{t^2(a^4k^2+b^4)}{a^4k^2},$$

又 $|OD|^2 = x_D^2 + y_D^2 = x_D^2 + \frac{b^4}{a^4k^2}x_D^2 = \frac{a^4k^2+b^4}{a^4k^2}x_D^2$ 且 x_D 与 $\frac{a^2}{t}$ 同号，得
$$x_D = t.$$

故点 D 在直线 $x = t$ 上.

引申 3 已知椭圆 $C: \frac{x^2}{a^2} + \frac{y^2}{b^2} = 1 (a > b > 0)$，斜率为 $k(k>0)$ 且过点 $\left(\frac{a^2}{t}, 0\right)$ 的直线 l 交椭圆 C 于 A, B 两点，线段 AB 的中点为 E，射线 OE 交直线 $x = t$ 于点 D. 若点 G 在射线 OE 上，且 $|OG|^2 = |OD| \cdot |OE|$，则点 G 在椭圆 C 上.

证明 由题意可设直线
$$l: y = k\left(x - \frac{a^2}{t}\right),$$

将其代入椭圆的方程 $\dfrac{x^2}{a^2}+\dfrac{y^2}{b^2}=1$，整理得

$$t^2(a^2k^2+b^2)x^2-2a^4k^2tx+a^6k^2-a^2b^2t^2=0.$$

设 $A(x_1,y_1),B(x_2,y_2)$，则

$$x_1+x_2=\dfrac{2a^4k^2}{(a^2k^2+b^2)t},$$

所以 $E\left(\dfrac{a^4k^2}{(a^2k^2+b^2)t},\dfrac{-a^2b^2k}{(a^2k^2+b^2)t}\right)$，从而 $k_{OE}=-\dfrac{b^2}{a^2k}$，故直线 OE 的方程为 $y=-\dfrac{b^2}{a^2k}x$，所以

$$|OE|=\dfrac{a^2k\sqrt{a^4k^2+b^4}}{(a^2k^2+b^2)|t|} \quad ①.$$

因为

$$|OD|=\dfrac{|t|\sqrt{a^4k^2+b^4}}{a^2k} \quad ②,$$

所以由①②及 $|OG|^2=|OD|\cdot|OE|$ 得

$$|OG|^2=\dfrac{a^4k^2+b^4}{a^2k^2+b^2}.$$

又因为点 G 在射线 OE 上，$|OG|^2=x_G^2+y_G^2=x_G^2+\dfrac{b^4}{a^4k^2}x_G^2=\dfrac{a^4k^2+b^4}{a^4k^2}x_G^2$，所以

$$x_G^2=\dfrac{a^4k^2}{a^2k^2+b^2},\quad y_G^2=\dfrac{b^4}{a^2k^2+b^2},$$

因此

$$\dfrac{x_G^2}{a^2}+\dfrac{y_G^2}{b^2}=\dfrac{a^2k^2}{a^2k^2+b^2}+\dfrac{b^2}{a^2k^2+b^2}=1.$$

故点 G 在椭圆 C 上.

类似地，对于双曲线 $\dfrac{x^2}{a^2}-\dfrac{y^2}{b^2}=1(a>0,b>0)$，上面的结论同样成立，不再赘述.

点评 通过探究，把圆锥曲线中的定值、定点、定直线等圆锥曲线的重要问题都囊括其中，这些性质浑然一体、相得益彰. 这些性质不仅是高考命题者所推崇的，也是我们高考复习研究的重要素材.

4.3.3 聚焦椭圆准线与对称轴的交点的性质

椭圆有三个常见的特征点，即焦点、顶点、椭圆准线与对称轴的交点. 在教学研究中，我们常常钟情于对椭圆的焦点、顶点等"点"性质的研究，而对椭圆准线与对称轴交点的性质的讨论却是教学研究的一个盲点，是一个被遗忘的角落. 聚集在椭圆准线与对称轴的交点上，能得到很多有趣的性质，耐人寻味的性质蕴含着椭圆丰富多彩的几何特征. 本文试图对椭圆准线与对称轴的交点性质作一些思考与总结.

(1) 与定值有关

性质 1 设椭圆 $\dfrac{x^2}{a^2}+\dfrac{y^2}{b^2}=1(a>b>0)$ 的左准线 l 与 x 轴的交点为 M，则椭圆左顶点到左焦点的距离与到点 M 的距离之比为椭圆的离心率 e.

提示 利用椭圆的第二定义易证明.

性质 2 过椭圆的准线与对称轴的交点作椭圆的切线,则切线斜率等于该椭圆离心率或离心率的相反数.

证明 设椭圆的方程为 $\dfrac{x^2}{a^2}+\dfrac{y^2}{b^2}=1(a>b>0)$,则其左准线与对称轴的交点为 $\left(-\dfrac{a^2}{c},0\right)$. 设所作椭圆的切线的切点为 (x_0,y_0),得切线的方程为 $\dfrac{xx_0}{a^2}+\dfrac{yy_0}{b^2}=1$. 又因为切线过点 $\left(-\dfrac{a^2}{c},0\right)$,所以将其代入切线的方程得 $\left(-\dfrac{a^2}{c}\right)\dfrac{x_0}{a^2}+\dfrac{y_0}{b^2}\times 0=1$,即 $x_0=-c\Rightarrow P\left(-c,\pm\dfrac{b^2}{a}\right)$,故切线斜率为 $k=\pm\dfrac{b^2 x_0}{a^2 y_0}=\pm e$.

引申 过椭圆的准线与对称轴的交点作椭圆的两条切线,则切点弦长等于该椭圆的通径.

证明 设椭圆的方程为 $\dfrac{x^2}{a^2}+\dfrac{y^2}{b^2}=1(a>b>0)$,则其左准线与对称轴的交点为 $\left(-\dfrac{a^2}{c},0\right)$,椭圆的切线的切点为 P. 由"性质 2"的证明可知 $P\left(-c,\pm\dfrac{b^2}{a}\right)$,所以切点弦长等于 $\dfrac{2b^2}{a}$.

性质 3 设椭圆 $\dfrac{x^2}{a^2}+\dfrac{y^2}{b^2}=1(a>b>0)$ 的左、右焦点分别为 F_1,F_2,在第一象限过椭圆的右准线与对称轴的交点 M 作椭圆的切线,切点为 T,过点 T 作斜率为 $-\dfrac{1}{e}$ 的直线,交对称轴于点 P,则 $\angle MTP=\angle MF_1T$.

证明 如图 4.3-4,由"性质 2"及其"引申"知 $T\left(c,\dfrac{b^2}{a}\right)$,椭圆的切线斜率为 $-e$,所以

$$\tan\angle MF_1T=\dfrac{b^2}{2ac},\quad \tan\angle MTP=\dfrac{-e-\left(-\dfrac{1}{e}\right)}{1+(-e)\left(-\dfrac{1}{e}\right)}=\dfrac{b^2}{2ac},$$

所以

$$\angle MTP=\angle MF_1T.$$

图 4.3-4

点评 此性质与圆中的弦切角定理非常相似.

性质 4 设 F 为椭圆 $\dfrac{x^2}{a^2}+\dfrac{y^2}{b^2}=1(a>b>0)$ 的左焦点,椭圆的左准线 l 与 x 轴交于点 M,P 为椭圆上的任意一点,若 $\angle PFM=\alpha$,$\angle PMF=\beta$,则 $\tan\beta=e\cdot\sin\alpha$.

证明 过点 P 作准线 l 的垂线,垂足为 H. 由椭圆的第二定义得 $\dfrac{|PF|}{|PH|}=e$,所以

$$\cos\beta=\dfrac{|PH|}{|PM|}=\dfrac{|PF|}{e|PM|}\Rightarrow e\cdot\cos\beta=\dfrac{|PF|}{|PM|}.$$

在 $\triangle PMF$ 中,由正弦定理知 $\dfrac{|PM|}{\sin\alpha}=\dfrac{|PF|}{\sin\beta}\Rightarrow\dfrac{|PF|}{|PM|}=\dfrac{\sin\beta}{\sin\alpha}$,所以

$$\dfrac{\sin\beta}{\sin\alpha}=e\cdot\cos\beta,$$

即
$$\tan\beta = e \cdot \sin\alpha.$$

(2) 与角平分线有关

性质 5 过椭圆 $\dfrac{x^2}{a^2}+\dfrac{y^2}{b^2}=1(a>b>0)$ 的左焦点 F 作任意一条与两坐标轴都不垂直的弦 AB，若 M 为椭圆的左准线 l 与对称轴的交点，则 MF 恒为 $\angle AMB$ 的内角平分线.

证明 过点 A,B 分别作 l 的垂线，垂足为 C,D. 由椭圆的第二定义得 $\dfrac{|AF|}{|AC|}=\dfrac{|BF|}{|BD|}$，即
$$\frac{|AF|}{|BF|}=\frac{|AC|}{|BD|}.$$

因为 $AC // FM // BD$，所以
$$\frac{|AF|}{|BF|}=\frac{|CM|}{|DM|}.$$

于是 $\dfrac{|CM|}{|DM|}=\dfrac{|AC|}{|BD|}$，即
$$\frac{|AC|}{|CM|}=\frac{|BD|}{|DM|}.$$

所以 $\angle AMC=\angle BMD \Rightarrow \angle AMF=\angle BMF$，故 MF 恒为 $\angle AMB$ 的内角平分线.

引申 1 过椭圆 $\dfrac{x^2}{a^2}+\dfrac{y^2}{b^2}=1(a>b>0)$ 的左焦点 F 作任意一条与两坐标轴都不垂直的弦 AB，设点 F 分有向线段 $\overrightarrow{AB}$ 所成的比为 λ，若点 M 为椭圆的左准线 l 与对称轴的交点，则 $\overrightarrow{MF} \perp (\overrightarrow{MA}-\lambda\overrightarrow{MB})$.

分析 "引申 1"可以看作是 2004 年湖南卷理科数学试题第 21 题在椭圆中的一个推广. 这个性质是以向量形式出现的，我们可以脱去向量，凸现椭圆的几何性质.

证明 过 A,B 两点分别作 $AP \perp x$ 轴、$BQ \perp x$ 轴.
$\overrightarrow{MF} \perp (\overrightarrow{MA}-\lambda\overrightarrow{MB})$
$\Leftrightarrow \overrightarrow{MF} \cdot (\overrightarrow{MA}-\lambda\overrightarrow{MB})=0$
$\Leftrightarrow |\overrightarrow{MF}| \cdot |\overrightarrow{MA}|\cos\angle AMF - \lambda|\overrightarrow{MF}||\overrightarrow{MB}|\cos\angle BMF=0$
$\Leftrightarrow |\overrightarrow{MA}|\cos\angle AMF - \lambda|\overrightarrow{MB}|\cos\angle BMF=0$
$\Leftrightarrow |\overrightarrow{MP}|=\lambda|\overrightarrow{MQ}|$
$\Leftrightarrow \dfrac{|\overrightarrow{MP}|}{|\overrightarrow{MQ}|}=\lambda$
$\Leftrightarrow \dfrac{|\overrightarrow{MP}|}{|\overrightarrow{MQ}|}=\lambda=\dfrac{|\overrightarrow{AF}|}{|\overrightarrow{FB}|}=\dfrac{|\overrightarrow{AP}|}{|\overrightarrow{BQ}|}$
$\Leftrightarrow \dfrac{|\overrightarrow{MP}|}{|\overrightarrow{MQ}|}=\dfrac{|\overrightarrow{AP}|}{|\overrightarrow{BQ}|}$
$\Leftrightarrow \dfrac{|\overrightarrow{AP}|}{|\overrightarrow{MP}|}=\dfrac{|\overrightarrow{BQ}|}{|\overrightarrow{MQ}|}$
$\Leftrightarrow \tan\angle AMF=\tan\angle BMF$
$\Leftrightarrow \angle AMF=\angle BMF.$

此证明方法使我们从本质上看清楚"引申 1"与"性质 5"是等价的. 另外, 也可以直接利用"性质 5"证明"引申 1"(如下).

由"性质 5"知 MF 为 $\angle AMB$ 的内角平分线, 所以由内角平分线定理知
$$\frac{|\overrightarrow{MA}|}{|\overrightarrow{MB}|}=\frac{|\overrightarrow{AF}|}{|\overrightarrow{FB}|}.$$

因为 $\frac{|\overrightarrow{AF}|}{|\overrightarrow{FB}|}=\lambda$, 所以 $\frac{|\overrightarrow{MA}|}{|\overrightarrow{MB}|}=\lambda \Rightarrow |\overrightarrow{MA}|=\lambda|\overrightarrow{MB}|$, 从而
$$|\overrightarrow{MA}||\overrightarrow{MF}|\cos\angle AMF=\lambda|\overrightarrow{MB}||\overrightarrow{MF}|\cos\angle BMF,$$
即
$$|\overrightarrow{MF}|\cdot(|\overrightarrow{MA}|-\lambda|\overrightarrow{MB}|)=0.$$

证毕.

引申 2 过椭圆 $\frac{x^2}{a^2}+\frac{y^2}{b^2}=1(a>b>0)$ 的左焦点 F 作任意一条与两坐标轴都不垂直的弦 AB, 若 M 为椭圆的左准线 l 与对称轴的交点, $MB \perp AB$, AH 垂直 x 轴于点 H, 则 $|AH|=|BH|$.

证明 由"性质 5"知 MF 为 $\angle AMB$ 的内角平分线, 所以 $\angle AMF=\angle BMF$, 易知 A,H,B,M 四点共圆, 所以 $\angle BAH=\angle BMF$, $\angle ABH=\angle AMF$, 故 $\angle BAH=\angle ABH$, 所以 $|AH|=|BH|$.

性质 6 若 M 为椭圆 $\frac{x^2}{a^2}+\frac{y^2}{b^2}=1(a>b>0)$ 的左准线 l 与 x 轴的交点, 椭圆的左焦点为 F, 过点 M 作椭圆的任意一条弦 AB, 则 MF 平分 $\angle AFB$ 的外角.

分析 只要证明 $k_{FA}+k_{FB}=0$ 即可.

证明 设 $A(x_1,y_1), B(x_2,y_2)$, 直线 AB 的方程为
$$y=k(x-m),$$
其中 $m=-\frac{a^2}{c}$. 将直线方程代入椭圆方程得
$$(a^2k^2+b^2)x^2-2a^2k^2mx+a^2k^2m^2-a^2b^2=0,$$
所以
$$x_1+x_2=\frac{2a^2k^2m}{a^2k^2+b^2},$$
$$x_1x_2=\frac{a^2k^2m^2-a^2b^2}{a^2k^2+b^2}.$$
所以
$$k_{AF}+k_{BF}=\frac{y_1}{x_1+c}+\frac{y_2}{x_2+c}=\frac{x_1y_2+x_2y_1+c(y_1+y_2)}{x_1x_2+c(x_1+x_2)+c^2} \quad ①.$$
因为
$$x_1y_2+x_2y_1=x_1k(x_2-m)+x_2k(x_1-m)=k[2x_1x_2-m(x_1+x_2)]=\frac{-2ka^2b^2}{a^2k^2+b^2} \quad ②,$$
又因为
$$c(y_1+y_2)=c[k(x_1-m)+k(x_2-m)]=ck[(x_1+x_2)-2m]=\frac{-2kb^2cm}{a^2k^2+b^2}=\frac{-2kb^2c\cdot\frac{-a^2}{c}}{a^2k^2+b^2}=\frac{2ka^2b^2}{a^2k^2+b^2} \quad ③,$$

将②③代入①,得

$$k_{FA}+k_{FB}=0.$$

证毕.

引申 若 M 为椭圆 $\dfrac{x^2}{a^2}+\dfrac{y^2}{b^2}=1(a>b>0)$ 的左准线 l 与 x 轴的交点,椭圆的左焦点为 F,过点 M 作椭圆的任意一条的弦 AB,过点 F 且平行于 y 轴的直线交直线 AB 于点 C,则直线 CF 为 $\angle AFB$ 的内角平分线.

分析 只要证明 $\angle MFA = \angle BFx \Leftrightarrow k_{FA}+k_{FB}=0$,由"性质4"即可得到证明.

(3) 与过焦点有关

性质 7 过椭圆的左准线与对称轴的交点 M 作椭圆的切线,切点分别为 P,Q,则直线 PQ 过椭圆的左焦点.

提示 已在"性质2"中证明.

性质 8 过椭圆 $\dfrac{x^2}{a^2}+\dfrac{y^2}{b^2}=1(a>b>0)$ 的左准线 l 与 x 轴的交点 M 作直线,交椭圆于 A,B 两点,过点 A,B 的椭圆的两条切线交于点 P,则点 P 在 x 轴上的射影为椭圆的左焦点 F.

证明 设 $A(a\cos\alpha, b\sin\alpha), B(a\cos\beta, b\sin\beta)$,易得椭圆的切线 PA 的方程为

$$\frac{x\cos\alpha}{a}+\frac{y\sin\alpha}{b}=1,$$

切线 PB 的方程为

$$\frac{x\cos\beta}{a}+\frac{y\sin\beta}{b}=1,$$

解得点 P 的横坐标为

$$x_P=\frac{a(\sin\alpha-\sin\beta)}{\sin(\alpha-\beta)}.$$

由三点共线得 $\dfrac{\sin\alpha-\sin\beta}{\sin(\alpha-\beta)}=-\dfrac{c}{a}$,所以

$$x_P=a\left(-\frac{c}{a}\right)=-c,$$

所以 $PF\perp x$ 轴,点 P 在 x 轴上的射影为椭圆的左焦点 F.

性质 9 若 A 为椭圆 $\dfrac{x^2}{a^2}+\dfrac{y^2}{b^2}=1(a>b>0)$ 的左准线与对称轴的交点,椭圆的左焦点为 F,过点 A 作直线 l,交椭圆于 P,Q 两点,点 Q 关于 x 轴的对称点为 Q_1,则直线 PQ_1 过椭圆的左焦点 F.

证明 设直线 l 过点 $A(m,0)$ $\left(\text{其中 } m=-\dfrac{a^2}{c}\right)$,与椭圆交于点 $P(x_1,y_1), Q(x_2,y_2)$. 设 PQ_1 交 x 轴于点 B,而点 Q_1 与点 Q 关于 x 轴对称,则 $Q_1(x_2,-y_2)$. 设 $\overrightarrow{AP}=\lambda\overrightarrow{AQ}$,则 $y_1-0=\lambda(y_2-0)$,所以 $0-y_1=\lambda(0-y_2)$,所以 $\overrightarrow{PB}=\lambda\overrightarrow{BQ_1}$. 由 $\overrightarrow{AP}=\lambda\overrightarrow{AQ}$ 得

$$m=\frac{x_1-\lambda x_2}{1-\lambda} \quad ①,$$

由 $\overrightarrow{PB}=\lambda\overrightarrow{BQ_1}$ 得

$$x_B=\frac{x_1+\lambda x_2}{1+\lambda} \quad ②.$$

由①×②得

$$mx_{B_1}=\frac{x_1^2-\lambda^2 x_2^2}{1-\lambda^2} \quad ③.$$

因为

$$\frac{x_1^2}{a^2}+\frac{y_1^2}{b^2}=1 \quad ④,$$

$$\frac{x_2^2}{a^2}+\frac{y_2^2}{b^2}=1 \quad ⑤.$$

又因为 $y_1=\lambda y_2$，所以由④-⑤·λ^2 得 $\frac{x_1^2}{a^2}-\frac{\lambda^2 x_2^2}{a^2}=1-\lambda^2$，即

$$\frac{x_1^2-\lambda^2 x_2^2}{1-\lambda^2}=a^2 \quad ⑥.$$

由③⑥可知 $mx_{B_1}=a^2$，所以 $x_B=\frac{a^2}{m}$，所以点 B 为定点 $\left(\frac{a^2}{m},0\right)$。因为 $m=-\frac{a^2}{c}$，所以点 B 为一定点 $(-c,0)$，即直线 PQ_1 过椭圆的左焦点 F。

引申 已知椭圆 $\frac{x^2}{a^2}+\frac{y^2}{b^2}=1(a>b>0)$ 的相应于焦点 $F(c,0)(c>0)$ 的准线 l 与 x 轴相交于点 A，过点 A 的直线与椭圆相交于 P,Q 两点。设 $\overrightarrow{AP}=\lambda\overrightarrow{AQ}(\lambda>1)$，过点 P 且平行于准线 l 的直线与椭圆相交于另一点 M，证明：$\overrightarrow{FM}=-\lambda\overrightarrow{FQ}$。

点评 以上主要围绕着离心率、角平分线和焦点等问题展开讨论，这些性质涵盖了椭圆中的切线、焦点弦等重要直线（线段）。另外，以上椭圆的性质同样可以类比地迁移到双曲线与抛物线中去。

4.3.4 抛物线对称轴上的定点的性质探究

抛物线的对称轴上分布着许多特殊的点，如焦点、顶点、抛物线准线与对称轴的交点等，这些"点"蕴含着抛物线很多引人入胜的几何特征。同样地，与抛物线对称轴上的定点有关的性质也很精彩，在高考数学及竞赛试题中频频亮相，使人耳目一新。本节试图对其进行总结与归纳，为了讨论方便，只讨论抛物线 $y^2=2px$ $(p>0)$ 的情形。

(1) 有关定值问题

性质 1 过抛物线 $y^2=2px(p>0)$ 的对称轴上的任意一点 $P(m,0)(m>0)$ 作直线，与抛物线交于 A,B 两点，这两个交点的纵坐标分别为 y_1,y_2，则有 $y_1y_2=-2pm$。

证明 设直线 AB 的方程为

$$x=ky+m,$$

代入抛物线方程 $y^2=2px(p>0)$，整理得

$$y^2-2pky-2pm=0.$$

由韦达定理得

$$y_1y_2=-2pm(\text{定值}).$$

性质 2 设 $P(-m,0)(m>0)$ 为抛物线 $y^2=2px(p>0)$ 的对称轴上的任意一点,点 Q 是点 P 关于原点的对称点,点 M 在抛物线上. 设 $\angle MPQ=\alpha, \angle MQP=\beta$,则有 $\dfrac{1}{\tan^2\alpha}-\dfrac{1}{\tan^2\beta}=\dfrac{2m}{p}$(定值).

证明 设点 M 的坐标为 (x,y),由题意知点 Q 的坐标为 $(m,0)$,所以

$$\dfrac{1}{\tan^2\alpha}=\dfrac{(x+m)^2}{y^2}, \dfrac{1}{\tan^2\beta}=\dfrac{(x-m)^2}{y^2}.$$

故

$$\dfrac{1}{\tan^2\alpha}-\dfrac{1}{\tan^2\beta}=\dfrac{(x+m)^2-(x-m)^2}{y^2}=\dfrac{4mx}{y^2}=\dfrac{4mx}{2px}=\dfrac{2m}{p}(定值).$$

(2)有关角平分线问题

性质 3 过抛物线 $y^2=2px(p>0)$ 的对称轴上的任意一点 $P(m,0)(m>0)$ 作直线,与抛物线交于 A,B 两点,直线 $l:x=-m$ 交对称轴于点 Q,则 PQ 为 $\angle AQB$ 的内角平分线.

分析 只要证明 $k_{QA}+k_{QB}=0$ 即可.

证明 (1)当直线 AB 的斜率不存在时,易证 PQ 平分 $\angle AQB$ 的内角.

(2)当直线 AB 的斜率存在时,设点 $A(x_1,y_1),B(x_2,y_2)$,直线 AB 的方程为

$$y=k(x-m),$$

将直线方程代入抛物线方程,整理得

$$k^2x^2-(2mk^2+2p)x+k^2m^2=0,$$

所以

$$x_1+x_2=\dfrac{2k^2m+2p}{k^2}, x_1x_2=m^2,$$

从而

$$k_{QA}+k_{QB}=\dfrac{y_1}{x_1+m}+\dfrac{y_2}{x_2+m}=\dfrac{x_1y_2+x_2y_1+m(y_1+y_2)}{x_1x_2+m(x_1+x_2)+m^2} \quad ①.$$

因为

$$x_1y_2+x_2y_1=x_1k(x_2-m)+x_2k(x_1-m)=k[2x_1x_2-m(x_1+x_2)]=\dfrac{-2pm}{k} \quad ②,$$

又

$$m(y_1+y_2)=m[k(x_1-m)+k(x_2-m)]=mk[(x_1+x_2)-2m]=\dfrac{2pm}{k} \quad ③,$$

把②③代入①得

$$k_{QA}+k_{QB}=0.$$

证毕.

引申 (2004 年湖南卷)过抛物线 $y^2=2px(p>0)$ 的对称轴上任意一点 $P(m,0)(m>0)$ 作直线,与抛物线交于 A,B 两点,点 Q 是点 P 关于原点的对称点. 设点 P 分有向线段 $\overrightarrow{AB}$ 所成的比为 λ,证明: $\overrightarrow{QP}\perp(\overrightarrow{QA}-\lambda\overrightarrow{QB})$.

证明 过 A,B 两点分别作 $AM\perp x$ 轴、$BN\perp x$ 轴.

$\overrightarrow{QP}\perp(\overrightarrow{QA}-\lambda\overrightarrow{QB})$

$\Leftrightarrow \overrightarrow{QP}\cdot(\overrightarrow{QA}-\lambda\overrightarrow{QB})=0$

$\Leftrightarrow |\overrightarrow{QP}||\overrightarrow{QA}|\cos\angle AQP - \lambda|\overrightarrow{QP}||\overrightarrow{QB}|\cos\angle BQP = 0$

$\Leftrightarrow |\overrightarrow{QA}|\cos\angle AQP - \lambda|\overrightarrow{QB}|\cos\angle BQP = 0$

$\Leftrightarrow |\overrightarrow{QM}| = \lambda|\overrightarrow{QN}|$

$\Leftrightarrow \dfrac{|\overrightarrow{QM}|}{|\overrightarrow{QN}|} = \lambda$

$\Leftrightarrow \dfrac{|\overrightarrow{QM}|}{|\overrightarrow{QN}|} = \lambda = \dfrac{|\overrightarrow{AP}|}{|\overrightarrow{PB}|} = \dfrac{|\overrightarrow{AM}|}{|\overrightarrow{BN}|}$

$\Leftrightarrow \dfrac{|\overrightarrow{QM}|}{|\overrightarrow{QN}|} = \dfrac{|\overrightarrow{AM}|}{|\overrightarrow{BN}|}$

$\Leftrightarrow \dfrac{|\overrightarrow{QM}|}{|\overrightarrow{AM}|} = \dfrac{|\overrightarrow{QN}|}{|\overrightarrow{BN}|}$

$\Leftrightarrow \tan\angle AQP = \tan\angle BQP$

$\Leftrightarrow \angle AQP = \angle BQP$.

此证明方法使我们从向量与几何的视角去考虑问题,也从本质上看清楚"性质3"及其"引申"是等价的. 另外,也可以直接利用"性质3"来证明"引申",如下:

由"性质3"知QP为$\angle AQB$的内角平分线,由内角平分线定理知

$$\dfrac{|\overrightarrow{QA}|}{|\overrightarrow{QB}|} = \dfrac{|\overrightarrow{AP}|}{|\overrightarrow{PB}|}.$$

因为$\dfrac{|\overrightarrow{AP}|}{|\overrightarrow{PB}|} = \lambda$,所以$\dfrac{|\overrightarrow{QA}|}{|\overrightarrow{QB}|} = \lambda \Rightarrow |\overrightarrow{QA}| = \lambda|\overrightarrow{QB}|$,所以

$$|\overrightarrow{QA}||\overrightarrow{QP}| = \lambda|\overrightarrow{QB}||\overrightarrow{QP}|.$$

又因为$\angle AQP = \angle BQP$,所以

$$|\overrightarrow{QP}||\overrightarrow{QA}|\cos\angle AQP - \lambda|\overrightarrow{QP}||\overrightarrow{QB}|\cos\angle BQP = 0 \Leftrightarrow \overrightarrow{QP} \cdot (\overrightarrow{QA} - \lambda\overrightarrow{QB}) = 0.$$

性质4 过抛物线$y^2 = 2px(p>0)$的对称轴上任意一点$P(-m, 0)(m>0)$作直线与抛物线交于A, B两点,Q是点P关于原点的对称点,则PQ为$\angle AQB$的外角平分线.

分析 只要证明$k_{AQ} + k_{BQ} = 0$即可.

证明 设$A(x_1, y_1), B(x_2, y_2)$,直线AB的方程为

$$y = k(x+m),$$

将直线方程代入过抛物线方程得

$$k^2 x^2 + (2mk^2 - 2p)x + k^2 m^2 = 0,$$

所以

$$x_1 + x_2 = -\dfrac{2k^2 m - 2p}{k^2}, \quad x_1 x_2 = m^2,$$

从而

$$k_{AQ} + k_{BQ} = \dfrac{y_1}{x_1 - m} + \dfrac{y_2}{x_2 - m} = \dfrac{x_1 y_2 + x_2 y_1 - m(y_1 + y_2)}{x_1 x_2 - m(x_1 + x_2) + m^2} \quad ①.$$

因为

$$x_1y_2+x_2y_1=x_1k(x_2+m)+x_2k(x_1+m)=k[2x_1x_2+m(x_1+x_2)]=\frac{2pm}{k} \quad ②,$$

又

$$m(y_1+y_2)=m[k(x_1+m)+k(x_2+m)]=mk[(x_1+x_2)+2m]=\frac{2pm}{k} \quad ③,$$

把②③代入①得

$$k_{AQ}+k_{BQ}=0.$$

证毕.

引申 过抛物线 $y^2=2px(p>0)$ 的对称轴上任一点 $P(-m,0)(m>0)$ 作直线,与抛物线交于 A,B 两点,点 Q 是点 P 关于原点的对称点,过点 Q 且平行于 y 轴的直线交直线 AB 于点 C,则 CQ 为 $\angle AQB$ 的内角平分线.

分析 只要证明 $\angle PQA=\angle BQx \Leftrightarrow k_{AQ}+k_{BQ}=0$,由"性质4"即可得到证明.

(3) 有关过定点问题

性质5 过抛物线线 $y^2=2px(p>0)$ 的对称轴上的任意一点 $P(m,0)(m>0)$ 作直线,与抛物线交于 A,B 两点,直线 $l:x=-m$ 交对称轴于点 Q,$BC/\!/PQ$,点 C 在直线 l 上,则直线 AC 过 PQ 的中点 O.

分析 此性质是"2001年全国高考数学试题"的一个推广.

证明 设 $A\left(\dfrac{y_1^2}{2p},y_1\right),B\left(\dfrac{y_2^2}{2p},y_2\right)$,得 $C(-m,y_2)$. 由"性质1"知

$$y_1y_2=-2pm.$$

因为

$$k_{OA}=\frac{y_1}{\frac{y_1^2}{2p}}=\frac{2p}{y_1},\quad k_{OC}=\frac{y_2}{-m}=\frac{2py_2}{y_1y_2}=\frac{2p}{y_1},$$

所以

$$k_{OA}=k_{OC}.$$

从而 A,C,O 三点共线,即直线 AC 过 PQ 的中点 O.

性质6 过抛物线 $y^2=2px(p>0)$ 的对称轴上的任意一点 $P(-m,0)(m>0)$ 作抛物线的切线,切点分别为 A,B,则直线 AB 过定点 $(m,0)$.

证明 设切点 $A(x_0,y_0)$,则点 A 处切线的方程为

$$yy_0=p(x+x_0).$$

由于切线过点 $P(-m,0)$,所以 $0=p(-m+x_0)$,得 $x_0=m$. 因此,直线 AB 的方程为

$$x=m.$$

故直线 AB 过定点 $(m,0)$.

性质7 过定点 $P(m,0)(m<0)$ 作直线 l,交抛物线 $C:y^2=2px(p>0)$ 于 A,B 两点,点 B 关于 x 轴的对称点为 B_1,连接 AB_1,交 x 轴于点 Q,则直线 AB_1 恒过一定点.

证明 如图 4.3-5,设 $A(x_1,y_1), B(x_2,y_2)$,已知点 B_1 与点 B 关于 x 轴对称,则 $B_1(x_2,-y_2)$,直线 AB 的方程为

$$y-y_1=k_{AB}(x-x_1),$$

其中 $k_{AB}=\dfrac{y_2-y_1}{x_2-x_1}=\dfrac{2p}{y_1+y_2}$,则

$$AB: y=\dfrac{2px}{y_1+y_2}+\dfrac{y_1y_2}{y_1+y_2}.$$

同理 $AB_1: y=\dfrac{2px}{y_1-y_2}-\dfrac{y_1y_2}{y_1-y_2}.$

又直线 AB 过点 $(m,0)$,则 $0=\dfrac{2pm}{y_1+y_2}+\dfrac{y_1y_2}{y_1+y_2}$,于是

$$y_1y_2=-2pm.$$

因此,直线 AB_1 的方程可改写为 $y=\dfrac{2px}{y_1-y_2}+\dfrac{2pm}{y_1-y_2}$,即

$$y=\dfrac{2p}{y_1-y_2}(x+m).$$

可知直线 AB_1 恒过点 $(-m,0)$.

点评 以上主要围绕着有关定值、角平分线、过定点等问题展开讨论,这些性质涵盖了抛物线中许多重要的几何特征.另外,以上抛物线的性质同样可以类比地迁移到双曲线和抛物线中去.

4.3.5 圆锥曲线中以蝴蝶定理为背景的三点共线问题剖析

(1)问题的呈现

已知抛物线 $y=x^2$ 和三个点 $M(x_0,y_0), P(0,y_0), N(-x_0,y_0)(y_0\neq x_0^2, y_0>0)$,过点 M 的一条直线交抛物线于 A,B 两点,AP,BP 的延长线分别交曲线 C 于点 E,F.证明:E,F,N 三点共线.

证明 如图 4.3-6,设 $A(x_1,x_1^2), B(x_2,x_2^2), E(x_E,y_E), F(x_F,y_F)$,则直线 AB 的方程为 $y=\dfrac{x_1^2-x_2^2}{x_1-x_2}(x-x_1)+x_1^2$,即

$$y=(x_1+x_2)x-x_1x_2.$$

因为 $M(x_0,y_0)$ 在 AB 上,所以

$$y_0=(x_1+x_2)x_0-x_1x_2 \quad ①.$$

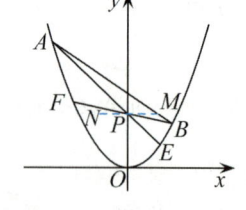

又因为直线 AP 的方程为

$$y=\dfrac{x_1^2-y_0}{x_1}x+y_0,$$

由 $\begin{cases} y=\dfrac{x_1^2-y_0}{x_1}x+y_0, \\ x^2=y \end{cases}$ 得

$$x^2-\dfrac{x_1^2-y_0}{x_1}x-y_0=0,$$

所以 $x_1+x_E=\dfrac{x_1^2-y_0}{x_1}\Rightarrow x_E=-\dfrac{y_0}{x_1}, y_E=\dfrac{y_0^2}{x_1^2}$. 同理 $x_F=-\dfrac{y_0}{x_2}, y_F=\dfrac{y_0^2}{x_2^2}$. 所以直线 EF 的方程为

$$y=-\left(\dfrac{x_1+x_2}{x_1x_2}\right)y_0x-\dfrac{y_0^2}{x_1x_2}.$$

令 $x=-x_0$,得
$$y=\frac{y_0}{x_1x_2}[(x_1+x_2)x_0-y_0].$$

将①代入上式得 $y=y_0$,即点 N 在直线 EF 上,所以 E,F,N 三点共线.

点评 这是一道设计新颖别致,令人赏心悦目的题目.整个图形的形状和谐优美,酷似一只美丽的蝴蝶,所以有人形象地把它称为"蝴蝶定理".从方法上看,解题过程渗透了解析几何的最朴素的思想,没有高深的技巧,但对解析几何的思想方法考查得淋漓尽致,这是一道不得不让人折服的题目.

(2)问题的拓展

该高考试题所刻画的背景是抛物线中所蕴含的"蝴蝶定理",那么对圆锥曲线中的椭圆或双曲线是否有相似的结论呢？答案是肯定的.

引申 1 如图 4.3-7,已知椭圆 $\frac{x^2}{a^2}+\frac{y^2}{b^2}=1(a>b>0)$ 和三个点 $M(x_0,y_0)$, $P(0,y_0)$, $N(-x_0,y_0)$,过点 M 的一条直线交椭圆于 A,B 两点,AP,BP 的延长线分别交椭圆于 E,F.证明:E,F,N 三点共线.

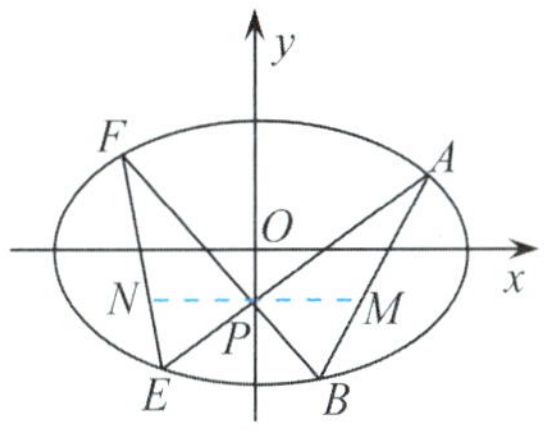

图 4.3-7

分析 要证明这个结论,我们不妨先证明下面的引理.

引理 直线 $AE:y=k_1x+y_0$ 交椭圆 $\frac{x^2}{a^2}+\frac{y^2}{b^2}=1(a>b>0)$ 于 $A(x_1,y_1),E(x_2,y_2)$ 两点,直线 $BF:y=k_2x+y_0$ 交椭圆于 $B(x_3,y_3),F(x_4,y_4)(y_1>0,y_4>0)$ 两点,则 $\frac{k_1x_1x_2}{x_1+x_2}=\frac{k_2x_3x_4}{x_3+x_4}$.

证明 把直线 AE 的方程 $y=k_1x+y_0$ 代入椭圆的方程 $\frac{x^2}{a^2}+\frac{y^2}{b^2}=1(a>b>0)$ 得
$$(a^2k_1^2+b^2)x^2+2a^2k_1y_0x+a^2y_0^2-a^2b^2=0.$$

由韦达定理得
$$x_1+x_2=-\frac{2a^2k_1y_0}{a^2k_1^2+b^2},\quad x_1x_2=\frac{a^2y_0^2-a^2b^2}{a^2k_1^2+b^2},$$

从而
$$\frac{k_1x_1x_2}{x_1+x_2}=-\frac{a^2y_0^2-a^2b^2}{2a^2y_0}.$$

同理可得 $\frac{k_2x_3x_4}{x_3+x_4}=-\frac{a^2y_0^2-a^2b^2}{2a^2y_0}$.因此
$$\frac{k_1x_1x_2}{x_1+x_2}=\frac{k_2x_3x_4}{x_3+x_4}.$$

有了这个引理,我们再回头去证明上面的"引申 1"就显得轻而易举.

证明"引申 1" 因为 A,M,B 三点共线,所以 $\frac{x_1-x_0}{x_3-x_0}=\frac{k_1x_1}{k_2x_3}$,即
$$x_0=\frac{(k_1-k_2)x_1x_3}{k_1x_1-k_2x_3} \quad (*).$$

又因为 $\frac{k_1x_1x_2}{x_1+x_2}=\frac{k_2x_3x_4}{x_3+x_4}$,所以
$$\frac{1}{x_3}=\frac{k_2(x_1+x_2)}{k_1\cdot x_1x_2}-\frac{1}{x_4}.$$

代入(*)式得
$$x_0 = \frac{(k_1-k_2)x_2x_4}{k_2x_4-k_1x_2}.$$

而
$$k_{NF}=\frac{k_2x_4}{x_4+x_0}=\frac{k_2x_4}{x_4+\frac{(k_1-k_2)x_2x_4}{k_2x_4-k_1x_2}}=\frac{k_2x_4-k_1x_2}{x_4-x_2}, k_{EF}=\frac{(k_2x_4+y_0)-(k_1x_2+y_0)}{x_4-x_2}=\frac{k_2x_4-k_1x_2}{x_4-x_2},$$

故 $k_{NF}=k_{EF}$,即 E,F,N 三点共线. 当直线 AB,EF 垂直于 x 轴时,显然成立. 另外,该结论对于双曲线也同样成立.

引申 2 (试题的逆命题)过点 $P(0,y_0)$ 作直线 AE,BF,分别交抛物线 $x^2=2px(p>0)$ 于 A,E,B,F 四点,过点 P 作垂直于 y 轴的直线 MN,分别交 AB,EF 于点 M,N,则 $|PM|=|PN|$.

证明 设 $M(p,y_0), N(q,y_0)$(其余变量参考"引理"),因为 A,M,B 三点共线,所以 $\frac{x_1-p}{x_3-p}=\frac{k_1x_1}{k_2x_3}$,即
$$p=\frac{(k_1-k_2)x_1x_3}{k_1x_1-k_2x_3} \quad ①.$$

同理 E,N,F 三点共线,得
$$q=\frac{(k_1-k_2)x_2x_4}{k_1x_2-k_2x_4} \quad ②.$$

由于 $\frac{k_1x_1x_2}{x_1+x_2}=\frac{k_2x_3x_4}{x_3+x_4}$,变形得 $\frac{x_1x_3}{k_1x_1-k_2x_3}=-\frac{x_2x_4}{k_1x_2-k_2x_4}$,即
$$\frac{(k_1-k_2)x_1x_3}{k_1x_1-k_2x_3}=-\frac{(k_1-k_2)x_2x_4}{k_1x_2-k_2x_4},$$

所以 $p=-q$,即
$$|PM|=|PN|.$$

点评 同样地,"引申 2"对于椭圆和双曲线也成立,由于篇幅有限,此处不再赘述. 与这道高考试题一脉相承、不谋而合的还有 2003 年北京市的高考数学试题(如下).

(3) 相关问题链接

如图 4.3-8,已知椭圆的长轴 A_1A_2 与 x 轴平行,短轴 B_1B_2 在 y 轴上,中心为 $M(0,r)(b>r>0)$.

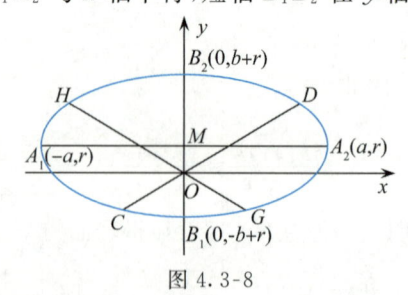

图 4.3-8

(Ⅰ)写出椭圆方程并求出焦点坐标和离心率.

(Ⅱ)设直线 $y=k_1x$ 与椭圆交于点 $C(x_1,y_1), D(x_2,y_2)(y_2>0)$,直线 $y=k_2x$ 与椭圆交于点 $G(x_3,y_3)$, $H(x_4,y_4)(y_4>0)$,证明:$\frac{k_1x_1x_2}{x_1+x_2}=\frac{k_2x_3x_4}{x_3+x_4}$.

(Ⅲ)对于(Ⅱ)中的点 C,D,G,H,设 CH 交 x 轴于点 P,GD 交 x 轴于点 Q,证明:$|OP|=|OQ|$.(证明过程不考虑 CH 或 GD 垂直于 x 轴的情形)

4.3.6 圆锥曲线中以"张角为直角的弦"为背景的定点问题概述

圆锥曲线的弦对一些特征点(顶点、中心、焦点等)的张角为直角的问题,是圆锥曲线中非常典型的问题,蕴含着解析几何丰富的思维方法和思想精髓,高考对这方面内容的考查也方兴未艾、精彩不断.

(1)与顶点的张角为直角的弦

试题1 已知椭圆 C 的中心在坐标原点、焦点在 x 轴上,椭圆 C 上的点到焦点距离的最大值为3、最小值为1.

(Ⅰ)求椭圆 C 的标准方程.

(Ⅱ)若直线 $l:y=kx+m$ 与椭圆 C 相交于 A,B 两点(A,B 不是左右顶点),且以 AB 为直径的圆过椭圆 C 的右顶点.证明:直线 l 过定点,并求出该定点的坐标.

解答 (Ⅰ)如图4.3-9,由题意设椭圆的方程为 $\dfrac{x^2}{a^2}+\dfrac{y^2}{b^2}=1(a>b>0)$,由已知得 $a+c=3,a-c=1$,所以 $a=2,c=1$,所以椭圆的标准方程为

$$\frac{x^2}{4}+\frac{y^2}{3}=1.$$

(Ⅱ)设 $A(x_1,y_1),B(x_2,y_2)$,把 $y=kx+m$ 代入椭圆方程得

$$(3+4k^2)x^2+8mkx+4(m^2-3)=0,$$

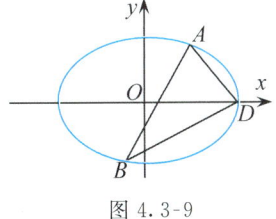

图 4.3-9

则 $\begin{cases}\Delta=64m^2k^2-16(3+4k^2)(m^2-3)>0\Rightarrow 3+4k^2-m^2>0,\\ x_1+x_2=-\dfrac{8mk}{3+4k^2},\\ x_1x_2=\dfrac{4(m^2-3)}{3+4k^2}.\end{cases}$

所以

$$y_1y_2=(kx_1+m)(kx_2+m)=k^2x_1x_2+mk(x_1+x_2)+m^2=\frac{3(m^2-4k^2)}{3+4k^2}.$$

因为以 AB 为直径的圆过椭圆的右顶点 $D(2,0)$,所以 $\overrightarrow{AD}\cdot\overrightarrow{BD}=0$,即

$$y_1y_2+x_1x_2-2(x_1+x_2)+4=0.$$

从而 $\dfrac{3(m^2-4k^2)}{3+4k^2}+\dfrac{4(m^2-3)}{3+4k^2}+\dfrac{16mk}{3+4k^2}+4=0$,整理得

$$7m^2+16mk+4k^2=0,$$

解得 $m_1=-2k,m_2=-\dfrac{2k}{7}$ 且均满足 $3+4k^2-m^2>0$.

当 $m_1=-2k$ 时,直线 l 的方程为 $y=k(x-2)$,过点 $(2,0)$,与已知矛盾;当 $m_2=-\dfrac{2k}{7}$ 时,直线 l 的方程为 $y=k\left(x-\dfrac{2}{7}\right)$,过定点 $\left(\dfrac{2}{7},0\right)$.

所以直线 l 过定点 $\left(\dfrac{2}{7},0\right)$.

点评 这道高考试题揭示了与椭圆顶点的张角为直角的弦问题的一个性质,由这道试题我们可以类似地得到下面的3个引申.

引申1 若直线 l 与椭圆 $C: \dfrac{x^2}{a^2}+\dfrac{y^2}{b^2}=1(a>b>0)$ 交于 M,N 两点,A 为椭圆的右顶点,且 $AM \perp AN$.证明:直线 l 过定点 $\left(\dfrac{e^2}{2-e^2}a,0\right)$.($e$ 为离心率)

引申2 若直线 l 与双曲线 $\dfrac{x^2}{a^2}-\dfrac{y^2}{b^2}=1(a>0,b>0)$ 交于 M,N 两点,A 为双曲线的右顶点,且 $AM \perp AN$.证明:直线 l 过定点 $\left(\dfrac{e^2}{2-e^2}a,0\right)$.($e$ 为离心率)

引申3 若直线 l 与抛物线 $y^2=2px(p>0)$ 交于 M,N 两点,A 为抛物线的顶点,且 $AM \perp AN$.证明:直线 l 过定点 $(2p,0)$.

同样可以证明以上3个引申的逆命题也成立.这一组性质在处理与顶点的张角为直角的弦有关问题中至关重要.下面列举几道相关的高考试题.

试题2 在平面直角坐标系 xOy 中,抛物线 $y=x^2$ 上异于坐标原点 O 的两个不同的动点 A,B 满足 $AO \perp BO$.$\triangle AOB$ 的面积是否存在最小值?若存在,请求出最小值;若不存在,请说明理由.

解答 已知 $AO \perp BO$,由"引申3"可知直线 AB 过定点 $(0,2p)$,即过定点 $(0,1)$.设直线 AB 的方程为
$$y=kx+1,$$
将其代入抛物线的方程 $y=x^2$,整理得
$$x^2-kx-1=0.$$
设 $A(x_1,y_1),B(x_2,y_2)$,则
$$x_1+x_2=k, x_1x_2=-1.$$
从而
$$S_{\triangle AOB}=\dfrac{1}{2}\times 1 \times |x_1-x_2|=\dfrac{1}{2}\sqrt{k^2+4} \geq 1,$$
当 $k=0$ 时取到最小值 1.

试题3 已知 O 为坐标原点,直线 l 在 x 轴和 y 轴上的截距分别是 a 和 $b(a>0,b\neq 0)$,且交抛物线 $y^2=2px(p>0)$ 于 $M(x_1,y_1),N(x_2,y_2)$ 两点.

(Ⅰ)写出直线 l 的截距式方程.

(Ⅱ)证明:$\dfrac{1}{y_1}+\dfrac{1}{y_2}=\dfrac{1}{b}$.

(Ⅲ)当 $a=2p$ 时,求 $\angle MON$ 的大小.

解答 (Ⅰ)(Ⅱ)略.

(Ⅲ)当 $a=2p$ 时,直线 l 经过定点 $(2p,0)$,由"引申3"的逆命题可得 $\angle MON=90°$.

试题4 设 $p(p>0)$ 是一个常数,过点 $Q(2p,0)$ 的直线与抛物线 $y^2=2px$ 交于相异的两点 A,B,以线段 AB 为直径作圆 H(H 为圆心).试证抛物线顶点在圆 H 的圆周上,并求圆 H 面积最小时直线 AB 的方程.

解答 由"引申3"的逆命题可得 $AO \perp BO$,抛物线顶点 O 在圆 H 的圆周上.设直线 AB 的方程为
$$x=my+2p,$$
将其代入抛物线方程 $y^2=2px$,整理得

$$y^2 - 2pmy - 4p^2 = 0,$$

得到圆心 $H(2p+pm^2, pm)$. 因此,圆的半径为

$$|OH| = \sqrt{(m^4+5m^2+4)p^2}.$$

当 $m=0$ 时,圆的面积最小,此时直线 AB 的方程为

$$x = 2p.$$

(2) 与中心的张角为直角的弦

试题 5 已知椭圆的中心是原点 O,它的短轴长为 $2\sqrt{2}$,相应于焦点 $F(c,0)(c>0)$ 的准线 l 与 x 轴相交于点 A,$|OF|=2|FA|$,过点 A 的直线与椭圆相交于 P,Q 两点.

(Ⅰ) 求椭圆的方程及其离心率.

(Ⅱ) 若 $\overrightarrow{OP} \cdot \overrightarrow{OQ}=0$,求直线 PQ 的方程.

解答 (Ⅰ) 椭圆的方程为 $\dfrac{x^2}{6}+\dfrac{y^2}{2}=1$,离心率 $e=\dfrac{\sqrt{6}}{3}$.

(Ⅱ) 由(Ⅰ)可得 $A(3,0)$. 设直线 PQ 的方程为

$$y=k(x-3),$$

将其代入椭圆的方程,整理得

$$(3k^2+1)x^2-18k^2x+27k^2-6=0.$$

依题意 $\Delta=12(2-3k^2)>0$,得

$$-\frac{\sqrt{6}}{3}<k<\frac{\sqrt{6}}{3}.$$

设 $P(x_1,y_1), Q(x_2,y_2)$,则

$$x_1+x_2=\frac{18k^2}{3k^2+1} \quad ①,$$

$$x_1 x_2=\frac{27k^2-6}{3k^2+1} \quad ②.$$

因为

$$y_1 y_2=[k(x_1-3)][k(x_2-3)]=k^2[x_1 x_2-3(x_1+x_2)+9] \quad ③,$$

又因为 $\overrightarrow{OP} \cdot \overrightarrow{OQ}=0$,所以

$$x_1 x_2 + y_1 y_2 = 0 \quad ④.$$

由①②③④得 $5k^2=1$,从而 $k=\pm\dfrac{\sqrt{5}}{5}\in\left(-\dfrac{\sqrt{6}}{3},\dfrac{\sqrt{6}}{3}\right)$,所以直线 PQ 的方程为

$$x-\sqrt{5}y-3=0 \text{ 或 } x+\sqrt{5}y-3=0.$$

(3) 与焦点的张角为直角的弦

试题 6 已知直线 $l: y=kx+1$ 与双曲线 $C: 2x^2-y^2=1$ 的右支交于不同的两点 A,B.

(Ⅰ) 求实数 k 的取值范围.

(Ⅱ) 是否存在实数 k,使得以线段 AB 为直径的圆经过双曲线 C 的右焦点 F?若存在,求出 k 的值;若不存在,说明理由.

解答 (Ⅰ) 易求得实数 k 的取值范围是

$$-2<k<-\sqrt{2}.$$

(Ⅱ)将直线 l 的方程 $y=kx+1$ 代入双曲线 C 的方程 $2x^2-y^2=1$ 后,整理得
$$(k^2-2)x^2+2kx+2=0 \quad ①.$$
设 A,B 两点的坐标分别为 $(x_1,y_1),(x_2,y_2)$,则
$$x_1+x_2=\frac{2k}{2-k^2}, x_1x_2=\frac{2}{k^2-2} \quad ②.$$
假设存在实数 k,使得以线段 AB 为直径的圆经过双曲线 C 的右焦点 $F(c,0)$,则由 $FA \perp FB$ 得 $(x_1-c)(x_2-c)+y_1y_2=0$,即
$$(x_1-c)(x_2-c)+(kx_1+1)(kx_2+1)=0,$$
整理得
$$(k^2+1)x_1x_2+(k-c)(x_1+x_2)+c^2+1=0 \quad ③.$$
把②和 $c=\frac{\sqrt{6}}{2}$ 代入③,化简得
$$5k^2+2\sqrt{6}k-6=0.$$
解得 $k=-\frac{6+\sqrt{6}}{5}\in(-2,-\sqrt{2})$,或 $k=\frac{6-\sqrt{6}}{5}\notin(-2,-\sqrt{2})$(舍去).故存在 $k=-\frac{6+\sqrt{6}}{5}$ 使得以线段 AB 为直径的圆经过双曲线 C 的右焦点.

点评 解决这类问题的核心就是突破直角的几种等价形式,如 $OP \perp OQ \Leftrightarrow \overrightarrow{OP} \cdot \overrightarrow{OQ}=0 \Leftrightarrow |\overrightarrow{OP}+\overrightarrow{OQ}|=|\overrightarrow{OP}-\overrightarrow{OQ}| \Leftrightarrow$ 以 PQ 为直径的圆过原点 O 等.另外,如果能够利用圆锥曲线相关的性质,更是棋高一着.

4.4 圆锥曲线中的定直线问题探究

4.4.1 一类圆锥曲线的法线问题探究

(1)试题解法的探究与点评

每年数学高考试题都会题留下许多经典之笔,可圈可点,精彩迭出,2008 年的浙江高考的解析几何题更是在众多的高考试题中脱颖而出,成为其中一颗耀眼的明珠,再次引起人们的极大关注,下面主要对这道高考试题及其背景作一些点评与剖析.

题目 已知曲线 C 是到点 $P\left(-\frac{1}{2},\frac{3}{8}\right)$ 和到直线 $y=-\frac{5}{8}$ 的距离相等的点的轨迹. l 是过点 $Q(-1,0)$ 的直线, M 是曲线 C 上(不在 l 上)的动点. 点 A,B 在 l 上, $MA \perp l$, $MB \perp x$ 轴(如图 4.4-1).

(Ⅰ)求曲线 C 的方程.

(Ⅱ)求出直线 l 的方程,使得 $\frac{|QB|^2}{|QA|}$ 为常数.

解答 (Ⅰ)设 $N(x,y)$ 为曲线 C 上的点,易得曲线 C 的方程为
$$y=\frac{1}{2}(x^2+x).$$

图 4.4-1

(Ⅱ)**解法 1**:如图 4.4-2,连接 QM,设 $M\left(x,\frac{x^2+x}{2}\right)$,直线 $l:y=kx+k$,则 $B(x,kx+k)$,从而
$$|QB|=\sqrt{1+k^2}|x+1|.$$

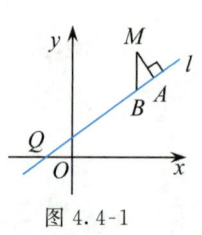

图 4.4-2

在 Rt△QMA 中，因为 $|QM|^2=(x+1)^2\left(1+\dfrac{x^2}{4}\right)$，$|MA|^2=\dfrac{(x+1)^2\left(k-\dfrac{x}{2}\right)^2}{1+k^2}$，所以 $|QA|^2=|QM|^2-|MA|^2=\dfrac{(x+1)^2}{4(1+k^2)}(kx+2)^2$，即

$$|QA|=\dfrac{|x+1|\cdot|kx+2|}{2\sqrt{1+k^2}},$$

从而

$$\dfrac{|QB|^2}{|QA|}=\dfrac{2(1+k^2)\sqrt{1+k^2}}{|k|}\left|\dfrac{x+1}{x+\dfrac{2}{k}}\right|.$$

当 $k=2$ 时，$\dfrac{|QB|^2}{|QA|}=5\sqrt{5}$. 所求直线 l 的方程为

$$2x-y+2=0.$$

解法 2：如图 4.4-3，设 $M\left(x,\dfrac{x^2+x}{2}\right)$，直线 $l:y=kx+k$，则 $B(x,kx+k)$，从而

$$|QB|=\sqrt{1+k^2}\,|x+1|.$$

过点 $Q(-1,0)$ 且垂直于 l 的直线方程为

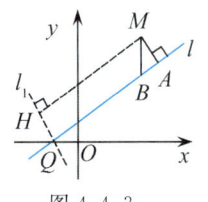

$$l_1:y=-\dfrac{1}{k}(x+1).$$

因为 $|QA|=|MH|$，所以

$$|QA|=\dfrac{|x+1|\cdot|kx+2|}{2\sqrt{1+k^2}}.$$

从而

$$\dfrac{|QB|^2}{|QA|}=\dfrac{2(1+k^2)\sqrt{1+k^2}}{|k|}\left|\dfrac{x+1}{x+\dfrac{2}{k}}\right|.$$

当 $k=2$ 时，$\dfrac{|QB|^2}{|QA|}=5\sqrt{5}$，所求直线 l 的方程为

$$2x-y+2=0.$$

点评 这是一道返璞归真的探索定值问题的高考试题，其设计新颖、立意深邃，把解析几何的基本思想体现得酣畅淋漓. 整个试题设计匠心独运，背景熟悉而深刻，有一种似曾相识的感觉，给考生一种平和亲切的答题氛围. 由于探究而使得问题不落俗套，由于方法回归基础而使得问题变得朴素无华，由于利用平面几何知识而使得问题变得简单明了. 整个问题的设计集动点与定值于一体，完美结合，可以说是动静结合总相宜.

(2) 试题的思考与背景

思考 1 "注重通性通法，淡化特殊技巧"是近几年高考数学命题者所追求的一贯风格.

在我们高三的复习课中，特别是第一轮的高考复习，更应该加强基础知识的落实与强化回归，这是高考取得好成绩的根本所在. 其实，对于这道高考试题，只要认真地把有关点的坐标表示出来，那么距离就迎刃而解，结论也就水到渠成了. 重视基础，"最基础的最有生命力，最基础的最有迁移力".

思考 2　注重对解题后的回顾反思和刨根问底是非常有必要的.

当把一道题解答完成时,我们需要常回头看看,寻找命题的背景材料,追踪命题者的命题思路与痕迹,这样既可以培养我们善于思考、善于探究的能力,而且还可以提高我们复习课的效率. 在这里,我们不禁要问:当直线 l 的斜率 $k=2$ 时,直线 l 与抛物线处于一种什么样的几何状态呢?我们易求得在点 Q 处抛物线切线的斜率 $k_{\text{切}}=\left(x+\dfrac{1}{2}\right)\big|_{x=-1}=-\dfrac{1}{2}$,所以 $k\cdot k_{\text{切}}=-1$. 这说明直线 l 是与过点 Q 的抛物线切线垂直的直线,即 l 是过点 Q 的抛物线的法线. 至此,直线 l 的"真面目"已经"浮出水面". 事实上,该命题所揭示的问题背景正是抛物线法线的一个有趣的几何性质.

背景剖析　设 Q 为抛物线 $x^2=2py(p>0)$ 上的任意一点,QT 为抛物线在点 Q 处的法线,M 是抛物线上(不在 QT 上)的动点. 如果点 A,B 在 QT 上,$MA\perp QT$,$MB\perp x$ 轴,则 $|QB|^2=|QA|\cdot|QT|$.

证明　设 $Q\left(x_0,\dfrac{x_0^2}{2p}\right)$,则法线 QT 的方程为 $y-\dfrac{x_0^2}{2p}=-\dfrac{p}{x_0}(x-x_0)$,即

$$y=-\dfrac{p}{x_0}x+p+\dfrac{x_0^2}{2p},$$

将其代入抛物线的方程,整理得

$$x^2+\dfrac{2p^2}{x_0}x-2p^2-x_0^2=0.$$

设 $T(x_2,y_2)$,则

$$x_0+x_2=-\dfrac{2p^2}{x_0},\quad x_0x_2=-2p^2-x_0^2,$$

因此

$$|QT|=\sqrt{1+\dfrac{p^2}{x_0^2}}\,|x_0-x_2|=\dfrac{2(x_0^2+p^2)^{\frac{3}{2}}}{x_0^2}\quad ①.$$

设 $M\left(x_1,\dfrac{x_1^2}{2p}\right)$,则 $B\left(x_1,-\dfrac{p}{x_0}x_1+p+\dfrac{x_0^2}{2p}\right)$,所以

$$|QB|^2=(x_1-x_0)^2+\left(p-\dfrac{p}{x_0}x_1\right)^2=\dfrac{x_0^2+p^2}{x_0^2}(x_1-x_0)^2\quad ②.$$

在点 Q 的切线方程为 $xx_0=p\left(y+\dfrac{x_0^2}{2p}\right)$,即

$$xx_0-py-\dfrac{x_0^2}{2}=0,$$

直线 MA 的方程为

$$xx_0-py+\dfrac{x_1^2}{2}-x_1x_0=0,$$

由两条平行直线的距离公式得

$$|QA|=\dfrac{\left|\dfrac{x_1^2}{2}-x_1x_0+\dfrac{x_0^2}{2}\right|}{\sqrt{x_0^2+p^2}}=\dfrac{\dfrac{1}{2}(x_1-x_0)^2}{\sqrt{x_0^2+p^2}}\quad ③.$$

由①②③可得

$$|QB|^2=|QA|\cdot|QT|.$$

(3) 相关试题链接

以抛物线的法线为背景的题目在竞赛与高考试题中不断出现,例如:

例 1 （2013 年浙江省高中数学竞赛试题）已知直线 AB 与抛物线 $y^2=4x$ 交于 A,B 两点,M 为 AB 的中点,C 为抛物线上的一个动点. 若 C_0 满足 $\overrightarrow{C_0A}\cdot\overrightarrow{C_0B}=\min\{\overrightarrow{CA}\cdot\overrightarrow{CB}\}$,则下列一定成立的是（　　）

A. $C_0M\perp AB$
B. $C_0M\perp l$,其中 l 是抛物线过 C_0 的切线
C. $C_0A\perp C_0B$
D. $C_0M=\dfrac{1}{2}AB$

例 2 （2017 年浙江卷）已知抛物线 $x^2=y$,点 $A\left(-\dfrac{1}{2},\dfrac{1}{4}\right)$,$B\left(\dfrac{3}{2},\dfrac{9}{4}\right)$,抛物线上的点 $P(x,y)$ $\left(-\dfrac{1}{2}<x<\dfrac{3}{2}\right)$,过点 B 作直线 AP 的垂线,垂足为 Q.

（Ⅰ）求直线 AP 斜率的取值范围.

（Ⅱ）求 $|PA|\cdot|PQ|$ 的最大值.

(4) 结束语

经过解题后的深入反思,我们可以这样说,同样的问题,不一样的精彩. 也只有不断进行解题反思,才能触及数学问题的本质,优化我们的思维能力.

4.4.2 一类圆锥曲线的"类准线"问题初探

准线是椭圆的一条重要的特征线,椭圆的许多精彩绝伦的性质就是通过准线这个载体来演绎的. 在椭圆 $\dfrac{x^2}{a^2}+\dfrac{y^2}{b^2}=1(a>b>0)$ 中,方程 $x=\dfrac{a^2}{c}$ 是其一条准线方程. 同样地,与直线 $x=\dfrac{a^2}{m}(m>0)$ 息息相关的椭圆也有许多可以与准线相媲美的性质,我们把直线 $x=\dfrac{a^2}{m}(m>0)$ 称作椭圆的"**类准线**". 本节试图在椭圆的"类准线"上做些思考.

(1) 定值问题

性质 1 已知 P 为椭圆 $\dfrac{x^2}{a^2}+\dfrac{y^2}{b^2}=1(a>b>0)$ 上的任意一点,A 为椭圆的右顶点,B 为椭圆的左顶点,$l:x=\dfrac{a^2}{m}(m>0)$ 为椭圆的"类准线". 若 $BP\cap l=M$,$AP\cap l=N$,证明:点 M,N 的纵坐标之积为定值 $b^2\left(1-\dfrac{a^2}{m^2}\right)$.

证明 如图 4.4-4,设 $P(x_0,y_0)$,则 $\dfrac{y_0^2}{a^2-x_0^2}=\dfrac{b^2}{a^2}$. 易求得直线 AP 的方程为

$$y=\dfrac{y_0}{x_0+a}(x+a),$$

直线 BP 的方程为

$$y=\dfrac{y_0}{x_0-a}(x-a),$$

所以

$$y_M\cdot y_N=\dfrac{y_0^2}{x_0^2-a^2}\left(\dfrac{a^2}{m}+a\right)\left(\dfrac{a^2}{m}-a\right)=-\dfrac{b^2}{a^2}\cdot\dfrac{a^2(a^2-m^2)}{m^2}=b^2\left(1-\dfrac{a^2}{m^2}\right).$$

(2)定比问题

性质2 已知 P 为椭圆 $\dfrac{x^2}{a^2}+\dfrac{y^2}{b^2}=1(a>b>0)$ 的"类准线" $x=\dfrac{a^2}{m}(m>0)$ 上的任意一点，$Q(m,0)$ 为椭圆长轴上的点，直线 PQ 交椭圆于 A,B 两点．若 $\overrightarrow{AQ}=\lambda_1\overrightarrow{QB}$，$\overrightarrow{AP}=\lambda_2\overrightarrow{PB}$，证明：$\lambda_1+\lambda_2=0$．

证明 设 $A(x_1,y_1), B(x_2,y_2)$，由题意知，直线 AB 的斜率存在，设直线 AB 的方程为
$$y=k(x-m),$$
将其代入椭圆的方程得
$$(a^2k^2+b^2)x^2-2a^2k^2mx+a^2m^2k^2-a^2b^2=0.$$
从而
$$x_1+x_2=\dfrac{2a^2k^2m}{a^2k^2+b^2},\ x_1x_2=\dfrac{a^2k^2m^2-a^2b^2}{a^2k^2+b^2}.$$
由 $\overrightarrow{AQ}=\lambda_1\overrightarrow{QB}$，$\overrightarrow{AP}=\lambda_2\overrightarrow{PB}$ 得
$$\lambda_1=\dfrac{m-x_1}{x_2-m},\ \lambda_2=\dfrac{a^2-mx_1}{mx_2-a^2}\quad ①,$$
所以
$$\lambda_1+\lambda_2=\dfrac{(m^2+a^2)(x_1+x_2)-2mx_1x_2-2ma^2}{(x_2-m)(mx_2-a^2)}\quad ②.$$
把①代入②，化简可得
$$\lambda_1+\lambda_2=0.$$

(3)定点问题

性质3 过椭圆 $\dfrac{x^2}{a^2}+\dfrac{y^2}{b^2}=1(a>b>0)$ 的"类准线" $x=\dfrac{a^2}{m}(m>0)$ 上的任意一点 P，作椭圆的两条切线 PM,PN，切点分别为 M,N，则直线 MN 过定点 $(m,0)$．

证明 设 $P(x_0,y_0)$，其中 $x_0=\dfrac{a^2}{m}$，易得切点弦 MN 所在直线的方程为 $\dfrac{xx_0}{a^2}+\dfrac{yy_0}{b^2}=1$，即
$$\dfrac{x}{m}+\dfrac{yy_0}{b^2}=1.$$
令 $y=0$，得 $x=m$．所以直线 MN 过定点 $(m,0)$．

性质4 设 A_1,A_2 分别为 $\dfrac{x^2}{a^2}+\dfrac{y^2}{b^2}=1(a>b>0)$ 的左、右顶点，P 为椭圆的"类准线" $x=\dfrac{a^2}{m}(m>0)$ 上的任意一点．若 PA_1,PA_2 与椭圆分别交于 M,N，则直线 MN 过定点 $(m,0)$．

证明 如图4.4-5，设 $M(x_1,y_1), N(x_2,y_2)$，则直线 A_1M 的方程为
$$y=k_1(x+a),$$
将其代入椭圆方程得
$$(a^2k_1^2+b^2)x^2+2a^3k_1^2x+(a^4k_1^2-a^2b^2)=0,$$
所以
$$M\left(\dfrac{ab^2-a^3k_1^2}{a^2k_1^2+b^2},\dfrac{2ab^2k_1}{a^2k_1^2+b^2}\right)\quad ①.$$

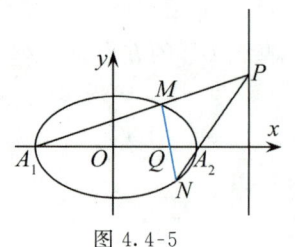

图4.4-5

设直线 A_2M 的方程为 $y=k_2(x-a)$,同理得到

$$N\left(\frac{a^3k_2^2-ab^2}{a^2k_2^2+b^2},\frac{-2ab^2k_2}{a^2k_2^2+b^2}\right) \quad ②.$$

因为 $P\left(\frac{a^2}{m},y_P\right)$ 是直线 A_1M 与 A_2M 的公共点,所以满足 $y_P=k_1\left(\frac{a^2}{m}+a\right)$,且 $y_P=k_2\left(\frac{a^2}{m}-a\right)$,从而

$$\frac{k_1-k_2}{k_1+k_2}=-\frac{m}{a} \quad ③.$$

可得直线 MN 的方程为 $\frac{y-y_1}{y_2-y_1}=\frac{x-x_1}{x_2-x_1}$. 令 $y=0$,则

$$x=\frac{x_2y_1-x_1y_2}{y_1-y_2},$$

把①②③代入上式得

$$x=m.$$

证毕.

链接 （2020年全国卷Ⅰ）设 A,B 分别为椭圆 $E:\frac{x^2}{a^2}+y^2=1(a>1)$ 的左、右顶点,G 为椭圆 E 的上顶点,$\vec{AG}\cdot\vec{GB}=8$,P 为直线 $x=6$ 上的任意一个动点,PA 与椭圆 E 的另一个交点为 C,PB 与椭圆 E 的另一个交点为 D.

（Ⅰ）求椭圆 E 的方程.

（Ⅱ）证明：直线 CD 过定点.

解答 （Ⅰ）如图 4.4-6,设椭圆的中心为 O,由向量的极化恒等式得

$$\vec{AG}\cdot\vec{GB}=a^2-|\vec{GO}|^2=a^2-1=8,$$

所以椭圆 E 的方程为

$$\frac{x^2}{9}+y^2=1.$$

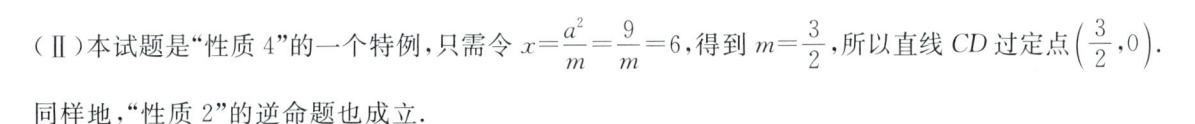

图 4.4-6

（Ⅱ）本试题是"性质 4"的一个特例,只需令 $x=\frac{a^2}{m}=\frac{9}{m}=6$,得到 $m=\frac{3}{2}$,所以直线 CD 过定点 $\left(\frac{3}{2},0\right)$.

同样地,"性质 2"的逆命题也成立.

性质 5 设 A_1,A_2 分别为 $\frac{x^2}{a^2}+\frac{y^2}{b^2}=1(a>b>0)$ 的左、右顶点,P 为椭圆的"类准线"$x=\frac{a^2}{m}(m>0)$ 上的任意一点,$Q(m,0)$ 为定点.若 PA_1 与椭圆交于点 M,MQ 与椭圆交于点 N,则直线 PN 过右顶点 A_2.

证明 设 $M(x_1,y_1),N(x_2,y_2)$,因为 $A_1(-a,0),A_2(a,0)$,所以直线 PA_1 的方程为

$$y=\frac{y_1}{x_1+a}(x+a) \quad ①,$$

直线 PA_2 的方程为

$$y=\frac{y_2}{x_2-a}(x-a) \quad ②.$$

由①②推出

$$x=\frac{a[x_1y_2+x_2y_1-a(y_1-y_2)]}{x_1y_2-x_2y_1+a(y_1+y_2)} \quad ③.$$

因为点 M,N 都在椭圆上,所以 $y_1^2=\left(1-\dfrac{x_1^2}{a^2}\right)b^2, y_2^2=\left(1-\dfrac{x_2^2}{a^2}\right)b^2$,消去 b^2 得

$$x_2^2 y_1^2 - x_1^2 y_2^2 = a^2(y_1^2 - y_2^2) \quad ④.$$

由 M,Q,N 三点共线得 $(x_1-m)y_2-(x_2-m)y_1=0$,即

$$x_2 y_1 - x_1 y_2 = m(y_1 - y_2) \quad ⑤.$$

由 ④÷⑤ 得

$$x_2 y_1 + x_1 y_2 = \dfrac{a^2}{m}(y_1+y_2) \quad ⑥.$$

把 ⑤⑥ 代入 ③ 得

$$x = \dfrac{a^2}{m},$$

即直线 PN 过右顶点 A_2.

点评 构成"性质 2"与"性质 3"的全部元素就是三个三点共线.由其中的任意两个三点共线都可以推出第三个三点共线.在这里的性质中都涉及了一个定点 $(m,0)$ 与一条定直线 $x=\dfrac{a^2}{m}$.其实,当 $m=c$(c 为半焦距)时,定点与定直线就分别成了焦点与准线.

4.4.3 一类以极线为背景的定直线问题初探

(1) 引例的呈现

"为学须有本原,须从本原上用力."在高考数学复习中,我们要抓住例题本原性的问题进行思考.如何回归本原? 典型例题的选择非常重要,应该是一些比较熟悉又有内涵的问题,最好是"跳一跳能够得着"但又不失探究热情的问题.

例题 已知 P 为抛物线 $y^2=4x$ 的焦点,过点 P 的直线 l 与抛物线交于 A,B 两点.若点 Q 在直线 AB 上,且满足 $|\overrightarrow{AP}|\cdot|\overrightarrow{QB}|=|\overrightarrow{AQ}|\cdot|\overrightarrow{PB}|$,证明:点 Q 总在某条定直线上.

证明 设 $A(x_1,y_1), B(x_2,y_2), Q(x,y)$.易知 $P(1,0)$,设直线 l 的方程为

$$x=ky+1,$$

将其代入抛物线的方程得

$$y^2-4ky-4=0,$$

所以

$$y_1+y_2=4k, y_1 y_2=-4.$$

因为 $|\overrightarrow{AP}|\cdot|\overrightarrow{QB}|=|\overrightarrow{AQ}|\cdot|\overrightarrow{PB}|$,所以 $\dfrac{|\overrightarrow{AP}|}{|\overrightarrow{PB}|}=\dfrac{|\overrightarrow{AQ}|}{|\overrightarrow{QB}|}$,即 $\left|\dfrac{y_1-0}{y_2-0}\right|=\left|\dfrac{y-y_1}{y_2-y}\right|$,整理得

$$y=\dfrac{2y_1 y_2}{y_1+y_2}=\dfrac{-8}{4k}=\dfrac{-2}{k},$$

即

$$ky=-2.$$

因此

$$x=ky+1=-1,$$

即点 Q 总在定直线 $x=-1$ 上.

至此，题目的解答已经完成了，但我们不禁要问：这条定直线是什么样的直线？即例题所蕴含的数学本原性问题，答案是显然的，恰好是该抛物线的准线.那么，对于其他的圆锥曲线是否也有相类似的结论呢？我们在学习中可以充分利用例题的本原性驱动探究，追寻简单而又深刻的性质.

(2)例题本原的剖析

《普通高中数学课程标准(实验)》也曾指出：要强调对数学本质的认识，否则会将生动活泼的数学思维活动淹没在形式化的海洋之中.

(i)与准线有关

例 1 已知 P 为椭圆 $\dfrac{x^2}{a^2}+\dfrac{y^2}{b^2}=1(a>b>0)$ 的左焦点，过点 P 的直线 l 与椭圆交于 A,B 两点，若点 Q 在直线 AB 上，且满足 $|\overrightarrow{AP}|\cdot|\overrightarrow{QB}|=|\overrightarrow{AQ}|\cdot|\overrightarrow{PB}|$，证明：点 Q 总在某条定直线上.

证明 设 $A(x_1,y_1),B(x_2,y_2),Q(x,y)$.易知 $P(-c,0)$，设直线 l 的方程为
$$x=ky-c,$$
将其代入椭圆方程得
$$(a^2+k^2b^2)y^2-2kcb^2y-b^4=0,$$
所以
$$y_1+y_2=\dfrac{2kcb^2}{a^2+k^2b^2},\ y_1y_2=\dfrac{-b^4}{a^2+k^2b^2}.$$
因为 $|\overrightarrow{AP}|\cdot|\overrightarrow{QB}|=|\overrightarrow{AQ}|\cdot|\overrightarrow{PB}|$，所以 $\dfrac{|\overrightarrow{AP}|}{|\overrightarrow{PB}|}=\dfrac{|\overrightarrow{AQ}|}{|\overrightarrow{QB}|}$，即 $\dfrac{|0-y_1|}{|y_2-0|}=\dfrac{|y-y_1|}{|y-y_2|}$，整理得
$$y=\dfrac{2y_1y_2}{y_1+y_2}=-\dfrac{b^2}{kc},$$
因此
$$x=ky-c=-\dfrac{a^2}{c},$$
即点 Q 总在左准线 $x=-\dfrac{a^2}{c}$ 上.

该问题对于双曲线也同样成立.如果我们把直线 l 过焦点 P 改为 l 过定点 $P(m,0)$，又可以把命题进一步地拓展、引申.

(ii)与"类准线"有关

例 2 已知 $P(m,0)$ 为抛物线 $y^2=2px(p>0)$ 内的一点，过点 P 的直线 l 与抛物线交于 A,B 两点.若点 Q 在直线 AB 上，且满足 $|\overrightarrow{AP}|\cdot|\overrightarrow{QB}|=|\overrightarrow{AQ}|\cdot|\overrightarrow{PB}|$，证明：点 Q 总在某条定直线 $x=-m$ 上.

例 3 已知 $P(m,0)$ 为椭圆 $\dfrac{x^2}{a^2}+\dfrac{y^2}{b^2}=1(a>b>0)$ 内的一点，过点 P 的直线 l 与椭圆交于 A,B 两点.若点 Q 在直线 AB 上，且满足 $|\overrightarrow{AP}|\cdot|\overrightarrow{QB}|=|\overrightarrow{AQ}|\cdot|\overrightarrow{PB}|$，证明：点 Q 总在某条定直线 $x=\dfrac{a^2}{m}$ 上.

分析 证明方法与例 1 完全相似，得到的定直线方程为 $x=\dfrac{a^2}{m}$，我们通常把这条直线称作椭圆的"类准线".

如果我们再把点 P 的坐标一般化为 $P(x_0,y_0)$，又可以得到例 4.

(iii)与切点弦有关

例4 过椭圆 $C: \dfrac{x^2}{a^2}+\dfrac{y^2}{b^2}=1(a>b>0)$ 外的一点 $P(x_0,y_0)$ 的动直线 l 与椭圆 C 相交于两个不同的点 A,B，在线段 AB 上取点 Q，满足 $|\overrightarrow{AP}|\cdot|\overrightarrow{QB}|=|\overrightarrow{AQ}|\cdot|\overrightarrow{PB}|$，证明：点 Q 总在某条定直线 $\dfrac{xx_0}{a^2}+\dfrac{yy_0}{b^2}=1$ 上.

证明 设点 Q,A,B 的坐标分别为 $(x,y),(x_1,y_1),(x_2,y_2)$. 由题设知 $|\overrightarrow{AP}|,|\overrightarrow{PB}|,|\overrightarrow{AQ}|,|\overrightarrow{QB}|$ 均不为零，记 $\lambda=\dfrac{|\overrightarrow{AP}|}{|\overrightarrow{PB}|}=\dfrac{|\overrightarrow{AQ}|}{|\overrightarrow{QB}|}$，则 $\lambda>0$ 且 $\lambda\neq 1$.

又 A,P,B,Q 四点共线，从而

$$\overrightarrow{AP}=-\lambda\overrightarrow{PB},\overrightarrow{AQ}=\lambda\overrightarrow{QB}.$$

于是 $x_0=\dfrac{x_1-\lambda x_2}{1-\lambda}$，$y_0=\dfrac{y_1-\lambda y_2}{1-\lambda}$，$x=\dfrac{x_1+\lambda x_2}{1+\lambda}$，$y=\dfrac{y_1+\lambda y_2}{1+\lambda}$. 从而

$$xx_0=\dfrac{x_1^2-\lambda^2 x_2^2}{1-\lambda^2} \quad \text{①},$$

$$yy_0=\dfrac{y_1^2-\lambda^2 y_2^2}{1-\lambda^2} \quad \text{②}.$$

点 A,B 在椭圆 C 上，即

$$\dfrac{x_1^2}{a^2}+\dfrac{y_1^2}{b^2}=1 \quad \text{③},$$

$$\dfrac{x_2^2}{a^2}+\dfrac{y_2^2}{b^2}=1 \quad \text{④}.$$

由 ①$\times\dfrac{1}{a^2}$+②$\times\dfrac{1}{b^2}$ 并结合③④得

$$\dfrac{xx_0}{a^2}+\dfrac{yy_0}{b^2}=1,$$

即点 $Q(x,y)$ 总在定直线 $\dfrac{xx_0}{a^2}+\dfrac{yy_0}{b^2}=1$ 上.

点评 这时，该问题的本质已经水落石出了，我们已经非常清楚地看到了，这是一条非常特殊而又熟悉的直线，即过点 $P(x_0,y_0)$ 的椭圆 $C:\dfrac{x^2}{a^2}+\dfrac{y^2}{b^2}=1(a>b>0)$ 的切点弦直线. 以其独特的结果让人惊叹不已，解题之后，大有一种"众里寻它千百度"的感觉. 同时，这个试题也为我们提供了作椭圆的切点弦的一种几何方法.

特例 设椭圆 $C:\dfrac{x^2}{a^2}+\dfrac{y^2}{b^2}=1(a>b>0)$ 过点 $M(\sqrt{2},1)$，且左焦点为 $F_1(-\sqrt{2},0)$.

（Ⅰ）求椭圆 C 的方程.

（Ⅱ）当过点 $P(4,1)$ 的动直线 l 与椭圆 C 相交于两个不同的点 A,B 时，在线段 AB 上取点 Q，满足 $|\overrightarrow{AP}|\cdot|\overrightarrow{QB}|=|\overrightarrow{AQ}|\cdot|\overrightarrow{PB}|$，证明：点 Q 总在某条定直线上.

解答 （Ⅰ）由题意可求椭圆方程为 $\dfrac{x^2}{4}+\dfrac{y^2}{2}=1$.

（Ⅱ）点 Q 总在定直线 $2x+y-2=0$ 上. 证明略.

三、例题本原性问题反思

利用例题的本原性驱动我们的学习探究,有助于提高我们的问题意识,使我们能围绕某个问题纵横驰骋,可以将问题的拓展、引申的过程演绎得波澜壮阔、悬念迭起、扣人心弦,令人感到荡气回肠. 美国心理学家布鲁纳认为探索是数学的生命线. 在高三的复习中,我们可以借助一些经典试题作为载体,由浅入深、层层递进、由表及里、层层剖析,一气呵成、触类旁通,不断地探究数学问题的本质和丰富的内涵,使我们站在一定的高度思考问题,这样再回头去看看高考试题,大有一种"一览众山小"的感觉.

4.5 以圆的名义为背景的圆锥曲线性质探究

4.5.1 例谈圆锥曲线焦点三角形的内切圆问题

内心是三角形的重要特征点,焦点三角形是圆锥曲线的"特征三角形",如果把这两者巧妙地结合在一起,就可以演绎出圆锥曲线许多妙趣横生的结论,在近几年全国各地的高考试题、模拟或竞赛中涉及焦点三角形的内切圆问题非常活跃,应该引起我们教学的足够重视. 在我们高三数学复习课中,如果以高考试题为载体引导学生去探讨其中蕴含的性质,让高考试题在探究中升华,也是一种不错的选择,同时也为我们高三的复习课注入新的活力. 本节试图对圆锥曲线焦点三角形相关的试题进行简单的罗列与总结归纳,为高考复习提供参考素材.

(1) 与切点有关的问题

例1 已知 F_1,F_2 为双曲线 $\dfrac{x^2}{a^2}-\dfrac{y^2}{b^2}=1(a>0,b>0$ 且 $a\neq b)$ 的两个焦点,P 为双曲线右支上异于顶点的任意一点,O 为坐标原点. 有下面四个命题:

① $\triangle PF_1F_2$ 的内切圆的圆心必在直线 $x=a$ 上;

② $\triangle PF_1F_2$ 的内切圆的圆心必在直线 $x=b$ 上;

③ $\triangle PF_1F_2$ 的内切圆的圆心必在直线 OP 上;

④ $\triangle PF_1F_2$ 的内切圆必通过点 $(a,0)$.

其中真命题的序号是 _____ (写出所有真命题的序号).

解答 设 $\triangle PF_1F_2$ 的内切圆分别与 PF_1,PF_2 切于点 A,B,与 F_1F_2 切于点 M,则
$$|PA|=|PB|,|F_1A|=|F_1M|,|F_2B|=|F_2M|.$$
因为点 P 在双曲线右支上,所以 $|PF_1|-|PF_2|=2a$,故
$$|F_1M|-|F_2M|=2a.$$
而 $|F_1M|+|F_2M|=2c$,设 $M(x,0)$,由 $|F_1M|-|F_2M|=2a$ 可得 $(x+c)-(c-x)=2a$,解得
$$x=a.$$
显然,内切圆的圆心与点 M 的连线垂直于 x 轴,故①④正确.

点评 该试题揭示了双曲线 $\dfrac{x^2}{a^2}-\dfrac{y^2}{b^2}=1(a>0,b>0)$ 的焦点三角形内切圆的一个重要性质,若 P 为双曲线右支上异于顶点的任意一点,则内切圆的圆心在直线 $x=a$ 上,在 x 轴上的切点为双曲线的右顶点;若 P 为双曲线左支上异于顶点的任意一点,则内切圆的圆心在直线 $x=-a$ 上,在 x 轴上的切点为双曲线的左顶点.

链接1 已知双曲线 $\dfrac{x^2}{a^2}-\dfrac{y^2}{b^2}=1(a>0,b>0)$ 的左、右焦点分别 F_1,F_2，点 P 在双曲线的右支上，$\triangle PF_1F_2$ 的内切圆与 x 轴相切于点 A，则圆心 I 到 y 轴的距离为（　　）.

A. a　　　　　　B. b　　　　　　C. c　　　　　　D. $a+c$

答案 A.

链接2 若 C 为线段 AB 上一点，P 为直线 AB 外一点，$|\overrightarrow{PA}|-|\overrightarrow{PB}|=2$，$|\overrightarrow{PA}-\overrightarrow{PB}|=2\sqrt{5}$，$\dfrac{\overrightarrow{PA}\cdot\overrightarrow{PC}}{|\overrightarrow{PA}|}=\dfrac{\overrightarrow{PB}\cdot\overrightarrow{PC}}{|\overrightarrow{PB}|}$，$I$ 为线段 PC 上一点，且 $\overrightarrow{BI}=\overrightarrow{BA}+\lambda\left(\dfrac{\overrightarrow{AC}}{|\overrightarrow{AC}|}+\dfrac{\overrightarrow{AP}}{|\overrightarrow{AP}|}\right)(\lambda>0)$，则 $\dfrac{\overrightarrow{BI}\cdot\overrightarrow{BA}}{|\overrightarrow{BA}|}$ 的值为（　　）.

A. 1　　　　　　B. 2　　　　　　C. $\sqrt{5}$　　　　　　D. $\sqrt{5}-1$

提示 这是一道与向量问题交汇的解析几何问题. 由已知可得点 P 在以 A,B 为焦点的双曲线的一支上，由条件得 I 是双曲线的焦点三角形 PAB 的内心，$\dfrac{\overrightarrow{BI}\cdot\overrightarrow{BA}}{|\overrightarrow{BA}|}$ 表示 $\overrightarrow{BI}$ 在 $\overrightarrow{BA}$ 上的投影，内心 I 在 AB 上的投影恰好为双曲线的顶点，所以选 D.

链接3 已知 F_1,F_2 为椭圆 $\dfrac{x^2}{a^2}+\dfrac{y^2}{b^2}=1(a>b>0)$ 的两个焦点，P 为椭圆上异于顶点的任意一点，动圆 M 与线段 F_1P，F_1F_2 的延长线及线段 PF_2 相切，则圆心 M 的轨迹为除去坐标轴上点的（　　）

A. 一条直线　　　　B. 双曲线的右支　　　　C. 抛物线　　　　D. 椭圆

提示 这是例1中所揭示的双曲线性质在椭圆中的迁移，只需要把双曲线的焦点三角形的内心改为旁心即可得到类似的结论，所以选 A.

链接4 设双曲线 $x^2-y^2=1$ 的左、右焦点分别为 F_1,F_2，若 $\triangle PF_1F_2$ 的顶点 P 在第一象限的双曲线上移动，求 $\triangle PF_1F_2$ 的内切圆的圆心轨迹以及该内切圆在边 PF_2 上的切点轨迹.

答案 该内切圆圆心的轨迹是线段，方程为 $x=1(0<y<1)$；$\triangle PF_1F_2$ 的内切圆在边 PF_2 上的切点的轨迹是以 $F_2(\sqrt{2},0)$ 为圆心、$\sqrt{2}-1$ 为半径的圆弧.

(2) 与定值有关的问题

例2 已知双曲线 $\dfrac{x^2}{a^2}-\dfrac{y^2}{b^2}=1$ 的左、右焦点分别 F_1,F_2，点 O 为双曲线的中心，P 是双曲线右支上的点，$\triangle PF_1F_2$ 的内切圆的圆心为 I，且 $\odot I$ 与 x 轴相切于点 A，过点 F_2 作直线 PI 的垂线，垂足为 B，则 $|OB|=|OA|$.

证明 由上面的性质可知 A 为双曲线的右顶点，因此 $|OA|=a$. 延长 F_2B，交 PF_1 于点 B_1，则 B 为 F_2B_1 的中点，且 $|PF_2|=|PB_1|$，所以 $|OB|=\dfrac{1}{2}|F_1B_1|=\dfrac{1}{2}(|PF_1|-|PF_2|)=a$. 故 $|OB|=|OA|$.

例3 已知 P 为双曲线 $\dfrac{x^2}{a^2}-\dfrac{y^2}{b^2}=1(a>0,b>0)$ 上的任意一点，F_1,F_2 分别为双曲线的左、右焦点，$\triangle PF_1F_2$ 的内切圆与边 F_1F_2 切于点 M，则 $\overrightarrow{MF_1}\cdot\overrightarrow{MF_2}=-b^2$.

证明 不妨设 P 为双曲线的右支上一点，由双曲线的定义知 $|PF_1|-|PF_2|=2a$，由圆的切线长定理可得

$$|MF_1|-|MF_2|=2a.$$

因为 $|MF_1|+|MF_2|=2c$，所以
$$|MF_1|=a+c,|MF_2|=c-a,$$
所以
$$|MF_1|\cdot|MF_2|=c^2-a^2=b^2.$$
另外，$\overrightarrow{MF_1}$ 与 $\overrightarrow{MF_2}$ 的方向相反，从而
$$\overrightarrow{MF_1}\cdot\overrightarrow{MF_2}=-b^2.$$

引申 设 P 是双曲线 $\dfrac{x^2}{a^2}-\dfrac{y^2}{b^2}=1(a>0,b>0)$ 上除顶点外的任意一点，F_1,F_2 分别是左、右焦点，c 为半焦距，O 为坐标原点，$\triangle PF_1F_2$ 的内切圆与边 F_1F_2 的切点为 M，则 $\overrightarrow{F_1M}\cdot\overrightarrow{MF_2}+|\overrightarrow{OM}|^2=c^2$（定值）.

证明 易证 M 为双曲线的左顶点或右顶点，所以
$$\overrightarrow{F_1M}\cdot\overrightarrow{MF_2}+|\overrightarrow{OM}|^2=(a+c,0)\cdot(c-a,0)+a^2=(c^2-a^2)+a^2=c^2.$$

例4 已知 P 是椭圆 $\dfrac{x^2}{a^2}+\dfrac{y^2}{b^2}=1$ 上的任意一点，F_1,F_2 是该椭圆的两个焦点，若 $\triangle PF_1F_2$ 的内切圆半径为 r，则 $\overrightarrow{PF_1}\cdot\overrightarrow{PF_2}=b^2-\dfrac{1+e}{1-e}r^2$（$e$ 为椭圆的离心率）.

证明 设 $P(x_0,y_0)$，则
$$S_{\triangle PF_1F_2}=\dfrac{1}{2}(|PF_1|+|PF_2|+|F_1F_2|)r=\dfrac{1}{2}(2a+2c)r=\dfrac{1}{2}|F_1F_2|\cdot|y_0|=c\cdot|y_0|,$$
所以 $|y_0|=\dfrac{(a+c)r}{c}$. 因此
$$\overrightarrow{PF_1}\cdot\overrightarrow{PF_2}=x_0^2-c^2+y_0^2=\left(1-\dfrac{y_0^2}{b^2}\right)a^2-c^2+y_0^2=\left(1-\dfrac{a^2}{b^2}\right)y_0^2+a^2-c^2$$
$$=\left(1-\dfrac{a^2}{b^2}\right)\cdot\dfrac{(a+c)^2}{c^2}r^2+a^2-c^2$$
$$=b^2-\dfrac{(a+c)^2}{a^2-c^2}r^2=b^2-\dfrac{a+c}{a-c}r^2=b^2-\dfrac{1+e}{1-e}r^2.$$

(3) 与面积有关的问题

例5 已知 P 为双曲线 $\dfrac{x^2}{a^2}-\dfrac{y^2}{b^2}=1(a>0,b>0)$ 右支上的任意一点，F_1,F_2 分别为双曲线的左、右焦点，I 为 $\triangle PF_1F_2$ 的内心. 若 $S_{\triangle IPF_1}=S_{\triangle IPF_2}+\lambda S_{\triangle IF_1F_2}$，则 $\lambda=\dfrac{1}{e}$（e 为离心率）.

证明 设 $\triangle PF_1F_2$ 的内切圆的半径为 r，则
$$\dfrac{1}{2}|PF_1|r=\dfrac{1}{2}|PF_2|r+\lambda\cdot\dfrac{1}{2}|F_1F_2|r,$$
所以 $|PF_1|=|PF_2|+\lambda|F_1F_2|$，从而
$$\lambda=\dfrac{|PF_1|-|PF_2|}{|F_1F_2|}=\dfrac{2a}{2c}=\dfrac{1}{e}.$$

引申 已知 P 为双曲线 $\dfrac{x^2}{a^2}-\dfrac{y^2}{b^2}=1(a>0,b>0)$ 的右支上一点，F_1,F_2 分别为双曲线的左、右焦点，I 为 $\triangle PF_1F_2$ 的内心. 若 $S_{\triangle PF_1F_2}=2S_{\triangle IPF_2}+(\lambda+1)S_{\triangle IF_1F_2}$ 成立，则 λ 的值为（　　）.

A. $\dfrac{a}{\sqrt{a^2+b^2}}$ B. $\dfrac{\sqrt{a^2+b^2}}{2a}$ C. $\dfrac{\sqrt{a^2b^2}}{2a}$ D. $\dfrac{a}{\sqrt{a^2-b^2}}$

解答 设 $\triangle F_1PF_2$ 内切圆半径为 r，则 $\frac{1}{2}(|PF_1|+|PF_2|+2c)r=|PF_2|\cdot r+(1+\lambda)cr$，故 $\lambda c=\frac{1}{2}(|PF_1|-|PF_2|)=a$. 从而 $\lambda=\frac{a}{c}=\frac{a}{\sqrt{a^2+b^2}}$，故选 A.

切点、定值、面积问题是探究圆锥曲线焦点三角形内切圆性质的重要切入点，对于圆锥曲线焦点三角形中内切圆问题，要充分利用圆锥曲线的定义及圆的切线性质，再结合切点的几何特征，问题往往就能迎刃而解.

4.5.2 双曲线的"伴随圆"的性质初探

圆锥曲线是最优美的曲线，它们对称、统一、简明，给人以无穷的想象空间. 在双曲线 $\frac{x^2}{a^2}-\frac{y^2}{b^2}=1(a>0,b>0)$ 中，我们通常把以原点为圆心、半实轴长 a 为半径的圆 $x^2+y^2=a^2$ 叫双曲线的"**伴随圆**". 双曲线遇上圆，是左右逢源，还是左右为难？在高考试题和全国各地的高考模拟试题中，不断涌现出以双曲线与"伴随圆"的问题为背景设计的解析几何试题，这类问题蕴含着许多有趣而又别具一格的性质. 由于双曲线和圆交错在一起，所以这类问题的解决既要充分利用双曲线的性质又要巧妙地结合圆的几何特征，具有较强的综合性.

(1) 有关切线问题

性质 1 若圆 $O:x^2+y^2=a^2$ 为双曲线 $\frac{x^2}{a^2}-\frac{y^2}{b^2}=1(a>0,b>0)$ 的"伴随圆"，P 为圆 O 上的任意一点，F 为双曲线的左焦点，Q 为双曲线的左准线上的任意一点，O 为原点，且 $PF\perp OQ$，则直线 PQ 为圆 O 的切线.

证明 设 $P(x_0,y_0)$，则 $y_0^2=a^2-x_0^2$，所以 $k_{OQ}=-\frac{x_0+c}{y_0}$，直线 OQ 的方程为

$$y=-\frac{x_0+c}{y_0}x,$$

$Q\left(-\frac{a^2}{c},\frac{x_0+c}{cy_0}a^2\right)$.

所以 $k_{PQ}=\dfrac{\frac{x_0+c}{cy_0}a^2-y_0}{-\frac{a^2}{c}-x_0}=-\dfrac{(x_0+c)a^2-c(a^2-x_0^2)}{(a^2+cx_0)y_0}=-\dfrac{(a^2+cx_0)x_0}{(a^2+cx_0)y_0}=-\dfrac{x_0}{y_0}=-\dfrac{1}{k_{OP}}$，即

$$k_{PQ}\cdot k_{OP}=-1.$$

所以直线 PQ 为圆 O 的切线.

性质 2 已知 P 是双曲线 $\frac{x^2}{a^2}-\frac{y^2}{b^2}=1(a>0,b>0)$ 上异于顶点的任意一点，双曲线在点 P 处的切线与"伴随圆"$O:x^2+y^2=a^2$ 相交于 M,N 两点，圆 O 在点 M,N 处的切线相交于点 Q，则直线 $PQ\perp x$ 轴.

证明 若 $MN/\!/x$ 轴，由对称性知，点 P,Q 都在 y 轴上. 若 MN 与 x 轴不平行，不妨设 $P(x_0,y_0)$，$M(x_1,y_1),N(x_2,y_2)(y_1\neq y_2)$，要证明 $PQ\perp x$ 轴，只要证明点 Q 的横坐标为 x_0. 易知双曲线在点 P 处的切线 l 的方程为

$$\frac{xx_0}{a^2} - \frac{yy_0}{b^2} = 1.$$

因为点 M, N 都在 l 上,所以

$$\frac{x_1 x_0}{a^2} - \frac{y_1 y_0}{b^2} = 1 \quad ①,$$

$$\frac{x_2 x_0}{a^2} - \frac{y_2 y_0}{b^2} = 1 \quad ②.$$

由①-②得 $\dfrac{(x_1 - x_2)x_0}{a^2} - \dfrac{(y_1 - y_2)y_0}{b^2} = 0$,整理得

$$\frac{1}{b^2} = \frac{(x_1 - x_2)x_0}{a^2 (y_1 - y_2)y_0},$$

代入①得

$$-\frac{(x_1 - x_2)x_0}{y_1 - y_2} = \frac{1}{y_1}(a^2 - x_0 x_1).$$

同理

$$-\frac{(x_1 - x_2)x_0}{y_1 - y_2} = \frac{1}{y_2}(a^2 - x_0 x_2).$$

所以 $\begin{cases} x = x_0, \\ y = -\dfrac{(x_1 - x_2)x_0}{y_1 - y_2} \end{cases}$ 是方程组 $\begin{cases} y = \dfrac{1}{y_1}(a^2 - x_1 x), \\ y = \dfrac{1}{y_2}(a^2 - x_2 x) \end{cases}$ 的解,且是唯一的,即 $\begin{cases} x = x_0, \\ y = -\dfrac{(x_1 - x_2)x_0}{y_1 - y_2} \end{cases}$ 是方程组

$\begin{cases} x_1 x + y_1 y = a^2 \\ x_2 x + y_2 y = a^2 \end{cases}$ 的唯一解,也就是说点 $\left(x_0, -\dfrac{(x_1 - x_2)x_0}{y_1 - y_2}\right)$ 是圆 O 在点 M, N 处的两条切线交点的坐标,

从而 $PQ \perp x$ 轴.

(2) 有关切点弦问题

性质 3 若圆 $O: x^2 + y^2 = a^2$ 为双曲线 $\dfrac{x^2}{a^2} - \dfrac{y^2}{b^2} = 1 (a > 0, b > 0)$ 的"伴随圆",过双曲线上的任意一点 P(除顶点外)作"伴随圆"的切线,切点分别为 M, N. 若直线 MN 在 x 轴、y 轴上的截距分别为 m, n,则 $\dfrac{a^2}{n^2} - \dfrac{b^2}{m^2} = 1 - e^2$(其中 e 为双曲线的离心率).

证明 如图 4.5-1,设 $P(x_0, y_0)$,则"伴随圆"的切点弦 MN 所在直线的方程为

$$xx_0 + yy_0 = a^2.$$

令 $y = 0$,得到

$$m = \frac{a^2}{x_0};$$

令 $x = 0$,得到

$$n = \frac{a^2}{y_0}.$$

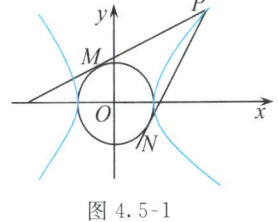

所以

$$\frac{a^2}{n^2} - \frac{b^2}{m^2} = \frac{a^2 y_0^2 - b^2 x_0^2}{a^4} = -\frac{b^2}{a^2} = 1 - e^2.$$

图 4.5-1

(3) 有关轨迹问题

性质 4 若圆 $O: x^2+y^2=a^2$ 为双曲线 $\dfrac{x^2}{a^2}-\dfrac{y^2}{b^2}=1(a>0, b>0)$ 的 "伴随圆"，过原点 O 引射线，分别交双曲线的 "伴随圆" 和双曲线于点 A 和点 B，P 为线段 AB 上的任意一点，且 $|\overrightarrow{OP}|^2=\overrightarrow{OA}\cdot\overrightarrow{OB}$，则点 P 的轨迹方程为 $\left(\dfrac{x^2}{a^2}-\dfrac{y^2}{b^2}\right)(x^2+y^2)=a^2$.

证明 设 $P(x,y)$，直线 AB 的参数方程为

$$\begin{cases} x=t\cos\theta, \\ y=t\sin\theta \end{cases}$$

(t 为参数，θ 为直线 AB 的倾斜角)，则 $A(t_1\cos\theta, t_1\sin\theta)$，$B(t_2\cos\theta, t_2\sin\theta)$，$P(t_3\cos\theta, t_3\sin\theta)$. 由于点 A 在 "伴随圆" 上，所以 $(t_1\cos\theta)^2+(t_1\sin\theta)^2=a^2$，即

$$\frac{\cos^2\theta}{a^2}+\frac{\sin^2\theta}{a^2}=\frac{1}{t_1^2}.$$

把 $\sin\theta=\dfrac{y}{t_3}$，$\cos\theta=\dfrac{x}{t_3}$ 代入上式得

$$\frac{x^2}{a^2}+\frac{y^2}{a^2}=\frac{t_3^2}{t_1^2}.$$

同理

$$\frac{x^2}{a^2}-\frac{y^2}{b^2}=\frac{t_3^2}{t_2^2}.$$

因为 $|\overrightarrow{OP}|^2=\overrightarrow{OA}\cdot\overrightarrow{OB}$，所以 $t_3^2=t_1\cdot t_2$，即点 P 的轨迹方程为

$$\left(\frac{x^2}{a^2}-\frac{y^2}{b^2}\right)(x^2+y^2)=a^2.$$

如果我们能够围绕着某一类典型问题进行剖析、拓展，使知识始终处于一种动态伸展的探究形态，充分利用经典试题的营养价值的重要作用，让我们的思维纵横驰骋，将有利于构筑完整的认知结构和思想体系，提高数学理性思维的灵活性与广阔性，拓宽数学视野，提高综合分析能力.

4.5.3 以蒙日圆的姊妹圆为背景的溯源探究

蒙日圆是解析几何中的一个著名的圆，可以跟阿波罗尼斯圆相媲美，蒙日圆蕴含着很多有趣的性质，这里主要探讨蒙日圆的姊妹圆的性质.

蒙日圆 在圆 $x^2+y^2=a^2+b^2$ 上任取一点作椭圆 $\dfrac{x^2}{a^2}+\dfrac{y^2}{b^2}=1(a>b>0)$ 两条切线，则这两条切线互相垂直. (如图 4.5-2)

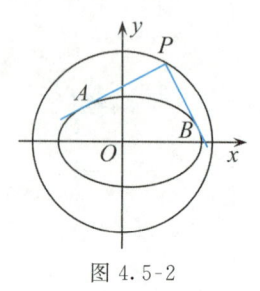

图 4.5-2

蒙日圆的姊妹圆　从圆 $x^2+y^2=r^2\left(\dfrac{1}{r^2}=\dfrac{1}{a^2}+\dfrac{1}{b^2}\right)$ 上的任意一点 P 作圆的切线,与椭圆 $\dfrac{x^2}{a^2}+\dfrac{y^2}{b^2}=1(a>b>0)$ 交于 A,B 两点,则 $OA\perp OB$.(如图 4.5-3)

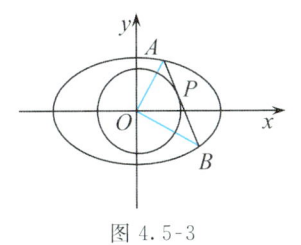

图 4.5-3

以蒙日圆的姊妹圆为背景的问题不断出现.

(1)试题的精彩回放

例　设椭圆 $E:\dfrac{x^2}{a^2}+\dfrac{y^2}{b^2}=1(a>b>0)$ 过 $M(2,\sqrt{2})$,$N(\sqrt{6},1)$ 两点,O 为坐标原点.

(Ⅰ)求椭圆 E 的方程.

(Ⅱ)是否存在圆心在原点的圆,使得该圆的任意一条切线与椭圆 E 恒有两个交点 A,B,且 $\overrightarrow{OA}\perp\overrightarrow{OB}$? 若存在,请写出该圆的方程;若不存在,请说明理由.

解答　(1)易求椭圆 E 的方程为

$$\dfrac{x^2}{8}+\dfrac{y^2}{4}=1.$$

(2)假设存在圆心在原点的圆,使得该圆的任意一条切线与椭圆 E 恒有两个交点 A,B,且 $\overrightarrow{OA}\perp\overrightarrow{OB}$. 设该圆的切线方程为

$$y=kx+m.$$

把方程 $y=kx+m$ 代入椭圆方程得

$$(1+2k^2)x^2+4kmx+2m^2-8=0,$$

则 $\Delta>0$,即 $8k^2-m^2+4>0$. 设 $A(x_1,y_1)$,$B(x_2,y_2)$,由韦达定理得

$$x_1+x_2=-\dfrac{4km}{1+2k^2},\ x_1x_2=\dfrac{2m^2-8}{1+2k^2}.$$

从而

$$y_1y_2=(kx_1+m)(kx_2+m)=k^2x_1x_2+km(x_1+x_2)+m^2=\dfrac{k^2(2m^2-8)}{1+2k^2}-\dfrac{4k^2m^2}{1+2k^2}+m^2=\dfrac{m^2-8k^2}{1+2k^2}.$$

要使 $\overrightarrow{OA}\perp\overrightarrow{OB}$,需使 $x_1x_2+y_1y_2=0$,即 $\dfrac{2m^2-8}{1+2k^2}+\dfrac{m^2-8k^2}{1+2k^2}=0$,所以 $3m^2-8k^2-8=0$,所以

$$k^2=\dfrac{3m^2-8}{8}\geq 0.$$

因为 $8k^2-m^2+4>0$,所以 $\begin{cases}m^2>2,\\ 3m^2\geq 8,\end{cases}$ 所以 $m^2\geq\dfrac{8}{3}$,即

$$m\geq\dfrac{2\sqrt{6}}{3}\text{ 或 }m\leq-\dfrac{2\sqrt{6}}{3}.$$

又因为直线 $y=kx+m$ 为圆心在原点的圆的一条切线,所以圆的半径 $r=\dfrac{|m|}{\sqrt{1+k^2}}$,$r^2=\dfrac{m^2}{1+k^2}=\dfrac{m^2}{1+\dfrac{3m^2-8}{8}}=\dfrac{8}{3}$,$r=\dfrac{2\sqrt{6}}{3}$,所求的圆为

$$x^2+y^2=\frac{8}{3}.$$

此时,圆的切线 $y=kx+m$ 都满足 $m\geqslant\frac{2\sqrt{6}}{3}$ 或 $m\leqslant-\frac{2\sqrt{6}}{3}$. 而当切线的斜率不存在时,切线为 $x=\pm\frac{2\sqrt{6}}{3}$, 与椭圆 $\frac{x^2}{8}+\frac{y^2}{4}=1$ 的两个交点为 $\left(\frac{2\sqrt{6}}{3},\pm\frac{2\sqrt{6}}{3}\right)$ 或 $\left(-\frac{2\sqrt{6}}{3},\pm\frac{2\sqrt{6}}{3}\right)$,满足 $\overrightarrow{OA}\perp\overrightarrow{OB}$.

综上,存在圆心在原点的圆 $x^2+y^2=\frac{8}{3}$,使得该圆的任意一条切线与椭圆 E 恒有两个交点 A,B,且 $\overrightarrow{OA}\perp\overrightarrow{OB}$.

点评 解析几何问题是高考的重点与热点问题.本题以椭圆的特殊弦(切点弦、垂直的弦)的性质为背景,考查解析几何的基本思想与方法,题中蕴含着圆锥曲线许多有趣的性质.

(2)试题的拓展引申

上述问题如果对于椭圆 $\frac{x^2}{a^2}+\frac{y^2}{b^2}=1(a>b>0)$ 与圆 $x^2+y^2=r^2$ 来说,圆的半径与椭圆的长轴与短轴又有什么关系呢?我们把问题进行多角度探究溯源.

(i)问题的一般化探究

引申 1 已知椭圆 $\frac{x^2}{a^2}+\frac{y^2}{b^2}=1(a>b>0)$,直线 l 是圆 $x^2+y^2=r^2$ 的任意一条切线,与椭圆交于 A,B 两点,则 $\overrightarrow{OA}\perp\overrightarrow{OB}$ 的充要条件是 $\frac{1}{r^2}=\frac{1}{a^2}+\frac{1}{b^2}$.

证明 设点 $P(x_0,y_0)(x_0y_0\neq 0)$ 为直线 l 与圆的切点,则直线 l 的方程为
$$xx_0+yy_0=r^2.$$
把 $xx_0+yy_0=r^2$ 代入椭圆的方程得
$$(a^2x_0^2+b^2y_0^2)x^2-2a^2r^2x_0x+a^2r^4-a^2b^2y_0^2=0.$$
设 $A(x_1,y_1),B(x_2,y_2)$,则
$$x_1+x_2=\frac{2a^2r^2x_0}{a^2x_0^2+b^2y_0^2},x_1x_2=\frac{a^2r^4-a^2b^2y_0^2}{a^2x_0^2+b^2y_0^2}.$$
因为 $x_0^2+y_0^2=r^2$,所以

$$\overrightarrow{OA}\cdot\overrightarrow{OB}=x_1x_2+y_1y_2=x_1x_2+\frac{r^2-x_1x_0}{y_0}\cdot\frac{r^2-x_2x_0}{y_0}$$

$$=\frac{1}{y_0^2}[r^4-r^2x_0(x_1+x_2)+x_1x_2(x_0^2+y_0^2)]$$

$$=\frac{1}{y_0^2}[r^4-r^2x_0(x_1+x_2)+x_1x_2r^2]$$

$$=\frac{r^2}{y_0^2}[r^2-x_0(x_1+x_2)+x_1x_2]$$

$$=\frac{r^2}{y_0^2}\left[r^2-\frac{2a^2r^2x_0^2}{a^2x_0^2+b^2y_0^2}+\frac{a^2r^4-a^2b^2y_0^2}{a^2x_0^2+b^2y_0^2}\right]$$

$$=\frac{r^2}{y_0^2}\left[\frac{a^2r^2(r^2-x_0^2)+b^2r^2y_0^2-a^2b^2y_0^2}{a^2x_0^2+b^2y_0^2}\right]$$

$$=\frac{r^2}{y_0^2}\left[\frac{a^2r^2y_0^2+b^2r^2y_0^2-a^2b^2y_0^2}{a^2x_0^2+b^2y_0^2}\right]$$

$$=r^2\left[\frac{(a^2+b^2)r^2-a^2b^2}{a^2x_0^2+b^2y_0^2}\right],$$

因此 $\overrightarrow{OA} \cdot \overrightarrow{OB} = 0 \Leftrightarrow (a^2+b^2)r^2 - a^2b^2 = 0$,整理得

$$\frac{1}{r^2} = \frac{1}{a^2} + \frac{1}{b^2}.$$

当 $x_0 y_0 = 0$ 时,结论也成立.

链接 1 设椭圆 $\frac{x^2}{a^2} + \frac{y^2}{b^2} = 1 (a > b > 0)$ 的左、右焦点分别为 F_1, F_2,A 是椭圆上的点,$AF_2 \perp F_1 F_2$,原点 O 到直线 AF_1 的距离为 $\frac{1}{3}|OF_1|$.

(Ⅰ)证明:$a = \sqrt{2}b$.

(Ⅱ)求使得下述命题成立的 $t(t \in (0,b))$ 的值. 设圆 $x^2 + y^2 = t^2$ 上的任意点 $M(x_0, y_0)$ 处的切线交该椭圆于 Q_1, Q_2 两点,则 $OQ_1 \perp OQ_2$.

解答 (Ⅰ)证明略. (Ⅱ)由(Ⅰ)知 $a = \sqrt{2}b$,所以

$$e^2 = \frac{1}{2}.$$

由"引申 1"知

$$\frac{1}{t^2} = \frac{1}{a^2} + \frac{1}{b^2} = \frac{3}{2b^2}.$$

综上所述,$t = \frac{\sqrt{6}}{3}b \in (0,b)$ 使得所述命题成立.

(ii)问题的迁移引申

引申 2 已知双曲线 $\frac{x^2}{a^2} - \frac{y^2}{b^2} = 1 (b > a > 0)$,直线 l 是圆 $x^2 + y^2 = r^2$ 的任意一条切线,与双曲线交于 A, B 两点,则 $\overrightarrow{OA} \perp \overrightarrow{OB}$ 的充要条件是 $\frac{1}{r^2} = \frac{1}{a^2} - \frac{1}{b^2}$. (证明略)

链接 2 已知双曲线 $C: \frac{x^2}{a^2} - \frac{y^2}{b^2} = 1 (a > 0, b > 0)$ 的离心率为 $\sqrt{3}$、右准线方程为 $x = \frac{\sqrt{3}}{3}$.

(Ⅰ)求双曲线 C 的方程.

(Ⅱ)设直线 l 是圆 $O: x^2 + y^2 = 2$ 上动点 $P(x_0, y_0)(x_0 y_0 \neq 0)$ 处的切线,l 与双曲线 C 交于不同的两点 A, B,证明:$\angle AOB$ 的大小为定值.

解答 (Ⅰ)由题意得所求双曲线 C 的方程为

$$x^2 - \frac{y^2}{2} = 1.$$

(Ⅱ)结合双曲线方程知 $a = 1, c = \sqrt{3}, e = \sqrt{3}, r^2 = 2$,满足 $\frac{1}{r^2} = \frac{1}{a^2} - \frac{1}{b^2}$,即 $\angle AOB = 90°$.

点评 本节上述这三道藕断丝连的高考试题考查的是同一个内容,揭示的是圆锥曲线同样的几何性质,更巧的是山东省与北京市都是在2009年同一年考查的,真可谓是英雄所见略同.

(iii)问题的延伸探究

以原问题中所涉及的问题背景为素材进行变式训练,我们可以进行延伸探究.

引申 3 已知椭圆 $\frac{x^2}{a^2} + \frac{y^2}{b^2} = 1 (a > b > 0)$,直线 l 是圆 $x^2 + y^2 = r^2$ 的任意一条切线,与椭圆交于 A, B 两点,椭圆在 A, B 两点处的切线相交于点 Q,则点 Q 的轨迹方程为 $\frac{x^2}{a^4} + \frac{y^2}{b^4} = \frac{1}{r^2}$.

证明 如图 4.5-5,设 $Q(x_Q, y_Q)$,易得切点弦 AB 的方程为

$$\frac{xx_Q}{a^2}+\frac{yy_Q}{b^2}=1,$$

即

$$b^2 x x_Q + a^2 y y_Q = a^2 b^2.$$

又因为直线 AB 与圆 $x^2+y^2=r^2$ 相切,所以

$$\frac{a^2 b^2}{\sqrt{b^4 x_Q^2 + a^4 y_Q^2}}=r,$$

整理得

$$\frac{x_Q^2}{a^4}+\frac{y_Q^2}{b^4}=\frac{1}{r^2},$$

所以点 Q 的轨迹方程为

$$\frac{x^2}{a^4}+\frac{y^2}{b^4}=\frac{1}{r^2}.$$

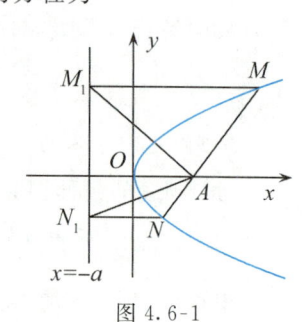

图 4.5-5

链接 3 设点 P 是椭圆 $\frac{x^2}{4}+\frac{y^2}{3}=1$ 上的一个动点,过点 P 作椭圆的切线,与圆 $x^2+y^2=12$ 交于 M,N 两点,圆在 M,N 两点处的切线相交于点 Q,求点 Q 的轨迹方程. $\left(\text{答案为} \frac{x^2}{36}+\frac{y^2}{48}=1\right)$

亲身体验问题的探究过程,亲自深入到问题解决的核心地带,弄清楚问题的来龙去脉,并切中问题的实质. 通过例题的引申、剖析,使问题从一道高考试题到另一道高考试题的演变,从高考试题到竞赛试题的跨越,引向理性反思的舞台——比较联系,从中发现规律,并由此可以演变出一组妙趣横生的结论.

4.6 圆锥曲线中的其他问题探究

4.6.1 抛物线中"类特征直角梯形"的性质探秘

(1) 问题的提出

问题 过抛物线 $y^2=2px(p>0)$ 的对称轴上一点 $A(a,0)(a>0)$ 的直线与抛物线相交于 M,N 两点,自点 M,N 向直线 $l:x=-a$ 作垂线,垂足分别为 M_1,N_1. 记 $\triangle AMM_1$,$\triangle AM_1N_1$,$\triangle ANN_1$ 的面积分别为 S_1,S_2,S_3,是否存在 λ,使得对任意 $a>0$,都有 $S_2^2=\lambda S_1 S_3$ 成立?若存在,求出 λ 的值;若不存在,请说明理由.

解答 如图 4.6-1,设 $M(x_1,y_1)$,$N(x_2,y_2)$,其中 $y_1>0$,$y_2<0$. 设直线 MN 的方程为

$$x=my+a,$$

将其代入抛物线方程 $y^2=2px$ 得

$$y^2-2pmy-2ap=0.$$

所以

$$y_1+y_2=2pm,$$
$$y_1 y_2=-2ap.$$

图 4.6-1

则 $S_2^2 = \left[\dfrac{1}{2}(y_1-y_2)\cdot 2a\right]^2 = a^2[(y_1+y_2)^2-4y_1y_2]=a^2[(2pm)^2-4(-2ap)]=4a^2p(2a+m^2p)$,而

$S_1S_3 = \left[\dfrac{1}{2}(x_1+a)y_1\right]\cdot\left[\dfrac{1}{2}(x_2+a)(-y_2)\right] = \dfrac{-y_1y_2}{4}\left(\dfrac{y_1^2}{2p}+a\right)\left(\dfrac{y_2^2}{2p}+a\right) = \dfrac{-y_1y_2}{16p^2}[(y_1y_2)^2+2ap(y_1^2+y_2^2)$

$+4a^2p^2]=a^2p(2a+m^2p)$,所以

$$S_2^2=4S_1S_3.$$

故存在 $\lambda=4$,使得对任意 $a>0$,都有 $S_2^2=\lambda S_1S_3$ 成立.

点评 这是一道形式推陈出新、内容丰富充实、设问新颖的试题,对于考生来说,既似曾相识又耳目一新. 本题属于探究存在性的问题,整个试题以学生熟悉的抛物线为背景,考查圆锥曲线的性质,将对基础知识、方法、能力和数学素养的考查融为一体.

这个试题中涉及一个重要的直角梯形 MNN_1M_1,这个直角梯形蕴含着抛物线很多丰富多彩的性质,值得我们认真去探讨. 为了便于讨论,我们把抛物线 $y^2=2px(p>0)$ 中的直角梯形 MNN_1M_1 叫作抛物线的"**类特征直角梯形**". 特殊地,当 $a=\dfrac{p}{2}$ 时,定点 $A(a,0)$ 为抛物线的焦点,直线 $l:x=-a$ 为抛物线的准线,此时的直角梯形 MNN_1M_1 叫作抛物线的"**特征直角梯形**".

(2)"类特征直角梯形"的性质剖析

研究表明,孤立的知识点不能形成有效的知识,只有建构成知识网络才是最有效的知识. 所以,我们在平时的学习中,应该充分利用例题的载体功能进行探究.

(i)有关面积问题

性质1 过抛物线 $y^2=2px(p>0)$ 的对称轴上一点 $A(a,0)(a>0)$ 的直线与抛物线相交于 M,N 两点,过点 M,N 分别作抛物线 $y^2=2px$ 的切线,交于点 P. 若点 P 的轨迹为直线 l,自点 M,N 向直线 l 作垂线,垂足分别为 M_1,N_1. 记 $\triangle AMM_1,\triangle AM_1N_1,\triangle ANN_1$ 的面积分别为 S_1,S_2,S_3,则 $\dfrac{S_2^2}{S_1S_3}=4$.

证明 只要证直角梯形 MNN_1M_1 为"类特征直角梯形",即证点 P 的轨迹为直线 $x=-a$. 设 $M(x_1,y_1),N(x_2,y_2)$,直线 MN 的方程为

$$x=my+a,$$

将其代入抛物线方程 $y^2=2px$,整理得

$$y^2-2pmy-2ap=0,$$

所以

$$y_1y_2=-2ap.$$

易知抛物线在点 M,N 处的切线方程分别为

$$yy_1=p(x+x_1),\quad yy_2=p(x+x_2),$$

消去 y 得

$$x=\dfrac{y_1y_2(y_1-y_2)}{2p(y_1-y_2)}=-a.$$

证毕.

性质 2 在抛物线 $y^2=2px(p>0)$ 的"类特征直角梯形" MNN_1M_1 中,设直线 $l: x=-a$ 与对称轴交于点 A_1,$\triangle A_1MM_1$,$\triangle A_1MN$,$\triangle A_1NN_1$ 的面积分别为 S_1,S_2,S_3,则 $\dfrac{S_2^2}{S_1S_3}=4$.

(ii) 有关切线问题

性质 3 在抛物线 $y^2=2px(p>0)$ 的"类特征直角梯形" MNN_1M_1 中,若 P 为 M_1N_1 的中点,则 MP,NP 为抛物线的切线.

证明 设 $M(x_1,y_1),N(x_2,y_2)$,设直线 MN 的方程为

$$x=my+a,$$

将其代入抛物线方程 $y^2=2px$ 得

$$y^2-2pmy-2ap=0,$$

所以

$$y_1+y_2=2pm, y_1y_2=-2ap.$$

因为 $P\left(-a,\dfrac{y_1+y_2}{2}\right)$,所以

$$k_{MP}=\dfrac{y_1-\dfrac{y_1+y_2}{2}}{\dfrac{y_1^2}{2p}+a}=\dfrac{\dfrac{y_1-y_2}{2}}{\dfrac{y_1^2+2ap}{2p}}=\dfrac{\dfrac{y_1-y_2}{2}}{\dfrac{y_1^2-y_1y_2}{2p}}=\dfrac{p}{y_1},$$

直线 MP 的方程为 $y-y_1=\dfrac{p}{y_1}(x-x_1)$,即

$$yy_1=p(x+x_1)$$

为抛物线在点 M 处的切线.同理可证直线 NP 为抛物线在点 N 处的切线.

(iii) 有关三点共线问题

性质 4 在抛物线 $y^2=2px(p>0)$ 的"类特征直角梯形" MNN_1M_1 中,若 O 为坐标原点,则 M,O,N_1 三点共线,且 M_1,O,N 三点也共线.

证明 设 $M(x_1,y_1),N(x_2,y_2)$,直线 MN 的方程为

$$x=my+a,$$

将其代入抛物线方程 $y^2=2px$,整理得

$$y^2-2pmy-2ap=0,$$

所以

$$y_1y_2=-2ap.$$

从而

$$k_{OM}=\dfrac{y_1}{\dfrac{y_1^2}{2p}}=\dfrac{2p}{y_1}=\dfrac{2py_2}{y_1y_2}=\dfrac{2py_2}{-2ap}=\dfrac{y_2}{-a}=k_{ON_1},$$

所以 M,O,N_1 三点共线.同理可证明 M_1,O,N 三点也共线.

(iv) 有关斜率问题

性质 5 在抛物线 $y^2=2px(p>0)$ 的"类特征直角梯形" MNN_1M_1 中，T 为直线 $M_1N_1:x=-a$ 上的任意一点，则直线 TM,TA,TN 的斜率成等差数列.

证明 设 $M\left(\dfrac{y_1^2}{2p},y_1\right),N\left(\dfrac{y_2^2}{2p},y_2\right),T(-a,t)$，直线 AB 的方程为

$$x=my+a,$$

将其代入抛物线方程 $y^2=2px(p>0)$ 得

$$y^2-2pmy-2ap=0,$$

所以

$$y_1y_2=-2ap.$$

从而

$$k_{TM}+k_{TN}=\dfrac{y_1-t}{\dfrac{y_1^2}{2p}+a}+\dfrac{y_2-t}{\dfrac{y_2^2}{2p}+a}=\dfrac{2p(y_1-t)}{y_1^2+2ap}+\dfrac{2p(y_2-t)}{y_2^2+2ap}=\dfrac{2p(y_1-t)}{y_1^2-y_1y_2}+\dfrac{2p(y_2-t)}{y_2^2-y_1y_2}$$

$$=\dfrac{2p(y_1-t)}{y_1(y_1-y_2)}+\dfrac{2p(y_2-t)}{y_2(y_2-y_1)}=\dfrac{2pt(y_1-y_2)}{y_1y_2(y_1-y_2)}=\dfrac{2pt}{y_1y_2}=\dfrac{2pt}{-2ap}=\dfrac{t}{-a}.$$

因为 $k_{TA}=\dfrac{t}{-a-a}=\dfrac{t}{-2a}$，所以

$$k_{TM}+k_{TN}=2k_{TA},$$

即直线 TM,TA,TN 的斜率成等差数列.

(v) 有关数量积问题

性质 6 在抛物线 $y^2=2px(p>0)$ 的"类特征直角梯形" MNN_1M_1 中，设直线 $l:x=-a$ 与对称轴交于点 A_1，且 $\overrightarrow{MA}=\lambda\overrightarrow{AN}(\lambda>0)$，则 $\overrightarrow{A_1A}\cdot(\overrightarrow{A_1M}-\lambda\overrightarrow{A_1N})=0$.

证明 设 $M(x_1,y_1),N(x_2,y_2)$，再设直线 MN 的方程为 $x=my+a$，将其代入抛物线方程 $y^2=2px$ 得

$$y^2-2pmy-2ap=0,$$

所以

$$y_1+y_2=2pm,\ y_1y_2=-2ap.$$

因为 $\overrightarrow{MA}=\lambda\overrightarrow{AN}(\lambda>0)$，所以

$$\lambda=-\dfrac{y_1}{y_2},$$

从而

$$\overrightarrow{A_1M}-\lambda\overrightarrow{A_1N}=(x_1+a,y_1)-\lambda(x_2+a,y_2)=(x_1-\lambda x_2+a(1-\lambda),y_1-\lambda y_2).$$

又因为 $\overrightarrow{A_1A}=(2a,0)$，所以

$$\overrightarrow{A_1A}\cdot(\overrightarrow{A_1M}-\lambda\overrightarrow{A_1N})=2a[x_1-\lambda x_2+a(1-\lambda)]=2a\left[\dfrac{y_1^2}{2p}+\dfrac{y_1}{y_2}\cdot\dfrac{y_2^2}{2p}+a\left(1+\dfrac{y_1}{y_2}\right)\right]$$

$$=\dfrac{a(y_1+y_2)}{py_2}(y_1y_2+2ap)=0.$$

点评 抛物线的"类特征直角梯形"还有很多有趣的性质,本节只做简单罗列,权当抛砖引玉.另外,对于椭圆、双曲线的"类特征直角梯形"也有类似的性质,限于篇幅,这里不做赘述.

4.6.2 抛物线的切线作法及其性质探究

(1)问题的呈现

如图 4.6-2,在平面直角坐标系 xOy 中,过 y 轴正方向上一点 $C(0,c)$ 任作一条直线,与抛物线 $y=x^2$ 相交于 A,B 两点.一条垂直于 x 轴的直线,分别与线段 AB 和直线 $l:y=-c$ 交于点 P,Q.

(Ⅰ)若 P 为线段 AB 的中点,证明:QA 为此抛物线的切线.

(Ⅱ)试问(Ⅰ)的逆命题是否成立?请说明理由.

图 4.6-2

解答 (Ⅰ)设直线 AB 的方程为

$$y=kx+c,$$

将该方程代入 $y=x^2$,整理得

$$x^2-kx-c=0.$$

设 $A(a,a^2),B(b,b^2)$,则 $ab=-c$ 且 $Q\left(\dfrac{a+b}{2},-c\right)$,直线 AQ 的斜率

$$k_{AQ}=\dfrac{a^2+c}{a-\dfrac{a+b}{2}}=\dfrac{a^2-ab}{\dfrac{a-b}{2}}=2a.$$

又 $y=x^2$ 的导数为 $y'=2x$,所以抛物线在点 A 处切线的斜率为 $2a$.因此,AQ 为该抛物线的切线.

(Ⅱ)(Ⅰ)的逆命题成立.

设 $Q(x_0,-c)$,若直线 AQ 为该抛物线的切线,则

$$k_{AQ}=2a,$$

且由(Ⅰ)知 $ab=-c$.因为直线 AQ 的斜率为 $k_{AQ}=\dfrac{a^2+c}{a-x_0}=\dfrac{a^2-ab}{a-x_0}$,所以 $\dfrac{a^2-ab}{a-x_0}=2a$,得

$$2ax_0=a^2+ab.$$

又因为 $a\neq 0$,所以

$$x_0=\dfrac{a+b}{2}.$$

故点 P 的横坐标为 $\dfrac{a+b}{2}$,即 P 是线段 AB 的中点.

点评 这是一道别具匠心、构思巧妙的试题,是我们高三复习教学中进行研究学习的不可多得的题材.试题的问题设计往往追求用最简单的材料,最朴素的方法,得到最一般的结论,考查最基本的能力,如果从这个角度去考虑的话,这不愧是一道成功的经典题.这道试题从一个侧面揭示了抛物线切线的一种几何作法的原理,也从另一个方面反映了抛物线的一些有趣的性质.

(2)问题的一般化

为了将问题的本质看得更清楚一些,我们不妨把这个问题一般化,就可以得到如下性质.

性质 1 过抛物线 $y^2=2px(p>0)$ 的对称轴上的任意一点 $(m,0)(m>0)$ 作直线 AB,交抛物线于 A,B 两点,记 AB 的中点为 P,过点 P 且平行于对称轴的直线与直线 $x=-m$ 的交点为 Q,则直线 QA 为抛物线的切线.

证明 设直线 AB 的方程为
$$x=ty+m,$$
将其代入抛物线方程 $y^2=2px(p>0)$,整理得
$$y^2-2pty-2pm=0.$$
设 $A(x_1,y_1),B(x_2,y_2)$,则
$$y_1+y_2=2pt, y_1y_2=-2pm,$$
故 $Q\left(-m,\dfrac{y_1+y_2}{2}\right)$. 从而
$$k_{AQ}=\dfrac{y_1-\dfrac{y_1+y_2}{2}}{\dfrac{y_1^2}{2p}+m}=\dfrac{y_1-\dfrac{y_1+y_2}{2}}{\dfrac{y_1^2}{2p}-\dfrac{y_1y_2}{2p}}=\dfrac{p}{y_1}.$$

而过点 A 处切线的方程为 $yy_1=p(x+x_1)$,因此 $k_{切}=\dfrac{p}{y_1}$,直线 QA 为抛物线的切线. 同理可证直线 QB 也为抛物线的切线.

(3) 问题的全方位思考

对于一个数学问题,如果我们从不同的度去思考和剖析的话,往往会得到意想不到的结果与收获,这也是我们探索数学问题的乐趣所在. 事实上,构成这个命题的全部元素就是一条过定点的抛物线的中点弦、一条定直线 $x=-m$、一条切线、一条平行于对称轴的直线. 所以,我们最自然、最朴素的想法就是由其中的任意三个作为条件能否推出余下的一个结论呢?能够构成这样的命题有几个?其中哪些是真命题?

引申 1 过抛物线 $y^2=2px(p>0)$ 的对称轴上的任意一点 $(m,0)(m>0)$ 作直线 AB,交抛物线于 A,B 两点,直线 QA 为抛物线的切线,则过 AB 的中点 P 且平行于对称轴的直线与直线 QA 的交点在直线 $x=-m$ 上.

证明 设 $A\left(\dfrac{y_1^2}{2p},y_1\right),B\left(\dfrac{y_2^2}{2p},y_2\right)$,直线 AB 的方程为
$$x=ty+m,$$
将其代入抛物线方程 $y^2=2px(p>0)$,整理得
$$y^2-2pty-2pm=0,$$
所以
$$y_1+y_2=2pt, y_1y_2=-2pm.$$
过点 A 的切线方程为
$$yy_1=p\left(x+\dfrac{y_1^2}{2p}\right),$$
又过 AB 的中点 P 且平行于对称轴的直线方程为
$$y=\dfrac{y_1+y_2}{2},$$
联立这两个方程得
$$\dfrac{y_1+y_2}{2}\cdot y_1=p\left(x+\dfrac{y_1^2}{2p}\right).$$
从而 $x=-m$,即交点在直线 $x=-m$ 上.

引申 2 过抛物线 $y^2=2px(p>0)$ 的对称轴上的任意一点 $(m,0)(m>0)$ 作直线 AB，交抛物线于 A,B 两点，切线 QA 与直线 $x=-m$ 交于点 Q，P 为 AB 的中点，则直线 PQ 平行于抛物线的对称轴.

证明 设 $A\left(\dfrac{y_1^2}{2p},y_1\right),B\left(\dfrac{y_2^2}{2p},y_2\right)$，直线 AB 的方程为
$$x=ty+m,$$
将其代入抛物线方程 $y^2=2px(p>0)$，整理得
$$y^2-2pty-2pm=0,$$
所以
$$y_1+y_2=2pt,y_1y_2=-2pm.$$
过点 A 的切线方程为 $yy_1=p\left(x+\dfrac{y_1^2}{2p}\right)$，所以 $y_Qy_1=p\left(-m+\dfrac{y_1^2}{2p}\right)$，即
$$y_Q=p\left(\dfrac{y_1}{2p}-\dfrac{m}{y_1}\right)=\dfrac{y_1^2-2pm}{2y_1}=\dfrac{y_1^2+y_1y_2}{2y_1}=\dfrac{y_1+y_2}{2}.$$
又 AB 的中点 P 的纵坐标
$$y_P=\dfrac{y_1+y_2}{2},$$
故直线 PQ 平行于抛物线的对称轴.

引申 3 过抛物线 $y^2=2px(p>0)$ 的对称轴上的任意一点 $(m,0)(m>0)$ 作直线 AB，交抛物线于 A,B 两点，切线 QA 与直线 $x=-m$ 交于点 Q，过点 Q 且平行于抛物线对称轴的直线交直线 AB 于点 P，则 P 为 AB 的中点.

证明 由"引申 2"的证明可知，点 Q 的纵坐标
$$y_Q=\dfrac{y_1+y_2}{2}.$$
因为直线 PQ 平行于抛物线的对称轴，所以点 P 的纵坐标
$$y_P=\dfrac{y_1+y_2}{2}.$$
从而 P 为 AB 的中点.

引申 4 过直线 $x=-m(m>0)$ 上的任意一点 Q 作抛物线 $y^2=2px(p>0)$ 的切线，切点分别为 A,B，则直线 AB 过定点 $(m,0)$.

证明 设 $Q(-m,y_Q)$，由题意得，切点弦 AB 所在直线的方程为
$$yy_Q=p(-m+x),$$
所以直线 AB 过定点 $(m,0)$.

(4) 问题的再探讨

其实，除了该试题所提供的确定抛物线切线的作法，我们还有没有其他的方法来确定抛物线的切线呢？答案是肯定的.

性质 2 已知 A 为抛物线 $y^2=2px(p>0)$ 上的任意一点，F 为抛物线的焦点，过点 A 的直线 l 交对称轴于点 Q. 若 $|FQ|=|AF|$，则直线 QA 为抛物线的切线.

证明 设 $A(x_0,y_0)$，直线 l 的方程为
$$x-x_0=m(y-y_0).$$

令 $y=0$，得到 $Q(x_0-my_0,0)$，所以
$$|FQ|=\frac{p}{2}-(x_0-my_0),|AF|=x_0+\frac{p}{2}.$$

由题意知 $|FQ|=|AF|$，因此 $\frac{p}{2}-(x_0-my_0)=x_0+\frac{p}{2}$，可得
$$m=\frac{2x_0}{y_0}=\frac{y_0}{p},$$

从而直线 AQ 的斜率
$$k_{AQ}=\frac{1}{m}=\frac{p}{y_0}.$$

而过点 A 的切线方程为 $yy_0=p(x+x_0)$，因此
$$k_{切}=\frac{p}{y_0}.$$

故直线 QA 为抛物线的切线.

性质 3 已知 A 为抛物线 $y^2=2px(p>0)$ 上的任意一点，F 为抛物线的焦点，点 A_1 为点 A 在抛物线准线上的射影. 若对称轴上的点 Q 使四边形 AA_1QF 为平行四边形，则直线 QA 为抛物线的切线.

证明　设 $A(x_0,y_0)$，因为四边形 AA_1QF 为平行四边形，所以
$$|AA_1|=|QF|,$$

得到 $Q(-x_0,0)$. 因此，直线 QA 的方程为 $y=\frac{y_0}{x_0-(-x_0)}(x+x_0)=\frac{p}{y_0}(x+x_0)$，即
$$yy_0=p(x+x_0),$$

这正是抛物线的切线方程. 得证.

性质 4 已知 A 为抛物线 $y^2=2px(p>0)$ 上的任意一点，F 为抛物线的焦点，Q 为其准线上的任意一点. 若 $AF\perp FQ$，则直线 QA 为抛物线的切线.

证明　设 $A(x_0,y_0),F\left(\frac{p}{2},0\right)$，则 $k_{AF}=\dfrac{y_0}{x_0-\dfrac{p}{2}}$，故直线 FQ 的方程为
$$yy_0=-\left(x-\frac{p}{2}\right)\left(x_0-\frac{p}{2}\right).$$

得到点 Q 的坐标为 $\left(-\dfrac{p}{2},\dfrac{p}{y_0}\left(x_0-\dfrac{p}{2}\right)\right)$，从而
$$k_{AQ}=\frac{y_0-\dfrac{p}{y_0}\left(x_0-\dfrac{p}{2}\right)}{x_0+\dfrac{p}{2}}=\frac{p}{y_0}.$$

而过点 A 的切线方程为 $yy_0=p(x+x_0)$，因此
$$k_{切}=\frac{p}{y_0}.$$

故直线 QA 为抛物线的切线.

4.6.3 椭圆的"顶焦点三角形"性质探究

在椭圆中,我们通常把一个焦点与过另一个焦点的弦所围成的三角形叫作 焦点三角形. 类似地,我们也把一个顶点(焦点所在对称轴上的顶点)与过另一个顶点所对应的焦点弦围成的三角形叫 顶焦点三角形. 在椭圆的顶焦点三角形中,有许多与椭圆焦点三角形相类似的几何特征,蕴含着椭圆很多耳目一新的几何性质,这些性质浑然一体、相得益彰,值得我们去探究与总结. 在高考试题和全国各地的高考模拟试题中,以顶焦点三角形为载体的问题更是层出不穷,精彩纷呈.

(1) 一道考题的背景探究

设 A,B 分别为椭圆 $\dfrac{x^2}{a^2}+\dfrac{y^2}{b^2}=1(a>b>0)$ 的左、右顶点,椭圆长半轴的长等于焦距,且 $x=4$ 为它的右准线.

(Ⅰ) 求椭圆的方程.

(Ⅱ) 设 P 为右准线上不同于点 $(4,0)$ 的任意一点,若直线 AP,BP 分别与椭圆相交于异于 A,B 的点 M, N,证明:点 B 在以 MN 为直径的圆内.

点评 这是一道背景深刻、意境幽深、内容丰富的试题,独具匠心的试题内涵对我们高考复习具有较强的导向功能与启迪作用. 由试题中的条件我们容易得到,直线 MN 过椭圆的右焦点,所以该试题中涉及的 $\triangle AMN$ 就是一个典型的顶焦点三角形,该试题就是通过顶焦点三角形作为载体来揭示了椭圆的一个重要性质.

(2) 与斜率有关的问题探究

直线的斜率是解析几何问题中非常活跃的元素之一,圆锥曲线的很多性质往往是通过直线的斜率这个平台来展开讨论的,利用斜率来表达其性质.

探究 1 在椭圆 $\dfrac{x^2}{a^2}+\dfrac{y^2}{b^2}=1(a>b>0)$ 的顶焦点三角形 APQ 中,A 为椭圆的左顶点,P,Q 为右焦点弦的两个端点,则直线 AP,AQ 的斜率之积为定值 $-(e-1)^2$. (e 为离心率)

证明 设 $P(x_1,y_1),Q(x_2,y_2)$,直线 PQ 的方程为
$$x=my+c,$$
将其代入椭圆方程得
$$(b^2m^2+a^2)y^2+2b^2cmy+b^2c^2-a^2b^2=0,$$
从而
$$y_1+y_2=\dfrac{-2b^2cm}{b^2m^2+a^2},\ y_1y_2=\dfrac{b^2c^2-a^2b^2}{b^2m^2+a^2}.$$
因此
$$k_{AP}\cdot k_{AQ}=\dfrac{y_1}{x_1+a}\cdot\dfrac{y_2}{x_2+a}=\dfrac{y_1y_2}{(my_1+a+c)(my_2+a+c)}=\dfrac{y_1y_2}{m^2y_1y_2+m(a+c)(y_1+y_2)+(a+c)^2}\quad(*).$$
又 $(*)$ 的分母 $=\dfrac{m^2(b^2c^2-a^2b^2)}{a^2+m^2b^2}+(a+c)\dfrac{-2b^2m^2c}{a^2+m^2b^2}+(a^2+2ac+c^2)=\dfrac{a^2(a+c)^2}{a^2+m^2b^2}$,而 $(*)$ 的分子 $=\dfrac{b^2c^2-a^2b^2}{b^2m^2+a^2}$,所以

$$k_{AP} \cdot k_{AQ} = \frac{b^2c^2 - a^2b^2}{a^2(a+c)^2} = -(e-1)^2.$$

证毕.

(3) 与准线有关的问题探究

顶焦点三角形中含有焦点,而焦点与准线是息息相关的,所以研究顶焦点三角形必须要考虑与准线之间的内在关系.

探究 2 如图 4.6-3,在椭圆 $\frac{x^2}{a^2} + \frac{y^2}{b^2} = 1(a > b > 0)$ 的顶焦点三角形 APQ 中,A 为椭圆的左顶点,P,Q 为右焦点弦的两个端点,l 为右准线. 若 $AP \cap l = M, AQ \cap l = N$,证明:点 M,N 的纵坐标之积为定值 $-\frac{b^4}{c^2}$.

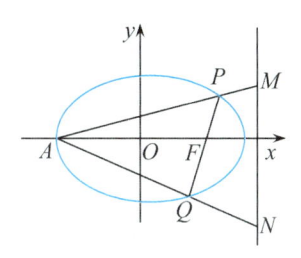

图 4.6-3

证明 由"探究 1"可知

$$k_{AP} \cdot k_{AQ} = -(e-1)^2.$$

因为 $k_{AP} \cdot k_{AQ} = k_{AM} \cdot k_{AN}$,所以

$$k_{AM} \cdot k_{AN} = \frac{y_M}{\frac{a^2}{c}+a} \cdot \frac{y_N}{\frac{a^2}{c}+a} = -(e-1)^2,$$

从而

$$y_M \cdot y_N = -\frac{b^4}{c^2}.$$

引申 在椭圆 $\frac{x^2}{a^2} + \frac{y^2}{b^2} = 1(a > b > 0)$ 的顶焦点三角形 APQ 中,A 为椭圆的左顶点,P,Q 为右焦点弦的两个端点,l 为右准线,F 为右焦点. 若 $AP \cap l = M, AQ \cap l = N$,证明:$\angle MFN = 90°$.

证明 由"探究 2"可知

$$y_M \cdot y_N = -\frac{b^4}{c^2},$$

所以

$$k_{FM} \cdot k_{FN} = \frac{y_M}{\frac{a^2}{c}-c} \cdot \frac{y_N}{\frac{a^2}{c}-c} = \frac{y_M y_N}{\frac{b^4}{c^2}} = -1.$$

因此 $\angle MFN = 90°$.

探究 3 在椭圆 $\frac{x^2}{a^2} + \frac{y^2}{b^2} = 1(a > b > 0)$ 的顶焦点三角形 APQ 中,A 为椭圆的左顶点,P,Q 为右焦点弦的两个端点,l 为右准线. 若 $AP \cap l = M, AQ \cap l = N$,证明:直线 PN 与直线 QM 相交于椭圆的右顶点 B.

证明 设 $P(x_1, y_1), Q(x_2, y_2)$,直线 PQ 的方程为

$$x = my + c,$$

联立方程 $\begin{cases} x = my + c, \\ \frac{x^2}{a^2} + \frac{y^2}{b^2} = 1, \end{cases}$ 消去 x,化简得

$$(a^2 + b^2m^2)y^2 + 2b^2cmy - b^4 = 0,$$

从而

$$y_1+y_2=\frac{-2b^2cm}{a^2+b^2m^2},\ y_1y_2=\frac{-b^4}{a^2+b^2m^2}\quad ①.$$

直线 AP 的方程为 $y=\frac{y_1}{x_1+a}(x+a)$，与 l 的方程 $x=\frac{a^2}{c}$ 联立，可得点 M 的纵坐标

$$y_M=\frac{y_1}{x_1+a}\left(\frac{a^2}{c}+a\right).$$

同理可得

$$y_N=\frac{y_2}{x_2+a}\left(\frac{a^2}{c}+a\right).$$

所以

$$k_{PB}=\frac{y_1}{x_1-a}=\frac{y_1}{my_1+c-a},$$

$$k_{NB}=\frac{y_N}{\frac{a^2}{c}-a}=\frac{a+c}{a-c}\cdot\frac{y_2}{x_2+a}=\frac{a+c}{a-c}\cdot\frac{y_2}{my_2+c+a},$$

从而

$$k_{PB}-k_{NB}=\frac{y_1}{my_1+c-a}-\frac{a+c}{a-c}\cdot\frac{y_2}{my_2+c+a}=\frac{b^2(y_1+y_2)-2mcy_1y_2}{(my_1+c-a)(my_2+c+a)(a-c)}\quad ②.$$

把①代入②可得

$$k_{PB}-k_{NB}=0.$$

所以直线 PN 与 x 轴相交于椭圆的右顶点 B. 同理，直线 QM 与 x 轴相交于椭圆的右顶点 B，所以直线 PN 与直线 QM 相交于椭圆的右顶点 B.

探究 4 在椭圆 $\frac{x^2}{a^2}+\frac{y^2}{b^2}=1(a>b>0)$ 的顶焦点三角形 APQ 中，A 为椭圆的左顶点，B 为椭圆的右顶点，P,Q 为右焦点弦的两个端点. 若 $AP\cap BQ=M$，证明：点 M 在右准线 l 上.

证明 设 $P(x_1,y_1),Q(x_2,y_2)$，直线 PQ 的方程为

$$x=my+c,$$

将其代入椭圆方程得

$$(b^2m^2+a^2)y^2+2b^2cmy+b^2c^2-a^2b^2=0,$$

所以

$$y_1+y_2=\frac{-2b^2cm}{b^2m^2+a^2},\ y_1y_2=\frac{b^2c^2-a^2b^2}{b^2m^2+a^2}.$$

从而

$$x_1y_2+x_2y_1=(my_1+c)y_2+(my_2+c)y_1=2my_1y_2+c(y_1+y_2)=\frac{a^2}{c}(y_1+y_2)\quad ①,$$

且

$$x_2y_1-x_1y_2=(my_2+c)y_1-(my_1+c)y_2=c(y_1-y_2)\quad ②.$$

直线 BP 的方程为 $y=\frac{y_1}{x_1-a}(x-a)$，直线 AQ 的方程为 $y=\frac{y_2}{x_2+a}(x+a)$，联立并消去 y，可得点 M 的横坐标

$$x=\frac{a(x_1y_2+x_2y_1)+a^2(y_1-y_2)}{(x_2y_1-x_1y_2)+a(y_1+y_2)}\quad ③.$$

把①②代入③得
$$x=\frac{a^2}{c},$$
即点 M 在右准线 l 上.

引申 在椭圆 $\frac{x^2}{a^2}+\frac{y^2}{b^2}=1(a>b>0)$ 的顶焦点三角形 APQ 中,A 为椭圆的左顶点,B 为椭圆的右顶点,P,Q 为右焦点弦的两个端点. 若 $AP\cap BQ=M,AQ\cap BP=N$,过 P,Q 两点的切线交于点 S,则点 M,N,S 都在右准线 l 上.

证明 由"探究 4"可知,点 M 在右准线 l 上. 同理可证点 N 也在右准线 l 上,下面只要证明 S 在右准线 l 上即可. 过点 $P(x_1,y_1),Q(x_2,y_2)$ 的切线方程分别为

$$\frac{xx_1}{a^2}+\frac{yy_1}{b^2}=1 \quad ①,$$

$$\frac{xx_2}{a^2}+\frac{yy_2}{b^2}=1 \quad ②.$$

由 $①\times y_2-②\times y_1$ 得

$$\frac{x(x_1y_2-x_2y_1)}{a^2}=y_2-y_1 \quad ③.$$

另外,由"探究 4"的证明可知

$$x_2y_1-x_1y_2=(my_2+c)y_1-(my_1+c)y_2=c(y_1-y_2),$$

把此式代入③得

$$x=\frac{a^2}{c},$$

即点 S 在右准线 l 上,从而命题得证.

点评 椭圆的顶焦点三角形的性质还有很多,限于篇幅,本节不作罗列. 另外,把椭圆相应的性质推广到双曲线、抛物线中去同样成立,同样精彩.

4.6.4 圆锥曲线的"相关弦"问题探究

(1)问题的再现

若 A,B 是抛物线 $y^2=4x$ 上不同的两点,弦 AB(不平行于 y 轴)的垂直平分线与 x 轴相交于点 P,则称弦 AB 是点 P 的一条"相关弦". 当 $x>2$ 时,点 $P(x,0)$ 存在无穷多条"相关弦",给定 $x_0>2$. 证明:点 $P(x_0,0)$ 的所有"相关弦"的中点的横坐标相同.

证明 设 AB 为点 $P(x_0,0)$ 的任意一条"相关弦",且设点 $A(x_1,y_1),B(x_2,y_2)(x_1\neq x_2)$,则

$$y_1^2=4x_1,y_2^2=4x_2,$$

两式相减得

$$(y_1+y_2)(y_1-y_2)=4(x_1-x_2).$$

因为 $x_1\neq x_2$,所以 $y_1+y_2\neq 0$. 设直线 AB 的斜率是 k、弦 AB 的中点是 $M(x_m,y_m)$,则

$$k=\frac{y_1-y_2}{x_1-x_2}=\frac{4}{y_1+y_2}=\frac{2}{y_m}.$$

从而 AB 的垂直平分线 l 的方程为

$$y - y_m = -\frac{y_m}{2}(x - x_m).$$

又因为点 $P(x_0, 0)$ 在直线 l 上，所以 $-y_m = -\dfrac{y_m}{2}(x_0 - x_m)$，而 $y_m \neq 0$，于是

$$x_m = x_0 - 2.$$

故点 $P(x_0, 0)$ 的所有"相关弦"的中点的横坐标都是 $x_0 - 2$。

点评 这是一道以圆锥曲线的中点弦为载体的试题，背景新颖，不落俗套，令人耳目一新．它内涵丰富，值得探究，是考查考生在新情境下分析问题和解决问题能力的好题目．

(2) 问题一般化

对于抛物线 $y^2 = 2px\,(p > 0)$，若弦 AB 是点 $P(x_0, 0)$ 的一条"相关弦"，当 $x_0 > 2$ 时，点 $P(x_0, 0)$ 的所有"相关弦"的中点的横坐标相同，都是 $x_0 - p$。

证明 对于抛物线 $y^2 = 2px\,(p > 0)$，设 AB 为点 $P(x_0, 0)$ 的任意一条"相关弦"，且设点 $A(x_1, y_1)$，$B(x_2, y_2)$ $(x_1 \neq x_2)$，弦 AB 的中点为 $M(x_m, y_m)$，则直线 AB 的斜率

$$k_{AB} = \frac{y_1 - y_2}{\dfrac{y_1^2}{2p} - \dfrac{y_2^2}{2p}} = \frac{2p}{y_1 + y_2} = \frac{p}{y_m}.$$

所以 AB 的垂直平分线 l 的方程为

$$y - y_m = -\frac{y_m}{p}(x - x_m).$$

又直线 l 过点 $P(x_0, 0)$，从而

$$x_m = x_0 - p.$$

故点 $P(x_0, 0)$ 的所有"相关弦"的中点的横坐标相同，都是 $x_0 - p$。

(3) 问题引申与拓展

上述问题所涉及的抛物线的性质已经一清二楚了，那么很自然的问题是，在椭圆与双曲线中是否也有类似的结论呢？我们可以再次对问题进行引申探究．

引申 1 对于椭圆 $\dfrac{x^2}{a^2} + \dfrac{y^2}{b^2} = 1\,(a > b > 0)$，若弦 AB 是点 $P(x_0, 0)$ 的一条"相关弦"，则点 $P(x_0, 0)$ 的所有"相关弦"的中点的横坐标相同，都是 $\dfrac{x_0}{e^2}$。

证明 设 AB 为点 $P(x_0, 0)$ 的任意一条"相关弦"，且设点 $A(x_1, y_1)$，$B(x_2, y_2)$ $(x_1 \neq x_2)$，所以

$$\frac{x_1^2}{a^2} + \frac{y_1^2}{b^2} = 1, \quad \frac{x_2^2}{a^2} + \frac{y_2^2}{b^2} = 1,$$

两式相减得

$$\frac{(x_1 - x_2)(x_1 + x_2)}{a^2} + \frac{(y_1 - y_2)(y_1 + y_2)}{b^2} = 0.$$

设直线 AB 的斜率是 k，弦 AB 的中点是 $M(x_m, y_m)$，则

$$k = -\frac{b^2}{a^2} \cdot \frac{x_m}{y_m}.$$

从而 AB 的垂直平分线 l 的方程为

$$y - y_m = \frac{a^2 y_m}{b^2 x_m}(x - x_m).$$

因为点 $P(x_0, 0)$ 在直线 l 上,所以 $-y_m = \frac{a^2 y_m}{b^2 x_m}(x_0 - x_m)$,从而

$$x_m = \frac{x_0}{e^2}.$$

故点 $P(x_0, 0)$ 的所有"相关弦"的中点的横坐标相同,都是 $\frac{x_0}{e^2}$.

引申 2 对于双曲线 $\frac{x^2}{a^2} - \frac{y^2}{b^2} = 1$ $(a > 0, b > 0)$,若弦 AB 是点 $P(x_0, 0)$ 的一条"相关弦",则点 $P(x_0, 0)$ 的所有"相关弦"的中点的横坐标相同,都是 $\frac{x_0}{e^2}$.

链接 已知椭圆 $\frac{x^2}{a^2} + \frac{y^2}{b^2} = 1$ $(a > b > 0)$,A, B 是椭圆上的两点,线段 AB 的垂直平分线与 x 轴交于点 $P(x_0, 0)$,证明:$-\frac{a^2 - b^2}{a} < x_0 < \frac{a^2 - b^2}{a}$.

证明 由"引申 1"可知,线段 AB 中点的横坐标相同,都是

$$x_m = \frac{x_0}{e^2}.$$

因为 $-a < x_m < a$,所以 $-a < \frac{x_0}{e^2} < a$,即

$$-\frac{a^2 - b^2}{a} < x_0 < \frac{a^2 - b^2}{a}.$$

上面这两道高考试题,可以说一脉相承,经典重现,揭示的都是圆锥曲线的中点性质问题.

引申 3 对于椭圆 $\frac{x^2}{a^2} + \frac{y^2}{b^2} = 1$ $(a > b > 0)$,若弦 AB 是点 $P(x_0, 0)$ 的一条"相关弦",AB 的中点为 M,则 $\frac{k_{OM}}{k_{MP}} = 1 - e^2$.

证明 设线段 AB 的中点为 $M(x_m, y_m)$,由"引申 1"可知

$$x_m = \frac{x_0}{e^2},$$

所以

$$k_{MP} = \frac{y_m - 0}{x_m - x_0} = \frac{y_m - 0}{x_m - e^2 x_m} = \frac{y_m}{(1 - e^2) x_m} = \frac{1}{1 - e^2} \cdot \frac{y_m}{x_m} = \frac{k_{OM}}{1 - e^2}.$$

得证.

点评 数学学习离不开解题,但切不可就题论题,特别是高三的总复习阶段,通过大量题目的反复操练,极易产生审美疲劳、思维僵化.由一道看似平凡的高考试题进行探究性学习,追本溯源,通过变换视角、延伸拓展等手段,我们在探究中感悟到高考题是以不变之本,应万变之题,克服学习上的思维定式,拓宽思路,培养数学思维的灵活性、严密性和深刻性.

4.6.5 圆锥曲线的相似曲线的性质探究

(1) 问题的呈现

如图 4.6-4，椭圆的中心为原点 O，离心率 $e=\dfrac{\sqrt{2}}{2}$，一条准线的方程是 $x=2\sqrt{2}$．

（Ⅰ）求该椭圆的标准方程．

（Ⅱ）设动点 P 满足 $\overrightarrow{OP}=\overrightarrow{OM}+2\overrightarrow{ON}$，其中 M,N 是椭圆上的点，直线 OM 与直线 ON 的斜率之积为 $-\dfrac{1}{2}$．问：是否存在两个定点 F_1,F_2，使得 $|PF_1|+|PF_2|$ 为定值？若存在，求 F_1,F_2 的坐标；若不存在，请说明理由．

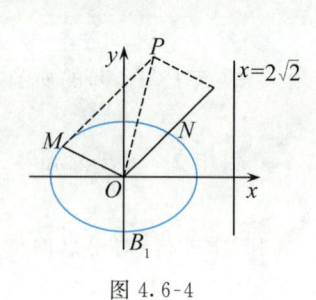

图 4.6-4

解答 （Ⅰ）易得该椭圆的标准方程为

$$\dfrac{x^2}{4}+\dfrac{y^2}{2}=1.$$

（Ⅱ）设点 $P(x,y),M(x_1,y_1),N(x_2,y_2)$，则直线 OM 与直线 ON 的斜率之积为 $\dfrac{y_1}{x_1}\cdot\dfrac{y_2}{x_2}=-\dfrac{1}{2}$，即

$$x_1 x_2+2y_1 y_2=0.$$

由 $\overrightarrow{OP}=\overrightarrow{OM}+2\overrightarrow{ON}$ 得到

$$x=x_1+2x_2,\ y=y_1+2y_2.$$

因为点 M,N 在椭圆 $x^2+2y^2=4$ 上，所以

$$x_1^2+2y_1^2=4,\ x_2^2+2y_2^2=4,$$

故

$$x^2+2y^2=(x_1+2x_2)^2+2(y_1+2y_2)^2=(x_1^2+2y_1^2)+4(x_2^2+2y_2^2)+4(x_1 x_2+2y_1 y_2)$$
$$=20+4(x_1 x_2+2y_1 y_2)=20.$$

所以动点 P 是椭圆 $\dfrac{x^2}{20}+\dfrac{y^2}{10}=1$ 上的点，设该椭圆的左、右焦点分别为 F_1,F_2，由椭圆的定义知 $|PF_1|+|PF_2|$ 为定值 $4\sqrt{5}$，因此

$$F_1(-\sqrt{10},0),\ F_2(\sqrt{10},0).$$

问题剖析 透过问题的现象看本质是我们数学学习义不容辞的任务，如何看本质呢？首先，把问题丰富多彩的背景去掉，凸现出问题的实质；其次，把问题进行一般化探究，此时往往需要观察问题的结构特征，从中寻找解决问题的突破口，很快发现问题中"直线 OM 与直线 ON 的斜率之积为 $-\dfrac{1}{2}$"，其实 $-\dfrac{1}{2}$ 恰好是 e^2-1（e 为椭圆的离心率），这是一个不可多得的重要线索；最后，顺藤摸瓜去探索即可．容易得到下面的一般化探究．

一般化探究 设 M,N 是椭圆 $\dfrac{x^2}{a^2}+\dfrac{y^2}{b^2}=1\,(a>b>0)$ 上的点，直线 OM 与直线 ON 的斜率之积为 e^2-1（e 为椭圆的离心率），动点 P 满足 $\overrightarrow{OP}=\lambda\overrightarrow{OM}+\mu\overrightarrow{ON}(\lambda,\mu\in\mathbf{R})$，则动点 P 在椭圆 $\dfrac{x^2}{a^2}+\dfrac{y^2}{b^2}=\lambda^2+\mu^2$ 上．

证明 设点 $P(x,y),M(x_1,y_1),N(x_2,y_2)$，则直线 OM,ON 的斜率之积为 $\dfrac{y_1}{x_1}\cdot\dfrac{y_2}{x_2}=e^2-1=-\dfrac{b^2}{a^2}$，即

$$b^2 x_1 x_2+a^2 y_1 y_2=0.$$

由 $\overrightarrow{OP}=\lambda\overrightarrow{OM}+\mu\overrightarrow{ON}$ 得
$$x=\lambda x_1+\mu x_2, y=\lambda y_1+\mu y_2.$$
因为点 M,N 在椭圆 $b^2x^2+a^2y^2=a^2b^2$ 上,所以
$$b^2x_1^2+a^2y_1^2=a^2b^2, b^2x_2^2+a^2y_2^2=a^2b^2.$$
故 $b^2x^2+a^2y^2=b^2(\lambda x_1+\mu x_2)^2+a^2(\lambda y_1+\mu y_2)^2$
$=\lambda^2(b^2x_1^2+a^2y_1^2)+\mu^2(b^2x_2^2+a^2y_2^2)+2\lambda\mu(b^2x_1x_2+a^2y_1y_2)$
$=\lambda^2a^2b^2+\mu^2a^2b^2=(\lambda^2+\mu^2)a^2b^2$,

所以动点 P 在椭圆 $\dfrac{x^2}{a^2}+\dfrac{y^2}{b^2}=\lambda^2+\mu^2$ 上.

点评 试题格调新颖,寓意深厚,令人耳目一新.题目立意之新,内涵之广,别具一格.从试题的题型来看,这是一道探索性的问题,对培养我们的探究能力大有好处;从结构特征来看,这是一道有关圆锥曲线的定值问题;从问题的本质来看,这是一道有关圆锥曲线的轨迹问题.

(2)问题的探究

"横看成岭侧成峰,远近高低各不同."对于一个问题只有从不同的角度进行全方位地剖析才能触及问题的本质.所以,我们有必要对此问题进行全方位地引申、探究.探究它的发生、发展过程,我们的学习就会收到意想不到的效果.

(i)变式探究

设 M,N 是椭圆 $\dfrac{x^2}{a^2}+\dfrac{y^2}{b^2}=1$ $(a>b>0)$ 上的点,直线 OM,ON 的斜率之积为 e^2-1 (e 为椭圆的离心率),动点 P 满足 $\overrightarrow{OP}=\lambda\overrightarrow{OM}+\mu\overrightarrow{ON}(\lambda,\mu\in\mathbf{R})$,则动点 P 的轨迹在椭圆 $\dfrac{x^2}{a^2}+\dfrac{y^2}{b^2}=1$ 上的充要条件是 $\lambda^2+\mu^2=1$.

链接 已知椭圆的中心为坐标原点 O,焦点在 x 轴上,斜率为 1 且过椭圆右焦点 F 的直线交椭圆于 A,B 两点,$\overrightarrow{OA}+\overrightarrow{OB}$ 与 $\boldsymbol{a}=(3,-1)$ 共线.

(Ⅰ)求椭圆的离心率.

(Ⅱ)设 M 为椭圆上的任意一点,且 $\overrightarrow{OM}=\lambda\overrightarrow{OA}+\lambda\overrightarrow{OB}(\lambda,\mu\in\mathbf{R})$,证明:$\lambda^2+\mu^2$ 为定值.

(ii)引申探究

设 M,N 是双曲线 $\dfrac{x^2}{a^2}-\dfrac{y^2}{b^2}=1(a>0,b>0)$ 上的点,直线 OM,ON 的斜率之积为 e^2-1 (e 为椭圆的离心率),动点 P 满足 $\overrightarrow{OP}=\lambda\overrightarrow{OM}+\mu\overrightarrow{ON}(\lambda,\mu\in\mathbf{R})$,则动点 P 在双曲线 $\dfrac{x^2}{a^2}-\dfrac{y^2}{b^2}=\lambda^2+\mu^2$ 上.

证明 设点 $P(x,y),M(x_1,y_1),N(x_2,y_2)$,则直线 OM,ON 的斜率之积为 $\dfrac{y_1}{x_1}\cdot\dfrac{y_2}{x_2}=e^2-1=\dfrac{b^2}{a^2}$,即
$$b^2x_1x_2-a^2y_1y_2=0.$$
由 $\overrightarrow{OP}=\lambda\overrightarrow{OM}+\mu\overrightarrow{ON}$ 得
$$x=\lambda x_1+\mu x_2, y=\lambda y_1+\mu y_2.$$
因为点 M,N 在椭圆 $b^2x^2-a^2y^2=a^2b^2$ 上,所以
$$b^2x_1^2-a^2y_1^2=a^2b^2, b^2x_2^2-a^2y_2^2=a^2b^2.$$
故 $b^2x^2-a^2y^2=b^2(\lambda x_1+\mu x_2)^2-a^2(\lambda y_1+\mu y_2)^2$
$=\lambda^2(b^2x_1^2-a^2y_1^2)+\mu^2(b^2x_2^2-a^2y_2^2)+2\lambda\mu(b^2x_1x_2-a^2y_1y_2)$

$$= \lambda^2 a^2 b^2 + \mu^2 a^2 b^2 = (\lambda^2 + \mu^2) a^2 b^2,$$

所以动点 P 在双曲线 $\dfrac{x^2}{a^2} - \dfrac{y^2}{b^2} = \lambda^2 + \mu^2$ 上.

(iii) 逆向探究

逆向探究 1 设 M, N 是椭圆 $\dfrac{x^2}{a^2} + \dfrac{y^2}{b^2} = 1\,(a>b>0)$ 上的点, 动点 P 在椭圆 $\dfrac{x^2}{a^2} + \dfrac{y^2}{b^2} = \lambda^2 + \mu^2\,(\lambda, \mu \in \mathbf{R})$ 上, 动点 P 满足 $\overrightarrow{OP} = \lambda \overrightarrow{OM} + \mu \overrightarrow{ON}$, 则直线 OM 与直线 ON 的斜率之积为 $e^2 - 1$ (e 为椭圆的离心率).

证明 设点 $P(x, y), M(x_1, y_1), N(x_2, y_2)$, 由 $\overrightarrow{OP} = \lambda \overrightarrow{OM} + \mu \overrightarrow{ON}$ 得
$$x = \lambda x_1 + \mu x_2,\; y = \lambda y_1 + \mu y_2.$$

因为点 M, N 在椭圆 $b^2 x^2 + a^2 y^2 = a^2 b^2$ 上, 所以
$$b^2 x_1^2 + a^2 y_1^2 = a^2 b^2,\; b^2 x_2^2 + a^2 y_2^2 = a^2 b^2.$$

故 $b^2 x^2 + a^2 y^2 = b^2 (\lambda x_1 + \mu x_2)^2 + a^2 (\lambda y_1 + \mu y_2)^2$
$$= \lambda^2 (b^2 x_1^2 + a^2 y_1^2) + \mu^2 (b^2 x_2^2 + a^2 y_2^2) + 2\lambda\mu (b^2 x_1 x_2 + a^2 y_1 y_2)$$
$$= (\lambda^2 + \mu^2) a^2 \cdot b^2 + 2\lambda\mu (b^2 x_1 x_2 + a^2 y_1 y_2).$$

又因为点 P 在椭圆 $\dfrac{x^2}{a^2} + \dfrac{y^2}{b^2} = \lambda^2 + \mu^2$ 上, 所以
$$b^2 x^2 + a^2 y^2 = (\lambda^2 + \mu^2) a^2 b^2,$$

得到 $b^2 x_1 x_2 + a^2 y_1 y_2 = 0$, 即
$$\frac{y_1}{x_1} \cdot \frac{y_2}{x_2} = -\frac{b^2}{a^2}.$$

因此直线 OM 与直线 ON 的斜率之积为
$$\frac{y_1}{x_1} \cdot \frac{y_2}{x_2} = -\frac{b^2}{a^2} = e^2 - 1.$$

逆向探究 2 设 M, N 是双曲线 $\dfrac{x^2}{a^2} - \dfrac{y^2}{b^2} = 1\,(a>0, b>0)$ 上的点, 动点 P 在双曲线 $\dfrac{x^2}{a^2} - \dfrac{y^2}{b^2} = \lambda^2 + \mu^2\,(\lambda, \mu \in \mathbf{R})$ 上, 动点 P 满足 $\overrightarrow{OP} = \lambda \overrightarrow{OM} + \mu \overrightarrow{ON}$, 则直线 OM 与直线 ON 的斜率之积为 $e^2 - 1$ (e 为双曲线的离心率).

点评 问题的探究可以通过变换视角、变换条件、开放条件等手段进行, 在探究中感悟到高考题是以不变之本, 应万变之体. 克服学习数学的思维定式, 拓宽解题思路, 培养思维的灵活性、严密性和深刻性, 进一步加强对基础知识、基本技能的理解.

(3) 问题的拓展探究

由问题的 "一般化探究" 可知, 设 M, N 是椭圆 $\dfrac{x^2}{a^2} + \dfrac{y^2}{b^2} = 1\,(a>b>0)$ 上的点, 直线 OM 与直线 ON 的斜率之积为 $e^2 - 1$ (e 为椭圆的离心率), 动点 P 满足 $\overrightarrow{OP} = \lambda \overrightarrow{OM} + \mu \overrightarrow{ON}\,(\lambda, \mu \in \mathbf{R})$, 则动点 P 在椭圆 $\dfrac{x^2}{a^2} + \dfrac{y^2}{b^2} = \lambda^2 + \mu^2$ 上, 即动点 P 的轨迹与已知椭圆的离心率相同. 在数学上通常把这样的两个椭圆称作**相似椭圆**, 即把椭圆 $\dfrac{x^2}{a^2} + \dfrac{y^2}{b^2} = t\,(a>b>0, t>1)$ 叫作椭圆 $\dfrac{x^2}{a^2} + \dfrac{y^2}{b^2} = 1\,(a>b>0)$ 的相似椭圆. 至此, 问题的本质已经彻底浮出水面. 其实, 相似椭圆中蕴含着许多有趣的性质, 值得我们不断去探讨.

性质1 过椭圆 $\frac{x^2}{a^2}+\frac{y^2}{b^2}=t$ $(a>b>0,t>1)$ 外一点 P 作椭圆 $\frac{x^2}{a^2}+\frac{y^2}{b^2}=t$ 的切线 PA,PB，切点为 A,B；作椭圆 $\frac{x^2}{a^2}+\frac{y^2}{b^2}=1$ 的切线 PC,PD，切点为 C,D，则 $AB/\!/CD$.

证明 设 $P(x_0,y_0)$，则切点弦 AB 所在直线的方程为

$$\frac{x_0 x}{a^2}+\frac{y_0 y}{b^2}=t.$$

同理，切点弦 CD 所在直线的方程为

$$\frac{x_0 x}{a^2}+\frac{y_0 y}{b^2}=1.$$

故

$$AB/\!/CD.$$

性质2 从椭圆 $\frac{x^2}{a^2}+\frac{y^2}{b^2}=t$ $(a>b>0,t>1)$ 的右顶点 A 和上顶点 B 分别作椭圆 $\frac{x^2}{a^2}+\frac{y^2}{b^2}=1$ 的切线 AC 和 BD. 若直线 AC,BD 的斜率分别为 k_1,k_2，且 $k_1 \cdot k_2 < 0$，则 $k_1 \cdot k_2 = e^2-1$ (e 为椭圆的离心率).

证明 设直线 AC 的方程为 $y=k_1(x-\sqrt{t}a)$，代入椭圆方程 $\frac{x^2}{a^2}+\frac{y^2}{b^2}=1$，由 $\Delta=0$ 得

$$k_1^2=\frac{b^2}{a^2(t-1)}.$$

设直线 BD 的方程为 $y-\sqrt{t}b=k_2 x$，代入椭圆方程 $\frac{x^2}{a^2}+\frac{y^2}{b^2}=1$，由 $\Delta=0$ 得

$$k_2^2=\frac{b^2(t-1)}{a^2}.$$

所以

$$k_1 \cdot k_2 = -\frac{b^2}{a^2}=e^2-1.$$

点评 相似圆锥曲线还有很多丰富多彩的性质，由于篇幅限制，在此不做赘述.

4.6.6 圆锥曲线的伴随曲线的性质探讨

(1)问题的呈现

例题 已知以原点 O 为中心、$F(\sqrt{5},0)$ 为右焦点的双曲线 C 的离心率 $e=\frac{\sqrt{5}}{2}$.

(Ⅰ)求双曲线 C 的标准方程及其渐近线方程.

(Ⅱ)已知过点 $M(x_1,y_1)$ 的直线 $l_1:x_1 x+4y_1 y=4$ 与过点 $N(x_2,y_2)$（其中 $x_1 \neq x_2$）的直线 $l_2:x_2 x+4y_2 y=4$ 的交点在双曲线 C 上，直线 MN 与双曲线的两条渐近线分别交于 G,H 两点，求 $\overrightarrow{OG} \cdot \overrightarrow{OH}$ 的值.

略解 （Ⅰ）易得双曲线 C 的标准方程为

$$\frac{x^2}{4}-y^2=1,$$

其渐近线方程为

$$x \pm 2y=0.$$

（Ⅱ）设直线 l_1 与直线 l_2 的交点为 $P(x_0, y_0)$，易得直线 MN 的方程为
$$x_0 x + 4 y_0 y = 4,$$
所以
$$G\left(\frac{4}{x_0+2y_0}, \frac{2}{x_0+2y_0}\right), H\left(\frac{4}{x_0-2y_0}, \frac{-2}{x_0-2y_0}\right).$$
因此
$$\vec{OG} \cdot \vec{OH} = \frac{12}{x_0^2 - 4y_0^2} = \frac{12}{4} = 3.$$

点评　这道题虽取材平淡，但内容丰富，回味无穷．朴实但又不失新颖，耐人寻味．同时，试题选材寓于教材又高于教材，着重考查了对数学本质的理解以及解决解析几何问题的基本思维方法，全面考查了继续学习所应具备的数学素养和潜能．

(2) 试题的溯源剖析

对高考试题的追根溯源探究，从繁杂的关系中寻找问题的本质，是我们数学教学的一个重要任务．在我们的平时学习中，可以借用高考试题这个平台，充分发挥试题的教学功能，寻找命题的思维踪迹，发现其中所蕴含的性质，提高我们的思维能力．在本试题中，我们可以先思考：直线 $l_1: x_1 x + 4 y_1 y = 4$、直线 $l_2: x_2 x + 4 y_2 y = 4$ 与直线 MN 分别是什么样的直线呢？它们之间有什么样的联系呢？从结构特征看，我们会发现，直线 $l_1: x_1 x + 4 y_1 y = 4$ 与直线 $l_2: x_2 x + 4 y_2 y = 4$ 分别是椭圆 $\frac{x^2}{4} + y^2 = 1$ 在点 (x_1, y_1) 与点 (x_2, y_2) 处的切线，直线 MN 是椭圆 $\frac{x^2}{4} + y^2 = 1$ 的切点弦所在直线的方程．至此，问题的实质已经逐渐浮出水面，但此时的椭圆与双曲线之间又有什么关系呢？再次观察椭圆与双曲线的特征，一般地，我们把椭圆 $\frac{x^2}{a^2} + \frac{y^2}{b^2} = 1 (a > b > 0)$ 与双曲线 $\frac{x^2}{a^2} - \frac{y^2}{b^2} = 1 (a > 0, b > 0)$ 称为**伴随曲线**，由此，我们又可以进一步研究伴随曲线的几何性质．

(3) 问题的一般化的探究

对于一个试题的研究，为了能更清楚地理解问题的本质，我们往往需要考虑问题的一般性以及证明问题的方法的多样性．

性质　已知双曲线 $\frac{x^2}{a^2} - \frac{y^2}{b^2} = 1 (a > 0, b > 0)$ 与椭圆 $\frac{x^2}{a^2} + \frac{y^2}{b^2} = 1 (a > b > 0)$，过双曲线上的任意一点 P（除顶点外）作椭圆的切线，切点分别为 M, N，直线 MN 与双曲线的渐近线交于点 G, H，则 $\vec{OG} \cdot \vec{OH}$ 为定值．

证明　**证法 1**：设 $P(x_0, y_0)$，则椭圆的切点弦 MN 所在直线的方程为
$$\frac{x x_0}{a^2} + \frac{y y_0}{b^2} = 1,$$
双曲线的渐近线的方程为
$$y = \pm \frac{b}{a} x.$$
易得到

$$G\left(\frac{a^2 b}{bx_0+ay_0}, \frac{ab^2}{bx_0+ay_0}\right), H\left(\frac{a^2 b}{bx_0-ay_0}, \frac{-ab^2}{bx_0-ay_0}\right),$$

所以

$$\overrightarrow{OG} \cdot \overrightarrow{OH} = \frac{a^4 b^2}{b^2 x_0^2 - a^2 y_0^2} - \frac{a^2 b^4}{b^2 x_0^2 - a^2 y_0^2} = a^2 - b^2.$$

证法 2：设点 $P(x_0, y_0)$，则椭圆的切点弦 MN 所在直线的方程为

$$\frac{xx_0}{a^2} + \frac{yy_0}{b^2} = 1 \quad \text{①},$$

双曲线的渐近线方程为

$$\frac{x^2}{a^2} - \frac{y^2}{b^2} = 0 \quad \text{②}.$$

把②代入①，消去 x 并整理得 $\frac{y_0^2}{b^4} y^2 - \frac{2y_0}{b^2} y + 1 - \frac{x_0^2}{a^2} \times \frac{y^2}{b^2} = 0$，即

$$\frac{1}{b^2}\left(\frac{y_0^2}{b^2} - \frac{x_0^2}{a^2}\right) y^2 - \frac{2y_0}{b^2} y + 1 = 0 \quad \text{③}.$$

因为点 P 在双曲线上，所以 $\frac{x_0^2}{a^2} - \frac{y_0^2}{b^2} = 1$，因此③又可化为

$$-\frac{1}{b^2} y^2 - \frac{2y_0}{b^2} y + 1 = 0.$$

设 $G(x_1, y_1), H(x_2, y_2)$，则

$$y_1 y_2 = -b^2.$$

同理 $x_1 x_2 = a^2$. 故

$$\overrightarrow{OG} \cdot \overrightarrow{OH} = a^2 - b^2.$$

(4) 问题的延伸探究

对于一个试题的研究，还要从试题中寻找问题的"生长点"，数学问题的本质就是一个重要的"生长点"，从"点"的切入到"面"的拓展探究.

(i) 有关定值的问题

引申 1 已知双曲线 $\frac{x^2}{a^2} - \frac{y^2}{b^2} = 1(a>0, b>0)$ 与椭圆 $\frac{x^2}{a^2} + \frac{y^2}{b^2} = 1(a>b>0)$，过双曲线上的任意一点 P（除顶点外）作椭圆的切线，切点分别为 M, N，直线 MN 与双曲线的渐近线交于点 G, H，则 $\frac{(\overrightarrow{OG}+\overrightarrow{OH})^2}{|\overrightarrow{OP}|^2} = 4$（定值）.

证明 设 $P(x_0, y_0)$，则椭圆的切点弦 MN 所在直线的方程为

$$\frac{xx_0}{a^2} + \frac{yy_0}{b^2} = 1,$$

双曲线的渐近线方程为

$$y = \pm \frac{b}{a} x.$$

易得

$$G\left(\frac{a^2 b}{bx_0+ay_0}, \frac{ab^2}{bx_0+ay_0}\right), H\left(\frac{a^2 b}{bx_0-ay_0}, \frac{-ab^2}{bx_0-ay_0}\right),$$

所以

$\overrightarrow{OG}+\overrightarrow{OH}=\left(\dfrac{a^2b}{bx_0+ay_0}+\dfrac{a^2b}{bx_0-ay_0},\dfrac{ab^2}{bx_0+ay_0}+\dfrac{-ab^2}{bx_0-ay_0}\right)=\left(\dfrac{2a^2b^2}{b^2x_0^2-a^2y_0^2}x_0,-\dfrac{2a^2b^2}{b^2x_0^2-a^2y_0^2}y_0\right)=2(x_0,-y_0).$

所以

$$\dfrac{(\overrightarrow{OG}+\overrightarrow{OH})^2}{|\overrightarrow{OP}|^2}=4(定值).$$

引申 2 已知双曲线 $\dfrac{x^2}{a^2}-\dfrac{y^2}{b^2}=1(a>0,b>0)$ 与椭圆 $\dfrac{x^2}{a^2}+\dfrac{y^2}{b^2}=1(a>b>0)$,过双曲线上的任意一点 P(除顶点外)作椭圆的切线,切点分别为 M,N,直线 MN 与 x 轴、y 轴分别交于点 P,Q,则 $\dfrac{a^2}{|OP|^2}-\dfrac{b^2}{|OQ|^2}=1$(定值).

证明 设 $P(x_0,y_0)$,则椭圆的切点弦 MN 所在直线的方程为

$$\dfrac{xx_0}{a^2}+\dfrac{yy_0}{b^2}=1.$$

令 $y=0$,得到

$$|OP|=\dfrac{a^2}{|x_0|};$$

令 $x=0$,得到

$$|OQ|=\dfrac{b^2}{|y_0|}.$$

所以

$$\dfrac{a^2}{|OP|^2}-\dfrac{b^2}{|OQ|^2}=\dfrac{x_0^2}{a^2}-\dfrac{y_0^2}{b^2}=1.$$

(ii)有关面积的问题

引申 3 已知双曲线 $\dfrac{x^2}{a^2}-\dfrac{y^2}{b^2}=1(a>0,b>0)$ 与椭圆 $\dfrac{x^2}{a^2}+\dfrac{y^2}{b^2}=1(a>b>0)$,过双曲线上的任意一点 P(除顶点外)作椭圆的切线,切点分别为 M,N,直线 MN 与双曲线的渐近线交于点 G,H,则 $\triangle OGH$ 的面积为定值.

证明 由"性质"可知 $\overrightarrow{OG}\cdot\overrightarrow{OH}=a^2-b^2$,

$$S_{\triangle OGH}=\dfrac{1}{2}|\overrightarrow{OG}|\cdot|\overrightarrow{OH}|\sin\angle GOH=\dfrac{1}{2}\overrightarrow{OG}\cdot\overrightarrow{OH}|\tan\angle GOH|=\dfrac{1}{2}(a^2-b^2)|\tan\angle GOH|.$$

而 $|\tan\angle GOH|=\dfrac{\dfrac{b}{a}+\dfrac{b}{a}}{1-\dfrac{b}{a}\cdot\dfrac{b}{a}}=\dfrac{2ab}{a^2-b^2}$,因此

$$S_{\triangle OGH}=\dfrac{1}{2}(a^2-b^2)\cdot\dfrac{2ab}{a^2-b^2}=ab.$$

引申 4 已知双曲线 $\dfrac{x^2}{a^2}-\dfrac{y^2}{b^2}=1(a>0,b>0)$ 与椭圆 $\dfrac{x^2}{a^2}+\dfrac{y^2}{b^2}=1(a>b>0)$,过双曲线上的任意一点 P(除顶点外)作椭圆的切线,切点分别为 M,N,直线 MN 与双曲线的渐近线交于点 G,H,则直线 $x=a$ 与两条渐近线、直线 MN 依次交于点 R,S,T,则 $\triangle RSG$ 与 $\triangle SHT$ 的面积相等.

证明 由"引申 3"可知

$$S_{\triangle OGH}=ab,$$

易得

$$S_{\triangle ORT} = ab,$$

所以
$$S_{\triangle OGH} = S_{\triangle ORT}.$$

从而
$$S_{\triangle OGH} - S_{四边形ORSH} = S_{\triangle ORT} - S_{四边形ORSH},$$

即△RSG 与△SHT 的面积相等.

(iii)有关斜率的问题

引申 5 已知双曲线 $\dfrac{x^2}{a^2}-\dfrac{y^2}{b^2}=1(a>0,b>0)$ 与椭圆 $\dfrac{x^2}{a^2}+\dfrac{y^2}{b^2}=1(a>b>0)$，$A,B$ 是它们公共的左、右顶点. P,Q 分别是双曲线右支和椭圆上不同于 A,B 的动点，且满足 $\overrightarrow{AP}+\overrightarrow{BP}=\lambda(\overrightarrow{AQ}+\overrightarrow{BQ})(\lambda>1)$，直线 AP,BP,AQ,BQ 的斜率分别是 k_1,k_2,k_3,k_4，则 $k_1+k_2+k_3+k_4=0$.

证明 设 O 为椭圆与双曲线的中心，则
$$\overrightarrow{AP}+\overrightarrow{BP}=-2\overrightarrow{PO},\overrightarrow{AQ}+\overrightarrow{BQ}=-2\overrightarrow{QO}.$$

因为 $\overrightarrow{AP}+\overrightarrow{BP}=\lambda(\overrightarrow{AQ}+\overrightarrow{BQ})$，所以 $2\overrightarrow{PO}=2\lambda\overrightarrow{QO}$，得到 $\overrightarrow{PO}/\!/\overrightarrow{QO}$. 设 $P(x_1,y_1),Q(x_2,y_2)$，则 $\dfrac{y_2}{y_1}=\dfrac{x_2}{x_1}$，即
$$x_1y_2=x_2y_1.$$

从而
$$k_1+k_2=\frac{y_1}{x_1+a}+\frac{y_1}{x_1-a}=\frac{2x_1y_1}{x_1^2-a^2}=\frac{2b^2x_1}{a^2y_1}.$$

同理
$$k_3+k_4=-\frac{2b^2x_2}{a^2y_2}.$$

从而
$$k_1+k_2+k_3+k_4=0.$$

点评 研究高考试题，追寻命题者的思路，是我们数学研究中一个必不可少的重要课题，也是使我们的学习不断走向有效学习的捷径. 一位国内权威的高考数学命题专家曾感叹："高考数学试题，不是弱者生存，也不是强者生存，而是适者生存."

4.6.7 以椭圆的切线为背景的高考试题剖析

(1)高考试题的剖析

试题 1 （2012年福建卷）已知椭圆 $E:\dfrac{x^2}{a^2}+\dfrac{y^2}{b^2}=1(a>b>0)$ 的左焦点为 F_1、右焦点为 F_2、离心率 $e=\dfrac{1}{2}$. 过点 F_1 的直线交椭圆于 A,B 两点，且△ABF_2 的周长为 8.

（Ⅰ）求椭圆 E 的方程.

（Ⅱ）设动直线 $l:y=kx+m$ 与椭圆 E 有且只有一个公共点 P，且与直线 $x=4$ 相交于点 Q. 试探究：在坐标平面内是否存在定点 M，使得以 PQ 为直径的圆恒过点 M？若存在，求出点 M 的坐标；若不存在，请说明理由.

解答 （Ⅰ）因为 $|AB|+|AF_2|+|BF_2|=8$，所以
$$|AF_1|+|F_1B|+|AF_2|+|BF_2|=8.$$

而 $|AF_1|+|AF_2|=|F_1B|+|BF_2|=2a$,所以 $4a=8$,即
$$a=2.$$

又 $e=\dfrac{c}{a}=\dfrac{1}{2}\Rightarrow c=\dfrac{1}{2}a=1\Rightarrow b^2=a^2-c^2=3$,所以所求的椭圆方程为
$$\dfrac{x^2}{4}+\dfrac{y^2}{3}=1.$$

(Ⅱ) 由 $\begin{cases} y=kx+m, \\ \dfrac{x^2}{4}+\dfrac{y^2}{3}=1 \end{cases}$ 得
$$(4k^2+3)x^2+8kmx+4m^2-12=0.$$

令 $\Delta=64k^2m^2-4(4k^2+3)(4m^2-12)=0$,得
$$4k^2-m^2+3=0.$$

此时 $x_0=-\dfrac{4km}{4k^2+3}=-\dfrac{4k}{m}$,$y_0=kx_0+m=\dfrac{3}{m}$,得 $P\left(-\dfrac{4k}{m},\dfrac{3}{m}\right)$. 由 $\begin{cases} y=kx+m, \\ x=4 \end{cases}$ 得 $Q(4,4k+m)$. 由对称性,设存在 $M(x_1,0)$,则由 $\overrightarrow{MP}\cdot\overrightarrow{MQ}=0$ 可得
$$-\dfrac{16k}{m}+\dfrac{4kx_1}{m}-4x_1+x_1^2+\dfrac{12k}{m}+3=0,$$

所以
$$(4x_1-4)\dfrac{k}{m}+x_1^2-4x_1+3=0.$$

由于对任意 m,k 恒成立,所以可得
$$x_1=1.$$

故存在定点 $M(1,0)$,符合题意.

剖析 由题意易知动直线 l 是椭圆的一条切线,直线 $x=4$ 为椭圆的右准线,定点 $M(1,0)$ 恰好为椭圆的右焦点,这样我们就可以把上述高考试题一般化.

一般化 如图 4.6-5,已知点 $F_1(-c,0)$,$F_2(c,0)$ 分别是椭圆 $C:\dfrac{x^2}{a^2}+\dfrac{y^2}{b^2}=1(a>b>0)$ 的左、右焦点,过椭圆 C 在 x 轴的上半部分的点 P 作椭圆 C 的切线 PQ,交椭圆的准线 $x=\dfrac{a^2}{c}$ 于点 Q,则直线 PF_2 与直线 QF_2 相互垂直.

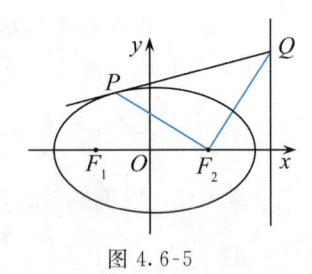

图 4.6-5

证明 设 $P(x_0,y_0)$,则在椭圆上的点 P 处的切线方程为
$$\dfrac{x_0x}{a^2}+\dfrac{y_0y}{b^2}=1,$$

故点 Q 的坐标为 $Q\left(\dfrac{a^2}{c},t\right)$,其中 $t=\left(1-\dfrac{x_0}{c}\right)\dfrac{b^2}{y_0}$,所以
$$k_{PF_2}\cdot k_{QF_2}=\dfrac{y_0-0}{x_0-c}\cdot\dfrac{t-0}{\dfrac{a^2}{c}-c}=-1,$$

即直线 PF_2 与直线 QF_2 相互垂直,问题得证.

如果我们再把上面的试题改为其逆命题,则又容易得到2012年安徽省的高考数学试题.

试题 2 (2012年安徽卷理科第 20 题第(Ⅱ)问)如图 4.6-6,已知点 $F_1(-c,0)$,$F_2(c,0)$ 分别是椭圆 $C: \dfrac{x^2}{a^2}+\dfrac{y^2}{b^2}=1(a>b>0)$ 的左、右焦点,经过点 F_1 作 x 轴的垂线,交椭圆 C 的上半部分于点 P,过点 F_2 作直线 PF_2 的垂线,交直线 $x=\dfrac{a^2}{c}$ 于点 Q. 证明:直线 PQ 与椭圆 C 只有一个交点(即直线 PQ 是椭圆 C 的切线).

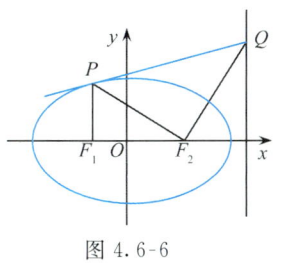

图 4.6-6

证明 设点 $Q\left(\dfrac{a^2}{c},y_2\right)$,则 $PF_2\perp QF_2\Leftrightarrow \dfrac{\frac{b^2}{a}-0}{-c-c}\cdot\dfrac{y_2-0}{\frac{a^2}{c}-c}=-1\Leftrightarrow y_2=2a$,得

$$k_{PQ}=\dfrac{2a-\frac{b^2}{a}}{\frac{a^2}{c}+c}=\dfrac{c}{a}.$$

由 $\dfrac{x^2}{a^2}+\dfrac{y^2}{b^2}=1$ 得 $y=\sqrt{b^2-\dfrac{b^2}{a^2}x^2}$,求导得

$$y'=\dfrac{-\dfrac{b^2}{a^2}x}{\sqrt{b^2-\dfrac{b^2}{a^2}x^2}}.$$

而过点 P 与椭圆 C 相切的直线的斜率

$$k=y'|_{x=-c}=\dfrac{c}{a}=k_{PQ},$$

故直线 PQ 与椭圆 C 只有一个交点,即直线 PQ 是椭圆 C 的切线.

点评 同根同源的两道圆锥曲线高考试题,两道不同省份的高考试题,却有相同的知识背景,都汇聚了椭圆中重要的几何元素:焦点、准线、切线. 两个试题互为逆命题,全面考查了解析几何的基本思想方法. 透过纷繁芜杂的数学表面,看到自然而富有直观的数学内涵,得到精简朴实的数学本质.

(2)试题的探究

"水石相激而生浪花点点,云天共拥始现苍穹渺渺."对于一道高考试题,我们有必要对其进行全方位地引申、探究,剖析其本质内容. 问题也只有在不断变式中探究,才能凸现出本质,要善于运用辩证的观点去思考分析,在运动中寻求定点、定值、定直线的"不变"性. 改变题目的条件,会推出什么结论?保留题目的条件,结论能否进一步加强?条件作类似的变换,结论能否扩大到一般情形?像这样富有创造性的全方位思考,常常是我们发现新知识、认识新知识的重要突破口.

探究 1 已知点 $F_1(-c,0)$,$F_2(c,0)$ 分别是椭圆 $C:\dfrac{x^2}{a^2}+\dfrac{y^2}{b^2}=1(a>b>0)$ 的左、右焦点,经过点 F_1 作 x 轴的垂线,交椭圆 C 在 x 轴的上半部分于点 P,椭圆 C 的切线 PQ 交准线 $x=\dfrac{a^2}{c}$ 于点 Q,则直线 PF_2 与直线 QF_2 相互垂直.

证明 因为 $P\left(-c,\dfrac{b^2}{a}\right)$,所以在椭圆上的点 P 处的切线方程为 $\dfrac{(-c)x}{a^2}+\dfrac{\frac{b^2}{a}y}{b^2}=1$,即

$$cx-ay+a^2=0.$$

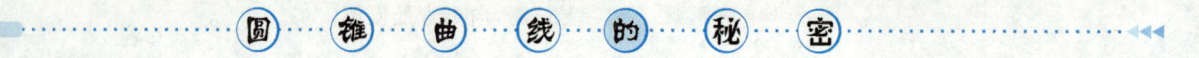

故点 Q 的坐标为 $Q\left(\dfrac{a^2}{c}, 2a\right)$，所以

$$k_{PF_2} \cdot k_{QF_2} = \dfrac{\dfrac{b^2}{a}-0}{-c-c} \times \dfrac{2a-0}{\dfrac{a^2}{c}-c} = -1,$$

即直线 PF_2 与直线 QF_2 垂直，问题得证.

探究 2 已知点 $F_1(-c,0)$，$F_2(c,0)$ 分别是椭圆 $C: \dfrac{x^2}{a^2}+\dfrac{y^2}{b^2}=1(a>b>0)$ 的左、右焦点，经过点 F_1 作 x 轴的垂线，交椭圆 C 在 x 轴的上半部分于点 P，过点 F_2 作直线 PF_2 的垂线，交椭圆 C 的切线 PQ 于点 Q，则点 Q 在直线 $x=\dfrac{a^2}{c}$ 上.

证明 因为 $P\left(-c, \dfrac{b^2}{a}\right)$，所以在椭圆上的点 P 处的切线方程为 $\dfrac{(-c)x}{a^2}+\dfrac{\dfrac{b^2}{a}y}{b^2}=1$，即

$$cx - ay + a^2 = 0 \quad ①.$$

又因为直线 QF_2 的方程为

$$y - 0 = \dfrac{2ac}{b^2}(x-c) \quad ②,$$

所以由①②解得

$$x = \dfrac{a^2}{c}.$$

故点 Q 在直线 $x=\dfrac{a^2}{c}$ 上，问题得证.

点评 一道成功的高考试题往往意境深远，具有较强的再生能力与发展的空间，我们可以把它作为知识与能力的生长点，探究其中有趣的性质，多角度地考虑问题，使思维呈现辐射状展开，开阔视野，拓展思维.

如果我们把试题中的焦点与准线的条件再弱化，变成"类焦点"与"类准线"，进行探究，又可以得到探究 3.

探究 3 已知点 $E_1(-m,0)$，$E_2(m,0)(m>0)$ 分别是椭圆 $C: \dfrac{x^2}{a^2}+\dfrac{y^2}{b^2}=1(a>b>0)$ 对称轴上的两个定点，经过点 E_1 作 x 轴的垂线，交椭圆 C 在 x 轴的上半部分于点 P，过点 E_2 作直线 QE_2，交直线 $x=\dfrac{a^2}{m}$ 于点 Q. 若直线 PE_2，QE_2 的斜率分别为 k_1，k_2，且 $k_1 \cdot k_2 = \dfrac{b^2}{m^2-a^2}$，则直线 PQ 是椭圆 C 的切线.

证明 设 $P(-m, y_0)$，由题意知 $\dfrac{m^2}{a^2}+\dfrac{y_0^2}{b^2}=1$，即

$$y_0^2 = \dfrac{b^2}{a^2}(a^2-m^2) \quad ①.$$

设点 $Q\left(\dfrac{a^2}{m}, t\right)$，则 $k_1 \cdot k_2 = \dfrac{y_0-0}{-m-m} \cdot \dfrac{t}{\dfrac{a^2}{m}-m} = \dfrac{b^2}{m^2-a^2}$，从而

$$y_0 t = 2b^2 \quad ②.$$

所以直线 PQ 的斜率

$$k_{PQ}=\frac{t-y_0}{\frac{a^2}{m}+m}=\frac{m}{y_0}\cdot\frac{ty_0-y_0^2}{a^2+m^2}\quad ③.$$

把①②代入③得

$$k_{PQ}=\frac{b^2}{a^2}\cdot\frac{m}{y_0}.$$

易知,在椭圆上点 P 处的切线的斜率

$$k_{切}=\frac{b^2}{a^2}\cdot\frac{m}{y_0},$$

所以直线 PQ 是椭圆 C 的切线.

探究 4 已知点 $E_1(-m,0),E_2(m,0)(m>0)$ 分别是椭圆 $C:\frac{x^2}{a^2}+\frac{y^2}{b^2}=1(a>b>0)$ 对称轴上的两个定点,经过点 E_1 作 x 轴的垂线,交椭圆 C 在 x 轴的上半部分于点 P,过点 E_2 作直线 QE_2,交直线 $x=\frac{a^2}{m}$ 于点 Q.若直线 PQ 是椭圆 C 的切线,且直线 PE_2,QE_2 的斜率分别为 k_1,k_2,则 $k_1\cdot k_2=\frac{b^2}{m^2-a^2}$.

证明 设 $P(-m,y_0)$,由题意知 $\frac{m^2}{a^2}+\frac{y_0^2}{b^2}=1$,即

$$y_0^2=\frac{b^2}{a^2}(a^2-m^2)\quad ①.$$

设点 $Q\left(\frac{a^2}{m},t\right)$,则直线 PQ 的斜率

$$k_{PQ}=\frac{t-y_0}{\frac{a^2}{m}+m}=\frac{m}{y_0}\cdot\frac{ty_0-y_0^2}{a^2+m^2}.$$

易知,在椭圆上点 P 处的切线的斜率

$$k_{切}=\frac{b^2}{a^2}\frac{m}{y_0},$$

所以 $\frac{m}{y_0}\cdot\frac{b^2}{a^2}=\frac{m}{y_0}\cdot\frac{ty_0-y_0^2}{a^2+m^2}$,即

$$ty_0=\frac{b^2}{a^2}(a^2+m^2)+y_0^2=\frac{b^2}{a^2}(a^2+m^2)+\frac{b^2}{a^2}(a^2-m^2)=2b^2\quad ②.$$

从而

$$k_1\cdot k_2=\frac{y_0-0}{-m-m}\cdot\frac{t}{\frac{a^2}{m}-m}=\frac{y_0 t}{2(m^2-a^2)}\quad ③.$$

把①②代入③得

$$k_1\cdot k_2=\frac{b^2}{m^2-a^2}.$$

探究 5 已知点 $E_1(-m,0),E_2(m,0)(m>0)$ 分别是椭圆 $C:\frac{x^2}{a^2}+\frac{y^2}{b^2}=1(a>b>0)$ 对称轴上的两个定点,经过点 E_1 作 x 轴的垂线,交椭圆 C 的上半部分于点 P,过点 P 作椭圆 C 的切线,过点 E_2 作直线 QE_2,与切线交于点 Q.若直线 PE_2,QE_2 的斜率分别为 k_1,k_2,且 $k_1\cdot k_2=\frac{b^2}{m^2-a^2}$,则点 Q 在直线 $x=\frac{a^2}{m}$ 上.

圆锥曲线的秘密

证明 设 $P(-m, y_0)$，则在椭圆上点 P 处的切线方程为

$$\frac{(-m)x}{a^2} + \frac{yy_0}{b^2} = 1 \quad ①.$$

因为直线 QE_2 的方程为

$$y - 0 = \frac{-2mb^2}{(m^2-a^2)y_0}(x-m) \quad ②,$$

所以由①②解得

$$x = \frac{a^2}{m},$$

则点 Q 在直线 $x = \frac{a^2}{m}$ 上，问题得证.

(3) 试题的反思

每年高考解析几何试题总是五彩缤纷、精彩不断，不乏有许多点睛之作，或给人以启迪，或给人以思考. 研究高考试题是我们学习研究的一个"规定"动作，剖析试题内涵，寻找试题之间的联系. 我们可以从试题之间联系的角度去审视高考试题，置知识于系统中，着眼于知识之间的联系和规律，从而深入数学的本质. 通过剖析试题，探讨知识联系、知识整合、探究规律等一系列思维活动.

探究是本章的主打曲. 探究无止境，探究是数学学习中不可或缺的"旋律". 在本章中，没有高深的理论，也没有独特而神奇的方法，只有散落在各个章节中的一道道典型的试题. 本章试图透过一个视角来寻找题根，让题目回归本源；试图通过对问题的剖析、反思与拓展，析出问题内在的光芒，让它链接更多的精彩；试图通过一条线索把一类问题串起来，构建起一个较为系统的知识网络；试图通过对问题的探究，把关注"解题"向关注"解决问题"转化，探究更多的圆锥曲线的秘密.

至此，我们要暂别圆锥曲线，挥挥手，请带走所有的精彩！

思考题

1. 如图,已知抛物线 $y^2=4x$ 的焦点为 F、准线为 l,过点 F 的直线交抛物线于 A,B 两点,点 B 在准线 l 上的投影为 E,C 是抛物线上的一点,且满足 $AC \perp EF$.

（Ⅰ）若点 A 的坐标是 $(4,4)$,求线段 AC 的中点 M 的坐标.

（Ⅱ）求 $\triangle ABC$ 面积的最小值及此时直线 AC 的方程.

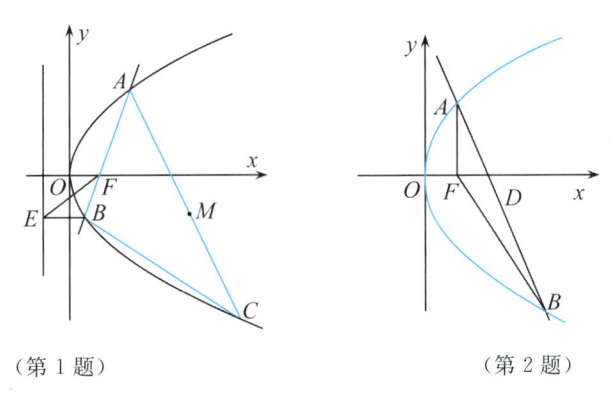

(第1题)

(第2题)

2. 如图,已知抛物线 $C: y^2=2px(p>0)$,其焦点为 F,直线 l 交抛物线 C 于 $A(x_1,y_1)$,$B(x_2,y_2)$ 两点,$D(x_0,y_0)$ 为 AB 的中点,且 $|AF|+|BF|=1+2x_0$.

（Ⅰ）求抛物线 C 的方程.

（Ⅱ）若 $x_1x_2+y_1y_2=-1$,求 $\dfrac{x_0}{|AB|}$ 的最小值.

3. 已知椭圆 $C: \dfrac{x^2}{a^2}+\dfrac{y^2}{b^2}=1(a>b>0)$ 的离心率为 $\dfrac{\sqrt{2}}{2}$,其右焦点到椭圆 C 外一点 $P(2,1)$ 的距离为 $\sqrt{2}$,不过原点 O 的直线 l 与椭圆 C 相交于 A,B 两点,且线段 AB 的长度为 2.

（Ⅰ）求椭圆 C 的方程.

（Ⅱ）求 $\triangle AOB$ 面积 S 的最大值.

4. 如图,已知 $P(-2,0)$ 是椭圆 $C_1: \dfrac{x^2}{a^2}+\dfrac{y^2}{b^2}=1(a>b>0)$ 的一个顶点,椭圆 C_1 的短轴是圆 $C_2: x^2+y^2=2$ 的直径,直线 l_1,l_2 过点 P 且互相垂直,l_1 交椭圆 C_1 于另一点 D,l_2 交圆 C_2 于 A,B 两点.

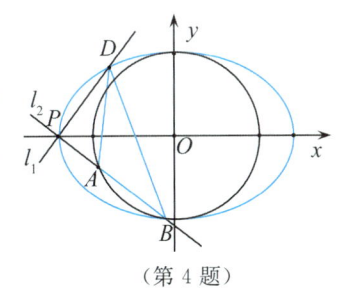

（Ⅰ）求椭圆 C_1 的标准方程.

（Ⅱ）求 $\triangle ABD$ 面积的最大值.

(第4题)

5. 已知抛物线 $y^2=2px(p>0)$ 的焦点 F 到准线 l 的距离为 2,直线 $x-y+m=0(m\in \mathbf{R})$ 与抛物线相交于不同的两点 A,B.

（Ⅰ）求抛物线的方程.

（Ⅱ）问:是否存在与 m 的取值无关的定点 T,使得直线 AT,BT 的斜率之和恒为一个定值?若存在,求出所有点 T 的坐标;若不存在,请说明理由.

6. 已知椭圆 $\dfrac{x^2}{a^2}+\dfrac{y^2}{b^2}=1(a>b>0)$ 的离心率为 $\dfrac{\sqrt{3}}{2}$,且经过点 $\left(1,\dfrac{\sqrt{3}}{2}\right)$.

（Ⅰ）求椭圆的标准方程.

（Ⅱ）设椭圆的上、下顶点分别为 A,B，P 是椭圆上异于 A,B 的任意一点，$PQ \perp y$ 轴，Q 为垂足，M 为线段 PQ 的中点，直线 AM 交直线 $l:y=-1$ 于点 C，N 为线段 BC 的中点.若四边形 $MOBN$ 的面积为2，求直线 AM 的方程.

7. 已知离心率为 $\dfrac{\sqrt{2}}{2}$ 的椭圆 $E:\dfrac{y^2}{a^2}+\dfrac{x^2}{b^2}=1(a>b>0)$ 的短轴的两个端点分别为 B_1，B_2，P 为椭圆 E 上异于 B_1,B_2 的动点，且 $\triangle PB_1B_2$ 的面积最大值为 $2\sqrt{2}$.

（Ⅰ）求椭圆 E 的方程.

（Ⅱ）如图，射线 $y=\sqrt{2}x(x\geq 0)$ 与椭圆 E 交于点 A，过点 A 作倾斜角互补的两条直线，它们与椭圆的另一个交点分别为点 B 和点 C，求 $\triangle ABC$ 面积的最大值.

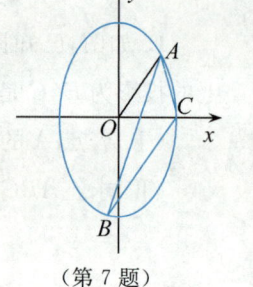

（第7题）

8. 如图，直线 l 与抛物线 $y^2=2x$ 相交于 A,B 两点，与 x 轴交于点 Q，且 $OA \perp OB$，$OD \perp l$ 于点 $D(m,n)$.

（Ⅰ）当 $n=1$ 时，求 m 的值.

（Ⅱ）当 $m\in\left[\dfrac{1}{2},\dfrac{3}{2}\right]$ 时，求 $\triangle ODQ$ 与 $\triangle OAB$ 的面积之积 $S_{\triangle ODQ}\cdot S_{\triangle OAB}$ 的取值范围.

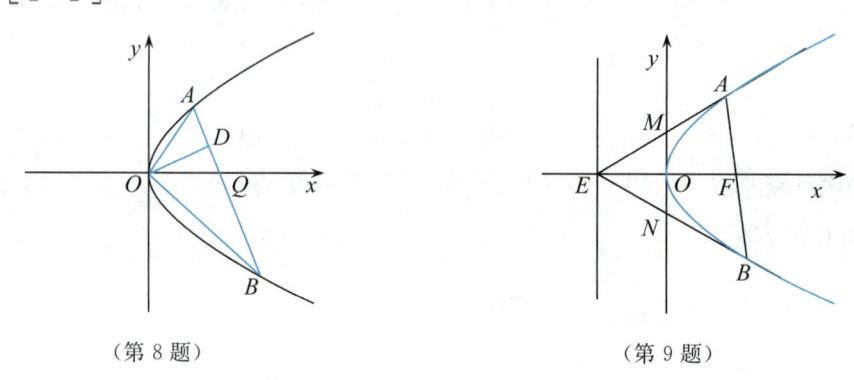

（第8题）　　　　　（第9题）

9. 如图，抛物线 $y^2=2px(p>0)$ 的焦点为 F，抛物线的准线与 x 轴的交点为 E，直线 AB 经过抛物线的焦点 F，与抛物线交于 A,B 两点，直线 AE,BE 分别与 y 轴交于 M,N 两点，记 $\triangle ABE,\triangle MNE$ 的面积分别为 S_1,S_2.

（Ⅰ）证明：$\dfrac{S_1^2}{|AB|}=\dfrac{p^3}{2}$.

（Ⅱ）若 $S_1 \geq \lambda S_2$ 恒成立，求 λ 的最大值.

10. 如图，椭圆 $C:\dfrac{x^2}{a^2}+\dfrac{y^2}{b^2}=1(a>b>0)$ 的左焦点为 $F_1(-1,0)$、离心率是 e，点 $(1,e)$ 在椭圆上.

（Ⅰ）求椭圆 C 的方程.

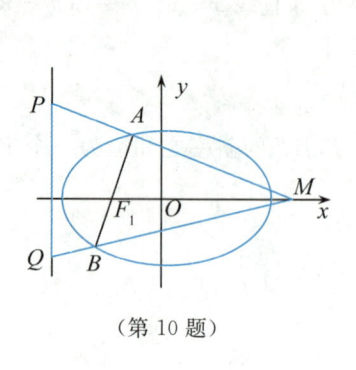

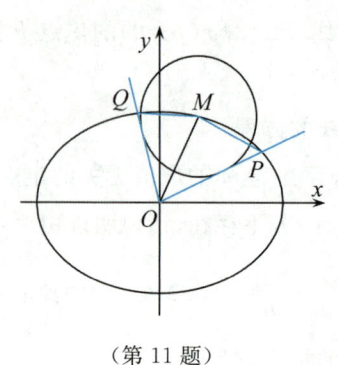

（Ⅱ）设点 $M(2,0)$，过点 F_1 的直线交椭圆 C 于 A,B 两点，直线 MA,MB 与直线 $x=-2$ 分别交于点 P,Q，求 $\triangle MPQ$ 面积的最大值.

（第10题）　　　　　（第11题）

11. 如图,在平面直角坐标系 xOy 中,设 $M(x_0,y_0)$ 是椭圆 $C:\dfrac{x^2}{2}+y^2=1$ 上的点,从原点 O 向圆 $M:(x-x_0)^2+(y-y_0)^2=\dfrac{2}{3}$ 作两条切线,分别与椭圆 C 交于点 P,Q,直线 OP,OQ 的斜率分别记为 k_1,k_2.

(Ⅰ)证明:k_1k_2 为定值.

(Ⅱ)求四边形 $OPMQ$ 面积的最大值.

12. 已知椭圆 $C:\dfrac{x^2}{a^2}+\dfrac{y^2}{b^2}=1(a>b>0)$ 与直线 $x=-\sqrt{2}b$ 有且只有一个交点,P 为椭圆 C 上的任意一点,$P_1(-1,0),P_2(1,0)$,且 $\overrightarrow{PP_1}\cdot\overrightarrow{PP_2}$ 的最小值为 $\dfrac{a}{2}$.

(Ⅰ)求椭圆 C 的方程.

(Ⅱ)设直线 $l:y=kx+m$ 与椭圆 C 交于不同的两点 A,B,点 O 为坐标原点,且 $\overrightarrow{OM}=\dfrac{1}{2}(\overrightarrow{OA}+\overrightarrow{OB})$,当 $\triangle AOB$ 的面积 S 最大时,求 $T=\dfrac{1}{|MP_1|^2}-2|MP_2|$ 的取值范围.

思考题解答

第一章 博观而约取，厚积而薄发

1. 解答 如答图，设切线 l 与圆 B 的公共点为 M，过点 A 作直线 AB 的垂线 l'，过点 M 作 $MN \perp l'$，垂足为 N。连接 MB，则 $MB=r$，$MN=PA=r$，得到 $MB=MN$。由抛物线的定义知，动点 M 的轨迹为以 B 为焦点、l' 为准线的抛物线。故选 D。

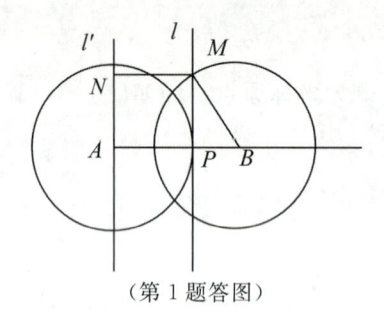

（第1题答图）

2. 解答 设椭圆左、右焦点分别为 $F_1(-1,0)$，$F_2(1,0)$，而且 F_2 是圆 C_1：$(x-1)^2+y^2=1$ 的圆心，

所以 $|PB|-|PA| \leqslant (|PF_2|+1)-|PA|$。

由椭圆的定义知

$|PB|-|PA| \leqslant (2a-|PF_1|+1)-|PA|$
$=5-(|PF_1|+|PA|) \leqslant 5-|AF_1|=5-\sqrt{10}$。

故选 D。

3. 解答 答案选 D。

4. 解答 如答图，过点 A 作直线 l 的垂线，垂足为 A_1；过点 B 作直线 l 的垂线，垂足为 B_1。

由抛物线定义知

$|AF|+|BF|=|AA_1|+|BB_1|=2|OP|=4>2=|AB|$，

所以点 F 的轨迹是椭圆。

故选 B。

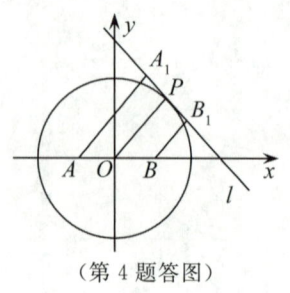

（第4题答图）

5. 解答 因为 PQ 与 PA 所成的角为定值 θ，所以 PQ 在以 PA 为轴的圆锥曲面上，即半顶角为 θ。另外，轴 PA 与平面 ABC 所成的角为 $45°$，所以轴面角 $45°>\theta$，得动点 Q 的轨迹是椭圆。故选 B。

6. 解答 圆锥的半顶角为 $\angle CAB$，圆锥的轴与截面所成的角等于直线 AB 与平面 α 所成的角。而 $\angle CAB$ 等于直线 AB 与平面 α 所成的角，所以动点 C 的轨迹为抛物线。故选 D。

7. 解答 如答图，动直线 n 的轨迹是以点 P 为顶点、平行于 m 的直线 m' 为轴的两个圆锥面。而点 Q 的轨迹就是这两个圆锥面与平面 α 的交线，此时轴面角为 $0°$，半顶角为 $30°$，所以选 C。

（第7题答图）

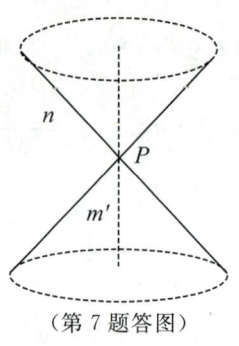

8. 解答 $2c=2\sqrt{5}$，点 $(c,2c)$ 在 $y=\dfrac{b}{a}x$ 上 $\Rightarrow a=1$，$b=2$，显然点 P 在右支上 $|PM|+|PF_2|$ 要小，故 $|PM|+|PF_2|=|PM|+(|PF_1|-2a) \geqslant |MF_1|-2a=3$。故选 D。

9. 解答 不妨设 $\boldsymbol{a}=(2,0)$，$\boldsymbol{b}=(x,y)$，则由 $\boldsymbol{a}\cdot\boldsymbol{b}=2|\boldsymbol{a}-\boldsymbol{b}|$ 可得 $\boldsymbol{b}$ 的终点 B 的轨迹方程为 C：$y^2=4(x-1)$。

由图象可知（如答图），当直线 OB 和轨迹 C 相切时，$\langle\boldsymbol{a},\boldsymbol{b}\rangle$ 最大。

设 OB：$y=kx$，与 C：$y^2=4(x-1)$ 联立，

消去 y 得 $k^2x^2-4x+4=0$。

令 $\Delta=16-16k^2=0$，即得 $k=\pm 1$，$\boldsymbol{b}=(2,2)$ 或 $\boldsymbol{b}=(2,-2)$。

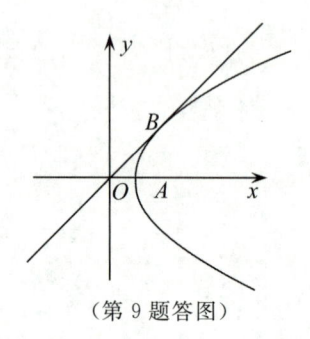

故 $\boldsymbol{a}\cdot\boldsymbol{b}=4$。

（第9题答图）

10. 解答 设 P 为平面内的任意一点，F_1，F_2 是关于原点对称的两个点。

令 $\overrightarrow{OF_1}=-\boldsymbol{a}$，$\overrightarrow{OF_2}=\boldsymbol{a}$，$\overrightarrow{OP}=x\boldsymbol{b}$，

则 $|\boldsymbol{a}+x\boldsymbol{b}|+|\boldsymbol{a}-x\boldsymbol{b}|=|\overrightarrow{PF_1}|+|\overrightarrow{PF_2}|=4$，

再由椭圆的定义得,点 P 的轨迹是以 F_1,F_2 为焦点的椭圆,其方程为 $\frac{x^2}{4}+\frac{y^2}{3}=1$,且 $|\overrightarrow{OP}|=x\in\left[\frac{\sqrt{14}}{2},\frac{\sqrt{15}}{2}\right]$.

当 $|\overrightarrow{OP}|=\frac{\sqrt{14}}{2}$ 时,$\theta=\angle POF_2$ 最大,

此时点 $P\left(\frac{\sqrt{14}}{2}\cos\theta,\frac{\sqrt{14}}{2}\sin\theta\right)$ 在椭圆上,

得 $|\cos\theta|_{\min}=\frac{2\sqrt{7}}{7}$.

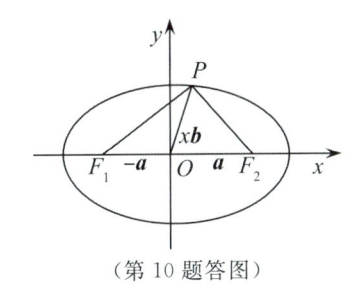

(第10题答图)

第二章 举目仰望星空,回首又见炊烟

1. 解答 设 $P(x_0,y_0)$,过点 P 的切线方程为 $y=kx+m$ $\Rightarrow m=y_0-kx_0$.

将其代入椭圆方程 E_2 得到

$(a^2k^2+b^2)x^2+2kma^2x+a^2(m^2-\lambda b^2)=0$.

由 $\Delta=0$ 得 $\lambda(a^2k^2+b^2)=m^2$,

所以 $\lambda(a^2k^2+b^2)=(y_0-kx_0)^2$.

构造齐次式,整理得

$(\lambda a^2-x_0^2)k^2+2x_0y_0k+\lambda b^2-y_0^2=0$,

所以 $k_1\cdot k_2=\frac{\lambda b^2-y_0^2}{\lambda a^2-x_0^2}=\frac{(\lambda-1)b^2+\frac{b^2}{a^2}x_0^2}{\lambda a^2-x_0^2}$.

因为 $k_1\cdot k_2$ 为定值,则 $\frac{\lambda-1}{\lambda}\cdot\frac{b^2}{a^2}=-\frac{b^2}{a^2}\Rightarrow\lambda=\frac{1}{2}$.

故选C.

2. 解答 如答图,设直线 AB 的方程为 $x=my+t$,$A(x_1,y_1),B(x_2,y_2)$.

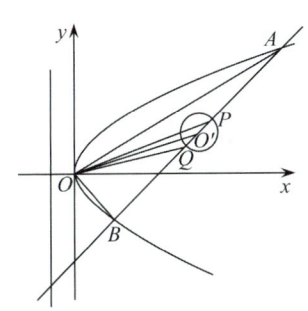

(第2题答图)

联立 $\begin{cases}y^2=4x,\\x=my+t,\end{cases}$ 整理得 $y^2-4my-4t=0$.

由于 $\Delta=(4m)^2-4(-4t)=16(t+m^2)>0$,

则 $y_1+y_2=4m,y_1y_2=-4t$.

因此 $x_1+x_2=m(y_1+y_2)+2t=4m^2+2t,x_1x_2=t^2$.

由题意可知 $\overrightarrow{OA}\cdot\overrightarrow{OB}=0$,则 $x_1x_2+y_1y_2=0$,

即 $t^2-4t=0$,则 $t=4$,

所以直线 AB 的方程为 $x=my+4$,恒过点 $(4,0)$,

所以 $x_1+x_2=4m^2+8$,则圆的圆心为 $O'(2m^2+4,2m)$.

由平行四边形的性质可知

$2(|OP|^2+|OQ|^2)=4|OO'|^2+|PQ|^2$,

$=4|OO'|^2+(2\sqrt{2})^2$

$=4[(2m^2+4)^2+4m^2]+8$

$=16(m^4+5m^2+4)+8$,

当 $m=0$ 时,$|OP|^2+|OQ|^2$ 取最小值,最小值为 36.

故答案为 36.

3. 解答 (Ⅰ)设椭圆 C 的方程为 $\frac{x^2}{a^2}+\frac{y^2}{b^2}=1(a>b>0)$,则由题意知 $b=1$.

所以 $\sqrt{\frac{a^2-b^2}{a^2}}=\frac{2\sqrt{5}}{5}$,即 $\sqrt{1-\frac{1}{a^2}}=\frac{2\sqrt{5}}{5}$.

解得 $a^2=5$,所以椭圆 C 的方程为 $\frac{x^2}{5}+y^2=1$.

(Ⅱ)**解法1**:设点 A,B,M 的坐标分别为 $A(x_1,y_1)$,$B(x_2,y_2),M(0,y_0)$.

易知点 F 的坐标为 $(2,0)$.

$\overrightarrow{MA}=\lambda_1\overrightarrow{AF}$,即 $(x_1,y_1-y_0)=\lambda_1(2-x_1,-y_1)$,

得 $x_1=\frac{2\lambda_1}{1+\lambda_1},y_1=\frac{y_0}{1+\lambda_1}$.

将点 A 的坐标代入椭圆方程中,得 $\frac{1}{5}\left(\frac{2\lambda_1}{1+\lambda_1}\right)^2+\left(\frac{y_0}{1+\lambda_1}\right)^2=1$,

去分母并整理得 $\lambda_1^2+10\lambda_1+5-5y_0^2=0$.

同理,由 $\overrightarrow{MB}=\lambda_2\overrightarrow{BF}$ 可得 $\lambda_2^2+10\lambda_2+5-5y_0^2=0$.

所以 λ_1,λ_2 是方程 $x^2+10x+5-5y_0^2=0$ 的两个根,故 $\lambda_1+\lambda_2=-10$.

解法2:设点 A,B,M 的坐标分别为 $A(x_1,y_1)$,$B(x_2,y_2),M(0,y_0)$.

易知点 F 的坐标为 $(2,0)$.

显然直线 l 存在斜率,设直线 l 的斜率为 k,则直线 l 的方程是 $y=k(x-2)$.

将直线 l 的方程代入椭圆 C 的方程中,

消去 y 并整理得 $(1+5k^2)x^2-20k^2x+20k^2-5=0$.

所以 $x_1+x_2=\dfrac{20k^2}{1+5k^2}$, $x_1x_2=\dfrac{20k^2-5}{1+5k^2}$.

又因为 $\overrightarrow{MA}=\lambda_1\overrightarrow{AF}$, $\overrightarrow{MB}=\lambda_2\overrightarrow{BF}$,

将各点坐标代入得 $\lambda_1=\dfrac{x_1}{2-x_1}$, $\lambda_2=\dfrac{x_2}{2-x_2}$,

所以 $\lambda_1+\lambda_2=\dfrac{x_1}{2-x_1}+\dfrac{x_2}{2-x_2}=\dfrac{2(x_1+x_2)-2x_1x_2}{4-2(x_1+x_2)+x_1x_2}=\cdots$

$=-10$.

4. 解答 （Ⅰ）由题意得 $\begin{cases}\sqrt{1-\dfrac{b^2}{a^2}}=\dfrac{\sqrt{2}}{2},\\ \dfrac{2}{a^2}+\dfrac{3}{b^2}=1,\end{cases}$

解得 $a^2=2b^2=8$,

则 $\triangle ABC$ 的面积

$S=2S_{\triangle AOB}=2\times\dfrac{1}{2}\times a\times\sqrt{3}=2\sqrt{6}$.

（Ⅱ）① $k_1\cdot k_2$ 为定值.

证明：设 $B(x_0,y_0)$, 则 $C(-x_0,-y_0)$, 且 $\dfrac{x_0^2}{a^2}+\dfrac{y_0^2}{b^2}=1$.

而 $k_1\cdot k_2=\dfrac{y_0}{x_0-a}\cdot\dfrac{y_0}{x_0+a}=\dfrac{y_0^2}{x_0^2-a^2}=\dfrac{b^2\left(1-\dfrac{x_0^2}{a^2}\right)}{x_0^2-a^2}=-\dfrac{b^2}{a^2}$,

由（Ⅰ）得 $a^2=2b^2$, 所以 $k_1\cdot k_2=-\dfrac{1}{2}$.

② 易得直线 AB 的方程为 $y=k_1(x-a)$, 直线 AC 的方程为 $y=k_2(x-a)$.

令 $x=a+1$, 得 $y_E=k_1$, $y_F=k_2$.

则 $\triangle AEF$ 的面积 $S_{\triangle AEF}=\dfrac{1}{2}\times|EF|\times 1=\dfrac{1}{2}|k_2-k_1|$.

因为点 B 在 x 轴的上方, 所以 $k_1<0$, $k_2>0$.

由 $k_1\cdot k_2=-\dfrac{1}{2}$ 得

$S_{\triangle AEF}=\dfrac{1}{2}(k_2-k_1)\geqslant\dfrac{1}{2}\times 2\sqrt{-k_1k_2}=\dfrac{\sqrt{2}}{2}$,

当且仅当 $k_2=-k_1$ 时等号成立.

所以 $\triangle AEF$ 的面积的最小值为 $\dfrac{\sqrt{2}}{2}$.

5. 解答 （Ⅰ）由题意知 $1+\dfrac{p}{2}=3$, 解得 $p=4$,

所以 $C_1:y^2=8x$, $a=\pm 2\sqrt{2}$.

（Ⅱ）设过点 $P(-1,y_0)$ 的直线方程为 $l:y-y_0=k(x+1)$.

由 $\begin{cases}y^2=8x,\\ y-y_0=k(x+1)\end{cases}$ 得 $ky^2-8y+8y_0+8k=0$.

若直线 AB, CD 的斜率分别为 k_1, k_2, 设点 A, B, C, D 的

纵坐标分别为 y_1, y_2, y_3, y_4,

所以 $y_1y_2=\dfrac{8(y_0+k_1)}{k_1}$, $y_3y_4=\dfrac{8(y_0+k_2)}{k_2}$.

因为圆 C_2 到 l 的距离 $d=\dfrac{|3k+y_0|}{\sqrt{1+k^2}}=\sqrt{3}$,

即 $6k^2+6y_0k+y_0^2-3=0$,

所以 $k_1+k_2=-y_0$, $k_1k_2=\dfrac{y_0^2-3}{6}$.

所以 $y_1y_2y_3y_4=64\dfrac{k_1k_2+(k_1+k_2)y_0+y_0^2}{k_1k_2}$

$=64\left(1+\dfrac{-y_0^2+y_0^2}{k_1k_2}\right)=64$.

故 A, B, C, D 四点的纵坐标之积为定值 64.

6. 解答 （Ⅰ）已知抛物线 $C:y=ax^2$, 即 $x^2=\dfrac{1}{a}y$, 其准线方程为 $y=-\dfrac{1}{4a}$.

因为点 $P(b,1)$ 到抛物线焦点的距离为 $\dfrac{5}{4}$,

所以 $1+\dfrac{1}{4a}=\dfrac{5}{4}$, 解得 $a=1$.

所以抛物线 C 的方程为 $y=x^2$.

（Ⅱ）设 $M(x_1,x_1^2)$, $N(x_2,x_2^2)$,

因为 $y=x^2$, 所以 $y'=2x$, 即 $k_{AM}=2x_1$,

所以切线 AM 的方程为 $y-x_1^2=2x_1(x-x_1)$, 即 $y=2x_1x-x_1^2$.

同理可得切线 BN 的方程为 $y=2x_2x-x_2^2$.

由于动线段 AB（点 B 在点 A 右边）在直线 $l:y=x-2$ 上, 且 $|AB|=\sqrt{2}$,

故可设 $A(t,t-2)$, $B(t+1,t-1)$.

将 $A(t,t-2)$ 代入切线 AM 的方程得 $t-2=2x_1t-x_1^2$,

即 $x_1^2-2tx_1+t-2=0$.

同理可得 $x_2^2-2(t+1)x_2+t-1=0$.

两式相减得 $x_1^2-x_2^2-2t(x_1-x_2)+2x_2-1=0$.

因为 $x_1+x_2=1$, 所以 $-2t(x_1-x_2)=0$, 则 $t=0$.

7. 解答 （Ⅰ）如答图, $PB:y-y_0=\dfrac{y_0-y_1}{x_0-x_1}(x-x_0)\Rightarrow x_M$

$=\dfrac{x_1y_0-x_0y_1}{y_0-y_1}$,

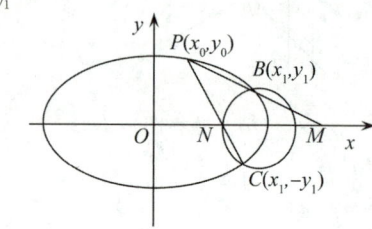

（第 7 题答图）

$PC:y-y_0=\dfrac{y_0+y_1}{x_0-x_1}(x-x_0)\Rightarrow x_N=\dfrac{x_1y_0+x_0y_1}{y_0+y_1}$,

所以 $x_M\cdot x_N=\dfrac{x_1^2y_0^2-x_0^2y_1^2}{y_0^2-y_1^2}=\dfrac{(4-4y_1^2)y_0^2-(4-4y_0^2)y_1^2}{y_0^2-y_1^2}=4$,

所以 $S_1S_2=\dfrac{1}{4}|OM||ON|y_0^2=y_0^2\leqslant 1,-1\leqslant y_0\leqslant 1$.

故 $S_{\triangle POM}\cdot S_{\triangle PON}$ 的最大值为 1.

8. 解答 （Ⅰ）因为 $2+\dfrac{p}{2}=3$，所以 $p=2$，准线方程为 $y=-1$.

（Ⅱ）设点 $A(x_1,y_1),B(x_2,y_2),C(x_3,y_3),x_1>0,x_2<0,x_3>0$,

$\dfrac{S_{\triangle AMG}}{S_{\triangle ABG}}=\dfrac{|AM|}{|AB|},\dfrac{S_{\triangle CNG}}{S_{\triangle CBG}}=\dfrac{|CN|}{|BC|}$,

因为点 G 为 $\triangle ABC$ 的重心,

所以 $S_{\triangle ABG}=S_{\triangle CBG}=\dfrac{1}{3}S_{\triangle ABC}$，且 $x_1+x_2+x_3=0$,

所以 $\dfrac{S_2+S_3}{S_1}=\dfrac{1}{3}\left(\dfrac{|AM|}{|AB|}+\dfrac{|CN|}{|BC|}\right)$

$=\dfrac{1}{3}\left(\dfrac{x_1}{x_1-x_2}+\dfrac{x_3}{x_3-x_2}\right)$

$=\dfrac{1}{3}\left(\dfrac{x_1}{x_1-x_2}-\dfrac{x_1+x_2}{-x_1-2x_2}\right)$

$=\dfrac{1}{3}\left(\dfrac{x_1}{x_1-x_2}+\dfrac{x_1+x_2}{x_1+2x_2}\right)$.

令 $u=\dfrac{x_1}{x_2},\dfrac{S_2+S_3}{S_1}=\dfrac{1}{3}\left(\dfrac{u}{u-1}+\dfrac{u+1}{u+2}\right)$

$=\dfrac{1}{3}\left(2+\dfrac{1}{u-1}-\dfrac{1}{u+2}\right)=\dfrac{1}{3}\left[2+\dfrac{3}{(u-1)(u+2)}\right]$,

因为 $3|AM|<2|BM|$，所以 $3x_1<-2x_2$，故 $-\dfrac{2}{3}<u<0$,

$(u-1)(u+2)\in\left[-\dfrac{9}{4},-2\right)$,

故 $\dfrac{S_2+S_3}{S_1}\in\left(\dfrac{1}{6},\dfrac{2}{9}\right]$.

9. 解答 设点 $A(x_1,y_1),B(x_2,y_2),C(x_3,y_3),D(x_4,y_4)$.

（Ⅰ）以点 A 为切点的切线方程为 $y-y_1=\dfrac{2}{y_1}(x-x_1)$，即 $yy_1=2(x+x_1)$.

同理，以点 B 为切点的切线方程为 $yy_2=2(x+x_2)$.

因为两条切线均过点 $P(-1,t)$,

所以 $\begin{cases}ty_1=2(-1+x_1),\\ ty_2=2(-1+x_2),\end{cases}$

即弦 AB 所在直线的方程为 $ty=2(x-1)$,

即直线 AB 过定点 $(1,0)$，即抛物线的焦点.

（Ⅱ）设直线 $AB:x=ty+1$，把 $x=ty+1$ 代入抛物线方程 $y^2=4x$，整理得 $y^2-4ty-4=0$.

所以 $y_1+y_2=4t,y_1y_2=-4$,

从而 $|AB|=\sqrt{1+t^2}|y_1-y_2|=4(t^2+1)$.

把 $AB:x=ty+1$ 代入椭圆方程，整理得

$(3t^2+4)y^2+6ty-9=0$.

所以 $y_3+y_4=\dfrac{-6t}{3t^2+4},y_3y_4=\dfrac{-9}{3t^2+4}$.

从而 $|CD|=\sqrt{1+t^2}|y_3-y_4|=\dfrac{12(t^2+1)}{3t^2+4}$.

设点 P 到直线 AB 的距离为 d,

则 $\dfrac{S_1}{S_2}=\dfrac{\frac{1}{2}d|AB|}{\frac{1}{2}d|CD|}=\dfrac{|AB|}{|CD|}=\dfrac{3t^2+4}{3}=t^2+\dfrac{4}{3}\geqslant\dfrac{4}{3}$.

故 $\dfrac{S_1}{S_2}$ 的最小值为 $\dfrac{4}{3}$.

第三章　落霞与孤鹜齐飞，秋水共长天一色

1. 解答 因为 $k_{PA}\cdot k_{PB}=e^2-1=\dfrac{2}{3}$，所以 $e=\dfrac{\sqrt{15}}{3}$.

故选 D.

2. 解答 双曲线为等轴双曲线，离心率为 $\sqrt{2}$.

由"性质1"得 $k_{PA}k_{PA}=e^2-1=1$，即 $\tan\alpha\tan(\pi-\beta)=1$,

得 $\tan\alpha\tan\beta=-1$.

另外，在 $\triangle PAB$ 中，$\tan\alpha+\tan\beta+\tan\gamma=\tan\alpha\tan\beta\tan\gamma$,

所以 $\tan\alpha+\tan\beta+\tan\gamma=-\tan\gamma$.

故选 C.

3. 解答 易得 $k_{PA}+k_{PB}=\dfrac{1}{2k_{OP}},k_{QA}+k_{QB}=-\dfrac{1}{2k_{OP}}$.

所以 $k_{PA}+k_{PB}+k_{QA}+k_{QB}=0$.

从而 $k_{QA}+k_{QB}=\dfrac{15}{8}$.

因为 $k_{QA}k_{QB}=e_{椭}^2-1=-\dfrac{1}{4}$,

所以 k_{QA},k_{QB} 是方程 $x^2-\dfrac{15}{8}x-\dfrac{1}{4}=0$ 的两根.

因为 $k_{QA}>0$，所以 $k_{QA}=2$.

故选 C.

4. 解答 因为 $|PF_1|+|PF_2|=2a_1,|PF_1|-|PF_2|=2a_2$,

所以 $a_1=5+c,a_2=5-c>0$.

已知三角形两边之和大于第三边，则 $2c+2c>10$.

因为 $c>\dfrac{5}{2}$，所以 $\dfrac{5}{2}<c<5$.

从而 $e_1e_2=\dfrac{c^2}{a_1a_2}=\dfrac{c^2}{(5+c)(5-c)}=\dfrac{c^2}{25-c^2}>\dfrac{1}{3}$.

所以 $e_1e_2+1>\dfrac{4}{3}$，故选 B.

5. 解答 $\dfrac{\sqrt{3}}{2}$.

6. 解答 由"性质1"得 $k_{PA_1}\cdot k_{PA_2}=e^2-1=-\dfrac{1}{2}$,

所以 $k_{QA_1}\cdot k_{QA_2}=\left(-\dfrac{1}{k_{PA_1}}\right)\left(-\dfrac{1}{k_{PA_2}}\right)=-2$.

易得 $A_1\left(\dfrac{\sqrt{6}}{3},\dfrac{\sqrt{6}}{3}\right),A_2\left(-\dfrac{\sqrt{6}}{3},-\dfrac{\sqrt{6}}{3}\right)$.

设 $Q(x,y)$,代入 $k_{QA_1}\cdot k_{QA_2}=-2$,

化简得 $x^2+\dfrac{y^2}{2}=1$.

所以点 Q 在椭圆 $x^2+\dfrac{y^2}{2}=1$ 上,M,N 为该椭圆的焦点,故 $|QM|+|QN|=2\sqrt{2}$.

7. 解答 设 $P(x_0,y_0)$,则 $A(-x_0,-y_0)$.

所以 $k_{PA}=\dfrac{y_0}{x_0},k_{AB}=k_{AC}=\dfrac{y_0}{2x_0}$,所以 $k_{PA}=2k_{AB}$.

因为 $PA\perp PB$,所以 $k_{PA}\cdot k_{PB}=-1$,

故 $k_{AB}\cdot k_{PB}=-\dfrac{1}{2}$.

而 $k_{AB}\cdot k_{PB}=e^2-1$,因此离心率 $e=\dfrac{\sqrt{2}}{2}$.

8. 解答 (Ⅰ)已知 $e=\dfrac{c}{a}=\dfrac{\sqrt{3}}{2},b=1$,解得 $a=2$,

所以椭圆 C 的标准方程为 $\dfrac{x^2}{4}+y^2=1$.

(Ⅱ)因为 $k_1\cdot k_2=e^2-1=-\dfrac{1}{4}$,

所以 $k_{BM}\cdot k_{AN}=-\dfrac{1}{4}$,

即 $\dfrac{-2-(-1)}{x_M-0}\cdot\dfrac{-2-1}{x_N-0}=\dfrac{3}{x_M\cdot x_N}=-\dfrac{1}{4}$,

所以 $x_M\cdot x_N=-12$.

不妨设 $x_M<0$,则 $x_N>0$.

从而 $|MN|=|x_M-x_N|=x_N-x_M=x_N+\dfrac{12}{x_N}\geqslant$

$2\sqrt{x_N\cdot\dfrac{12}{x_N}}=4\sqrt{3}$,

当且仅当 $x_N=-x_M=2\sqrt{3}$ 时,$|MN|$ 取得最小值 $4\sqrt{3}$.

9. 解答 设 $N(x_1,y_1),Q(x_2,y_2)$,直线 NQ 的方程为 $y=kx+1$,

把 $y=kx+1$ 代入椭圆方程得

$(3k^2+2)x^2+6kx-9=0$,

所以 $x_1+x_2=\dfrac{-6k}{3k^2+2},x_1x_2=\dfrac{-9}{3k^2+2}$.

于是 $k_{AN}\cdot k_{AQ}=\dfrac{y_1+2}{x_1}\cdot\dfrac{y_2+2}{x_2}$

$=\dfrac{kx_1+3}{x_1}\cdot\dfrac{kx_2+3}{x_2}$

$=\dfrac{k^2x_1x_2+3k(x_1+x_2)+9}{x_1x_2}=-2$ ①.

因为 $k_{AB}\cdot k_{AQ}=e^2-1=-\dfrac{2}{3}$ ②,

由①÷②可得 $\dfrac{k_{AN}}{k_{AB}}=3$,即存在 $\lambda=3$ 满足题意.

10. 解答 (Ⅰ)易求椭圆的方程为 $C:\dfrac{x^2}{4}+\dfrac{y^2}{3}=1$.

(Ⅱ)设 $E(-1,t)$,在椭圆内得 $\dfrac{(-1)^2}{4}+\dfrac{t^2}{3}<1$,解得

$t^2<\dfrac{9}{4}$ ①.

$k_{AB}\cdot k_{OE}=k(-t)=e^2-1=-\dfrac{3}{4}$,即

$kt=\dfrac{3}{4}$ ②,

$AB\perp PE\Rightarrow k_{AB}\cdot k_{PE}=k\dfrac{m-t}{0-(-1)}=-1$

$\Rightarrow mk=-\dfrac{1}{4}$,

所以 $t=-3m$ ③

把③代入①得 $(-3m)^2<\dfrac{9}{4}$,故 $-\dfrac{1}{2}<m<\dfrac{1}{2}$.

第四章 撑一支长篙,向更青处漫溯

1. 解答 设 $A(x_1,y_1),B(x_2,y_2),C(x_3,y_3)$,

则 $E(-1,y_2),F(1,0)$.

由 A,F,B 三点共线得 $y_1y_2=-4$.

因为 $AC\perp EF$,所以 $k_{AC}\cdot k_{EF}=\dfrac{4}{y_1+y_3}\cdot\dfrac{y_2}{-2}=-1$,

$y_2=\dfrac{y_1+y_3}{2}$.

(Ⅰ)因为 $x_1=4,y_1=4$,而 $y_1y_2=-4$,

所以 $y_2=-1$.

又因为 $y_2=\dfrac{y_1+y_3}{2}$,故 $y_3=-6$,从而 $x_3=9$.

因此 $x_M=\dfrac{x_1+x_3}{2}=\dfrac{13}{2},y_M=\dfrac{y_1+y_3}{2}=-1$,即 $M\left(\dfrac{13}{2},-1\right)$.

(Ⅱ)因为 $y_2=\dfrac{y_1+y_3}{2}$,而 $y_M=\dfrac{y_1+y_3}{2}$,所以 $BM\parallel x$ 轴,

故 $S_{\triangle ABC}=\dfrac{1}{2}|BM|\cdot|y_1-y_3|$

$=\dfrac{1}{2}\left|\dfrac{y_1^2+y_3^2}{8}-\dfrac{y_2^2}{4}\right|\cdot|y_1-y_3|=\dfrac{1}{4}|y_1-y_2|^3$.

而 $|y_1-y_2|=\left|y_1+\dfrac{4}{y_1}\right|=|y_1|+\dfrac{4}{|y_1|}$

$\geqslant 2\sqrt{|y_1|\cdot\dfrac{4}{|y_1|}}=4$;

当且仅当 $|y_1|=\dfrac{4}{|y_1|}$，即 $y_1=\pm 2$ 时，可得 $A(1,-2)$，$C(9,6)$ 或 $A(1,2)$，$C(9,-6)$．故 $\triangle ABC$ 面积的最小值为 16，此时直线 AC 的方程为 $x-y-3=0$ 或 $x+y-3=0$．

2. 解答 （Ⅰ）根据抛物线的定义知
$|AF|+|BF|=x_1+x_2+p, x_1+x_2=2x_0.$
因为 $|AF|+|BF|=1+2x_0$，所以 $p=1$，所以 $y^2=2x$．

（Ⅱ）设直线 l 的方程为 $x=my+b$，
代入抛物线方程得 $y^2-2my-2b=0$．
因为 $x_1x_2+y_1y_2=-1$，即 $\dfrac{y_1^2 y_2^2}{4}+y_1y_2=-1$，
所以 $y_1y_2=-2$，即 $y_1y_2=-2b=-2$，
所以 $b=1$，所以 $y_1+y_2=2m, y_1y_2=-2$，
$|AB|=\sqrt{1+m^2}|y_1-y_2|$
$=\sqrt{1+m^2}\cdot\sqrt{(y_1+y_2)^2-4y_1y_2}$
$=2\sqrt{1+m^2}\cdot\sqrt{m^2+2}$，
$x_0=\dfrac{x_1+x_2}{2}=\dfrac{y_1^2+y_2^2}{4}=\dfrac{1}{4}[(y_1+y_2)^2-2y_1y_2]=m^2+1$，
所以 $\dfrac{x_0}{|AB|}=\dfrac{m^2+1}{2\sqrt{m^2+1}\cdot\sqrt{m^2+2}}$．
令 $t=m^2+1, t\in[1,+\infty)$，
则 $\dfrac{x_0}{|AB|}=\dfrac{t}{2\sqrt{t}\cdot\sqrt{t+1}}=\dfrac{1}{2\sqrt{1+\dfrac{1}{t}}}\geqslant\dfrac{\sqrt{2}}{4}$．

3. 解答 （Ⅰ）设椭圆右焦点为 $(c,0)$，则由题意
得 $\begin{cases}\sqrt{(c-2)^2+1^2}=\sqrt{2},\\ \dfrac{c}{a}=\dfrac{\sqrt{2}}{2},\end{cases}$
得 $\begin{cases}c=1,\\ a=\sqrt{2},\end{cases}$ 或 $\begin{cases}c=3,\\ a=3\sqrt{2},\end{cases}$（舍去）．
所以椭圆的方程为 $\dfrac{x^2}{2}+y^2=1$．

（Ⅱ）因为线段 AB 的长等于椭圆短轴的长，要使三点 A, O, B 能构成三角形，直线 l 不过原点 O，则弦 AB 不能与 x 轴垂直，故可设直线 AB 的方程为 $y=kx+m$．
由 $\begin{cases}y=kx+m,\\ \dfrac{x^2}{2}+y^2=1\end{cases}$ 消去 y 并整理得
$(1+2k^2)x^2+4kmx+2m^2-2=0.$
设 $A(x_1,y_1), B(x_2,y_2)$，
因为 $\Delta=16k^2m^2-4(1+2k^2)(2m^2-2)>0$，
所以 $x_1+x_2=-\dfrac{4km}{1+2k^2}, x_1x_2=\dfrac{2(m^2-1)}{1+2k^2}$．

因为 $|AB|=2$，所以 $\sqrt{(1+k^2)(x_1-x_2)^2}=2$，
即 $(1+k^2)[(x_2+x_1)^2-4x_1x_2]=4$，
所以 $(1+k^2)\left[\left(-\dfrac{4km}{1+2k^2}\right)^2-\dfrac{8(m^2-1)}{1+2k^2}\right]=4$，
即 $\dfrac{1}{1+k^2}=2(1-m^2)$．
因为 $1+k^2\geqslant 1$，所以 $\dfrac{1}{2}\leqslant m^2<1$．
又点 O 到直线 AB 的距离 $h=\dfrac{|m|}{\sqrt{1+k^2}}$，因为
$S=\dfrac{1}{2}|AB|\cdot h=h$，
所以 $S^2=h^2=2m^2(1-m^2)=-2\left(m^2-\dfrac{1}{2}\right)^2+\dfrac{1}{2}$，
所以 $0<S^2\leqslant\dfrac{1}{2}$，即 S 的最大值为 $\dfrac{\sqrt{2}}{2}$．

4. 解答 （Ⅰ）由题意可得 $a=2, b=\sqrt{2}$，
则椭圆 C_1 的标准方程为 $\dfrac{x^2}{4}+\dfrac{y^2}{2}=1$．

（Ⅱ）因为直线 l_1, l_2 过点 P 且互相垂直，
可设 $l_1: x=my-2, l_2: y=-m(x+2)$，
所以圆心 O 到直线 l_2 的距离 $d=\dfrac{2|m|}{\sqrt{1+m^2}}$，
所以 $|AB|=2\sqrt{2-d^2}=2\sqrt{2-\left(\dfrac{2|m|}{\sqrt{1+m^2}}\right)^2}=2\sqrt{\dfrac{2(1-m^2)}{1+m^2}}$．
因为直线 l_2 与圆 O 有两个交点，
所以 $d=\dfrac{2|m|}{\sqrt{m^2+1}}<\sqrt{2}$，解得 $0\leqslant m^2<1$．
又由 $\begin{cases}x=my-2,\\ \dfrac{x^2}{4}+\dfrac{y^2}{2}=1\end{cases}$ 得 $(m^2+2)y^2-4my=0$，
可得 $y_D=\dfrac{4m}{m^2+2}$．
所以 $|PD|=\sqrt{1+m^2}|y_D|=\dfrac{4\sqrt{m^2(1+m^2)}}{m^2+2}$．
所以 $S_{\triangle ABD}=\dfrac{1}{2}|AB|\cdot|PD|=\dfrac{1}{2}\cdot 2\sqrt{\dfrac{2(1-m^2)}{1+m^2}}\cdot\dfrac{4\sqrt{m^2(1+m^2)}}{m^2+2}=4\sqrt{2}\cdot\dfrac{\sqrt{m^2(1-m^2)}}{m^2+2}$．
令 $m^2+2=t$，因为 $0\leqslant m^2<1$，所以 $2\leqslant t<3$．
$S_{\triangle ABD}=4\sqrt{2}\sqrt{\dfrac{(t-2)(3-t)}{t^2}}=4\sqrt{2}\sqrt{-\dfrac{6}{t^2}+\dfrac{5}{t}-1}$．
当 $t=\dfrac{12}{5}$，即 $m=\pm\sqrt{\dfrac{2}{5}}$ 时，$S_{\triangle ABD}$ 有最大值 $\dfrac{2\sqrt{3}}{3}$．

5. 解答 （Ⅰ）由题意得 $F\left(\dfrac{p}{2},0\right)$，准线方程为 $x=-\dfrac{p}{2}$，所以 $p=2$，所以 $y^2=4x$.

（Ⅱ）假设存在定点 T 满足题意，

设 $T(a,b),A(x_1,y_1),B(x_2,y_2)$，

联立方程 $\begin{cases} y^2=4x, \\ x-y+m=0, \end{cases}$ 消去 x 得 $y^2-4y+4m=0$.

由韦达定理得 $\begin{cases} \Delta=16-16m>0, \\ y_1+y_2=4, \\ y_1y_2=4m. \end{cases}$

因为直线 AT,BT 的斜率分别为 $k_{AT}=\dfrac{y_1-b}{x_1-a},k_{BT}=\dfrac{y_2-b}{x_2-a}$，

所以 $k_{AT}+k_{BT}=\dfrac{y_1-b}{x_1-a}+\dfrac{y_2-b}{x_2-a}$

$=\dfrac{(y_1-b)(x_2-a)+(y_2-b)(x_1-a)}{(x_1-a)(x_2-a)}$

$=\dfrac{(y_1-b)\left(\dfrac{y_2^2}{4}-a\right)+(y_2-b)\left(\dfrac{y_1^2}{4}-a\right)}{\left(\dfrac{y_1^2}{4}-a\right)\left(\dfrac{y_2^2}{4}-a\right)}$

$=\dfrac{4(y_1-b)(y_2^2-4a)+4(y_2-b)(y_1^2-4a)}{(y_1^2-4a)(y_2^2-4a)}$

$=\dfrac{4y_1y_2(y_1+y_2)-16a(y_1+y_2)-4b(y_1^2+y_2^2)+32ab}{(y_1y_2)^2-4a(y_1^2+y_2^2)+16a^2}$

$=\dfrac{4y_1y_2(y_1+y_2)-16a(y_1+y_2)-4b[(y_1+y_2)^2-2y_1y_2]+32ab}{(y_1y_2)^2-4a[(y_1+y_2)^2-2y_1y_2]+16a^2}$

$=\dfrac{2[(b+2)m+ab-2a-2b]}{m^2+2am+a^2-4a}$

要使 $k_{AT}+k_{BT}$ 为与 m 无关的常数，只能 $\begin{cases} b+2=0, \\ ab-2a-2b=0, \end{cases}$ 解得 $a=1,b=-2$，

此时 $k_{AT}+k_{BT}=0$ 为常数．

综上所述，存在定点 $T(1,-2)$，使得直线 AT,BT 的斜率之和恒为定值 0.

6. 解答 （Ⅰ）椭圆的标准方程为 $\dfrac{x^2}{4}+y^2=1$.

（Ⅱ）如答图，设 $P(x_0,y_0)(x_0\neq 0)$，则 $Q(0,y_0)$，且 $\dfrac{x_0^2}{4}+y_0^2=1$.

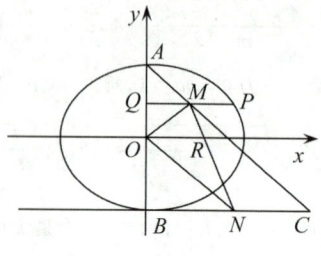

（第6题答图）

因为 M 为线段 PQ 的中点，所以 $M\left(\dfrac{x_0}{2},y_0\right)$．又因为 $A(0,1)$，所以直线 AM 的方程为 $y=\dfrac{2(y_0-1)}{x_0}x+1$.

因为 $x_0\neq 0$，所以 $y_0\neq 1$.

令 $y=-1$，得 $x=\dfrac{x_0}{1-y_0}$，即 $C\left(\dfrac{x_0}{1-y_0},-1\right)$.

又 $B(0,-1)$，N 为线段 BC 的中点，有 $N\left(\dfrac{x_0}{2(1-y_0)},-1\right)$.

设直线 MN 与 x 轴交于点 $R(x_R,0)$，

由 $k_{MN}=k_{MR}$ 得 $\dfrac{y_0+1}{\dfrac{x_0}{2}-\dfrac{x_0}{2(1-y_0)}}=\dfrac{y_0}{\dfrac{x_0}{2}-x_R}$，

所以 $x_R=\dfrac{x_0}{2(1-y_0^2)}$，

所以 $S_{\triangle MON}=\dfrac{1}{2}|OR|\cdot|y_M-y_N|=\dfrac{1}{4}\cdot\dfrac{|x_0|}{1-y_0^2}(1+y_0)=\dfrac{1}{2}\sqrt{\dfrac{1+y_0}{1-y_0}}$.

因为 $S_{\triangle BON}=\dfrac{1}{2}|x_N|=\dfrac{1}{4}\cdot\dfrac{|x_0|}{(1-y_0)}=\dfrac{1}{2}\sqrt{\dfrac{1+y_0}{1-y_0}}$，

所以 $S_{四边形MOBN}=\sqrt{\dfrac{1+y_0}{1-y_0}}=2$，解得 $y_0=\dfrac{3}{5}$，

代入椭圆方程得 $x_0=\pm\dfrac{8}{5}$.

因为 $A(0,1)$，所以 $k_{AM}=\pm\dfrac{1}{2}$.

所以直线 AM 的方程为 $y=\pm\dfrac{1}{2}x+1$.

7. 解答 （Ⅰ）因为 $\triangle PB_1B_2$ 的面积最大值为 $2\sqrt{2}$，

所以 $\dfrac{1}{2}\cdot 2b\cdot a=2\sqrt{2}$，即 $ab=2\sqrt{2}$.

因为椭圆 E 的离心率为 $\dfrac{\sqrt{2}}{2}$，所以 $\dfrac{c}{a}=\dfrac{\sqrt{2}}{2}$.

又 $c^2=a^2-b^2$，求得 $a^2=4,b^2=2$，

所以椭圆 E 的方程为 $\dfrac{y^2}{4}+\dfrac{x^2}{2}=1$.

（Ⅱ）由 $\begin{cases} 2x^2+y^2=4, \\ y=\sqrt{2}x(x\geqslant 0) \end{cases}$ 求得 $A(1,\sqrt{2})$.

设 $AB:y=k(x-1)+\sqrt{2}$，与 $2x^2+y^2=4$ 联立，消去 y，整理得

$(k^2+2)x^2-2k(k-\sqrt{2})x+k^2-2\sqrt{2}k-2=0$.

因为 1 和 x_B 是上述方程的两个根，

所以 $x_B=\dfrac{k^2-2\sqrt{2}k-2}{k^2+2}$，

所以 $y_B = kx_B - k + \sqrt{2} = \dfrac{-\sqrt{2}k^2 - 4k + 2\sqrt{2}}{k^2 + 2}$.

同理可求得 $x_C = \dfrac{k^2 + 2\sqrt{2}k - 2}{k^2 + 2}$, $y_C = \dfrac{-\sqrt{2}k^2 + 4k + 2\sqrt{2}}{k^2 + 2}$.

所以直线 BC 的斜率 $k_{BC} = \dfrac{y_B - y_C}{x_B - x_C} = \dfrac{8k}{4\sqrt{2}k} = \sqrt{2}$.

设 $BC: y = \sqrt{2}x + m$, 与 $2x^2 + y^2 = 4$ 联立,

消去 y 得 $4x^2 + 2\sqrt{2}mx + m^2 - 4 = 0$.

由于 $\Delta = 8m^2 - 16(m^2 - 4) = -8(m^2 - 8) > 0$,

解得 $-2\sqrt{2} < m < 2\sqrt{2}$,

$|BC| = \dfrac{\sqrt{3} \cdot \sqrt{16 - 2m^2}}{2}$, 点 A 到直线 BC 的距离 $a = \dfrac{|m|}{\sqrt{3}}$,

所以 $\triangle ABC$ 的面积 $S_{\triangle ABC} = \dfrac{1}{2} \cdot \dfrac{\sqrt{3} \cdot \sqrt{16 - 2m^2}}{2} \cdot \dfrac{|m|}{\sqrt{3}}$

$= \dfrac{\sqrt{2m^2(16 - 2m^2)}}{4\sqrt{2}} \leqslant \dfrac{\frac{2m^2 + 16 - 2m^2}{2}}{4\sqrt{2}} = \sqrt{2}$,

当且仅当 $m = \pm 2$ 时取等号, 此时 $\triangle ABC$ 的面积的最大值为 $\sqrt{2}$.

8. 解答 (Ⅰ) 设直线 AB 的方程为 $x = ty + b$, 其中 $b \neq 0$.

由 $\begin{cases} x = ty + b, \\ y^2 = 2x \end{cases}$ 得 $y^2 - 2ty - 2b = 0$.

设 $A(x_1, y_1), B(x_2, y_2)$,

则 $y_1 y_2 = -2b, x_1 x_2 = \dfrac{1}{4}(y_1 y_2)^2 = b^2$.

因为 $OA \perp OB$, 所以 $x_1 x_2 + y_1 y_2 = 0$, 即 $b^2 - 2b = 0$.

所以 $b = 2$, 直线 l 的方程为 $x = ty + 2$, 点 $Q(2, 0)$.

因为 $OD \perp DQ$, 所以 $\dfrac{n}{m-2} \cdot \dfrac{n}{m} = -1$, 即 $n^2 = m(2 - m)$.

而 $n = 1$, 解得 $m = 1$.

(Ⅱ) 由 (Ⅰ) 得 $y_1 + y_2 = 2t, y_1 y_2 = -4$.

$|y_1 - y_2| = \sqrt{(y_1 + y_2)^2 - 4y_1 y_2} = \sqrt{4(t^2 + 4)}$.

因为 $OD \perp l, n^2 = m(2 - m)$, 所以 $t = -\dfrac{n}{m}$,

所以 $t^2 = \dfrac{n^2}{m^2} = \dfrac{2}{m} - 1$.

因为 $S_{\triangle ODQ} = \dfrac{1}{2}|OQ| \cdot |n| = |n| = \sqrt{m(2 - m)}$,

$S_{\triangle OAB} = \dfrac{1}{2}|OQ| \cdot |y_1 - y_2| = \sqrt{4(t^2 + 4)} = 2\sqrt{\dfrac{2}{m} + 3}$,

所以 $S_{\triangle ODQ} \cdot S_{\triangle OAB} = 2\sqrt{(2 - m)(2 + 3m)} = 2\sqrt{-3\left(m - \dfrac{2}{3}\right)^2 + \dfrac{16}{3}}$.

因为 $m \in \left[\dfrac{1}{2}, \dfrac{3}{2}\right]$,

所以 $S_{\triangle ODQ} \cdot S_{\triangle OAB}$ 的取值范围为 $\left[\sqrt{13}, \dfrac{8}{3}\sqrt{3}\right]$.

9. 解答 (Ⅰ) 由已知可得 $E\left(-\dfrac{p}{2}, 0\right), F\left(\dfrac{p}{2}, 0\right)$,

显然直线 AB 的斜率不可能为 0.

可设 $AB: x = my + \dfrac{p}{2}$,

联立 $\begin{cases} y^2 = 2px, \\ x = my + \dfrac{p}{2}, \end{cases}$ 消去 x 得 $y^2 - 2pmy - p^2 = 0$.

设 $A(x_1, y_1), B(x_2, y_2)$,

则 $y_1 + y_2 = 2pm, y_1 y_2 = -p^2$,

所以 $S_1 = \dfrac{1}{2}|EF| \cdot |y_1 - y_2|$

$= \dfrac{1}{2}p \sqrt{(y_1 + y_2)^2 - 4y_1 y_2}$

$= \dfrac{1}{2}p \sqrt{4p^2 m^2 + 4p^2} = p^2 \sqrt{m^2 + 1}$,

而 $|AB| = \sqrt{m^2 + 1}|y_1 - y_2| = 2(m^2 + 1)p$,

故 $\dfrac{S_1^2}{|AB|} = \dfrac{(m^2 + 1)p^4}{2(m^2 + 1)p} = \dfrac{p^3}{2}$.

(Ⅱ) 直线 AE: $y = \dfrac{y_1}{x_1 + \frac{p}{2}}\left(x + \dfrac{p}{2}\right)$, 可得

$N\left(0, \dfrac{\frac{p}{2}y_1}{x_1 + \frac{p}{2}}\right)$.

同理 $M\left(0, \dfrac{\frac{p}{2}y_2}{x_2 + \frac{p}{2}}\right)$.

所以 $S_2 = \dfrac{1}{2} \cdot \dfrac{p}{2} \cdot \left|\dfrac{\frac{p}{2}y_2}{x_2 + \frac{p}{2}} - \dfrac{\frac{p}{2}y_1}{x_1 + \frac{p}{2}}\right|$

$= \dfrac{p^2}{8} \cdot \left|\dfrac{y_2}{my_2 + p} - \dfrac{y_1}{my_1 + p}\right|$

$= \dfrac{p^3}{8} \cdot \dfrac{|y_2 - y_1|}{m^2 y_1 y_2 + mp(y_1 + y_2) + p^2}$

$= \dfrac{p^3}{8} \cdot \dfrac{|y_2 - y_1|}{-m^2 p^2 + 2p^2 m^2 + p^2}$

$= \dfrac{p^3}{8} \cdot \dfrac{|y_2 - y_1|}{p^2(m^2 + 1)}$,

所以 $\dfrac{S_1}{S_2} = \dfrac{\frac{1}{2}|EF| \cdot |y_2 - y_1|}{\frac{p^3}{8} \cdot \frac{|y_2 - y_1|}{p^2(m^2 + 1)}} = 4(m^2 + 1) \geqslant 4$.

故 λ 的最大值为 4.

10. 解答 （Ⅰ）椭圆 C 的方程为 $\dfrac{x^2}{2}+y^2=1$.

（Ⅱ）设过点 F_1 的直线 AB 的方程为 $x=my-1$,

将其代入椭圆方程 $\dfrac{x^2}{2}+y^2=1$,

整理得 $(m^2+2)y^2-2my-1=0$.

设 $A(x_1,y_1),B(x_2,y_2)$, 则 $\begin{cases} y_1+y_2=\dfrac{2m}{m^2+2},\\ y_1y_2=\dfrac{-1}{m^2+2}.\end{cases}$

由 M,A,P 三点共线得 $y_P=\dfrac{-4y_1}{x_1-2}$.

同理 $y_Q=\dfrac{-4y_2}{x_2-2}$.

所以 $\triangle MPQ$ 的面积 $S=\dfrac{1}{2}\cdot 4\cdot|y_P-y_Q|$

$=24\left|\dfrac{y_1-y_2}{m^2y_1y_2-3m(y_1+y_2)+9}\right|$

$=24\sqrt{2}\dfrac{\sqrt{m^2+1}}{m^2+9}=\dfrac{24\sqrt{2}}{\sqrt{m^2+1}+\dfrac{8}{\sqrt{m^2+1}}}\leqslant 6$.

故当 $m^2=7$ 时, $\triangle MPQ$ 面积的最大值为 6.

11. 解答 （Ⅰ）设 $P(x_1,y_1),Q(x_2,y_2)$, 切线 OP,OQ 的方程分别为 $y=k_1x,y=k_2x$.

由于与圆 $M:(x-x_0)^2+(y-y_0)^2=\dfrac{2}{3}$ 相切,

所以 $\dfrac{|kx_0-y_0|}{\sqrt{1+k^2}}=\dfrac{\sqrt{6}}{3}$,

所以 $(3x_0^2-2)k^2-6x_0y_0k+3y_0^2-2=0$,

所以 $k_1k_2=\dfrac{3y_0^2-2}{3x_0^2-2}=\dfrac{3\left(1-\dfrac{x_0^2}{2}\right)-2}{3x_0^2-2}=-\dfrac{1}{2}$.

（Ⅱ）因为 $OP^2+OQ^2=(1+k_1^2)x_1^2+(1+k_2^2)x_2^2=\dfrac{2(1+k_1^2)}{1+2k_1^2}+\dfrac{2(1+k_2^2)}{1+2k_2^2}=3$.

所以 $S=\dfrac{1}{2}\times\dfrac{\sqrt{6}}{3}(|OP|+|OQ|)$

$\leqslant\dfrac{\sqrt{6}}{6}\sqrt{2(|OP|^2+|OQ|^2)}=1$.

因此四边形 $OPMQ$ 面积的最大值为 1.

本质: 设 $R(x_0,y_0)$ 是椭圆 $\dfrac{x^2}{a^2}+\dfrac{y^2}{b^2}=1$ 上的任意一点, 从原点 O 引圆 $R:(x-x_0)^2+(y-y_0)^2=r^2$ 的两条切线, 分别切椭圆于点 P,Q, 则 $k_{OP}\cdot k_{OQ}=e^2-1\Leftrightarrow\dfrac{1}{a^2}+\dfrac{1}{b^2}=\dfrac{1}{r^2}$.

12. 解答 （Ⅰ）设点 $P(x,y)$,

由题意知 $a=\sqrt{2}b,C:x^2+2y^2=a^2$,

则 $\overrightarrow{PP_1}\cdot\overrightarrow{PP_2}=x^2+y^2-1=-y^2+a^2-1$.

当 $y=\pm b$ 时, $\overrightarrow{PP_1}\cdot\overrightarrow{PP_2}$ 取得最小值,

即 $a^2-b^2-1=\dfrac{a}{2}\Rightarrow\dfrac{a^2}{2}-1=\dfrac{a}{2}\Rightarrow a=2,b=\sqrt{2}$.

故椭圆 C 的方程为 $\dfrac{x^2}{4}+\dfrac{y^2}{2}=1$.

（Ⅱ）设 $A(x_1,y_1),B(x_2,y_2),M(x_0,y_0)$,

由 $\begin{cases}x^2+2y^2=4,\\ y=kx+m\end{cases}$ 得 $(2k^2+1)x^2+4mkx+2m^2-4=0$.

从而 $x_1+x_2=-\dfrac{4mk}{2k^2+1},x_1x_2=\dfrac{2m^2-4}{2k^2+1}$.

点 O 到直线 l 的距离 $d=\dfrac{|m|}{\sqrt{k^2+1}}$,

$S=\dfrac{1}{2}\cdot d\cdot|AB|$

$=\dfrac{1}{2}\cdot\dfrac{|m|}{\sqrt{k^2+1}}\cdot\sqrt{k^2+1}\cdot\sqrt{\left(-\dfrac{4mk}{2k^2+1}\right)^2-4\cdot\dfrac{2m^2-4}{2k^2+1}}$

$=\sqrt{2}\cdot\sqrt{\dfrac{m^2(4k^2+2-m^2)}{(2k^2+1)^2}}\leqslant\sqrt{2}\cdot\dfrac{\dfrac{m^2+(4k^2+2-m^2)}{2}}{2k^2+1}=\sqrt{2}$.

S 取得最大值 $\sqrt{2}$, 当且仅当 $m^2=4k^2+2-m^2$,

即 $m^2=2k^2+1$ ①.

此时 $x_0=\dfrac{x_1+x_2}{2}=-\dfrac{2mk}{2k^2+1}=-\dfrac{2k}{m},y_0=kx_0+m=$

$-\dfrac{2k^2}{m}+m=\dfrac{1}{m}$,

即 $m=\dfrac{1}{y_0},k=-\dfrac{m}{2}x_0=-\dfrac{x_0}{2y_0}$.

代入①式整理得 $\dfrac{x_0^2}{2}+y_0^2=1(y_0\neq 0)$,

即点 M 的轨迹为椭圆 $C_1:\dfrac{x^2}{2}+y^2=1(y\neq 0)$, 且点 P_1,
P_2 为椭圆 C_1 的左、右焦点, 即 $|MP_1|+|MP_2|=2\sqrt{2}$.

记 $t=|MP_1|$, 则 $t\in(\sqrt{2}-1,\sqrt{2}+1)$.

从而 $T=\dfrac{1}{|MP_1|^2}-2|MP_2|=\dfrac{1}{t^2}-2(2\sqrt{2}-t)=\dfrac{1}{t^2}+2t$

$-4\sqrt{2}$, 则 $T'=2-\dfrac{2}{t^3}$.

令 $T'\geqslant 0$, 可得 $t\geqslant 1$, 即 T 在 $(\sqrt{2}-1,1)$ 上单调递减, 在 $(1,\sqrt{2}+1)$ 上单调递增,

且 $T(1)=3-4\sqrt{2},T(\sqrt{2}-1)=1>T(\sqrt{2}+1)=5-4\sqrt{2}$.

故 T 的取值范围是 $[3-4\sqrt{2},1)$.

后 记

——采菊东篱下,悠然见南山

"是故学然后知不足,教然后知困.知不足,然后能自反也;知困,然后能自强也."——《礼记·学记》

曾经有过豪迈的愿景和规划——"在星辉斑斓里放歌",

曾经有过美好的追求和期待——"向青草更青处漫溯",

但这一切的一切,都在时间与繁杂的教学事务中磨灭而逐步淡化,以至于灰飞烟灭,偶尔也会突然想起,大有茅塞顿开、醍醐灌顶之感,似乎明白一个道理,既然做不了雍容华贵的圆锥曲线,也做不了无与伦比的圆,那总可以做一个一往无前的直线吧!一切终将释怀,所以当一切的一切回归平静时,平静中不甘于平淡,我会抽空敲打敲打键盘,记录教学中的点点滴滴,以充实生活的每一天.数学学习与数学研究往往是相长的,只有慢慢地积累,慢慢地琢磨,慢慢地就会上道了.我们数学的学习者需要从一个孤独的解题者走向诗性的研究者,实现凤凰涅槃,在浴火中重生,这是我们专业成长的必要条件,同时也是我们必须要思考的一个永恒的话题,在百舸争流的新课改环境下,谁竞风流?适者也.

数学课堂充满激情、睿智、美感和灵性,那是少年们追梦剧场;数学是充满无穷乐趣、诗情画意的,那是学生心驰神往的圣地,而不是恐怖的代名词,所以对数学教育我曾不断地苦苦追问!也许我们的数学教学只让学生们看到数学理性的一面,而忽视了数学也有很文学的一面,也许我们的数学教学有点功利了,也许还有也许……所以我们的数学教学变得如此不尽如人意;对数学教育我也曾不断地拷问:圆锥曲线的美与运算的繁如何能和平共处,如何利用圆锥曲线的美去冲淡运算的繁,揭示圆锥曲线更多的秘密,这是我们教学中始终无法回避的问题,也是数学教学的大智慧,这也是本书研究的初衷.

浪迹教坛近30载,摸爬滚打,磕磕绊绊,砥砺前行,不忘初心.仰望数学星空,惊叹其中的奥妙;曾有心忧教育的数学行者的幻想,也曾有"三十年磨一剑"的雄心壮志,但由于心有余而力不足未能终成正果,圆锥曲线的秘密还有很多很多,本书只是揭开了冰山一角,藉以此想抛砖引玉,结伴更多的爱好者一起去交流、探讨.

书中难免存在不足和疏漏,恳请读者朋友批评指正.

感谢为本书写作提供大力支持的同事们、同学们,特别感谢陕西的王杰、重庆的刘紫阳,两位老师为本书校对工作付出了辛勤劳动.

学数学 找浙大
▶▶ 浙大数学优辅高中书目 ◀◀

书名	适合对象	特色
更高更妙的高中数学思想与方法	高中	思想方法
初高中衔接数学日历	高一	初高中衔接
更高更妙的初升高衔接手册(数学)	高一	初高中衔接
重点高中同步精讲精练(数学.必修第一册)	高一	课时精讲
至精至简的高中数学思想与方法：核心内容从入门到精通(必修第二册)	高一	同步培优
一题一课.新课标高中数学(必修第二册)	高一	同步培优
每周一讲.新课标高中数学(必修第一册)	高一	周末提高
数列的秘密	高二、高三	讲解细
圆锥曲线的秘密	高二、高三	讲解细
导数的秘密	高二、高三	讲解细
至精至简的高中数学思想与方法——从一题多解到多题一解	高二、高三	解题方法
高考数学全国卷真题精编	高三	全国卷一轮复习
高考数学全国卷解密	高三	全国卷二轮复习
高考数学进阶特训	高中	同步练习
新高考数学考什么：2004-2020十六年浙江高考数学试题全解全析	高考	浙江卷历年真题精编
高中数学优题库(120分必备)	高考	一轮复习重基础
高考数学轻松突破130分	高考	一轮复习重题型
新高考数学考什么：高中数学名师大讲堂	高考	一轮复习重解法
数学每日一题(高考热点问题)	高考	大一轮培优
更高更妙的百日冲关复习手册(高考数学)	高考	大一轮培优
至精至简的高中数学思想与方法——30讲破解高考反复考查内容	高考	二轮
重点高中二轮复习用书(高考数学)	高考	二轮
更高更妙的高考数学热点透析	高考	二轮
新高考数学考什么：高中数学名师百问百答	高考	三轮
更高更妙的考前30天备考手册(高考数学)	高考	三轮
解题卡壳怎么办：高中数学解题智慧点剖析	高考	最后三题
高考数学拉档提分全攻略	高考	分专题突破难题
高考数学解题密码	高考	题源探究
高考高分数学日历	高考	最后两题
多视角破解高考数学压轴题	高考	压轴题一题多解
高考数学压轴题破题36计	高考	全面破解压轴题
一题一课.高考数学压轴题的分析与解	高考	原创解答
数学小丸子的导数题典(全2册)	高中	题量大
数学小丸子的解题笔记(导数压轴题与放缩应用)	高中	冲刺满分
高中数学解题研究(第1辑：小题大做)	高中	选填压轴题
高中数学解题研究(第11辑：新高考数学五大新题型)	高中	五大新题型
高中数学解题研究(第12辑：曹凤山讲怎样解题)	高中	解题方法
一题一课.高中数学好题赏析	高中	一题多解
高考数学满分学霸的解题笔记(一千零一题)	高中	冲刺满分
更高更妙的培优通用教程(高中数学)	高中	强基计划
九旬高中数学名师的解题笔记	高中	手写稿
大学与中学数学衔接教程	高中与大学衔接	

总 有 一 款 适 合 你